A história da luta pela terra e o MST

Copyright © 2001, by Editora Expressão Popular

Diagramação e projeto gráfico
Ivan de Souza Lopes

Edição de texto, preparação, revisão
Morissawa Casa de Edição

Pesquisa iconográfica
Ivan de Souza Lopes
Mitsue Morissawa

Foto de capa
Arquivo MST

Agradecimento:
Ao Prof. Bernardo Mançano Fernandes, que fez a pesquisa de campo sobre o MST e cujo livro-tese de doutorado serviu de base para a terceira parte deste livro.

Colaboraram:
Vladimir Sacchetta (iconografia); Marília de Souza Lopes e Marcia Aparecida Ramos (pesquisa); Ney H. Morissawa (pesquisa e digitação); Taeco Morissawa (revisão); Paulo Batista, Jobert Costa, Glauco Guimarães, Sebastião Alexandre, Humberto Barbosa, Harley Kremer e Flávio Nigro (ilustrações); Jason Brummet e Fernanda Rodrigues (fotos extras); Rita de Cássia Lima Silva, André Costa (diagramação); lideranças do MST (pesquisa iconográfica, coleta de dados e informações)

Dados Internacionais de Catalogação-na-Publicação (CIP)
Biblioteca Central da UEM. Maringá – PR.

Morissawa, Mitsue
M861h   A História da luta pela terra e o MST / Mitsue Morissawa. – São Paulo :
      Expressão Popular, 2001. 256 p. : il.

      Livro indexado em GeoDados http://www.geodados.uem.br
      ISBN 85-87394-25-8

       1. Movimentos sociais no campo – Mundo. 2. Movimentos sociais no campo – Brasil.
3. Reforma Agrária – MST – Brasil. 4. Luta pela terra – MST – Brasil. 5. Movimento dos
Trabalhadores Rurais Sem Terra (MST) – Brasil. I. Título.

CDD 21.ed.303.48401981
CIP-NBR 12899

4ª reimpressão: maio de 2018

Todos os direitos reservados.
Nenhuma parte deste livro pode ser utilizada
ou reproduzida sem a autorização da editora.

EDITORA EXPRESSÃO POPULAR
Rua Abolição, 201 – Bela Vista
CEP 01319-010 – São Paulo – SP
Tel: (11) 3112-0941 / 3105-9500
livraria@expressaopopular.com.br
www.facebook.com/ed.expressaopopular
www.expressaopopular.com.br

Apresentação

Este livro foi escrito para os jovens, em especial para os jovens do MST, mas ele pode ser lido com certeza por todos os que desejem conhecer a história de uma luta da qual só têm a visão entrecortada oferecida pela quase sempre suspeita mídia escrita, falada e televisionada.

Começamos, com "Mundo, mundo...", procurando situar essa luta no contexto da história da humanidade. Nessa parte, sintetizamos a questão agrária no planeta, apresentando situações direta e indiretamente relacionadas, desde quando a terra era de todos até sua apropriação por diversas formas, ao lado da do conhecimento e do cristianismo.

Entrando "Em terras brasileiras", caracteristicamente marcadas por uma estrutura de forte concentração fundiária, deparamos a concessão do território nacional para os "amigos do rei" e os "amigos dos amigos do rei" (capitães donatários e sesmeiros). Foram cerca de três séculos de domínio da Coroa portuguesa até a independência, após a qual, no Segundo Império, a Lei de Terras excluiu de vez os camponeses sem terra, os futuros ex-escravos e os pobres em geral.

Diversos movimentos, entre messiânicos, espontâneos e organizados, tiveram lugar a partir do início da República, entre os quais se destacaram os liderados por Antônio Conselheiro (Canudos) e pelo Monge José Maria (Contestado), e o das Ligas Camponesas, este último já na década de 1950.

A reforma agrária proposta pelo governo João Goulart (1961-1964) foi a primeira iniciativa governamental em que, mesmo dentro de uma visão de desenvolvimento do capitalismo nacional, os trabalhadores rurais sem terra foram incluídos. O contexto era de conflito entre interesses econômicos nacionais e internacionais, de temor de expansão do comunismo na América Latina a partir de Cuba. A reação dos poderosos foi tal que resultou na ditadura militar, a qual desarticulou e aniquilou os movimentos camponeses e as organizações de base popular, além de perseguir, prender e muitas vezes eliminar seus líderes.

Espantosamente, logo no primeiro governo militar, foi criado o Estatuto da Terra, uma legislação de reforma agrária bem-elaborada e voltada aos camponeses sem terra e ao desenvolvimento da economia do país – jamais concretizada. O que se viu na prática, no entanto, foi a desnacionalização das terras brasileiras e projetos de colonização das fronteiras agrícolas que nunca deram certo.

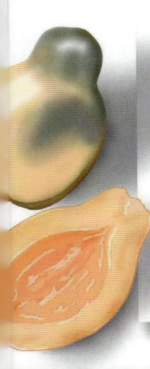

Após um lapso de mais de duas décadas, numa conjuntura marcada por desemprego no campo e nas cidades, surge o MST (Movimento dos Trabalhadores Rurais Sem Terra), na linha de continuidade das lutas das Ligas Camponesas. Embrionariamente o Movimento atuava nas lides da CPT (Comissão Pastoral da Terra), em defesa dos direitos dos posseiros, dos camponeses sem terra e dos destituídos, até tornar-se independente em 1984. Sua trajetória é contada aqui, em moldes didáticos, numa tentativa de constituir um ponto de partida para futuros estudos, sejam eles do próprio MST ou daqueles que desejem aprofundar-se no tema.

As palavras de ordem do movimento – "Ocupar é a única solução", "Ocupar, resistir, produzir", "Reforma agrária: uma luta de todos" – são chaves para a compreensão do avanço do Movimento e da reação dos sucessivos governos às ações que ele empreendeu até hoje. Elas traduzem passagens de um momento histórico a outro, demonstrando a clareza política encontrada pelo Movimento em cada um, a partir de seus erros e acertos.

Nesta história procuramos mostrar que as ações do MST crescem em seu impacto na mesma medida do crescimento da confiança dos sem-terra numa luta organizada e mantida por eles próprios. A presença de quase 12 mil trabalhadores rurais sem terra no seu 4.º Congresso, em agosto de 2000, apesar das recentes medidas do governo tentando desmoralizar e arrefecer o ímpeto do Movimento, foi uma prova de sua disposição à resistência.

Procuramos dar a maior abrangência possível à história do Movimento, incluindo a parte que chamamos de "A luta continua", para dar a conhecer um pouco do que acontece após a conquista do assentamento.

Somente nos escusamos de percorrer muito brevemente a história da construção do Movimento em cada estado, que merece cada qual um livro como este, tal é sua importância no conjunto das lutas. O limite de tempo e espaço não nos permitiu fazê-lo. A história do MST como movimento social é impressionante, seja pelas forças sociais envolvidas, pela reação das elites acostumadas com o *status quo* ou pelo grau de generosidade e espírito de auto-sacrifício dos sem-terra.

Que outros pesquisadores, pedagogos e estudiosos se sintam motivados a escrever também a história da luta empreendida pelo MST e por outros movimentos sociais em cada estado como também no Brasil como um todo. Apenas a título de exemplo e estímulo, o Movimento possui em seus arquivos uma imensidão de materiais e depoimentos sobre jornadas heróicas dos sem-terra no Paraná, Bahia, Pernambuco, Ceará, Maranhão, Pará etc. Portanto em nome de todos os que colaboraram na elaboração deste livro, gostaríamos de observar aos leitores que não fiquem com uma impressão muito sulista do MST, quando procuramos detalhar a sua gênese.

As ilustrações são um poderoso testemunho dessa história e concorrem à farta para a compreensão e comprovação dos fatos e situações narrados no livro.

MITSUE MORISSAWA

Sumário

PARTE I — MUNDO, MUNDO...

Quando a terra era de todos 8
- O indivíduo acima da comunidade 10

O surgimento do Estado 11
- Uma democracia para poucos 11 ▪ Uma primeira tentativa de reforma agrária 12 ▪ O cristianismo 13

Terra é poder 16

Terra *versus* capital 20
- O poder absoluto dos reis 21 ▪ As guerras camponesas na Alemanha 23 ▪ A Revolução Industrial 26
- Revolução Francesa: sai a nobreza, entra a burguesia 27

Imperialismo: novo colonialismo 31
- Rússia: o primeiro desafio socialista 33 ▪ A Segunda Guerra Mundial 34 ▪ A Guerra Fria 35
- China: uma revolução popular 37 ▪ Cuba: uma pequena ilha contra Tio Sam 39 ▪ Vietnã: zarabatanas contra napalm 40 ▪ Chile 1970: socialismo pelo voto 41 ▪ Nicarágua 42

A era da globalização 44
- O que é globalização? 44 ▪ A gestão da pobreza no mundo 47

PARTE II — EM TERRAS BRASILEIRAS

Memórias coloniais 56
- A primeira apropriação das terras de Pindorama 57 ▪ A escravização de indígenas e africanos 59
- A "doce" Colônia 61 ▪ O Brasil que rebrilhava 62 ▪ Os Brasis contra o jugo colonial 63

Memórias do Império 66
- Revoltas populares na Regência 67 ▪ O modelo agroexportador no Reinado do Café 68
- A estrutura fundiária no Brasil até 1850 69 ▪ A Lei de Terras: a restrição à posse da terra 70

Memórias do Brasil republicano 75
- A República Velha 75 ▪ A República Populista 78

As lutas pela terra de 1888 a 1964 86
- As lutas messiânicas 86 ▪ As lutas radicais espontâneas e localizadas 88 ▪ As lutas organizadas: os camponeses como classe 92 ▪ Sindicalização rural 94

1964–1984: uma longa noite escura 95
- O Brasil sob as botas dos militares 95 ▪ A política agrária da ditadura 99 ▪ As lutas pela terra durante a ditadura militar 104

"Nova" República de velhos mandantes 107
- Reforma agrária x UDR 107 ▪ Fora, Collor! 109 ▪ Itamar Franco: para evitar uma crise maior 110
- FHC: a unidade das elites para sair da crise 110

A questão da Terra no Brasil atual 115
- A utilização da terra 116

PARTE III — MST: HISTÓRIA E PERSPECTIVAS

Puxando o fio da história 120

Um grande movimento em gestação 123

■ Rio Grande do Sul: a luta pela terra na terra 123 ■ Enquanto isso, em Santa Catarina... 129 ■ Enquanto isso, no Paraná... 130 ■ Enquanto isso, no Mato Grosso do Sul... 130 ■ Enquanto isso, em São Paulo 133

Os primeiros passos da organização 136

■ Encontro Regional do Sul 136 ■ Seminário em Goiânia 137 ■ 1.º Encontro Nacional dos Trabalhadores Rurais Sem Terra 138

Construção nacional e consolidação 140

■ 1.º Congresso Nacional dos Sem-Terra 141 ■ A penosa história de uma derrota 141 ■ Ocupar, resistir, produzir 145 ■ 2.º Congresso Nacional dos Sem-Terra 146 ■ Em busca de solução para os assentados 147 ■ O 6.º Encontro Nacional 147 ■ O Sistema Cooperativista dos Assentados 148 ■ A nova Lei Agrária, 1993 148 ■ O governo FHC (1995-1998) 150 ■ 1995, Brasília: o 3.º Congresso Nacional dos Sem-Terra 151 ■ Um modelo que inviabiliza os pequenos agricultores 157 ■ Balanço da política de reforma agrária no primeiro mandato de FHC 161 ■ 1999-2000 162 ■ Agosto de 2000: o 4.º Congresso do MST 165 ■ O MST no início do século XXI 167

Resumo do desenvolvimento do MST nos estados (1985-2000) 173 ■ Regional Sul 173

■ Nordeste 181 ■ Centro-Oeste e Norte 191 ■ Sudeste 195

As diversas formas de luta 199

■ Ocupação 199 ■ Acampamento permanente 199 ■ Marchas pelas rodovias 200 ■ Jejuns e greves de fome 201 ■ Ocupação de prédios públicos 202 ■ Acampamento nas capitais 202 ■ Acampamentos diante de bancos 202 ■ Vigílias 202 ■ Manifestações nas grandes cidades 203

A organização do Movimento 204

■ Frente de Massa 205 ■ Setor de Formação 205 ■ Setor de Educação 206 ■ Setor de Produção 206 ■ Sistema Cooperativista dos Assentados 207 ■ Outros setores 208 ■ As instâncias de representação 208

A mística dos sem-terra 209

A participação da mulher 211

Os jovens e os sem-terrinha 213

O MST e a Lei 215

A imprensa e o MST 217

PARTE IV — A LUTA CONTINUA

Organizando a produção e a comunidade 226

■ A organização da moradia 227 ■ Todo mundo participa 228

A cooperação agrícola 230

■ Por que cooperação? 231 ■ Os princípios da cooperação 232 ■ As formas de cooperação 232

A agroindústria nos assentamentos 235

■ Os tipos de agroindústria 235 ■ Situação atual 236

O MST e o meio ambiente 237

Educação: a prioridade do MST 239

■ Os primórdios 239 ■ A formalização 240 ■ A educação dirigida ao trabalho 240 ■ Uma história de conquistas 241 ■ Alianças, apoios e parcerias 244 ■ O Setor de Educação do MST 246 ■ Frentes de trabalho educacional 246

Glossário 249

Bibliografia consultada 251

Bibliografia recomendada sobre o MST 252

Filmografia comentada 253

Vídeos sobre o MST 254

Siglas e abreviaturas 255

Mundo, mundo...

Nesta primeira parte do livro, somos seres humanos sem pátria fazendo uma viagem para trás no tempo, buscando as origens da apropriação da terra, passando pela apropriação do conhecimento e do sentimento religioso, até chegarmos à da força de trabalho.

Quando a terra era de todos

Cerca de 10 mil anos atrás, vivíamos da caça, da pesca e da coleta de frutos silvestres e raízes, em grupos, mudando pra lá e pra cá, sempre que a natureza não dava mais o suficiente para a sobrevivência de todos.

*É verdade que, em muitos lugares do mundo, permanecemos assim, **nômades**, por muitos e muitos séculos ainda. Veja, por exemplo, os casos de algumas nações indígenas, dos ciganos e dos beduínos do deserto.*

Os primeiros indícios de **agricultura** registrados na História foram encontrados na Mesopotâmia, região do Oriente Médio, lá onde hoje está o Iraque. Começamos plantando trigo e cevada, e criando cabras e carneiros.

Depois é que vieram os porcos, os bois, e assim por diante. Foi assim que nos tornamos **sedentários**. Aprendendo a jogar as sementes no solo, a regar as plantas e a colher, e também a domesticar animais.

Durante dezenas de milhares de anos vivemos em **comunidades**. Ninguém era dono de nada, tudo pertencia a todos. Por isso também ninguém era mais rico ou mais pobre que outro. Com o tempo, as comunidades foram crescendo. Aí tivemos de dividir as tarefas: uns plantavam, outros cuidavam dos rebanhos e outros, ainda, fabricavam os utensílios e instrumentos. Isso já era uma forma de **divisão do trabalho**. Mas tudo que produzíamos era para as necessidades da comunidade. Não sobrava nada, não havia **excedentes**. Era o que costumamos chamar hoje de **economia de subsistência**. Isso significa que não tínhamos nada para trocar.

Até aqui não notamos nada que possamos identificar em nossa realidade atual, a não ser a divisão do trabalho. Só que ela foi ficando cada vez mais ampla e hoje se dá também no plano internacional, entre os países ricos e pobres. Guarde bem. Essa é uma noção importante para que compreendamos em que mundo estamos inseridos atualmente, em particular no que diz respeito à questão da agricultura ou, mais especificamente, da terra.

O fato de dividir o trabalho permitiu a muitos desenvolver técnicas e formas de organização que ajudaram a produzir mais do que a comunidade precisava. Formavam-se excedentes que, afinal, não podiam ser jogados fora. E o resultado disso foi o comércio, a troca entre comunidades. Mas nem sempre o que uma tinha para oferecer interessava à outra. Assim, um dia, inevi-

Foi na Mesopotâmia, entre os rios Tigre e Eufrates, que surgiram as primeiras formas de agricultura.

tavelmente apareceu o **dinheiro**. É claro que, naquele tempo, não eram essas notas de papel e essas moedas que a gente carrega na carteira. O dinheiro era sempre alguma coisa rara, que todos desejavam ter, como peças de ouro, prata, cobre. Houve até uma época em que o sal foi moeda de troca e pagava inclusive por serviços prestados. (Essa é a origem da palavra **salário**.)

Mas, como já foi dito, as comunidades foram crescendo e era preciso cada vez mais alimentos para sustentar tanta gente. Como o sucesso de uma plantação depende muito da água, as comunidades foram se concentrando às margens de volumosos rios. Foi assim que surgiram, no Egito, na Índia e na China, as **primeiras grandes civilizações**. Mas o que interessa aqui para nós é que, para construir essas civilizações, basicamente precisávamos comer.

Antes de pensar nas pirâmides do Egito, na muralha da China e outras maravilhosas realizações humanas daquela época, devemos ter em mente que a agricultura esteve na base disso tudo. Para conseguir boas colheitas, foram necessárias outras realizações, como canais e açudes de irrigação, e, para tanto, acima de tudo o empenho da força de trabalho de milhares e milhares de trabalhadores.

Nas comunidades primitivas, não havia a noção de propriedade. Tudo era dividido de acordo com as necessidades de cada um. A divisão elementar das tarefas era praticamente intergêneros, ou seja, homens e mulheres atuavam de acordo com suas aptidões.

No começo os excedentes eram trocados por outras mercadorias. Com o desenvolvimento das trocas e do comércio o dinheiro tornou-se inevitavelmente dominante nas transações.

O INDIVÍDUO ACIMA DA COMUNIDADE

A realização das maravilhosas obras, fossem elas de defesa da vida humana ou de culto às divindades, deu origem a uma divisão mais ampla do trabalho. Havia aqueles que davam duro, cavando, quebrando pedra, carregando fardos. E havia aqueles que, na condição de elaborar os projetos e planejar o trabalho, ficavam no comando, dizendo como é que as coisas tinham de ser feitas e quem devia fazer. De um lado, portanto, ficou o **trabalho manual** e, de outro, o **trabalho intelectual**. É preciso dizer quem saiu ganhando nessa história?

Estas magníficas obras foram erguidas na Antigüidade. Você já pensou alguma vez em como foram construídas? Quem carregou os enormes blocos de pedra que compõem as pirâmides?

O importante é estarmos percebendo que esse é um traço da **desigualdade social**, que vai se tornando mais marcado com a **apropriação do conhecimento**. Aqueles que realizavam o trabalho intelectual passavam seus conhecimentos somente para os filhos. O que não significava que esses filhos pudessem ser tão competentes quanto seus pais. Isso deu origem a um poder enorme para algumas famílias e gerou diferenças sociais profundas. Uma minoria decidia e mandava, e uma grande maioria só obedecia. Também não é preciso dizer que essa minoria tinha enormes privilégios. Mas podemos refletir sobre como é que anda isso tudo no mundo de hoje. Quem vai para as universidades? Para que serve o conhecimento? E como é possível mudar a sociedade e reverter essa história tão antiga?

A essa altura, já vivíamos uma progressiva **individualização**. A vida comunitária foi aos poucos se dissolvendo, com o poder e a riqueza minando as relações entre as pessoas e os grupos. Famílias erguiam **cercas** para garantir que outras não viessem "compartilhar" seus bens. E aí? O que você acha? Tem algo de diferente dos alarmes e vigias que protegem as propriedades hoje em dia? Eram os indícios do surgimento da **propriedade privada**.

A Rio–Niterói, ninguém pode negar, era uma obra necessária. Mas, quando a vemos e admiramos, nem nos passa pela cabeça quantos Zés e Severinos suaram e, em alguns casos, até perderam a vida para construí-la.

O surgimento do Estado

O crescimento das populações gerou a necessidade de obras cada vez maiores e em maior quantidade. Para projetar, organizar e comandar essas obras havia os trabalhadores intelectuais. Mas quem se disporia a fazer aquela parte que exige força, suor e submissão? E de onde conseguir os recursos materiais para construí-las? Quem forneceria alimentos para tanta gente? Foi nesse momento que, em muitas sociedades antigas, surgiu o **Estado**.

Podemos dizer que o Estado foi criado para obrigar a maioria, que era composta pelos trabalhadores braçais, a trabalhar nas obras ou indiretamente pelas obras e para cobrar **impostos** da população. O próprio nome "impostos" já revela que têm de ser pagos na marra. Mas, para fazer trabalhar e pagar qualquer coisa na marra, eram necessárias **leis** e quem fizesse que fossem cumpridas. O Estado nasceu aí, então, junto com as leis e os **exércitos**, principais instrumentos do poder dos ricos sobre os pobres. O Estado fazendo as leis; a administração e os soldados mandando cumpri-las. Essas leis eram justas?

Nem todas as sociedades eram assim. Mas é delas que se origina o fio que conduz à sociedade em que vivemos hoje.

UMA DEMOCRACIA PARA POUCOS

Dando um salto de alguns milhares de anos, vamos encontrar na **civilização grega**, que tanto fascina aqueles que a estudam, uma forma de Estado mais organizada, onde já podíamos conhecer o exercício da **cidadania**. É bom lembrar que a Grécia não era então um país unificado, ou seja, ela era dividida em cidades-estados, cada uma com sua própria lei e governo. Uma dessas cidades-estados, considerada a mais importante, era Atenas, cuja celebridade se deve à sua notável vida cultural e à **democracia**.

Mas, antes de chegar à democracia, Atenas ficou muito tempo submetida ao poder dos **grandes proprietários de terra**. Os pequenos proprietários, os camponeses tinham de pedir empréstimo aos grandes para plantar ou mesmo aumentar suas terras para dar aos filhos, quando estes formavam família. Quando não conseguiam pagar suas dívidas no prazo estabelecido, eram obrigados a entregar suas propriedades aos emprestadores. Essa foi uma forma de **concentração**

A acrópole. Os atenienses construíram uma arte e cultura admiráveis. Politicamente deixaram como herança a noção de democracia. Mas essa era uma democracia que deixava de fora os que eram culturalmente considerados incapazes, como, por exemplo, as mulheres.

da terra. Alguns até acabavam tendo de virar escravos. (Você vai ver que, na essência, pouca coisa mudou desde então.)

A situação ficou insuportável e aconteceram revoltas. Foi aí que o governante Sólon resolveu promover as reformas sociais que foram dar mais tarde na democracia. Ele anulou as dívidas dos camponeses, libertou aqueles que haviam sido escravizados por dívidas e proibiu os grandes proprietários de tomar os devedores como escravos. Sólon foi bonzinho? Ou ele foi inteligente e evitou que as revoltas acabassem com o poder absoluto da aristocracia?

Quase cem anos depois, outras reformas acabaram com os privilégios políticos dos grandes proprietários de terra. Todos os **cidadãos** atenienses puderam, a partir delas, participar das decisões do Estado. Mas convém lembrarmos que em Atenas nem todos eram cidadãos. Por exemplo, os escravos (estrangeiros capturados), as mulheres e os metecos (estrangeiros livres) não eram considerados cidadãos e, portanto, não tinham direito a voto.

> As mulheres tiveram de esperar ainda quase 2.500 anos para conquistarem o direito ao voto. No Brasil, até 1933 elas não podiam votar!

UMA PRIMEIRA TENTATIVA DE REFORMA AGRÁRIA

Ali pertinho da Grécia, outra civilização fascinante surgiu há mais ou menos 2.800 anos. Roma era governada por reis e a sociedade era controlada pelo **patriciado**, a camada social dos **grandes proprietários de terra**. A **plebe**, composta pelos pequenos agricultores, artesãos e comerciantes, não tinha vez no poder: não podia pertencer ao exército nem participar da assembléia onde se tomavam as decisões políticas. O que fazer? A única solução era ir à luta. E a plebe lutou até conseguir alguns direitos políticos e ser admitida no exército.

Agora, você deve estar se perguntando: caramba, por que os plebeus queriam ir para o exército? Principalmente porque os soldados tinham uma série de privilégios e podiam atingir os mais altos postos dentro do governo. Essa era uma forma de ascensão social. E foi também para muitos outros povos. E no Brasil? Os pobres também pensam em servir o Exército? Por quê?

Toda a interessantíssima história de Roma foi pontilhada de disputas entre ricos e pobres, em meio a uma trama de conquistas territoriais que levou à ascensão e queda do Império Romano. Mas isso pode ser encontrado em qualquer livro de História Antiga, não é mesmo? Vamos pinçar apenas um pedaço dessa história, em que uma importante luta pela terra aconteceu ali, que ilustra bem o que queremos destacar.

Isso foi há cerca de 2.200 anos, quando o Império Romano estava em plena expansão. Os camponeses estavam então sendo massivamente convocados para a guerra contra outros povos e tinham de deixar suas pequenas propriedades abandonadas durante anos. Quando voltavam para casa, sem nada, a maioria deles não tinha outra coisa a fazer senão entregar sua terrinha aos grandes proprietários. Você está vendo, aqui de novo, a **concentração da terra** na mão dos poderosos. Esses camponeses não tinham outro jeito senão ir viver em Roma. Era a mesma coisa que hoje chamamos de **êxodo rural**. Mas, como sempre, che-

O Coliseu romano. Era em lugares como este que os romanos se divertiam, vendo escravos lutando uns com os outros ou até com leões e crocodilos.

O que é latifúndio?

A palavra **latifúndio** já era utilizada na Roma Antiga para designar "uma grande área de terra sob a posse de um único proprietário".

Tomado em âmbito mundial, a aplicação do adjetivo "grande" varia de acordo com a realidade de cada país ou de uma região de um mesmo país. Tomemos como exemplos extremos o Japão e o Brasil. No Japão, que é um país pequeno e superpovoado, uma propriedade que tenha mais de cem hectares pode ser classificada como latifúndio. Já no Brasil, um país muito grande e relativamente pouco povoado, o latifúndio pode ser uma propriedade com mais de 5 mil hectares, se estiver localizada na Amazônia, ou, no outro extremo, de 500 hectares, se estiver situado no Rio Grande do Sul. Tudo depende das características de cada região.

No caso brasileiro, o nome foi classificado em lei pelo **Estatuto da Terra**, de 30 de novembro de 1964, para designar as grandes propriedades improdutivas.

gou o momento em que as coisas ficaram insuportáveis e começaram as revoltas. Os camponeses se juntaram às dezenas de milhares de escravos, que tinham motivos ainda maiores para lutar contra as injustiças, e começaram a ocupar os **latifúndios** para dividir as terras entre si.

Alguns aristocratas se mancaram de que era preciso fazer alguma coisa pelos camponeses, porque, puxa, sem eles o que seria do exército romano?

Tibério Graco era um tribuno da plebe, representante dos pobres no senado. Esse cargo havia sido conquistado pelos plebeus, que, injuriados com os privilégios do patriciado, tinham abandonado Roma. Os poderosos se deram conta de que iam ficar sem os que formavam os contingentes do exército e resolveram fazer essa concessão. Pois bem, Tibério propôs limitar o tamanho das propriedades de terra e confiscar todas as áreas que excedessem esse limite para distribuí-las entre as famílias que precisavam. Era para ser uma espécie de **reforma agrária**. Mas não deu em nada, porque Tibério foi assassinado junto com mais trezentos seguidores. Adivinhe por quem?

Caio Graco, irmão de Tibério, também foi eleito tribuno da plebe e propôs medidas ainda mais importantes em favor dos camponeses. Os aristocratas reagiram, enviando soldados contra ele e seus homens. Ao ver que a derrota seria inevitável, Caio pediu a um escravo que o matasse.

O CRISTIANISMO

Cristo nasceu numa região do Oriente Médio, chamada Palestina, que estava então sob o domínio do Império Romano. Pouco se sabe de sua vida antes dos 30 anos, idade em que começou suas pregações e assumiu a figura do **Messias** para boa parte de seu povo. O Messias era o enviado de Deus, que vinha ao mundo trazer a solução dos problemas dos homens. Daí vem o adjetivo **messiânico**, que encontramos atribuído aos líderes religiosos que comandaram diversos movimentos na História.

Naquela época, o Império Romano estava no máximo de seu esplendor, sustentado pelos impostos dos pobres e pelo trabalho escravo. Os povos conquista-

ESPÁRTACO

Você viu, na ilustração anterior, o Coliseu romano. Esta é mais ou menos a representação de um gladiador posto na arena para divertir o público.

Na Roma Antiga, um divertimento apreciado pela população era a luta entre gladiadores, e até mesmo entre estes e leões e, às vezes, até crocodilos, na arena do circo. Os gladiadores eram escravos muito fortes tomados nas guerras.

No ano de 73 a.C., um deles, de nome Espártaco, liderou uma revolta, iniciada com um grupo de 74 gladiadores fugidos de uma escola de treinamento, que derrubou a autoridade romana no sul da Itália. O grupo atacava fazendas e libertava os escravos, formando assim um contingente cada vez maior. Em pouco tempo eram milhares de revoltosos.

Espártaco pretendia promover a fuga para a Grécia e a Gália, mas a dificuldade de escapar pelo norte, cercado de altas montanhas, o levou a tentar a saída pelo sul, por mar. Chegou a comprar embarcações de uns piratas, mas foi enganado por eles. Havia, além disso, uma cisão entre seus guerreiros: uma parte preferia ficar na Itália e lutar pela liberdade e por terra. Antes que tentassem qualquer coisa, foram descobertos e derrotados em Lucânia, no início de 71 a.C., por um exército de oito legiões. Espártaco foi morto em combate e 6 mil escravos revoltosos foram crucificados. **(FC★:** *Spartacus*)

*FC e BI – Toda vez em que aparecerem estas abreviaturas, você tem uma indicação de filme sobre o assunto, na Filmografia Comentada ou na Bibliografia Indicada no final do livro.

dos eram escravizados e obrigados a trabalhar para construir as estradas e os edifícios que consolidavam o império em toda a sua vasta extensão.

Jesus pregava a igualdade, o amor ao próximo e a existência de um único Deus, bom e misericordioso. Defendia o desapego em relação aos bens materiais e condenava a vida de luxo e de prazer sem freios dos nobres. Foi assim que passou a ser identificado pelos pobres como o Filho de Deus, o Messias, aquele que veio ao mundo para salvar os homens de seus sofrimentos. Seu martírio e sua morte na cruz pelas mãos dos poderosos foram tomados como um sacrifício pela salvação dos homens.

Os romanos eram politeístas, ou seja, adoravam muitos deuses, todos eles identificados com seus valores sociais. Para eles, Jesus era um rebelde ignorante, que pregava a existência de um único Deus e sobretudo a igualdade entre os homens. Mas sua mensagem era libertadora em todos os sentidos: falava da libertação espiritual e da libertação contra as injustiças da sociedade. O número de seus seguidores se tornou tão grande que o cristianismo começou a ser visto como uma ameaça à sociedade romana. Milhares de cristãos foram presos, humilhados, torturados e mortos.

Os primeiros cristãos eram pobres. Viviam em comunidades nas quais trabalhavam e dividiam tudo. Fora assim que Jesus ensinara. Com o tempo, os ricos começaram pouco a pouco a adotar o cristianismo. Alguns por se sentirem angustiados com a vida vazia e fútil que levavam. Outros por encontrarem nos preceitos cristãos meios para obterem o perdão por seus erros e encontrarem o Reino do Céu após a morte. Mas essa adesão resultou na **apropriação do cristianismo** pelas classes poderosas. Elas passaram a dar sua interpretação à doutrina cristã, naturalmente da maneira que lhes convinha para manterem seu poder.

Você está lembrado da apropriação do conhecimento na Antigüidade, não é mesmo? Pois também a doutrina de Cristo foi tornada, ao longo do tempo, uma poderosa arma para submeter as pessoas pobres e ignorantes. Na verdade, ela foi simplificada para o "populacho", principalmente no sentido de gerar a submissão dos pobres a um Deus que lhes prometia o Reino do Céu se fossem bonzinhos e não perturbassem a vida dos ricos.

Nos primeiros tempos da era cristã, os sacerdotes eram pessoas escolhidas pela própria comunidade. Depois de um século de cristianismo, a estrutura da Igreja se espelhava na do Império Romano. Isso gerou a hierarquia que conhecemos hoje: papa, cardeais, bispos e padres. No ano 391 da nossa era, o imperador romano Teodósio converteu-se à fé cristã e proibiu a prática de outras religiões em todo o Império Romano. A Igreja ficou diretamente vinculada ao Estado e, assim, deixou de contestar a ordem social, já que era essa mesma ordem social que sustentava o Estado.

Jesus Cristo numa imagem de multiplicação dos peixes e dos pães.

> Até este momento da nossa viagem ao passado estivemos sobrevoando uma parte da Pré-História e da História Antiga. Repararam que a base do poder esteve sempre na propriedade da terra? Mas vamos ver que a terra vai ser ainda mais importante durante o **feudalismo**.

Terra é poder

Estamos agora na Idade Média, período da História que durou perto de 1.100 anos, mas cujos resquícios permaneceram ainda por séculos em diversos pontos do planeta. E vamos encontrar na Europa uma situação econômica que hoje chamamos de **feudalismo**.

Aqui e acolá, espalhadas por toda uma vastidão, imensas propriedades rurais chamadas **feudos**. Seus donos eram os nobres – príncipes, condes, barões etc. – e membros da alta hierarquia da Igreja, todos chamados de **senhores feudais**.

Já dá pra perceber que, ali e então, a riqueza mais importante era a **terra**. Mas a terra não era algo que se conseguia comprando, como se faz hoje. Para tê-la, só tomando de outros, pela guerra, ou ganhando-a como recompensa pela lealdade ao senhor. No caso da Igreja, ela começou a acumulá-la desde as ofertas dos imperadores romanos Constantino e Teodósio. Também os reis franceses carolíngios lhe foram bastante generosos. A Igreja e o Estado andavam de mãos juntas, e assim ficaram ainda por muito tempo na História ocidental.

E como é que funcionava a produção naquele mundo e naquela época tão particulares? Comandando exércitos, organizando, guerreando, estavam os nobres, os senhores feudais. Plantando, colhendo, criando, fazendo os utensílios, o pão e o vinho estavam os **servos**.

Muita gente confunde servo com escravo, mas existe uma diferença fundamental entre essas duas camadas sociais. O escravo, até esse momento da História, era aquele que entregara sua força de trabalho ao credor como pagamento de dívida, como vimos na Grécia Antiga, e aquele que fora tomado cativo numa guerra de conquista, como aconteceu muitas vezes na Antigüidade. Na História mais recente, tivemos os africanos, que eram objeto de compra e venda. Já os servos eram pessoas que não possuíam nada e cujo único meio de sobrevivência estava no trabalho dentro dos feudos.

A estrutura básica de um feudo consistia na reserva senhorial, no manso servil e nas terras de uso comum. Os servos trabalhavam nas terras do senhor durante alguns dias da semana, moravam na aldeia e ti-

Ilustração do século XV mostra feudo do clero, onde se vêem camponeses trabalhando a terra: uns conduzem a parelha de bois puxando o arado; outros limpam a terra e outros semeiam. Vêem-se também monges trabalhando e o mosteiro.

nham o direito de plantar e criar para sua própria sobrevivência no manso servil. Chegavam voluntariamente às terras do feudo para se oferecerem como trabalhadores braçais e ali ficavam geralmente para sempre. A "herança" que deixavam para seus filhos era essa mesma condição. Não recebiam qualquer tipo de pagamento e eram obrigados a pagar tributos; geralmente uma parte do que produziam para si tinha de ser dada ao senhor. Embora não pudessem ser comprados ou vendidos, não eram livres. Não podiam escolher o tipo de trabalho nem o patrão. E só deixavam o feudo para qualquer finalidade com autorização do senhor.

É importante que nos lembremos de que os feudos eram auto-suficientes e não produziam excedentes. Por isso não existia comércio ou qualquer tipo de troca entre eles. Ali se verificava uma **economia de subsistência**. Nós já vimos isso antes, nas comunidades primitivas.

Como seria a vida humana nessa Europa medieval sem o trabalho dos servos? Afinal, toda a produção ficava a cargo deles. E como é que suportavam essa vida difícil, sem perspectivas de melhora para si e para seus filhos? Além de não terem nada a não ser seus instrumentos de trabalho, era difícil para eles enfrentar o exército particular de seus senhores, tão bem armados e treinados. Fora isso, a maioria acreditava fazer parte de uma ordem social imposta por Deus e que quem fosse contra essa ordem estaria cometendo um grave pecado. É claro que este era um pensamento disseminado pelos nobres com a ajuda da Igreja. Veja no que deu a apropriação do cristianismo pelos ricos.

Mesmo vivendo assim, entre a cruz e a espada, muitas vezes eles se revoltavam. Suas revoltas eram consideradas pela Igreja como **heresias**, crimes contra a fé, e geralmente acabavam sendo controladas pelos soldados dos nobres. (Veja, adiante, o item "Guerras camponesas na Alemanha".)

Estamos a mais ou menos 1.200 anos, ainda na Idade Média. Depois de um longo período de muitas

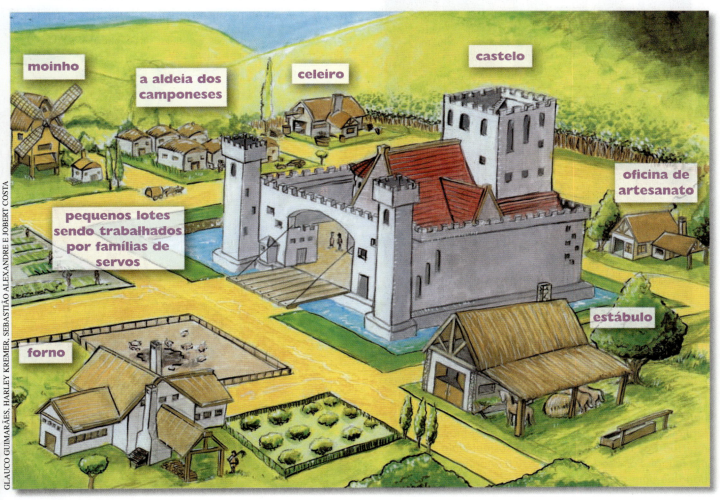

17

guerras, invasões, mortes e estagnação geral da economia, as coisas começaram a mudar na Europa. Já podemos ver as populações crescendo, o comércio sendo restabelecido e novas cidades aparecendo.

Como produzir alimentos para tanta gente? A verdade é que a fome matava muitas pessoas, principalmente crianças. Podemos assistir à reprise desse filme bem aqui, pertinho de nós, não é mesmo? A gente vê nos noticiários da TV e nos jornais: "Sobe a taxa de mortalidade infantil!"

A necessidade de aumentar a produção de alimentos estimulou a criatividade das pessoas. Foi aí que os camponeses começaram a praticar a **rotação de culturas***, inventaram os moinhos de vento e passaram a usar o cavalo para puxar o arado. Isso permitiu melhor aproveitamento das áreas de plantio e maior rapidez na semeadura e no **beneficiamento**.

Mais comida, mais saúde, mais vida. Em trezentos anos, a população da Europa duplicou. Alguns feudos estavam produzindo mais do que necessitavam, ou seja, geravam **excedentes**. Opa! Já vimos esse filme antes. Aí de novo começaram as trocas, que foram crescendo, crescendo, fazendo renascer com todo vigor o **comércio**.

Muitos servos se tornaram pequenos comerciantes. Eles já não eram tão necessários para o senhor feudal, porque a população crescia tanto em seus domínios que ficava até difícil controlá-la. Alguns até fugiam do feudo e, se não tinham a sorte de entrar para o comércio, acabavam virando salteadores nas estradas.

* As palavras e expressões em cinza são explicadas no Glossário que se inicia na página 249.

No feudalismo, os dois elementos fundamentais da manutenção do poder pelos nobres eram os exércitos e a Igreja. Os exércitos não eram novidade, mas a Igreja, mais do que nunca, constituía um sustentáculo do sistema feudal. Por isso também possuía enorme poder e era dona de uma riqueza imensurável.

18

A PRIMEIRA REFORMA AGRÁRIA RADICAL

No século V da era cristã, há cerca de 1.500 anos, assistimos à **primeira reforma agrária radical** da História. O cenário foi a Pérsia, uma das mais notáveis civilizações da Antigüidade, em uma época de guerras, epidemias e secas devastadoras. O comércio estava arruinado e a fome expulsava a população das cidades.

Claro que, numa situação assim, a miséria é tal que acaba dando no que deu. A revolta irrompeu nos campos. Os escravos, os camponeses transformados em semi-escravos e os trabalhadores livres das cidades e dos campos reagiram contra o poder dos senhores.

O líder da revolta chamava-se **Mazdak**. Em pleno feudalismo, ele proclamava a igualdade entre os homens, a distribuição igualitária dos bens produzidos e a coletivização da terra. Um movimento revolucionário de tal ordem alarmou a nobreza local. Evidente que ela promoveu a mais ampla repressão aos mazdakistas. O imperador persa Kavadh, entretanto, pensando em aproveitar-se da força do movimento para acabar com o enorme poder das grandes famílias, não permitiu que Mazdak fosse preso. Isso não impediu que a nobreza contivesse a revolução. Kavadh foi destronado, preso e julgado, mas conseguiu fugir e, com a ajuda dos hunos, recuperou o poder.

O mazdakismo continuou atuante, radicalizou-se em suas propostas e suas ações tornaram-se cada vez mais contundentes. Os camponeses ocuparam as terras dos grandes senhores, saquearam castelos e cidades, e desmantelaram muitos haréns, onde mulheres eram mantidas em clausura.

Mas o sucessor de Kavadh, seu filho Cosroes, acabou conseguindo expulsar os mazdakistas das terras que tinham ocupado e, por fim, massacrá-los completamente.

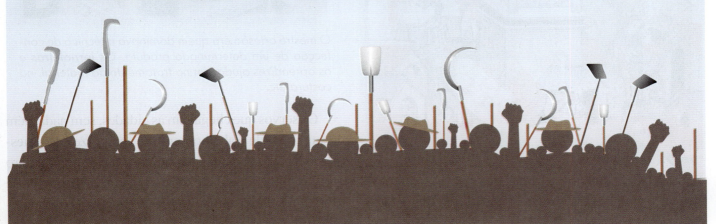

19

Terra versus capital

Pouco a pouco, o comércio foi crescendo. Primeiro, entre feudos próximos, até que se espalhou por toda a Europa. No início, trocavam-se mercadorias, mas o dinheiro acabou entrando nisso e ganhando cada vez mais importância. Nos locais de encontro dos comerciantes – as **feiras**, geralmente próximas a algum castelo –, começaram a se formar vilas, que acabavam se tornando **burgos**, verdadeiras cidades. Daí seus moradores, essas pessoas livres e que se dedicavam exclusivamente ao comércio, terem ficado conhecidos como **burgueses**. Eles foram o embrião daquela classe a que hoje nos referimos como **burguesia**.

Como todo mundo sabe, a base do comércio é a compra e venda, e seu sustento é o **lucro** obtido entre essas duas operações. Foi assim que muitos comerciantes espertos, que trabalhavam com mercadorias cobiçadas e aproveitavam as circunstâncias, ficaram ricos.

Já podemos ver nascendo nesse cenário a oposição entre a **terra** e o **capital** (o lucro mercantil), entre o **feudalismo** e o **capitalismo**. E implicava-se aí, também, uma separação não apenas geográfica, mas econômica, social e cultural, entre o **campo** e a **cidade**.

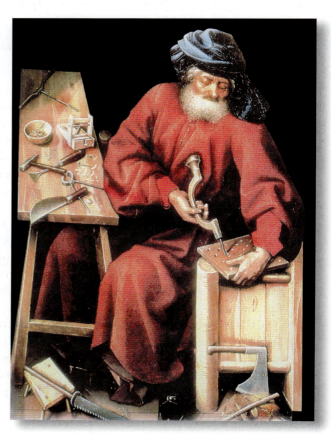

O mestre artesão era quem dominava a técnica de confecção de um determinado produto. Os **jornaleiros** e os aprendizes ajudavam no tratamento do material, na costura etc.

Os servos que chegavam às cidades, sem nada além de sua força de trabalho, iam ser aprendizes dos **mestres artesãos**, trabalhando praticamente de graça. Claro que eles tinham pelo menos a perspectiva de um dia se tornarem mestres também. Mas os negócios e as técnicas foram evoluindo, as máquinas iam sendo introdu-

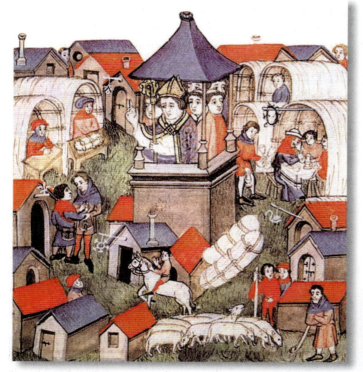

Feira medieval.

zidas para aumentar a produção. A maioria não tinha condições de acompanhar esse progresso e teria de sobreviver trabalhando para outros.

Com toda essa história que acabamos de acompanhar, fomos vendo como é que surgiram o comércio, as cidades, os burgueses, a oposição entre terra e capital, e entre campo e cidade, e o surgimento do capitalismo. Tudo muito resumidamente, porque os detalhes podemos encontrar nos livros de História e afins.

Pois bem, nessa história toda, a gente percebe, especificamente nas cidades, a origem de duas novas classes ou camadas sociais. Se no campo já vimos a existência dos senhores feudais e dos servos, agora temos os donos do capital, os burgueses, e os trabalhadores livres, aqueles que, para sobreviver, precisavam trabalhar para os primeiros.

Comparando as estruturas, será que em termos gerais alguma coisa mudou desde aquela época? A quem poderíamos comparar os senhores feudais, os servos, os donos do capital e os trabalhadoreslivres das cidades? O campo e a cidade daquela época seriam diferentes dos de hoje?

O PODER ABSOLUTO DOS REIS

Agora estamos chegando perto do começo da **nossa** história. Vamos nos introduzindo no território de uma Europa que aos poucos teve de sair de dentro de si mesma para que seus Estados pudessem tornar-se cada vez mais ricos, poderosos e competitivos.

Vamos entrando na chamada Idade Moderna, que, em termos de estrutura econômica, não mudou muita coisa, embora a economia tenha se tornado mais complexa e a sociedade estivesse mais dividida.

A maioria dos europeus continuava morando no campo e pagando tributos feudais. Ainda era a **propriedade de terras** que dava poder e prestígio. Esse período foi, na verdade, a do declínio do feudalismo. A burguesia continuou enriquecendo sem parar, muitos nobres que não conseguiram se adaptar às necessidades da época foram à ruína. É importante que percebamos que, embora a terra ainda determinasse o poder dos nobres, o dinheiro foi ganhando cada vez mais importância na vida social da Europa.

A Europa ainda era um conjunto de feudos, cada um com suas próprias leis, baseadas nos costumes, nas tradições e na vontade do senhor feudal, com seu exército particular. Mas isso mudou, com a formação dos **Estados nacionais**. O rei estendeu sua autoridade so-

A viagem de Vasco da Gama, em 1497, dobrando o cabo da Boa Esperança, no sul da África, e subindo até a Índia, abriu o caminho para o comércio com a Ásia. Cinqüenta anos depois, os europeus estavam na China.

21

Uma história de concentração de terras

Na Inglaterra do século XV, havia camponeses **arrendatários** trabalhando em boa parte das terras dos feudos. Tratava-se de uma iniciativa dos senhores que, por essa época, instituíam as leis dentro de seus feudos. Por uma espécie de contrato de arrendamento, eles utilizavam a terra em troca de prestação de serviços e pagamento de taxas ao senhor. O contrato estabelecia que seus filhos herdariam os mesmos direitos de que gozavam. O direito mais importante era o uso das terras comunais, onde podiam plantar e colocar seus rebanhos para pastar e beber água, e de onde retiravam a lenha e a madeira de que necessitavam.

Esse sistema sofreu uma mudança profunda, durante o século XVI. Os arrendatários perderam o direito ao uso das terras comunais, que foram **cercadas** e passaram a ser usadas para aumentar a renda dos senhores. Os direitos hereditários foram eliminados e os contratos de arrendamento passaram a ter prazo fixo, além de, a cada renovação, ter o valor aumentado.

Isso fez com que boa parte dos camponeses desistissem do arrendamento e se tornassem **assalariados** nas terras do senhor. E a agricultura, que era de **subsistência**, passou a ser **comercial**. A população a essa altura tinha aumentado tanto e o número de camponeses sem terra era tão grande que não faltava quem quisesse trabalhar nos feudos pelos salários miseráveis que eram pagos.

Como você vai ver adiante, o **cercamento** de terras na Inglaterra foi um processo contínuo, que culminou à época da Revolução Industrial, no final do século XVIII, então por iniciativa do próprio governo inglês. Com o aumento do preço da lã e o desenvolvimento das técnicas agrícolas os senhores foram autorizados a tomar as terras ainda em mãos dos camponeses para aumentar a criação de ovelhas. Esse processo estava em pleno acordo com a lógica do capitalismo e com o grande desenvolvimento industrial que se verificava no país.

bre todo o território da nação, instituiu a moeda única para todo o reino, passou a cobrar impostos dos senhores feudais e acabou com os exércitos particulares dos nobres, passando a comandar uma força militar única. Todos lhe deviam obediência e ele podia proibir e autorizar o que bem lhe conviesse. Estava instituído o **absolutismo** real.

No absolutismo, havia uma total intervenção do Estado na vida econômica. Este regulamentava todas as atividades: o comércio, a agricultura, o artesanato e tudo mais. A mentalidade que dominava era a de **acumulação de riquezas**. Quanto mais rica a nação, mais rico e poderoso o soberano.

A essa altura, o comércio entre os diversos povos estava bastante desenvolvido e, para uma nação, era mais importante exportar do que importar mercadorias. Sim,

porque naturalmente quem vende mais do que compra consegue acumular mais. Esse processo foi chamado de **mercantilismo**.

Por aí já dá para entender o porquê do desenvolvimento da navegação, o porquê de tanto investimento nas viagens para o Oriente, especialmente para as Índias. Tudo isso a gente encontra nos livros de História e afins, mas vale a pena percorrer esse pedaço para entendermos o que é que tem a ver com a vida das populações tantos urbanas como rurais.

Essa é a ponta do fio que levou os europeus a estabelecerem colônias em vários lugares da África, da Ásia e da América. A Espanha encampou o projeto de Colombo e conquistou um imenso império colonial, de onde conseguiu extrair muitas riquezas. E Portugal, como bem sabemos, veio dar no Brasil.

AS GUERRAS CAMPONESAS NA ALEMANHA (1525-1527)

As guerras camponesas na Alemanha foram talvez o acontecimento mais esclarecedor do estado de opressão em que o camponês vivia nesse período histórico. Vamos contar resumidamente o que foram essas guerras, baseando-nos no que contou Friedrich Engels, autor de que falaremos mais adiante.

Lá por volta dos séculos XIV e XV, a Alemanha tinha um razoável desenvolvimento industrial. Ao lado da indústria, expandia-se o comércio. Mas, afastada dos rios e estradas principais, numerosas pequenas cidades mantinham-se em condições feudais puras. Apenas a aristocracia tinha algum contato com o mundo exterior e as novas necessidades.

A Alemanha era constituída de diversos feudos, governados por príncipes. O luxo, a vida cortesã e os exércitos permanentes aumentavam cada vez mais os gastos do governo. Toda a carga tributária recaía sobre os camponeses. Os membros superiores do clero, quando não eram príncipes do Império, dominavam como senhores feudais. O papa cobrava os impostos eclesiásticos, arrecadados com rigor pelos frades. Já os pregadores do campo e das cidades, por sua origem burguesa ou plebéia, mantinham-se em contato com a massa e simpatizavam com as causas de sua gente.

As cidades apresentavam uma composição política dividida em três ramos:

- as **famílias patrícias** – mandavam nas cidades e, além de arrancar tudo o que podiam dos demais cidadãos e dos camponeses, dedicavam-se abertamente à corrupção;
- a **oposição burguesa** – compreendia tanto os burgueses como parte da pequena burguesia; limitada ao estritamente constitucional, opunha-se aos frades por sua conduta e queria acabar com a isenção tributária dos curas;
- a **oposição plebéia** – composta de burgueses falidos e dos excluídos da cidadania, entre os quais muitos **lumpemproletários**, que eram uma gente sem profissão e sem residência fixa, que se alistava no exército em tempo de guerra, mendigava pelas estradas ou ganhava a vida fazendo pequenos serviços esporádicos.

Os camponeses suportavam a opressão de príncipes, funcionários, nobreza, clero, patrícios e burgueses. Mas não podiam insurgir-se contra a situação. Várias gerações de submissão e a falta do hábito do uso de armas contribuíam para sua imobilidade. Não

A ilustração mostra Tomás Münzer à frente dos camponeses revoltosos.

tinham aliados de outras classes, porque todas os exploravam igualmente.

Para completar esse cenário, a Alemanha estava mergulhada nos debates da **Reforma Protestante**, que a dividiu em três blocos: os católicos ou reacionários; os luteranos (protestantes) ou burgueses-reformistas; e os revolucionários. Martinho **Lutero**, o cabeça da Reforma, pregava a igualdade cristã entre todos os membros da comunidade. Equiparava, pelo menos em teoria, a nobreza aos camponeses, os patrícios e os burgueses privilegiados aos plebeus. Exigia o fim dos serviços pessoais, tributos, privilégios e das diferenças mais profundas na propriedade.

Os camponeses e os plebeus formaram o **partido revolucionário**, tendo em Tomás **Münzer** seu principal porta-voz. Já aos 15 anos, Münzer havia fundado uma liga secreta que atacava a Igreja católica.

Você vai ver que Lutero logo se viu em apuros por causa de suas pregações. Foi em 1517 que ele atacou pela primeira vez as instituições da Igreja e incitou o povo à destruição do clero católico. Para os camponeses e plebeus, isso foi o sinal para a sublevação. Burgueses moderados, grande parte da pequena nobreza e até alguns príncipes foram arrastados nessa enxurrada. Foi aí, então, que Lutero se deu conta do perigo que suas pregações representavam. Quando teve de definir de que lado ficar, alinhou-se aos burgueses, aos aristocratas e à nobreza. Mas também nunca mais falou em guerra de extermínio contra os católicos.

Assim foi que a Reforma burguesa caiu na malha dos príncipes adeptos. O próprio Lutero acabou sendo chamado de "lacaio dos príncipes". Ele logo assumiu uma atitude conciliadora, culpando os governos pela insurreição, que, segundo ele, se devia à opressão que exerciam. Tentou convencer os dois lados do conflito a fazerem concessões e se reconciliarem. Tarde demais. A insurreição estendeu-se rapidamente. Faltou pouco para que a Alemanha inteira ardesse em chamas. Burgueses e príncipes, nobres e sacerdotes, Lutero e o papa aliaram-se contra o que chamaram de "hordas assassinas de camponeses".

Martinho Lutero.

A tradução da *Bíblia* por Lutero apresentava o cristianismo primitivo e simples dos primeiros séculos. Aquele que a maioria já não podia sequer saber que existira um dia. Suas palavras acabaram sendo as armas dos camponeses contra os príncipes, a nobreza e o clero.

Em 1520, Münzer encontrou uma seita, os **anabatistas**, na qual se expressava a crescente oposição das camadas inferiores da sociedade contra a situação. Ele pregava que o céu devia ser buscado em vida, que Cristo havia sido um homem comum e que a Santa Ceia não passara de um banquete comemorativo sem nada de místico. Sua doutrina política, adiantando-se alguns séculos no tempo, afinava-se com o comunismo. Exigia o estabelecimento imediato do Reino de Deus, que não era outra coisa senão uma sociedade sem diferenças de classe, sem propriedade privada e sem um Estado alheio aos membros da comunidade. Para isso, previa a fundação de uma liga que compreenderia toda a cristandade.

Perseguidos, os anabatistas percorriam a Alemanha disseminando a nova doutrina. Muitos foram torturados ou executados, mas eram perseverantes, não desistiam. Münzer acabou ligando, assim, os revoltosos do sudoeste da Alemanha, do Tirol e da Áustria. Enquanto Lutero se prendia aos interesses dos burgueses reformistas, Münzer se adiantava às idéias e reivindicações imediatas que alimentavam a massa de camponeses e plebeus.

Em fevereiro de 1525 foi desencadeada a insurreição geral. No início de março, 40 mil camponeses estavam envolvidos nas batalhas em diversos pontos da Suábia. Entre eles, os do partido revolucionário de Münzer, embora em minoria, constituíam o eixo principal. Em abril iniciaram-se as lutas na Francônia. Entre êxitos e derrotas, a crueldade em ambos os lados era a característica mais visível.

Mas a grande massa estava sempre disposta a conciliar com os senhores, desde que eles fizessem as concessões imediatas que lhe interessavam. Cansada da guerra, a maior parte dos que ainda tinham o que perder ia para casa. Os lumpemproletários que haviam se juntado à rebelião dificultavam a manutenção da disciplina e desertavam com freqüência, desmoralizando os camponeses. (Podemos dizer que aí estava o erro de avaliação de Münzer. Os camponeses não estavam preparados para a guerra e pensavam apenas em resolver seus problemas mais imediatos.)

No comando do lado inimigo, estava o astuto **Georg Truchsess**. Entendendo estar diante de uma gente pouco sagaz, já desmoralizada, com chefes quase sempre incapazes e corruptíveis, usou das artimanhas normais nessas circunstâncias para derrotar cerca de 30 mil camponeses em armas. Seus homens eram superiores em organização, disciplina e espírito militar. Além disso, quando os recursos militares não eram suficientes, a traição à base de suborno constituía a arma mais eficaz. Em julho, os camponeses se renderam.

Logo no início das primeiras insurreições na Suábia, Münzer estava na Turíngia, no sul da Alemanha, arquitetando seu plano de guerra na região. Com suas propostas radicais, ganhara a adesão da pequena burguesia. Mas ali ele não conseguiu segurar as rédeas do cavalo raivoso representado pelas massas oprimidas. A cidade de Mülhausen destituiu o conselho patrício, formou um novo e colocou-o na presidência. Essa situação constituiu um exemplo claro do que ocorre quando as coisas são feitas fora de hora. De acordo com Engels, as idéias de Münzer estavam adiantadas em relação à sua época. A classe que ele representava não estava ainda formada, portanto não podia transformar a sociedade inteira. O que acabou acontecendo foi uma revolução burguesa antes do tempo numa pequena cidade da Alemanha. Diante de uma situação tão inusitada, Münzer teve de endurecer seu discurso, refletindo um fanatismo revolucionário que supunha ser o motor que iria impulsionar a revolução que realmente desejava.

Os camponeses juntaram-se em bandos e começaram a incendiar castelos e conventos. Mas eles não estavam nem preparados nem equipados para sustentar uma guerra contra a nobreza. A indisciplina e a ausência de chefes capazes também foram determinantes para que caíssem nos engodos do inimigo. Este utilizava ardis para os quais a inocência camponesa não estava armada. A superioridade numérica das forças dos príncipes também era esmagadora. Dos 8 mil camponeses envolvidos nessa frente, 5 mil foram trucidados e os demais conseguiram escapulir. Münzer foi capturado, torturado e por fim decapitado. Tinha então cerca de apenas 38 anos.

Outras sublevações se deram na Alsácia e na Áustria, sob o comando dos emissários de Münzer. Nelas os revoltosos, apesar da inferioridade em número e armas, conseguiram obter diversas vitórias contra exércitos unidos de vários ducados e principados. E sustentaram a guerra até 1527, quando por fim foram obrigados à rendição.

Os resultados dessas guerras foram desastrosos. Quanto aos camponeses, perderam todos os direitos que haviam conquistado aqui e ali, as terras comunais lhes foram confiscadas e muitos deles foram expulsos do campo, passando a viver como mendigos nas cidades. O clero católico teve seus conventos e palácios arrasados, seus tesouros roubados, além de perder seus privilégios e posições de destaque nos governos. A nobreza, por sua vez, teve seus castelos arruinados, muitas de suas famílias estavam na miséria e tiveram de ficar na dependência dos príncipes. Estes, na verdade, acabaram sendo os menos prejudicados.

A REVOLUÇÃO INDUSTRIAL

Desde os fins da Idade Média, a burguesia inglesa vinha enriquecendo. Boa parte desse enriquecimento deveu-se a atividades de pirataria, tráfico de escravos, agiotagem e exploração dos trabalhadores nas manufaturas. E também já havia empreendimentos na indústria. Mas até o século XVIII a principal fonte de riquezas ainda era a **terra** e quem dominava a sociedade era a nobreza.

A partir de certo momento, a concorrência comercial tornou-se um nó difícil de desatar. Era necessário oferecer produtos mais baratos. Para isso a burguesia inglesa tinha de produzir mais e baixar os custos da produção. A concorrência então levou-a a aperfeiçoar as máquinas e a investir nas indústrias. O aperfeiçoamento das máquinas foi um marco na história humana.

A Revolução Industrial, que teve início na Inglaterra, por volta de 1760, foi o marco fundamental da grande virada da burguesia. O uso de novas fontes de energia deu lugar ao aperfeiçoamento das máquinas, o que permitiu o aumento da produção, a ampliação da divisão e especialização do trabalho. Significou também o desenvolvimento do transporte e da comunicação e a aplicação da ciência na indústria. Mas, sobretudo, representou um processo de mudança na economia: a terra não era mais a principal fonte de riqueza; a produção em grande escala passou a ser dirigida para o mercado internacional e o capitalismo ficou consolidado como sistema dominante.

O camponês virando operário

Mas a burguesia necessitava também de mão-de-obra abundante e barata. Onde consegui-la? O capitalismo em expansão, com o grande aumento das populações nas cidades, estimulou os fazendeiros a ampliarem as áreas de cultivo. Para isso eles ocuparam as terras onde moravam os camponeses. Você está lembrado daquela história dos arrendatários, do **cercamento** da terra? Pois é, novos cercamentos obrigaram grande parte dos camponeses a ir viver na cidade. Aqui de novo um caso de êxodo rural. Para não morrerem de fome, eles tiveram de resignar-se a trabalhar nas fábricas, em troca de pequenos salários.

Por outro lado, como os artigos eram confeccionados com muito maior rapidez e com um custo mais baixo nas fábricas do que nas oficinas dos artesãos, também estes foram, aos poucos, se tornando operários.

Foi assim, portanto, que a burguesia resolveu seu problema de mão-de-obra abundante e barata. O **êxodo rural** e o aniquilamento dos artesãos são característicos dos processos de industrialização e fazem parte do desenvolvimento do capitalismo. Você vai ver como isso vai se dar no Brasil do século XX.

A Revolução Industrial deu início às lutas operárias no mundo. No começo, artesãos invadiram fábricas e destruíram máquinas. Parece coisa de louco, não é? Mas essa ação simbolizava a revolta dos artesãos contra a indústria moderna, contra as máquinas que representavam sua ruína e sua submissão ao trabalho nas fábricas.

Aos poucos foram surgindo as organizações da classe operária. As associações de ajuda mútua foram a semente dos sindicatos. Estes eram os principais instrumentos para as **lutas econômicas** dos trabalhadores. Nesse momento da evolução de sua consciência, eles ainda não se reconheciam como força política capaz de en-

Fábrica de tecidos na Inglaterra do século XVIII. As máquinas a vapor, inventadas pelo operário James Watt em 1775, deram enorme impulso ao desenvolvimento industrial do país.

frentar os governos que permitiam mantê-los nas péssimas condições em que viviam. Por isso suas principais exigências eram aumento de salário, diminuição da jornada de trabalho, reivindicações que eram importantes para a resolução de seus problemas imediatos.

Muitos trabalhadores eram presos e até mortos pela polícia durante greves e manifestações. A partir de 1830, operários, artesãos e até pequenos burgueses formaram um movimento chamado **cartismo**, cuja principal reivindicação era o direito de voto para todos os homens. Isso representava uma evolução da consciência dos trabalhadores para além dos problemas imediatos. Eles não tinham representantes no governo. Não podiam elegê-los porque o voto só era permitido aos cidadãos ricos. Sem representantes no governo, jamais poderiam aprovar leis que os favorecessem. Deu pra ter uma idéia da situação?

O movimento cartista organizou comícios gigantescos em Londres, mas foi somente em 1867 que os operários especializados e a pequena burguesia conquistaram o direito de voto.

REVOLUÇÃO FRANCESA: SAI A NOBREZA, ENTRA A BURGUESIA

No final do século XVIII, cerca de 85% da população da França trabalhavam nas terras de um nobre ou de alguma ordem católica, ainda nas terríveis condições do feudalismo. A maioria da população urbana, ou seja, artesãos, operários e pequenos comerciantes – estes últimos conhecidos como *sans-culottes* –, também enfrentava muita miséria. Os impostos não deixavam muito capital para os burgueses investirem. E o governo, além de sustentar o luxo da nobreza, vivia envolvido em guerras. Em 1786, o rei liberou a venda dos tecidos ingleses na França, o que contrariou muito a burguesia francesa, que se viu prejudicada com a concorrência a seus procutos.

Nos três anos seguintes, a produção agrícola foi muito prejudicada por enchentes, secas e nevascas. As famílias camponesas passaram por maus bocados. Com as perdas de grãos, os preços dos alimentos foram às alturas. Nas cidades, a comida virou ouro e a França

Do inferno do campo para o inferno da cidade

"Grandes cidades, como Londres e Paris, encheram-se de favelas e cortiços. Os pobres se amontoavam em bairros onde o esgoto e os ratos disputavam as ruas com os pedestres. A máquina a vapor dispensava a força física. Com ela, o operário não precisava ser musculoso. Bastava agüentar ficar em pé controlando os mecanismos. Por causa disso os patrões preferiam o trabalho das mulheres e principalmente das crianças, que recebiam pagamento menor pelo mesmo serviço de um homem adulto. Quase todas as fábricas do começo do século XIX empregavam crianças. Meninos e meninas até mesmo de 7 anos de idade ficavam de dez a doze horas por dia suportando o frio úmido, sem comer direito, respirando um ar poluído de fuligem, apanhando do capataz. Jamais iam à escola nem brincavam. Acidentes de trabalho mutilavam dedos, mãos e braços. Muitas delas não resistiam e morriam." (Mario Schmidt, *Nova História Crítica*, 7.ª série, p. 112.)

Você já viu esse filminho de trabalho infantil se repetindo bem perto de nós...

era a própria imagem da ruína. As guerras, a manutenção do exército, a construção de palácios e a concessão de privilégios às famílias nobres haviam esgotado os cofres do Estado. As dívidas se acumularam e ficaram maiores do que a arrecadação de impostos.

Os nobres não quiseram nem saber, quando sugeriram que eles começassem a pagar impostos. Aí então o rei resolveu convocar a Assembléia dos Estados Gerais, da qual os artesãos e os camponeses estavam excluídos. Em maio de 1789, a nobreza, com a maior cara-de-pau, propôs que a burguesia, a classe média, os camponeses e os *sans-culottes* pagassem mais impostos ainda. E deu no que deu. Uma multidão ganhou as ruas e invadiu os arsenais, levando consigo milhares de armas. E foi aquela história toda da **Queda da Bastilha** etc. etc. A Revolução Francesa estava no ar. Era 14 de julho de 1789.

No interior, camponeses invadiram castelos e tomaram terras. A revolta no campo alarmou a Assembléia, que decretou o fim de todos os privilégios feudais. Mudanças profundas favoreceram os burgueses, os *sans-culottes*, a pequena burguesia e os camponeses. Mas os burgueses foram os principais beneficiados: mantiveram o direito à propriedade privada e ganharam a liberdade de mercado, com o fim dos monopólios mercantilistas. E os camponeses continuaram sem terra. Adivinhe quem ficou com as terras da Igreja...

A nobreza e os reis absolutistas da Europa temiam que a revolução se espalhasse. A Áustria e a Prússia uniram-se para invadir a França. Os nobres franceses que estavam asilados em outros países resolveram embarcar nessa canoa. Era 1792. Todos os franceses homens foram convocados para a defesa da revolução e deram conta do recado. O rei foi preso e ficou aguardando julgamento.

A França passou a ser governada por uma Convenção eleita e todos os homens com mais de 21 anos podiam votar. As mulheres? Continuaram fora. Dos três partidos da Convenção, dois representavam a alta burguesia: a Gironda e a Planície. O terceiro, a Montanha, cujos membros eram chamados de **jacobinos**, representava a pequena burguesia e defendia também os interesses dos *sans-culottes* e dos camponeses.

As potências européias sentiam-se ameaçadas. Não podiam permitir que aquela onda atingisse seus territórios. Uniram-se sob a liderança da Inglaterra e invadiram a França. Enquanto os exércitos inimigos avançavam com rapidez, os jacobinos propunham tomar dos ricos para equipar o exército e limitar o aumento do preço dos cereais. Claro que os girondinos foram contra, mas acabaram sendo responsabilizados pelas derrotas francesas. Foi quando milhares de *sans-culottes* invadiram a Convenção e colocaram o poder nas mãos dos jacobinos.

A revolução dependia do apoio popular. Assim, entre várias medidas, foi aprovada uma lei que proibia o aumento do preço do pão e uma nova Constituição, que incluía

A Queda da Bastilha é o símbolo da Revolução Francesa. A Bastilha era uma prisão onde ficavam trancafiados os opositores do absolutismo francês. Ao tomá-la, os revolucionários franceses emblematizaram o fim da opressão pela nobreza.

o direito de todos ao voto, ao trabalho e à educação. Também foram criados impostos para os ricos, visando socorrer os desempregados e os velhos. As terras dos nobres fugidos foram distribuídas para as famílias camponesas. Finalmente os pobres, a grande maioria da população, estava sendo atendida. Mas até quando?

Para enfrentar a violência da contra-revolução, os jacobinos tomaram medidas que, em seu conjunto, representaram maior violência ainda. E contra seu próprio povo. Simples suspeitos eram condenados à guilhotina. A intransigência dos líderes jacobinos atingiu os *sans-culottes*, que foram proibidos de se associarem. Isso representou o isolamento do governo. Num golpe preparado pela Planície, que era o partido "moderado" da alta burguesia, os jacobinos foram presos e executados sem julgamento.

Depois disso, a burguesia ainda percorreu um longo caminho, incluindo a ditadura de Napoleão Bonaparte e a volta dos reis absolutistas. Em 1830 uma nova rebelião em Paris levou à renúncia de Carlos X. Assumiu o trono francês Luís Filipe de Orléans, que não era exatamente um absolutista e durante cujo reinado o país viveu um crescimento econômico e industrial importante, que deu prestígio ao novo rei.

Mas em 1848 a França passou por uma grave crise. Muitas empresas faliram, cresceu o desemprego e os salários caíram. Além disso, as más colheitas e a escassez de alimentos geraram uma nova revolta. Operários, artesãos, estudantes e pequenos burgueses encheram as ruas de Paris. Era a **Revolução de 1848**. Luís Filipe foi derrubado e a França voltou a ser uma república.

No governo provisório que se formou havia desde burgueses liberais até um grupo de socialistas, que defendiam reformas, como o direito de voto para todos e a criação de empregos em oficinas de artesanato do Estado. A solução para este segundo problema exigia a cobrança de mais impostos da burguesia. Isso era impensável. Os operários se rebelaram e foram massacrados. Apoiado pela alta burguesia e pelos militares, Luís Bonaparte deu o golpe, em 1852, e tornou-se um ditador para em seguida ser coroado Napoleão III.

Nesse vaivém de monarquia a república e de república a monarquia, a burguesia industrial saiu fortalecida, consolidando finalmente seu poder.

A revolta de 1930 em Paris, que terminou com a renúncia de Carlos X e a coroação de Luís Filipe.

Utopia x Ciência

Na esteira da Revolução Industrial da Europa, surgiram, por volta de 1830 e 1840, alguns pensadores ingleses e franceses chamados de **socialistas**. Embora defendessem idéias distintas, tinham uma em comum: a economia de um país não deveria estar voltada aos interesses de uma única classe (no caso, a burguesia), mas aos de toda a sociedade. Eles acreditavam, então, numa organização social planejada para construir uma nova sociedade, mais justa, mais harmônica, mais racional, na qual todos seriam livres, iguais e viveriam tranqüilamente. Essas mudanças sociais poderiam ser realizadas pela boa vontade dos empresários, pela criação de pequenas comunidades exemplares ou por pessoas que se dispusessem a realizá-las. Eram os que foram chamados por Marx e Engels de **socialistas utópicos**, porque suas idéias podiam ser muito bonitinhas mas eram irrealizáveis. Entre eles estavam o francês Charles Fourier e o inglês Robert Owen.

Karl Marx e Friedrich Engels, pensadores alemães, também eram socialistas, mas consideravam-se **socialistas científicos**. Para eles, somente o estudo científico da sociedade poderia possibilitar o desenvolvimento de uma teoria capaz de explicá-la e mudá-la. A partir de suas análises, somente o proletariado tinha condições de transformar o mundo. Suas idéias foram divulgadas inicialmente no *Manifesto comunista*, de 1848. Mais tarde, estudando as condições do proletariado do país mais industrializado da época, a Inglaterra, Marx criou a teoria da **mais-valia**. Por meio de cálculos complexos, ele provou que o valor do trabalho de um operário é sempre maior do que o salário que ele recebe. A diferença entre esses valores é a mais-valia, que vai de graça para o bolso do capitalista. A mais-valia é, portanto, a parte do trabalho não-pago pelo patrão, que é expropriada do trabalhador. Ora, tudo que tem valor de troca na sociedade – os alimentos, a casa, os itens manufaturados das fábricas, até mesmo as idéias – é fruto do trabalho humano. E por que os trabalhadores não têm quase nada e não podem muitas vezes comprar o que eles mesmos produzem? Para Marx o motivo é a **expropriação capitalista do trabalho**.

Mas o capitalismo, segundo ele, traz em si o germe de sua própria destruição. A concorrência entre as empresas levaria a economia ao caos. Crises econômicas profundas, com falências, desemprego, mais miséria e mais violência, abalariam o sistema. Esse seria o momento em que o proletariado organizado poderia assumir o controle da sociedade e fazer a revolução. Seria o fim da exploração do homem pelo homem.

Marx foi mais longe, ao tratar da questão da consciência de classe do proletariado. Falou no avanço da consciência de classe diante de seus problemas imediatos para uma outra consciência, que é a da força política do proletariado para resolver os problemas gerais da sociedade. Falou também no domínio ideológico exercido pela burguesia sobre a classe operária: tendo nas mãos o controle das escolas, dos meios de comunicação, da Igreja etc., a burguesia impõe seus valores a todo o resto da sociedade.

Uma questão importante abordada por Marx foi a das condições objetivas da revolução proletária. Para ele, a revolução só poderia ser feita em países onde a indústria estivesse bastante desenvolvida, contando portanto com uma classe operária numerosa, capaz de fazer frente ao poder.

GLAUCO GUIMARÃES
Você é um *hippy* antes do tempo!

Imperialismo: novo colonialismo

Lá pelo final do século XIX as inovações tecnológicas andavam a todo vapor nas grandes potências. Os motores a combustão interna, a energia e a lâmpada elétricas, tudo vinha contribuir para uma enorme expansão da indústria. Além disso, a siderurgia e a indústria química representaram um enorme avanço para a produção de máquinas, como a locomotiva, o trator, o automóvel, e de derivados de petróleo.

Surgiram poderosíssimas empresas, que asseguravam para si o monopólio ou a exclusividade na produção e venda dos itens que fabricavam. Isso gerou o chamado **capitalismo monopolista** nas grandes potências mundiais: Inglaterra, Estados Unidos, França e Alemanha. Por exemplo, uma empresa como a Standard Oil controlava, no início do século XX, a grande maioria do refino, comércio e exportação do petróleo norte-americano.

Depois disso, surgiu a **cartelização**, um acordo entre os monopólios para dividir o mercado mundial entre si. Por esse acordo, por exemplo, se um monopólio alemão concorria com um norte-americano, um não vendia no "território" do outro, que na verdade abrangia uma porção de países.

Mas chegou um momento em que a produção era tão grande que elas não conseguiam vender tudo. Havia uma **superprodução**. Tiveram de diminuir a produção e demitir muitos empregados. No final do século XIX, os grandes da Europa e os Estados Unidos viveram problemas econômicos gravíssimos.

A solução encontrada foi investir no exterior. Investir na África, na Ásia ou na América Latina tornou-se um grande negócio. Foi assim que os capitalistas belgas foram extrair minério no Congo, os ingleses foram construir ferrovias na Índia e bondes no Brasil etc., etc. A Inglaterra tinha interesses nas ferrovias indianas, porque elas iriam transportar o algodão produzido lá até os portos. E a Bélgica recebia o minério congolês bem baratinho, já que ele era extraído por uma mão-de-obra miseravelmente paga. E vai por aí afora. Leva um ano pra contar aqui o que significavam esses investimentos estrangeiros nos países pobres do mundo todo. Esses são apenas alguns exemplos para dar uma idéia da conjuntura da época.

A palavra **imperialismo** começou a ser usada para nomear o domínio das potências industriais européias a partir de 1870. Mais para o final daquele século, teve início a política imperialista norte-americana no Pacífico e na América Latina. Quando começou a Primeira Guerra Mundial, toda a África e grande parte da Ásia estavam sob ocupação ou dominação política e econômica de países europeus, do Japão e dos Estados Unidos.

Após a Segunda Guerra Mundial, com a descolonização da África e da Ásia, o imperialismo passou a ter o caráter de hegemonia política e econômica das duas superpotências mundiais, a União Soviética e os Estados Unidos, durante a chamada Guerra Fria. Você vai ler sobre isso mais adiante.

A contrapartida operária. Cartaz da Internacional Socialista convoca os sindicalistas de todo o mundo para seu congresso de 1896.

A reforma agrária mexicana

Em 1910, a concentração de terra no México alimentava o ódio dos camponeses. O governo de Porfirio Díaz, de 1876 a 1880 e de 1884 a 1911, escancarou as portas do país ao capital estrangeiro para a exploração dos recursos naturais nacionais e a produção de artigos de exportação. Respaldado pelos latifundiários e pelo regime de ditadura, Díaz pretendia revolucionar o campo mexicano, transformando as grandes propriedades em modernas agroindústrias, a exemplo do que fora feito na Europa e nos Estados Unidos.

Sob a liderança de Emiliano Zapata, um mestiço de índios e espanhóis, os camponeses mexicanos fizeram uma revolução pela qual buscavam recuperar as terras que haviam sido arrancadas de seus ancestrais durante o período colonial e o século XIX. Os revolucionários eram contra a transformação das grandes propriedades rurais em agroindústrias, com a substituição do trabalho humano pelas máquinas. Eles queriam uma reforma agrária que significasse uma volta ao antigo sistema indígena de parcelamentos (os *ejidos*).

Os sucessivos governos prometiam e não realizavam a reforma agrária. Zapata lançou então um manifesto que se tornou um símbolo da luta pela reforma agrária na América Latina. A nova Constituição mexicana de 1917 apresentou um caráter fortemente nacionalista, trazendo consideráveis concessões aos trabalhadores urbanos e uma reforma agrária, embora esta não tivesse a radicalidade pretendida por Zapata. A essa altura um milhão de vidas haviam sido perdidas na luta dos camponeses.

Zapata, mestiço de índio com branco, um camponês analfabeto nas lides do poder (com o sombrero no joelho).

O processo de reforma agrária no México só foi retomado no período 1934-1940, durante o governo de Lázaro Cardenas. Cerca de 70% das terras agricultáveis do país foram distribuídas a 750 mil famílias. Dessa forma, supunha-se que não deveriam haver mais sem-terra nem latifundiários. Porém, apesar do limite máximo de 200 hectares por propriedade, latifundiários colocaram suas terras em nome de parentes e amigos, conseguindo dar aquele "jeitinho" para terem propriedades muito maiores. Muitos agricultores pobres, por outro lado, sem assistência do governo para tocarem a produção, acabaram vendendo seus lotes. Atualmente existem no país cerca de 4 milhões de sem-terra e 56% das terras estão nas mãos de 4 mil proprietários e especuladores.

A reforma agrária mexicana deixou uma lição: não basta distribuir as terras; é preciso oferecer condições para manter os trabalhadores nelas. **(FC:** *Viva Zapata!***)**

O imperialismo norte-americano estava implícito na palavra de ordem "Abaixo o imperialismo!" que os estudantes brasileiros gritavam nas passeatas de 1968.

Nesse contexto de imperialismo, vamos observar o crescimento do outro pólo dessa contradição, sob a influência do marxismo. A oposição ao sistema capitalista, consubstanciada na organização dos trabalhadores em sindicatos, partidos e exércitos rebeldes, fez a história do século XX. As revoluções e movimentos gerados na conjuntura internacional dividiram o mundo em dois sistemas distintos: o capitalismo e o comunismo. No interregno entre uma e outra revolução socialista, uma guerra mundial foi deflagrada, representando a disputa de mercados entre blocos imperialistas.

RÚSSIA: O PRIMEIRO DESAFIO SOCIALISTA

No começo do século XX, a Rússia era ainda um país feudal, que fazia parte de um império vastíssimo. Seu território pertencia quase todo à nobreza. A maioria da população (80%) vivia no campo. Muito poucos sabiam ler e escrever. Uma enorme distância social separava os ricos (nobres) dos pobres (camponeses e operários). A burguesia russa estava em seus primeiros passos. Em São Petersburgo e Moscou podia-se verificar um razoável desenvolvimento industrial.

Em alguns países da Europa, os operários organizados já haviam conquistado certa proteção social. Mas na Rússia eles lembravam os da Inglaterra do começo da Revolução Industrial. Seus operários ainda viviam uma situação perto da de escravos. Não havia no país partidos políticos nem parlamento nem constituição. Mas formou-se clandestinamente um partido oposto à ordem estabelecida: um partido que seguia as idéias de Marx.

Enquanto a Rússia enfrentava duas guerras, uma contra o Japão (1904) e a Primeira Guerra Mundial (1914-1918), as dificuldades do povo iam se tornando tão insuportáveis que criaram as condições para uma mudança geral na sociedade. Em 1905 houve uma tentativa de revolução, mas ela foi derrotada.

Em 1917 o cenário russo era desolador. Centenas de milhares de soldados mortos na guerra, filas imensas se formavam nas ruas das cidades para comprar o pão racionado a um preço altíssimo. Os camponeses, por sua vez, tinham de compensar a ausência dos filhos, que serviam nos *fronts* da guerra, trabalhando muito mais. Mas a opulência da nobreza e da burguesia não era afetada. Dá para entender o que aconteceu em seguida.

No dia 8 de março de 1917, uma passeata de operárias de São Petersburgo acabou juntando muitas outras pessoas até que se formasse uma multidão de mais de um milhão de pessoas. A insatisfação era geral. Essa

Em 7 de novembro de 1917, o proletariado tomava o poder na Rússia. Colocava-se então o desafio do socialismo em um país atrasado. Muito sangue ainda seria derramado para que o país se tornasse a segunda potência mundial.

imensa massa gritava por liberdades, melhores salários, reforma agrária e pela retirada total da Rússia do *front* de guerra.

Chegou a repressão, mas, para pasmo dos comandantes das tropas, os soldados recusaram-se a atirar e juntaram-se à multidão. Isso levou o tzar (o imperador russo) a renunciar e, logo depois, ele foi aprisionado.

A Rússia se tornou uma república democrático-burguesa. Abriu-se o campo para os partidos políticos, acabou a censura à imprensa, os presos políticos foram todos libertados e os exilados políticos tiveram permissão para retornar ao país.

Mas o governo democrático-burguês não conseguiu avançar muito além. Continuava o racionamento da comida, a burguesia e a nobreza latifundiária permaneciam incólumes. Além disso, a Rússia continuava na guerra. Foi um balde de água fria na euforia popular. Mas o **Partido Bolchevique**, com **Lênin**, **Trotsky** e **Stálin** à frente, não se deu por vencido. Em todo o país seus membros prosseguiram atacando a burguesia, agitando, organizando, estimulando a revolta generalizada e lutando por uma nova ordem social e política no país.

Na madrugada de 6 para 7 de novembro de 1917, as tropas organizadas pelos bolcheviques tomaram São Petersburgo e Moscou. Como os soldados e o povo em geral estavam com os revolucionários, não deu outra: estava feita a revolução que iria dar lugar ao primeiro governo socialista no mundo. O proletariado estava enfim no poder.

Você já imaginou como o mundo capitalista recebeu essa nova? Eram os operários e os camponeses no poder, era a **ditadura do proletariado**, pregada por Marx e Engels. Mas como foi que se deu a continuidade dessa revolução? Não foi fácil. Deu-se às avessas do que seus mentores pregavam. Num país industrialmente muito atrasado, era preciso agora construir as bases sobre as quais estabelecer o novo poder. A Rússia socialista iria enfrentar uma feroz oposição interna e externa. (**FC:** *Reds*)

A SEGUNDA GUERRA MUNDIAL

A guerra mais violenta de todos os tempos, que durou de 1939 a 1945, teve como causa, assim como a de 1914–1918, o conflito de interesses entre os países imperialistas. Mas apresentou, acima de tudo, dois aspectos políticos fundamentais: envolveu a luta entre

A Segunda Guerra Mundial foi uma voraz luta de conquista e defesa de mercados. Se antes os homens lutavam entre si pela terra, agora eles se engalfinhavam pelos mercados. Então, pergunte aos cidadãos de Hiroxima e Nagasáki, aos milhões de cidadãos da Europa que viram suas casas e suas famílias destruídas pela guerra, aos judeus do holocausto o que é que eles tinham a ver com tudo isso...

países capitalistas ditos democráticos e países capitalistas nazifascistas. Dela participou uma potência socialista, a União Soviética, contra estes últimos. Vale lembrar que 85% das forças alemãs foram destinadas à luta no *front* russo e que foi ali que a Alemanha nazista começou a perder a guerra.

Ao fim do conflito, em 1945, contavam-se 60 milhões de mortos e outros milhões de mutilados. A Europa havia virado um monte de escombros. O Japão teve duas cidades arrasadas pelas bombas atômicas lançadas pelos Estados Unidos. Os grandes beneficiados com essa grande tragédia foram os Estados Unidos. A não ser em Pearl Harbor, não sofreram outros bombardeios em seu território. Sua indústria bélica teve um incrível crescimento e arrastou consigo o desenvolvimento dos setores siderúrgico e petrolífero, além das indústrias química, de motores e equipamento elétrico. O país se tornou decididamente o mais rico e poderoso do mundo.

A União Soviética, por sua vez, havia perdido 25 milhões de sua população nos campos de batalha. O território em ruínas precisava ser reconstruído. Mas ela já aparecia como a segunda potência mundial. Além disso, os partidos comunistas de vários países do Leste Europeu haviam tomado o poder. Por isso a União Soviética não estava mais isolada.

Sem dúvida, a principal conseqüência da Segunda Guerra Mundial foi a rivalidade que gerou entre os países capitalistas e socialistas. Nas cabeças estavam, de um lado, os Estados Unidos, de outro, a União Soviética. Essa rivalidade veio a ser conhecida como **Guerra Fria**.

A GUERRA FRIA

Como você viu, durante a Segunda Guerra Mundial, o objetivo comum de derrotar o nazismo uniu capitalistas e comunistas. Mas isso acabou ali mesmo. Terminada a guerra, iniciou-se a disputa entre os Estados Unidos e a União Soviética por zonas de influência no mundo. Foi a chamada Guerra Fria, que provocou uma corrida armamentista por quarenta anos e colocou o planeta sob a ameaça da guerra nuclear.

HUMBERTO BARBOSA

Os norte-americanos passaram a seguir a **Doutrina Truman**, pela qual os Estados Unidos assumiram a defesa do capitalismo contra o comunismo no mundo. Dentro dessa orientação eles prestaram ajuda econômica aos países arrasados pela guerra.

A União Soviética, por sua vez, isolou-se atrás da chamada "cortina de ferro", junto com os governos comunistas do Leste Europeu.

Essa política de defesa do capitalismo pelos Estados Unidos passou depois a ser propagandeada para o mundo como a defesa da democracia. Foi com essa desculpa que eles participaram nas guerras da Coréia e do Vietnã, e ajudaram a instalar diversas ditaduras na América Latina.

Em 1949, os soviéticos explodiram sua primeira bomba atômica e iniciaram a **corrida nuclear**. No mesmo ano, as superpotências do lado capitalista criaram um bloco militar, a Otan (Organização do Tratado do Atlântico Norte). Era a Guerra Fria ganhando maior amplitude. Os norte-americanos então testaram novas armas nucleares e, em 1952, explodiram a primeira bomba de hidrogênio. Três anos depois, a União Soviética lançou a sua e criou o Pacto de Varsóvia, organização com a mesma finalidade da Otan, em defesa do bloco socialista. Muitos bilhões de dólares foram gastos pelos dois lados durante essa disputa em pesquisa e fabricação de armamentos, navios, aviões, helicópteros, tanques cada vez mais sofisticados.

Ainda no contexto da Guerra Fria, Estados Unidos e União Soviética estiveram envolvidos direta e/ou indiretamente em várias outras revoluções e golpes de Estado na África e na América Latina. Em 1973, as superpotências concordaram com uma desaceleração na corrida armamentista, que ficou conhecida como **Détente**. O acordo terminou em 1979, com a invasão do Afeganistão pela União Soviética.

Em 1985, a subida ao poder do líder soviético Mikhail Gorbatchev, com sua política de transparência e democratização, diminuiu a tensão entre as duas superpotências.

O final da Guerra Fria foi simbolizado pela queda do Muro de Berlim, em 1989. A partir daí o mundo conheceu a reunificação da Alemanha e a dissolução dos regimes comunistas do Leste Europeu. A própria União Soviética desintegrou-se em 1991. Hoje as contradições dividem o mundo entre o hemisfério Norte, que reúne os países desenvolvidos, e o hemisfério Sul, onde se encontra a maioria dos países subdesenvolvidos.

O Muro de Berlim

No final da Segunda Guerra Mundial, a Alemanha foi dividida em quatro zonas de ocupação. O lado oeste ficou com o Reino Unido, os Estados Unidos e a França, e o lado leste, com a União Soviética. O mesmo aconteceu com a capital, Berlim.

Em 1948, as zonas sob ocupação das potências capitalistas foram unificadas. Os soviéticos, então, bloquearam o acesso por terra à cidade, exigindo que ela fosse inteiramente anexada à sua zona. Foram onze meses de bloqueio nos quais a cidade foi abastecida por aviões. No ano seguinte foram

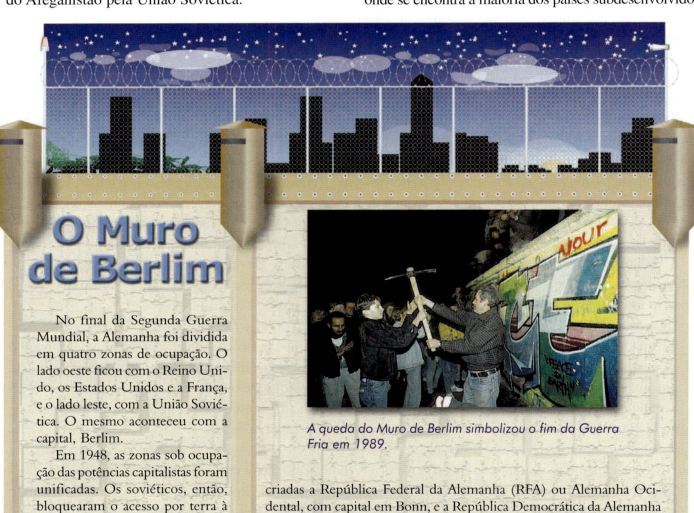

A queda do Muro de Berlim simbolizou o fim da Guerra Fria em 1989.

criadas a República Federal da Alemanha (RFA) ou Alemanha Ocidental, com capital em Bonn, e a República Democrática da Alemanha (RDA) ou Alemanha Oriental, com capital em Berlim Oriental.

Até 1961, quase 3 milhões de alemães orientais haviam fugido para o lado ocidental. Isso deu origem à construção de um muro separando os dois lados da cidade. Dois terços da população berlinense ficou confinada no setor soviético da cidade.

CHINA: UMA REVOLUÇÃO POPULAR

Em quatro mil anos de história, os chineses realizaram feitos magníficos e estabeleceram uma cultura admirável. Foi durante a dinastia Ming (1368-1644) que eles tiveram seus primeiros contatos internos com os povos ocidentais.

Imagine que a viagem de Vasco da Gama à Índia, em 1497, representou uma virada na história daquele país que só muito mais tarde se poderia avaliar. Cinqüenta anos depois, os portugueses estabeleceram no litoral chinês um pequeno posto comercial, Macau. Logo chegariam os holandeses e os espanhóis, cada qual querendo estabelecer postos privilegiados para o comércio com a China. Ao mesmo tempo, missionários católicos introduziam no país a cultura do Ocidente.

Na dinastia Ching (1644-1912), a China foi dominada em definitivo pelos manchus até 1912. A Companhia de Jesus e outras ordens religiosas conviviam com o confucionismo. O comércio estava então limitado aos portugueses e holandeses. Os ingleses, porém, impuseram sua presença e domínio comercial em alguns pontos do sul do país.

Vale a pena conhecer um pouquinho do que era o imperialismo naquela época. No início do século XIX, a Inglaterra já era responsável por 80% do comércio exterior chinês, e a importação mais importante era o **ópio**. A contragosto do governo chinês, o ópio entrava em contrabando no país com a conivência de funcionários corruptos.

O imperador acabou decidindo proibir o tráfico e a resposta inglesa foi uma guerra que durou três anos (1839-1842) e só findou porque o governo chinês assinou um tratado concordando com as condições impostas pelo imperialismo britânico.

Imagine você a Inglaterra obrigando os chineses a comercializar uma droga! Foi nesse tratado que eles cederam Hong Kong ao Reino Unido, abriram ao comércio três importantes portos e aboliram a agência que realizava o controle e a prevenção do uso do ópio, e ainda assumiram uma *indenização pelos prejuízos causados ao comércio britânico!* Os Estados Unidos, a França, a Bélgica e a Suécia embarcaram nessa onda para concluírem "acordos" semelhantes com a China.

Não satisfeitos, os ingleses forçaram o governo chinês a legalizar o uso do ópio, a estabelecer o direito de residência em Pequim aos seus embaixadores e funcionários, e a autorizar o livre trânsito de estrangeiros no interior do país, entre outras arbitrariedades. Em 1859, inconformados, os chineses impediram o acesso dos diplomatas ingleses a Pequim. Mas novamente o Ocidente venceu e impôs aos chineses outra situação de humilhação.

Os estrangeiros acabaram tendo uma situação privilegiada. Mais de oitenta portos foram abertos ao comércio exterior. Eles possuíam seus próprios tribunais. Zonas separadas de cidades litorâneas importantes eram cedidas às potências estrangeiras em forma de concessão. Outras investidas viriam do lado do Japão, da Rússia, da França, da Inglaterra e da Alemanha. A China aos poucos ia sendo retalhada ao gosto do Ocidente. Dizem até que no portão de entrada de um clube inglês na China podia-se ler um aviso: "É proibida a entrada de cães e de chineses".

Em 1900, veio a Revolução dos *Boxers*. Sob o lema "Proteger o país, destruir os estrangeiros", os chineses, em torno das sociedades secretas dos Punhos da Justiça, passaram a massacrar os missionários cristãos europeus e os convertidos da terra. Mas ao fim de dois meses as potências estrangeiras entraram em Pequim e dispersaram os *boxers*, obrigando o país a novos acordos, novas humilhações.

Além dos problemas com os inimigos externos, entre os quais os russos, o país viveu conflitos internos, no período, que viriam a terminar com a deposição dos imperadores manchus em 1912. Massas de camponeses empobrecidos, trabalhadores urbanos e mineiros envolveram-se nesses conflitos. Os nacionalistas chineses, liderados por **Sun Yat-sen**, chefiaram a revolta que finalmente proclamou a república. O **Kuomintang**, Partido Nacionalista, pregava o estabelecimento de um Estado democrático e a modernização econômica da China.

Após a morte de Sun Yat-sen, em 1925, o Kuomintang passou para o comando de Chiang Kai-shek, que

Mao Tse-tung liderou milhares de camponeses na Longa Marcha e, após um período de trégua com o governo, para lutar contra os japoneses, entrou em Pequim em 1949 para, junto com os guerrilheiros do Exército Vermelho, tomar definitivamente o poder.

se aproximou dos países ocidentais para garantir seu próprio domínio político. Mas havia um novo e forte rival para seu governo: o **Partido Comunista da China** (PCC). Os comunistas recebiam cada vez mais apoio da população. O Kuomintang então passou a persegui-los, assassinando-os aos milhares. Eles iniciaram então a **Longa Marcha**, liderados por **Mao Tse-tung**.

Foram 6 mil quilômetros que percorreram a pé enfrentando, por mais de duzentas vezes, as tropas de Chiang Kai-shek, o deserto, a neve e a floresta. (Você vai ver que na história do Brasil houve, antes desta, uma marcha semelhante, a da Coluna Prestes, que percorreu 25 mil quilômetros.)

Mas em 1937 um inimigo comum levou os comunistas a uma trégua com o governo. O Japão havia declarado guerra total ao país, numa nova tentativa de submetê-lo. O descaso dos generais do Kuomintang para os assuntos da guerra contra os japoneses colocou na liderança Mao Tse-tung e o PCC. Isso deu aos comunistas enorme prestígio junto à população.

Acabada a Segunda Guerra Mundial, poucos ainda acreditavam no Kuomintang. Os guerrilheiros comunistas formavam então um poderoso exército, com centenas de milhares de camponeses armados. Em 1949 eles entraram em Pequim vitoriosos contra as tropas de Chiang Kai-shek, que fugiu para Formosa, a ilha que se tornou a China Nacionalista.

Na primeira etapa da revolução, a Nova Democracia de Mao Tse-tung expropriou as grandes e médias propriedades rurais e distribuiu-as entre os camponeses. A **reforma agrária** deu terra a milhões e milhões de pessoas. Houve um notável movimento educacional, que alfabetizou centenas de milhares de adultos. As mulheres conquistaram a igualdade de direitos com os homens.

No esforço de consolidação do regime socialista, os camponeses da China tiveram de se adaptar a técnicas agrícolas mais avançadas.

Foi realizado um grande esforço, entre 1958 e 1962, pelo plano de, em apenas uma década, tornar a China um país desenvolvido. Foram organizadas grandes cooperativas, as chamadas **comunas rurais**, onde, além do aumento da produção, pretendiam a instalação de pequenas indústrias, escolas e hospitais. Mas a falta de recursos, sérios problemas técnicos e graves enchentes, que destruíram plantações, levaram ao fracasso do plano.

É claro que a história da Revolução Chinesa não parou por aí. Ela está inclusa na história do socialismo real, que ainda carece de análise crítica. Hoje a China vive uma realidade muito distante daquela sonhada por Mao e seus companheiros de 1949.

CUBA: UMA PEQUENA ILHA CONTRA TIO SAM

Cuba tornou-se independente da Espanha em 1898. Já em sua história anterior contava ali o domínio de investidores norte-americanos sobre a indústria do açúcar, principal produto do país, assim como sobre seu comércio exterior. A história posterior pode ser dividida em três partes: o protetorado norte-americano; a ditadura de Fulgêncio Batista; e a revolução de 1959.

De 1906 a 1939 os Estados Unidos intervieram no país seguidamente, sempre para proteger os interesses privados da sua indústria açucareira, ora alegando possíveis distúrbios durante processos eleitorais, ora contra a insurreição de trabalhadores negros na ilha. Durante esse período, houve uma sucessão de governos corruptos e obedientes a Washington. Em 1940, o então sargento **Fulgêncio Batista** tomou o poder a partir de um golpe. Terminado seu mandato, retirou-se para a Flórida, onde pôde desfrutar a riqueza obtida nos quatro anos de governo. Ele voltou ao poder, novamente através de um golpe, em 1952, para governar como ditador até a sua queda em 1.º de janeiro de 1959.

Em 1953, os desmandos de Batista levaram alguns poucos jovens cubanos a tentar tomar o quartel de Moncada. No final, havia 165 jovens mortos, e os que sobraram acabaram presos. Entre eles estava **Fidel Castro**, advogado e ex-dirigente estudantil.

Menos de um ano depois de sua condenação, foram exilados e partiram para o México, onde organizaram a volta. Cuba era então um país cuja economia ainda se baseava na agroexportação do açúcar e do tabaco. Sua elite era formada por grandes comerciantes e latifundiários. A ilha era o paraíso principalmente dos investidores norte-americanos: terras, fábricas, usinas de açúcar, bancos, lojas, hotéis eram controlados por eles. Os cassinos, os bordéis, o tráfico de drogas e até as belas praias cubanas já eram propriedade particular dos americanos. Cuba era o centro de lazer preferido de muitos abonados de Tio Sam.

Foi no México que Fidel Castro conheceu **Ernesto Che Guevara**, um médico argentino que viria a tornar-

SALAS

Fidel, Guevara e seus companheiros entraram em Havana triunfantes. Mas uma outra guerra, surda, começaria para eles. Realizar a primeira experiência socialista na América Latina era um desafio imenso. Afinal, Cuba estava no território demarcado como norte-americano na Guerra Fria.

se um mito mundial nos anos 1960-1970. Em dezembro de 1956, Fidel, Che e mais 82 companheiros retornaram secretamente a Cuba. Quase todos foram mortos por um destacamento do Exército. Fidel, seu irmão Raúl, Che e outros poucos sobreviventes refugiaram-se na Sierra Maestra, onde começaram as operações de guerrilha. Usavam o método de ataques surpresa e fugas rápidas contra o exército de Batista. Aos poucos, foram conquistando adeptos e aumentando o contingente.

No final de 1958, eclodiu uma greve geral política contra Fulgêncio nas principais cidades cubanas. Logo depois do Ano Novo, os guerrilheiros entraram vitoriosos em Havana.

A primeira medida do governo revolucionário foi uma **reforma agrária radical**. Todas as terras dos latifundiários foram tomadas e distribuídas para as famílias camponesas pobres. Os bancos e as minas foram nacionalizados. Os esforços cubanos concentraram-se então na educação, como base para o desenvolvimento do país, e na saúde, campos em que foram amplamente bem-sucedidos.

Em 1961, Fidel proclamou suas convicções socialistas, definindo os rumos de seu governo e da economia do país. Todavia Cuba amargou as conseqüências de sua aproximação política com a União Soviética.

VIETNÃ: ZARABATANAS CONTRA NAPALM

O Vietnã é um país situado no sudeste da Ásia e coberto por florestas tropicais. Sua economia é predominantemente agrícola; sua história, uma saga de luta pela independência. Dominado pela China durante muitos séculos, foi dividido em vários reinos e só voltou a reunificar-se em 1802. Em 1859, o imperialismo francês estabeleceu uma colônia ao sul de seu território e passou a dominar o país.

Oitenta anos depois, surgiu o **Vietminh**, uma liga comunista que lutava pela independência.

Em 1940, durante a Segunda Guerra Mundial, o país se viu ocupado pelo Japão. Terminada a guerra, voltou ao jugo francês. Mas o Vietminh, que a essa altura já estava bem organizado, formou, sob a liderança de **Ho Chi Minh**, um Estado no norte e, em 1950, iniciou a luta armada contra os franceses.

Quatro anos depois, derrotados, os franceses propuseram um armistício e, por um tratado, o país foi dividido em dois Estados: no Vietnã do Norte, um regime comunista, e no Vietnã do Sul, uma monarquia. Pouco depois, o monarca do Sul foi deposto e proclamou-se uma República de caráter marcadamente capitalista. A situação, porém, modificou-se nesse Estado, com a formação da **Frente de Libertação Nacional**, de orientação comunista, cujos participantes eram conhecidos como **vietcongues**.

Você está lembrado de que, pouco mais de uma década antes, em 1949, os comunistas haviam tomado o poder na China. Em 1960, um ano depois da vitória de Fidel Castro em Cuba, os vietcongues iniciaram a luta para derrubar o governo do Vietnã do Sul e reunificar o país. Pois bem, a guerra de guerrilhas dos vietcongues representava novo avanço do comunismo no

PRENSA TRÊS

Era uma guerra desigual. De um lado, vietcongues de sandálias, com armamentos rústicos ou, dependendo da situação, sofisticados, fornecidos pela União Soviética, que estavam defendendo um ideal. Do outro, soldados vietnamitas do Sul e norte-americanos, uniformizados e de coturnos, munidos com o que havia de mais moderno em armamentos bélicos, mas em geral apenas obedientes a ordens superiores.

mundo. Alegando defender a democracia, os Estados Unidos começaram a apoiar o sul em 1961 e, quatro anos depois, entraram com tudo na guerra, atacando o Norte com suas próprias tropas. Os vietcongues resistiam com táticas de guerrilha e ajuda soviética em armamentos. Na selva, usavam até mesmo setas envenenadas lançadas por zarabatanas. Dizia-se que o inimigo principal dos norte-americanos na guerra era a selva desconhecida. Bombas napalm e desfolhantes químicos eram lançados sobre ela na tentativa de encontrar e matar vietcongues em seu interior.

O mundo todo podia assistir à violência da guerra pela TV. A morte de civis vietnamitas e a perda de milhares de soldados norte-americanos, numa guerra que parecia não ter fim, levaram a sociedade dos Estados Unidos a opor-se ao envolvimento do país no conflito. Mesmo assim, em 1972, eles decidiram bombardear Hanói, a capital do Norte e bloquear portos norte-vietnamitas, sem resultado. A essa altura já contavam com cerca de 850 mil militares envolvidos. No ano seguinte, contando as perdas e pressionados internamente pelos próprios cidadãos, aceitaram o cessar-fogo. Mais de 180 mil civis e guerrilheiros vietnamitas e quase 50 mil soldados norte-americanos morreram no conflito.

Com a retirada dos Estados Unidos, os comunistas ocuparam Saigon, a capital do sul, atual Ho Chi Minh e, em 1976, o Vietnã foi reunificado sob regime comunista, aliado à União Soviética. (**FC:** *Corações e mentes* e *Platoon*)

CHILE 1970: SOCIALISMO PELO VOTO

O Chile era um país democrático, invejado na América Latina então quase toda vivendo sob regimes ditatoriais, inclusive o Brasil. Em 1970 elegeu como presidente **Salvador Allende**, um médico socialista e democrático. Allende contava com o apoio da Unidade Popular, uma coligação de socialistas, comunistas e pequenos partidos de esquerda. Foi o primeiro presidente socialista a ser eleito pelo voto popular na história da humanidade.

Você deve estar lembrado de que, na Rússia em, 1917, os comunistas chegaram ao poder por meio de uma revolução popular e que, na China, em 1949, e em Cuba, em 1959, a esquerda chegou ao poder através da guerrilha. Supostamente a situação de Allende era incontestável, pois ele tinha o apoio da maioria da população do país e havia sido eleito pelo voto.

A Unidade Popular pretendia inicialmente realizar algumas reformas sociais importantes. E, de fato, entre as medidas tomadas, figuraram a **reforma agrária**, a estatização dos bancos, o aumento dos salários, a garantia de

Em 1973, no Chile, um presidente democraticamente eleito (Allende) foi derrubado em nome da "democracia", para colocar um ditador (Pinochet) no poder. Um dos muitos paradoxos da Guerra Fria.

41

entrega de meio litro de leite diário para cada criança, a construção de centenas de jardins-de-infância públicos e escolas. Esse era, segundo acreditavam os membros da Unidade Popular, o caminho chileno em direção ao socialismo.

Uma característica central do governo de Allende foi a manutenção integral da democracia. Naturalmente a burguesia e alguns setores da classe média foram prejudicados pelas reformas e procuraram boicotar o governo de todos os lados. A imprensa burguesa manifestava-se diariamente contra as medidas que iam contra seus interesses. Greves de caminhoneiros prejudicavam o abastecimento das cidades, os comerciantes vendiam mercadorias no câmbio negro. Mas o governo em nenhum momento usou o instrumento da repressão. Cumpria integralmente a Constituição.

Apesar das dificuldades, porém, Allende contava com o apoio da maioria da população. Somente a força poderia arrancá-lo do poder. E foi o que aconteceu. Um governo socialista na América Latina era uma ameaça para os interesses dos Estados Unidos. Naturalmente eles jamais reconheceram, mas foi com sua ajuda que os militares tomaram o poder no Chile em setembro de 1973. Um golpe sangrento, no qual Allende foi assassinado dentro do palácio do governo, antecedendo a série de perseguições e mortes de cidadãos. Estabeleceu-se uma ditadura militar, cujo comando foi entregue ao mesmo que chefiou o golpe: o general **Augusto Pinochet**.

NICARÁGUA: UMA REVOLUÇÃO PENDENTE

A Nicarágua fez sua independência da Espanha em 1838, passando a ser governada desde então pelos grandes proprietários conservadores até 1893, quando os liberais foram eleitos e prosseguiram no poder até 1909. O país era outro "quintal" dos Estados Unidos, que em 1911 reinstalaram os conservadores no poder e ocuparam a região a partir do ano seguinte. Desde então só ficaram fora por dois anos e se retiraram somente em 1933, após montarem a Guarda Nacional, com a alegação de que era preciso manter a ordem.

Interessante, não é? Imagine alguém, que nem parente seu é, entrar na sua casa e resolver que ela está uma bagunça e deixar lá uma pessoa para manter a ordem.

A verdade é que, a partir de 1926, havia uma guerrilha de resistência contra a intervenção norte-americana, chefiada por **Augusto César Sandino**. As ações dos guerrilheiros, caçando fuzileiros navais gringos, ganhava adeptos em todo o país e também fora dele. Isso levou o presidente dos Estados Unidos a anunciar a reformulação das relações de seu país com a América Latina e a retirar suas tropas da Nicarágua em 1933. No ano seguinte, Sandino foi assassinado a mando do comandante da Guarda Nacional, **Anastasio Somoza García**. Este, ganhando as eleições presidenciais em 1936, governou o país autoritariamente durante vinte anos. Assassinado em 1956, foi substituído por seu filho Luis Somoza.

Seis anos depois, um intelectual marxista, **Carlos Fonseca**, fundou um movimento guerrilheiro, a **Frente Sandinista de Libertação Nacional (FSLN)**. Quando a capital, Manágua, foi destruída por um terremoto, em 1972, Tachito, outro filho de Somoza, então na presidência, desviou parte da ajuda internacional aos desabrigados. Liberais e setores da classe média do país resolveram então unir-se aos sandinistas.

O assassinato de um jornalista liberal, Pedro Joaquín Chamorro, em 1978, gerou uma insurreição nacional liderada pelos **sandinistas**. Um ano depois, os guerrilheiros tomaram o poder. Uma junta, incluindo liberais, passou a governar, expropriando todos os bens da família Somoza, nacionalizando bancos e fazendo a **reforma agrária**.

Os dois liberais da junta, dos quais uma era Violeta Chamorro (viúva do jornalista assassinado), deixaram o governo em 1980 e passaram para a oposição. Os Estados Unidos, com a alegação de que os sandinistas estavam apoiando a guerrilha esquerdista de El Salvador, suspenderam a ajuda econômica à Nicarágua e passaram a financiar a guerrilha anti-sandinista, os **contras**.

Após a vitória do sandinista **Daniel Ortega** nas eleições de 1984, eles decretaram embargo total ao país. No auge das ações dos contras, foi assinada uma trégua. Foram então convocadas as eleições gerais de 1990, nas quais saiu vencedora **Violeta Chamorro**. Com isso, os Estados Unidos cancelaram o embargo e os contras suspenderam as hostilidades. Mas o comando do Exército continuou em mãos do general Humberto Ortega, irmão do presidente anterior.

O partido de Violeta Chamorro a pressionava por não indenizar os 6 mil proprietários de terras expropriados pelos sandinistas. Sandinistas e contras sem terra e desempregados voltaram às armas, e o país passou a viver uma onda de seqüestros e atos terroristas. Em 1995, Humberto Ortega deixou o comando do Exército. Violeta legalizou os títulos de terra para as 200 mil famílias que haviam sido beneficiadas pela reforma agrária e indenizou os ex-proprietários. Prosseguiam manifestações de estudantes e professores exigindo verbas para o ensino superior, e de grupos de antigos contras e sandinistas reivindicando terra e crédito.

O conservador Arnoldo Alemán venceu Daniel Ortega nas eleições para a presidência em 1996. Uma de suas decisões mais importantes foi a de devolver aos antigos proprietários parte das terras que haviam sido confiscadas pelos sandinistas no período de 1979 a 1989.

A FSLN fez, em resposta, uma greve com barricadas nas ruas. Em fevereiro de 1998, o Legislativo aprovou a emissão de 200 milhões de dólares em bônus para compensar os proprietários de bens confiscados pelos sandinistas.

A Nicarágua ainda vive da incerteza quanto a seu futuro político. Em uma era de globalização, a interrogação é a marca de muitos países que, como ela, dependem de governos capazes de fazer frente ao endividamento externo e resolver os problemas econômicos desde sempre pendentes.

Guerrilheiros sandinistas, uma união de comunistas, social-democratas e liberais radicais que foi vitoriosa em 1979, com forte participação feminina.

A era da globalização

Hoje em dia, volta e meia a gente ouve falar de globalização como se fosse alguma coisa que estivesse começando a acontecer. Pior ainda: como se não tivesse nada a ver conosco e não nos afetasse diretamente. É com esmero e quase devoção que pronunciam essa palavra, como se ela contivesse algo de sagrado ou, pelo menos, tão poderoso que sejamos incapazes de alcançar. Como um santo no nicho.

O QUE É GLOBALIZAÇÃO?

Podemos dizer que a globalização começou nos séculos XV e XVI. Você está lembrado da época da expansão marítima e comercial européia? Depois, houve outro grande salto com a Revolução Industrial nos séculos XVIII e XIX. Ambos os eventos contribuíram para a crescente interdependência econômica dos países. Houve um pequeno intervalo com a quebra da Bolsa de Nova York, em 1929. Os países então se voltaram para dentro de si mesmos, tentando remendar os rombos deixados pela crise. Após a Segunda Guerra Mundial, a globalização voltou com todo vigor no bloco capitalista. Mas foi no fim da Guerra Fria que ela passou a ser sentida de fato: aumentaram ainda mais as trocas mundiais com a entrada dos países do antigo bloco comunista no mercado internacional.

Globalização significa sobretudo **liberalização da economia**. As barreiras tarifárias que protegem a produção de um país da concorrência estrangeira estão sendo derrubadas aos poucos. O que os países produzem é voltado principalmente para o mercado mundial. Por exemplo, aqui no Brasil, compramos trigo argentino, carros alemães, suecos, franceses, norte-ameri-

Quando os carros importados inundaram o mercado brasileiro e algum parente ou amigo seu comprou um, que maravilha! Os olhos dos vizinhos brilharam de inveja. Será que alguém imaginou que podia estar no olho da rua no dia seguinte?

canos, japoneses etc., gás boliviano, televisores coreanos, eletrodomésticos norte-americanos etc. etc. etc. A maioria das grandes empresas instaladas aqui pertence a investidores estrangeiros. São as chamadas **transnacionais**. Algumas empresas brasileiras, por sua vez, têm filiais no exterior, incluindo os Estados Unidos.

Outro aspecto importante da globalização é o rápido crescimento das corporações transnacionais. Elas têm papel decisivo na economia mundial. Das cem maiores riquezas do mundo, 50% pertencem a Estados e os outros 50% são exatamente dessas corporações.

As companhias transnacionais são responsáveis por mudanças importantes no processo de produção. As facilidades de comunicação e transporte permitem a elas instalar suas fábricas em diversos lugares do mundo. Naturalmente esses lugares são aqueles onde existem vantagens fiscais (menos impostos), além de mão-de-obra e matéria-prima mais baratas. Assim, os empregos diminuem nos países ricos, onde os salários mais altos e os benefícios trabalhistas encarecem os custos da produção. Muitos produtos não têm mais nacionalidade definida: um automóvel norte-americano pode ter peças japonesas, projeto francês e montagem brasileira, sendo depois vendido no mundo todo.

Quando falamos, logo acima, que os empregos diminuem nos países ricos devido a transferências de indústrias e serviços para os países de mão-de-obra barata, podemos pensar que pelo menos aumentam os empregos nestes últimos países. Então, quando a gente ouve falar de desemprego no Brasil, parece uma contradição. Ocorre, porém, que, ao mesmo tempo em que essas empresas se transferem para outros países, há paralelamente o processo de informatização e de automação que está pondo na rua milhões de trabalhadores no mundo todo.

Você está lembrado do caso que aconteceu na Inglaterra, durante a primeira Revolução Industrial, quando os trabalhadores quebraram teares mecânicos? É claro que aquilo foi uma manifestação do desespero dos trabalhadores, por terem sido substituídos por máquinas. Isso hoje se dá numa escala muito maior. O uso de robôs e computadores, que não reclamam melhores salários e condições de trabalho nem implicam pagamento de obrigações trabalhistas, representa uma vantagem inestimável para os empresários. Milhões de trabalhadores na rua, sem perspectivas de emprego, acabam indo para a chamada **economia informal**. Eles são os camelôs, vendedores de cachorro-quente, fabricantes de salgadinhos e doces, donos de lotações e ônibus clandestinos etc., enfim gente que está se virando para sobreviver. E vieram somar-se aos milhões de subempregados já existentes. Isso sem contar os que partem para a criminalidade.

Eles entopem as ruas, fazem manifestações, muita gente reclama que atrapalham. O governo? Combate na hora do quebra-quebra e depois faz de conta que fez alguma coisa. Mas é cada vez maior o número deles e ninguém poderá impedi-los de continuar crescendo, porque é uma questão de sobrevivência.

Podemos ver claramente o que aconteceu, por exemplo, aos bancários, que eram uma classe bastante considerável no Brasil. Suponhamos um banco que tenha 300 agências só na cidade de São Paulo, com uma média de 50 empregados em cada uma. Seriam ao todo aproximadamente 15 mil funcionários. Hoje, com certeza, ele funciona com menos da metade disso. A informatização tem sido fatal para os trabalhadores no mundo todo.

A revolução da informática foi fundamental para a abertura da economia. A popularização da Internet e dos canais de televisão por assinatura integra pontos distantes do planeta. Isso tem levado à aproximação entre as culturas dos diversos países. Os sonhos de consumo dos povos do Norte são iguaizinhos aos dos povos do Sul. Só que os do Norte os realizam com muito mais facilidade que os do Sul. Você pode ficar sabendo das últimas notícias do mundo em tempo real, quer dizer, na mesma hora em que os fatos estão acontecendo. Não precisa mais esperar o jornal do dia seguinte. Assim também os negócios são fechados pelos meios eletrônicos entre as empresas ou os países mais distanciados.

A abertura dos países ao investimento estrangeiro e a fantástica velocidade das transações permitem um movimento diário extraordinário de capitais. O dinheiro sai de um lado ao outro do planeta quase instantaneamente. Isso gerou o chamado **capital volátil**, que são investimentos estrangeiros que, ao menor sinal de instabilidade econômica ou política do país onde são feitos, são resgatados por seus portadores. As crises provocadas por essas transações podem ter um efeito dominó sobre os demais países, na medida em que as economias estão integradas. Foi o que aconteceu no segundo semestre de 1997: as principais bolsas de valores do mundo despencaram devido à crise asiática. Essa crise mostrou claramente a instabilidade de um mercado financeiro globalizado, na medida em que as economias nacionais dependem, para seu desempenho, não só da ação dos governos mas também cada vez mais dos grandes investidores estrangeiros.

Para falar da globalização e de suas implicações para os países pobres, entre os quais obviamente está o Brasil, vamos citar muitas vezes aqui o FMI e o Banco Mundial. Por isso abordaremos resumidamente essas duas instituições para tentarmos compreender o que elas representam no contexto.

FMI (Fundo Monetário Internacional)

Foi fundado em 1944, como órgão especial da ONU (Organização das Nações Unidas), na Conferência de Bretton Woods, nos Estados Unidos. Funciona como um banco com capital constituído por cotas dos 182 países-membros. Essas cotas são os **DES** (Direitos Especiais de Saque). O número de cotas que cada país detém corresponde ao montante de que pode dispor das reservas financeiras do Fundo e ao seu poder de voto nas decisões da instituição. Em julho de 1998,

os cinco maiores cotistas eram os Estados Unidos (18,25%), a Alemanha e o Japão (5,67%), a França e o Reino Unido (5,1%). O Brasil detinha, na ocasião, 1,49%.

Cada país pode sacar 25% de sua própria cota livremente, isto é, sem precisar negociar. Para obter mais do que isso, tem de assinar uma **carta de intenções**. Nessa carta constam as metas estabelecidas a serem cumpridas com o valor tomado. Por exemplo, o país compromete-se a fazer reformas econômicas, que incluem privatizações, fim de subsídios, mudanças estruturais, como veremos adiante.

Na década de 1980, no entanto, o FMI começou a atuar mais como um gerente da dívida externa dos países-membros. Em 1986, ele criou o PAE (Programa de Ajuste Estrutural), voltado para os países de baixa renda, mas no ano seguinte modificou o Programa, dando prioridade para as nações com grande dívida externa.

Em 1997, quando ocorreu a chamada **crise asiática**, foi criticado por não ter tomado medidas preventivas para evitá-la. Para socorrer as economias mais abaladas pela crise, coordenou empréstimos à Indonésia, à Coréia do Sul e à Tailândia, envolvendo recursos do Banco Mundial e de países desenvolvidos. Até agosto de 1998, o FMI desembolsou, no total, 47 bilhões de dólares para o que chama de "ajuda".

Banco Mundial

O nome Banco Mundial é uma simplificação para Banco Internacional de Reconstrução e Desenvolvimento (conhecido pela sigla Bird). Trata-se de uma agência especializada da ONU, criada em 1944, ao tempo da fundação do FMI.

Seu objetivo imediato era a reconstrução da Europa Ocidental e do Japão após a Segunda Guerra Mundial. Atualmente assume a função de credor (emprestador) tanto para governos como para empresas. Além de empréstimos, oferece assistência técnica aos países-membros e realiza pesquisas. Seus recursos advêm de aplicações no mercado financeiro e de pagamentos de países devedores.

Possui 181 países-membros e várias instituições financeiras afiliadas, como a International Finance Corporation (IFC), os Bancos de Desenvolvimento Africano, Asiático, Interamericano e Caribenho, e a International Development Association (IDA).

Inicialmente financiou projetos de infra-estrutura, como rodovias, ferrovias e telecomunicações. Desde 1970, direcionou seus recursos para a agricultura e programas populacionais e educacionais nos países pobres. No começo da década de 1990, passou a dar preferência a projetos ambientais e a financiar agricultores e empresários, principalmente do Leste Europeu.

A GESTÃO DA POBREZA NO MUNDO

Como você tem visto desde o começo, depois que a individualidade se sobrepôs à coletividade, o mundo ficou dividido entre ricos e pobres. Essa diferença se dava entre grupos na comunidade, depois passou a acontecer entre classes sociais e, mais ou menos ao mesmo tempo, entre países. Você viu também como foi que a maioria das chamadas grandes potências capitalistas enriqueceram ao longo do tempo e passaram a dominar os países pobres.

Depois da Segunda Guerra Mundial, os países pobres começaram a recorrer a empréstimos internacionais, principalmente no sentido de se industrializarem e assim entrarem no caminho do desenvolvimento. É nesse contexto que entram em ação o FMI e o Banco Mundial como os principais credores. Esses empréstimos, como você viu, são feitos sob compromisso de realizar reformas ou ajustes que naturalmente devem ser aprovados pelos credores. E as taxas de juros são tão altas que praticamente impossibilitam o pagamento e geram uma eterna dependência. Os devedores acabam sempre tendo de pedir mais empréstimos para apenas cobrir os juros ou até mesmo uma parte deles.

Particularmente os países pobres do hemisfério Sul acumularam durante décadas uma dívida externa que hoje, além de sufocar as instituições nacionais, contribui para eliminar empregos e reduzir a atividade econômica. A dívida externa mundial atingiu mais de dois trilhões de dólares em 1998. Países inteiros sofreram a desvalorização de suas moedas, trazendo nessa esteira lutas sociais e guerras civis.

As reformas propostas pelo FMI refletem o sistema capitalista depois da Segunda Guerra Mundial e sua evolução destrutiva sobre as economias dependentes, entre as quais está a do Brasil. Tanto ele como o Banco Mundial e a Organização Mundial do Comércio (OMC) operam dentro do sistema capitalista, de modo que respondem aos interesses econômicos e financeiros dos mais poderosos.

Os Programas de Ajuste Estrutural (PAEs) do FMI controlam os custos da mão-de-obra em diversos países. Isso significa que seu empenho é todo no sentido de reduzir esses custos ao mínimo. Obviamente o resultado é o empobrecimento crítico de enormes contingentes da população mundial. Começa aí um círculo vicioso: os mercados consumidores dos países devedores são afetados pelo cada vez mais baixo poder aquisitivo das populações; se o mercado se reduz, a produção cai, contribuindo para uma série de fechamentos e falências de fábricas. Veja bem: o credor impõe medidas que

Tudo que se leu e se viu sobre a guerra da Bósnia é uma mistificação. Sim, existem conflitos étnicos na região, e não são de hoje. Por trás de toda a pirotecnia mostrada na tevê está a manipulação dos países ricos para a submissão de toda a Iugoslávia aos seus interesses.

reduzem a capacidade de consumo da sociedade, o que dificulta a capitalização dos países devedores.

Temos, de um lado, a **superprodução global** e, de outro, a queda do consumo. Para ampliar seus mercados, as corporações transnacionais necessitam da fragmentação e da destruição da economia doméstica.

Desde o início dos anos 1980, os PAEs impostos pelo FMI e pelo Banco Mundial aos países devedores pobres (como condição para renegociarem sua dívida externa) levam centenas de milhões de pessoas ao empobrecimento ou à miséria. O poder de compra interno cai vertiginosamente, gerando fome, fechamento de hospitais e escolas, e ressurgimento de doenças infecciosas que eram consideradas erradicadas.

O Banco Mundial foi criado para combater a pobreza e proteger o meio ambiente. Porém, contraditoriamente, patrocina projetos hidrelétricos e agroindustriais de grande escala que têm acelerado a destruição do meio ambiente e a expulsão e o deslocamento forçado de vários milhões de pessoas.

A nova ordem financeira internacional nutre-se da miséria das pessoas e da destruição do meio ambiente. Além de gerar a exclusão social de milhões de seres humanos, estimula o racismo e os conflitos étnicos, e freqüentemente gera confrontos destrutivos entre nacionalidades. É um "colonialismo de mercado", que submete povos e governos. São mais de 4 bilhões de pessoas diretamente afetadas pelos PAEs. A internacionalização da economia escancara as portas dos países e os transforma em reservas de mão-de-obra barata e de recursos naturais.

Na entrada do ano 2000, a população mundial chegou aos 6 bilhões. O espantoso, porém, é que 5 bilhões estão vivendo em países pobres. Agora, pense bem, as nações ricas controlam 80% da renda mundial! Mas por que países livres e soberanos acabaram ficando submetidos ao FMI e ao Banco Mundial? É evidente que foi por estarem enormemente endividados, o que os obrigou a atender às chamadas **condicionalidades** dos acordos para novos empréstimos e a adaptar suas políticas econômicas aos interesses dos credores oficiais e comerciais. E por que ficaram tão endividados a ponto de perderem suas soberanias?

Veja só como se faz para manter um país dependente cada vez mais dependente. Existe, por assim dizer, uma cuidadosa "engenharia" para reescalonar a dívida. Como é que se faz esse **reescalonamento**? É mais ou menos assim: o país Y deve X bilhões de dólares a um credor qualquer. Geralmente acontece que ele não tem dinheiro nem para pagar os juros. O reembolso do **principal** (a dívida em si) é adiado, mas o pagamento dos juros é obrigatório. O credor empresta mais dinheiro para que esse país liquide os juros devidos sobre os débitos antigos. Você entendeu como é? O dinheiro é emprestado para pagar os juros da dívida e vai fazer parte da principal, da dividona. Além disso, nesse rolo todo, o devedor tem de aceitar as "condicionalidades" políticas do acordo de empréstimo. É aí que se dá a perda da soberania do país devedor. No acordo, o credor manda o governo do devedor fazer o que ele, o credor, acha mais conveniente.

Hoje a economia mundial caracteriza-se pela transferência de grande parte da indústria dos países desenvolvidos para lugares de mão-de-obra barata dos países pobres. Para a gente ter uma idéia de como é isso, vamos pegar um exemplo aqui, pertinho de nós. São Paulo já interessa menos às transnacionais. Por quê? Porque nesse estado os salários são comparativamente mais altos do que no resto do Brasil. Além disso, ele possui um movimento sindical organizado e uma certa tradição de luta dos trabalhadores, que exigem melhores salários e condições de trabalho, e berram contra o descumprimento das leis trabalhistas. Isso sem falar dos impostos de toda ordem que são cobrados das empresas. Melhores salários, obrigações trabalhistas, impostos, tudo isso entra no custo da produção. Bom, mas tem aquele estado lá do Nordeste ou mesmo do Sul onde a mão-de-obra é bem baratinha, o governo oferece isenções de impostos e o trabalhador ainda não tem uma cultura sindical. Para onde você acha que a empresa prefere ir?

A economia mundial não apresenta mais a divisão tradicional entre indústria e produção primária. A manufatura é realizada cada vez mais no Sudeste Asiático, na China, na América Latina e no Leste Europeu. Os PAEs foram implementados ao mesmo tempo em

Fila de desempregados em busca de uma vaga. O desemprego crítico leva milhares de pessoas a concorrerem a uma vaga qualquer, quase sempre fora de suas profissões, e a um salário de fome. A maioria dessas pessoas ignora a causa de sua situação.

de sobreviver ajuda a fazer caírem os salários na economia industrial urbana.

Nos países desenvolvidos, a transferência de empresas para o Terceiro Mundo representa uma queda proporcional no consumo, ou seja, os desempregados ali ficam sem poder de compra. Isso é ainda mais desastroso ainda quando verificamos que as transferências são feitas quase que simultaneamente por praticamente uma centena de países devedores. Isso acelerou essa transferência da manufatura.

Muitas regiões do mundo não estão ainda inseridas na **economia global baseada na mão-de-obra barata**. Mas são importantes reservas. Por isso estão determinando os custos do trabalho mundialmente. Explicando melhor: tem muita gente desempregada no mundo. Por isso as empresas pagam pouquíssimo, sabendo que sempre terão onde e quem contratar para trabalhar para elas pela merreca que pagam. Uma que tenha escolhido um determinado lugar, porque ali estava o "paraíso" da mão-de-obra, pode facilmente encontrar outro, quando os trabalhadores deste começarem a fazer greves ou agitações por aumentos de salário. Então ela sai da Baratolândia para se instalar na Miseriolândia...

É importante lembrar, então, que uma das alavancas da acumulação de capital global está no desemprego mundial. É a pobreza de massa que determina os custos do trabalho em âmbito internacional. Em cada economia nacional, por sua vez, os salários são condicionados também **pela pobreza rural e pela existência de uma grande massa de trabalhadores rurais sem terra e desempregados**. O pobre do campo ou o sem-terra que acaba indo para as cidades procurar um meio várias empresas. A queda das vendas resulta em uma série de fechamentos de fábricas e de falências.

As inovações da alta tecnologia dos anos 1980 e 1990 são um poderoso instrumento de controle das corporações transnacionais, cujos executivos estão em contato permanente e instantâneo com as fábricas e linhas de montagem que elas têm hoje em todo o mundo. A capacidade da empresa global de se conectar eletronicamente com os locais de mão-de-obra barata em todo o planeta reduz ao mínimo os custos do trabalho. Além disso, são implementadas novas linhas de montagem robotizadas, jogando na rua os operários da linha de produção.

Até mesmo funções administrativas estão sendo transferidas dos países desenvolvidos para locais de mão-de-obra barata. As redes de computadores e o correio eletrônico (*e-mail*) permitem a transferência, por exemplo, da contabilidade das grandes firmas com consideráveis economias para o custo do trabalho.

É claro que os problemas não param por aí. Todo esse processo levanta contradições para as quais os poderosos terão de encontrar uma solução. Mas as soluções, como temos visto, sempre representam um ônus maior para os pobres e os assalariados em geral. Entre estes estão incluídos os do hemisfério Norte, dos cada vez menores nichos de riqueza do mundo.

Vamos ver só um exemplo do descontentamento que isso tudo está provocando até mesmo nos países desenvolvidos. Em novembro de 1999, a OMC (Organização Mundial do Comércio) estava reunida em Seattle, nos Estados Unidos. Era para discutir um acordo de redução das **taxas alfandegárias**. Mas logo se soube que os países ricos estavam somente querendo manter a proteção para suas indústrias e exigiam que os países pobres abrissem seus mercados.

Nas ruas de Seattle, cerca de 50 mil pessoas, entre estudantes, ecologistas e anarquistas, protestaram contra a ordem econômica mundial, que tem favorecido os países ricos e prejudicado os pobres.

O governo norte-americano ordenou que a polícia reprimisse os manifestantes com gás lacrimogêneo e balas de borracha.

Os robôs não reclamam, não ficam doentes nem fazem greve. Melhor ainda, substituem uma porção de trabalhadores e não requerem o pagamento de obrigações trabalhistas nem da empresa nem do governo. Vieram somar outros milhões de lucros às contas dos grandes empresários.

Para termos uma idéia do que representa a política econômica mundial para o **campo**, sob os "auspícios" das instituições financeiras internacionais, vamos abordar o assunto tomando um caso dramático, como a Somália, país africano cuja situação provoca comoção em todo o mundo. Em seguida, para concluir, vamos tomar o caso do nosso país.

Somália: fome globalizada

Vimos pela tevê. Pessoas em pele e osso, mulheres tentando amamentar seus bebês com seus seios vazios. Oficialmente tudo se devia à seca, à desertificação e à guerra civil.

A economia somali baseia-se na agropecuária. Criadores de gado nômades, que constituíam 50% da população, e pequenos agricultores faziam trocas entre si. Até a década de 1970 o país era auto-suficiente na produção de alimentos, apesar das secas repetidas. Nessa década, programas de assentamento rural permitiram o desenvolvimento razoável de um setor de pecuária comercial. Até 1983, o rebanho representava 80% das receitas da exportação.

No começo dos anos 1980, o FMI e o Banco Mundial impuseram ao governo um programa de austeridade muito rígido, em troca dos fundos necessários para pagar a dívida do país com o Clube de Paris.

A crise na agricultura levou ao aumento das importações e da "ajuda" alimentar. A entrada dos importados e de excedentes de trigo e arroz baratos de outros países, que eram vendidos no mercado interno somali, arrasou os produtores locais. Houve uma grande mudança nos padrões alimentares da população local, que tinham como base o milho e o sorgo.

A partir de junho de 1981, o FMI impôs a desvalorização periódica da moeda somali, o que causou aumentos nos preços do combustível, dos fertilizantes e dos insumos agrícolas. Isso teve um impacto imediato sobre os agricultores. O poder aquisitivo sofreu uma queda brutal nas cidades. Os programas de expansão do governo foram cortados. O mercado de grãos foi aberto às importações sem restrições. Isso mais a "ajuda" alimentar resultaram em maior empobrecimento das comunidades rurais.

Por que "ajuda" entre aspas? Esses alimentos são sobras de outros países vendidos a preços ínfimos. Na verdade, essa é uma forma de se livrar de excedentes da produção sem maiores prejuízos. Eles são vendidos dentro do país "ajudado" a um preço menor do que o dos produtos normalmente cultivados ali. Isso é chamado pelos economistas de ***dumping***. Além de mudar os hábitos alimentares, como já foi dito, acaba com os pequenos produtores, que, se venderem ao mesmo preço, têm prejuízo e ficam sem dinheiro para plantar a próxima safra. (Acontece também no Brasil!)

Durante esse período de crise, grande parte das melhores terras foram praticamente tomadas pelos burocratas, militares de alta patente e comerciantes ligados ao governo. Mais um episódio de **superconcentração da terra**. Os financiadores então estimularam o cultivo de frutas, sementes oleaginosas e algodão para exportação, nas terras mais irrigadas. Naturalmente esses produtos vão encher, não a barriga da população do país, mas os bolsos desses novos latifundiários.

Os criadores nômades foram bastante prejudicados com a desvalorização do *shilling* somali. No começo da década de 1980, os preços dos medicamentos veterinários importados sofreram aumento substancial. Apareceu então uma porção de gente vendendo esses medicamentos. O que foi que o Banco Mundial fez? Simplesmente impôs a cobrança de taxas pelos serviços veterinários, entre os quais o de vacinação dos animais.

Existe hoje um princípio estabelecido pelas instituições financeiras internacionais de que os custos de todos os serviços prestados pelos governos devem ser **recuperados**. Essa é uma maneira que elas enxergam de reduzir as despesas públicas. Daí que as funções desempenhadas pelos órgãos do governo vão sendo aos poucos eliminadas e passam a ser totalmente financiadas. Foi o que aconteceu com o Ministério da Pecuária somali. Isso nada mais significa do que **a privatização dos serviços públicos**.

No caso da Somália, isso mais a falta de ajuda para a alimentação do gado durante os períodos de seca, a comercialização da água e o descaso para com a preservação desta e das áreas de pastagem foram fatais. Os rebanhos morreram e os criadores de gado simplesmente tiveram de abandonar a atividade. Daí que percebemos que o objetivo do Banco Mundial era mesmo acabar com os pastores nômades. Você deve estar lembrado de que a agroindústria não sobrevive desse tipo de economia, que é basicamente de troca.

Não é preciso então relatar aqui o que esse programa e as reformas econômicas impostas à Somália significaram para os outros setores da população. Basta dizer que, de acordo com o próprio Banco Mundial, os gastos com a educação no país caíram de 82 dólares por pessoa, em 1982, para 4 dólares, sete anos depois. Que dizer então dos salários dos professores?

A fome no final do século XX e início do XXI não resulta, portanto, da escassez de alimentos. Vemos claramente que ela é conseqüência da superprodução global de grãos básicos. Desde o começo da década de 1980, os excedentes dos Estados Unidos têm sido usados para destruir os agricultores e as agriculturas nacionais de grãos para consumo humano. É a solução para a superprodução agrícola dos ricos.

O caso da Somália é apenas um dos mais graves entre os quase cem países submetidos ao ajuste estrutural proposto pelo FMI/Banco Mundial.

Na África, poderíamos citar ainda o exemplo de Ruanda, país onde as diferenças étnicas entre tútsis e hutus foram manipuladas desde os tempos coloniais para provocar as guerras que causaram o extermínio e o exílio de centenas de milhares de cidadãos. A guerra civil iniciada em 1990 foi passada para o

PRENSA TRÊS

Você deve ter visto fotos como esta nos jornais, nas revistas, ou algo semelhante na televisão. E ouvido dizer que "a seca e a guerra civil foram responsáveis por essa situação". Sim, de fato havia isso e muito mais. E esse muito mais ninguém lhe contou...

mundo como um conflito interétnico inevitável, quando na verdade as motivações estavam numa profunda crise econômica e na reestruturação do sistema agrícola manipulada pelas instituições financeiras internacionais. (Leia a respeito: CHOSSUDOVSKY, Michel. *A globalização da pobreza*, p. 98-108).

Na América Latina, além do Brasil, países como o Peru, a Bolívia e a Argentina vivem, em maior ou menos medida, o drama do ajuste estrutural. O endividamento externo colocou-os à mercê das exigências dos credores estrangeiros, com todas as conseqüências previsíveis na economia, atingindo implacavelmente a vida das populações, principalmente as pobres.

Também os países do Leste Europeu, ex-comunistas, foram engolfados pela nova ordem (capitalista), especialmente a Rússia, a Albânia e a Iugoslávia, uma temática a ser cuidadosamente revista, em virtude das distorções apresentadas pela mídia.

O Brasil global

A gente ouve a toda hora falar em "corte dos gastos públicos", "moratória", "serviço da dívida", "carta de intenções", "FMI isso", "FMI aquilo"... Tudo isso ou é "economês" ou é grego para nós, não é? Mas é bem provável que essas palavras e expressões já façam parte do cotidiano de mais de uma centena de países. Dá a impressão de que, de repente, estamos em outro planeta. Mas vamos tentar entender um pouco essa coisa toda no Brasil. E, até para refrescar um pouco a memória, podemos voltar até o governo **Sarney**.

Quando José Sarney assumiu o governo, o Brasil já estava mais que afogado na dívida externa. Não tinha nem para pagar o tal **serviço da dívida** (nome bonitinho que deram para os juros, talvez para não pensarem que é *agiotagem* pura). Aí o Sarney quis dar uma de nacionalista e decretou uma tal de "moratória parcial", que nada mais era do que pagar apenas 30%

O bombardeio sobre a Iugoslávia: um assalto à razão

"[...] o discurso 'moralizante', genérico e hipócrita de Washington e seus parceiros, somado à pirotecnia *hi-tech* das ogivas e da mídia, e articulados por uma propaganda internacional desenvolvida como um roteiro de filme de faroeste, tem se mostrado eficiente para escamotear a realidade para os menos avisados, e ao mesmo tempo tranqüilizar as consciências ou livrar a cara daqueles que sabem o que de fato está acontecendo e que se põem de algum modo na condição de cúmplices. No mínimo, por omissão.

Como escreveu o jornalista e deputado do Partido Comunista Português, Miguel Urbano Rodrigues, em seu artigo 'Bombas sobre a Europa: o assalto à razão no ataque do império' (revista *Princípios*, n.º 53): 'Tal como em 1918, tal como em 1945, será fácil, dentro de alguns anos, explicar aos jovens por que, de repente, em março de 1999, a Força Aérea norte-americana começou a despejar bombas no coração da Europa. Hoje é muito difícil clarificar as coisas, porque os pretextos invocados pelo agressor [...] são falsos mas foram trabalhados para ser consumidos como verdades através de uma gigantesca engrenagem midiática controlada pelos responsáveis do crime. Assim, no jogo da desinformação, a mentira é imposta como verdade e vice-versa [...]. O assalto à razão que identificamos no bombardeamento selvagem da Iugoslávia é irmão do assalto à razão que nos anos 30 começou a encaminhar a Europa para a matança da Segunda Guerra Mundial'." (Este texto é um fragmento do encarte especial *Iugoslávia*, da *Revista Sem Terra*, n.º 7, abr.-mai.-jun. 1999, p. 8)

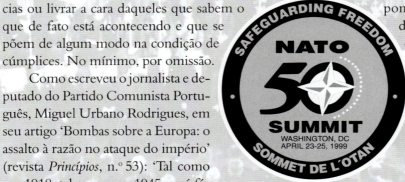

Emblema das comemorações dos 50 anos da Otan

do total dos juros devidos. É claro que os bancos internacionais ficaram muito, muito contrariados e botaram a gente na lista negra.

No governo **Collor**, a ministra da Economia, Zélia Cardoso de Mello, congelou a poupança dos brasileiros. Era para "matar o tigre [da inflação] com um tiro só". O que aconteceu foi que o atirador errou feio e matou a atividade econômica do Brasil. Ninguém podia tirar dinheiro do banco. É claro que no país do "jeitinho" muita gente conseguiu se safar. Mas o erro de alvo criou um desemprego recorde e muitas pequenas empresas tiveram de fechar as portas. Naquele primeiro ano do governo Collor, houve uma greve geral com a participação de mais de 1 milhão de trabalhadores.

O Plano Collor consistia em cortar salários e gastos públicos (claro que de preferência em saúde, educação, aposentadorias e folha de pagamento). Isso para liberar dinheiro para pagar o tal serviço da dívida. Além disso, o governo havia pedido um empréstimo de 2 bilhões de dólares e precisava apresentar a tal **carta de intenções**. (Lembra disso? Já explicamos quando tratamos do FMI e do Banco Mundial.) Mas aí foi uma novela para conseguir a liberação desse dinheiro. O negócio só foi fechado depois que a ministra foi afastada do cargo e substituída por Marcílio Marques Moreira, que era amigo do diretor-gerente do FMI e do subsecretário do Tesouro dos Estados Unidos.

O novo ministro, por sua vez, nomeou Pedro Malan, ex-alto funcionário do Banco Mundial, para a presidência do Banco Central. Tudo isso facilitou o desembolso do dinheiro. Nosso enviado ao FMI voltou dizendo que, se quisesse novos empréstimos, o Brasil teria de fazer "reformas" na economia. Isso significava mudanças na Constituição e estas, por sua vez, a demissão em massa de servidores públicos e a privatização de empresas estatais de setores estratégicos, como as do petróleo e das telecomunicações. E muitas coisas mais. O FMI entendia que só assim o Brasil teria condições de cumprir com as metas orçamentárias propostas. Mas a Constituição brasileira garantia a **estabilidade** dos servidores públicos federais e protegia as estatais. Por fim o empréstimo foi liberado, com o comprometimento de 65% das despesas do governo e mais cortes nos gastos públicos.

Itamar Franco assumiu o governo (1992-1994) bem intencionado, dizendo que ia aumentar os salários, abaixar os preços das tarifas públicas e mudar o programa de privatizações. Com isso ele conseguiu foi a cara feia tanto do FMI quanto das elites nacionais, e o Brasil voltou para a lista negra.

Em 1993 ele nomeou seu terceiro ministro da Fazenda, **Fernando Henrique Cardoso** (FHC), que praticamente passou a governar o país. Ou seja, jogou o abacaxi na mão de outro. No mês de junho daquele ano, o novo ministro anunciou cortes de 50% na educação, na saúde e no desenvolvimento regional, além de lembrar da necessidade de mudanças na Constituição previstas pelo FMI. Sua proposta salarial implicava a queda de até 31% nos salários, para fazer uma "economia" de 11 bilhões de dólares para os cofres públicos.

O sucesso de FHC foi tão grande junto às instituições financeiras internacionais que, no final do ano, ele foi eleito presidente com grande apoio da mídia e das elites. Fizeram até um acordo para que, durante a campanha eleitoral, não houvesse aumentos de preços. Também a introdução do real e as baixas taxas de inflação foram fundamentais para sua eleição.

ARQUIVO MST

Acampar por meses ou anos em beira de estrada ou dentro de latifúndios improdutivos, ou mesmo dentro das grandes cidades, tem sido a vida de milhares de sem-terra e sem-teto no Brasil. Isso também faz parte do processo de globalização da economia.

Mas, aqui entre nós, a política econômica do governo FHC acelerou a **expulsão dos camponeses** da terra. A maioria deles foi buscar emprego nas grandes cidades. Somente entre 1995 e 1996, 1,5 milhão de trabalhadores rurais foram demitidos da agricultura. (Você vai ver, na História do MST, que essa expulsão já havia sido muito grande na década de 1970, durante o regime militar.) Nas cidades, trabalhadores assalariados, entre eles funcionários burocráticos, que viviam em áreas residenciais de classe média e baixa, foram despejados e passaram, em número cada vez crescente, a viver em cortiços, favelas e até mesmo sob viadutos.

Muita gente que já teve sua casinha, mesmo modesta, em bairros com infra-estrutura pública, hoje vive em favelas e cortiços. Que política de desenvolvimento é essa que faz o povo andar para trás e concentra a riqueza cada vez mais nas mãos de uma meia-dúzia?

FHC havia criado, enquanto ministro da Fazenda, o Fundo Social de Emergência (FSE). Isso representava medidas de **administração da pobreza** que combinavam a recuperação de custo (como vimos no caso da Somália) com a privatização dos serviços de saúde e educação. A idéia era afastar o Estado dos programas sociais para que estes fossem administrados pelas organizações da sociedade civil sob a tutela do FSE.

Desde o início do governo Collor, os programas de ajuda internacionais estavam criando várias organizações não-governamentais (ONGs). Estas foram assumindo gradualmente muitas das funções dos governos municipais. O PAE imposto ao Brasil congelou os fundos dos municípios para essas funções.

Em áreas rurais, a administração da pobreza garantia a subsistência mínima de milhões de camponeses sem terra. Em 1993, no sertão do Nordeste, um programa de frentes de trabalho dava emprego a cerca de 1,2 milhão de trabalhadores rurais sem terra a meio salário mínimo por mês. A distribuição de grãos excedentes dos Estados Unidos para os pobres enfraqueceu a agricultura local de grãos para consumo humano e levou o pequeno agricultor à ruína total. A expropriação de terras fazia parte do PAE do FMI/Banco Mundial. Enquanto isso, o Incra estava encarregado de insignificantes programas de distribuição de terra e de criação de cooperativas para os agricultores sem terra. Claro que os assentamentos eram feitos em terras marginais ou semi-áridas, sem prejuízo para os latifundiários.

Ainda a propósito da questão agrária, vale lembrar que as emendas constitucionais propostas significavam também o fim dos direitos do povo indígena sobre a terra. Na prática, esse processo já estava em andamento com a transformação das "reservas indígenas" da Amazônia em áreas de assentamento para trabalhadores rurais.

Em terras brasileiras

Vamos agora assumir nossa condição de brasileiros, para percorrermos a história deste pedaço de mundo que foi, por mais de trezentos anos, uma colônia de outro país e verificarmos quais foram as origens e causas da situação que enfrentamos hoje enquanto cidadãos e por que a terra no Brasil permanece concentrada nas mãos de uns poucos, como nos tempos dos sesmeiros.

Memórias coloniais

Imagine as caravelas que restaram da frota de Cabral ancorando em Porto Seguro. Homens descendo para os barcos e remando em direção à praia. Cá em terra, um punhado de índios e índias, nus, observando, pelo menos curiosos, aquela gente estranha, envolta em muitas peças de roupa, barba na cara, pele branca... De repente, estavam cara a cara.

Ainda hoje os cientistas estão pesquisando para saber ao certo de onde teriam vindo os primeiros habitantes da América e há quanto tempo chegaram aqui. Existem várias hipóteses. Recentemente uma cientista brasileira, Nième Guidon, descobriu sinais de presença humana no Brasil (restos de fogueira, pedaços de machado e facas de pedra) que talvez tenham 48 mil anos.

Invasores x invadidos

Os indígenas? Eles não tinham a menor idéia do que era aquilo tudo que vinha do mar. Os portugueses? Alguns dizem que sabiam muito bem onde se encontravam. Outros defendem que não... que aquilo era o descobrimento do Brasil. Mas pense bem. Você está dentro da sua casa e, de repente, chegam uns desconhecidos...

Vamos puxar na memória aquelas primeiras comunidades que estivemos visitando. Nossos indígenas também eram caçadores-coletores nômades, que viviam da pesca, da caça ou da coleta de frutos silvestres e raízes, ou semi-nômades, que já praticavam a agricultura de forma rudimentar. Viviam em aldeias que tinham, mais ou menos, entre 500 a 3 mil habitantes. Segundo o antropólogo Darcy Ribeiro, os indígenas eram 5 milhões e atualmente são apenas 320 mil no território hoje chamado de Brasil. Enquanto Portugal tinha na época *somente* 1 milhão.

Para eles, a terra era de todos, não existia a **propriedade privada da terra**. O trabalho era naturalmente dividido entre a comunidade, assim como tudo o que era produzido, caçado, pescado, coletado. Não geravam excedentes de produção, não tinham comércio. A natureza tão rica que os cercava constituía fonte de vida, e não de lucro. Muitos ainda vivem assim.

Como poderiam, portanto, imaginar que aqueles barbudos cheios de roupas estavam ali para serem seus usurpadores? Que eles vinham a serviço de um Estado mercantilista? Que iriam obrigá-los a sair dali em fuga para o interior do continente? Que iriam realizar contra si o maior genocídio da História? E, de resto, tentar e conseguir por um bom tempo torná-los escravos, obrigá-los a trabalhar, a esconder o corpo, a adorar um deus que não fazia parte de seu imaginário?

Portanto, quando os europeus aqui chegaram, a América já tinha donos havia muito tempo, embora estes não soubessem o que fosse isso: **ser donos**.

Podemos dizer que a **luta pela terra no Brasil** nasceu naquele mesmo instante em que os portugueses perceberam que estavam em uma terra sem cercas, onde encontravam tudo muito disponível. Os habitantes do local, então, diante de armas e intenções nunca imaginadas, teriam muito que lutar contra esse **verdadeiro caso de invasão**.

A apropriação do território brasileiro pelos portugueses, há quinhentos anos, se deu pela **colonização de exploração**, cujo objetivo era arrancar da Colônia tudo que ela pudesse oferecer. Mas até 1532 o Brasil serviu apenas como escala para os navios portugueses a caminho das Índias. As feitorias instaladas no litoral eram pequenas bases militares e armazenavam alimentos, munição e ferramentas. Comerciantes portugueses retiravam daqui aves raras, peles de animais desconhecidos e especialmente o pau-brasil. Mas para isso eles precisavam de autorização do rei e tinham de pagar imposto sobre tudo que levassem daqui.

A essa altura outros países europeus haviam aprendido o caminho das Índias e Portugal perdeu a exclusividade no comércio com o Oriente. Seus lucros começaram a declinar; era necessário encontrar outras fontes. Além disso, havia o receio de perder o controle sobre a Colônia, porque piratas sob ordens de outras nações andavam rondando por aqui. Por isso Portugal começou a mandar especialistas para cá, visando estudar o território. Era necessário conhecê-lo melhor para saber como explorá-lo e defendê-lo.

A PRIMEIRA APROPRIAÇÃO DAS TERRAS DE PINDORAMA

O Brasil foi logo dividido em fatias bem gordas, chamadas de **capitanias hereditárias**, e cada uma delas foi entregue como *concessão* a nobres portugueses, os **donatários**, com a condição de que a explorassem e pagassem impostos à Coroa. Vamos bater nesta tecla: as terras do nosso país *não foram dadas* a esses nobres. Elas continuaram pertencendo à Coroa portuguesa até 1822 e depois ao Império brasileiro até 1850.

Então os donatários não podiam vender as capitanias. Mas tinham autorização de entregar parcelas de terra, as **sesmarias**, a pessoas que quisessem produzir nelas. Cada donatário ganhou amplos poderes em sua capitania, mandando em todo mundo.

Já imaginou o que eles encontraram pela frente? Tanta terra para explorar e cadê os colonos? Quem vi-

Estas eram algumas das riquezas que os portugueses encontravam por aqui. Ainda não era o ouro, tão essencial à expansão mercantilista.

Pau-brasil **Arara** **Onça-pintada**

Capitanias e sesmarias

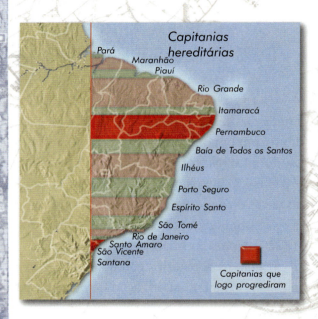

CAPITANIAS HEREDITÁRIAS

Eram 15 faixas de terra que variavam de 150 a 600 km de largura, estendendo-se do litoral ao interior até a linha imaginária de Tordesilhas. Olhe o mapa. Imagine você o tamanho delas! Era terra a dar com pau! Os donatários deviam povoá-las, explorá-las com recursos próprios e governá-las em nome da Coroa, além de propagar a fé católica em suas terras. Em troca, eles teriam diversos direitos, entre os quais aprisionar índios, e estariam livres de pagar tributos sobre a venda de pau-brasil e de escravos. Cabia-lhes, ainda, distribuir sesmarias aos colonos e fundar vilas, nas quais podiam haver câmaras municipais e juízes.

A maioria das capitanias não se desenvolveu, quer por falta de recursos, quer por desinteresse de seus donatários. No final do século XVI, apenas as de Pernambuco e de São Vicente apresentavam algum progresso, com o cultivo da cana-de-açúcar. Outras capitanias chegaram a ser criadas, para ocupar o norte da Colônia. Mas elas foram sendo progressivamente retomadas pela Coroa até serem extintas em 1759.

SESMARIAS

O sesmeiro tinha o direito de **posse**, mas o rei, lá em Portugal, ficava com o **domínio**. Explicando: a terra não era propriedade do sesmeiro. Se ele não a usasse para produzir num determinado prazo, muitas vezes de dois anos, teria de devolvê-la ao rei. Este, por sua vez, podia concedê-la a outra pessoa. As benfeitorias feitas pertenciam de direito a quem as tivesse feito ou mandado fazer. Por exemplo, se um **agregado** da fazenda construísse nela sua própria casa, tornava-se proprietário de casa em terra alheia e podia vendê-la a um terceiro. Até pelo menos o século XVIII não podiam receber sesmaria os que não fossem brancos, puros de sangue e católicos. Assim os hereges, os índios, os negros, os mouros e os judeus não podiam ter terra no Brasil.

ria de Portugal para cá trabalhar nas condições que a terra oferecia? Alguns nem tentaram começar. Dos que tentaram, a maioria desistiu.

Os poucos colonos que aqui chegavam iam logo tomando as terras dos índios e tentando escravizá-los. Lógico que os índios reagiam, mas muitos eram tomados como cativos. Ou, quando não podiam enfrentar o inimigo, embrenhavam-se cada vez mais no interior.

Os portugueses logo constataram que, no Brasil, o clima quente e úmido e o tipo de solo davam bem para a cana-de-açúcar. Daí em diante, nobres e comerciantes vieram aos montões morar aqui para instalarem engenhos de açúcar. Foi quando deixamos de ser apenas escala e começamos a nos tornar uma **economia agroexportadora** a serviço de Portugal. Eis que, no contexto da **divisão internacional do trabalho**, fazíamos a parte de fornecedores de produtos primários (pau-brasil, madeiras de lei, açúcar etc.) para a nossa **Metrópole** portuguesa. A Portugal, por sua vez, cabia fornecer-nos produtos manufaturados.

O açúcar era em parte consumido na Colônia e quase todo vendido para Portugal pelo preço que ele impunha. Isso era uma regra: só podíamos comerciar com a Metrópole, que revendia nossa produção para outros países da Europa, ganhando muito com isso.

A exploração da Colônia era total. Só de Portugal podíamos importar os produtos de que necessitávamos. E o preço desses produtos podia ser mais elevado do que o de outros países. Assim, nossa Metrópole tinha aqui um mercado consumidor garantido. Além disso, tínhamos de pagar impostos para ela. Isso significa que a economia da Colônia servia apenas para complementar a da Metrópole. Não podíamos sequer sonhar com um desenvolvimento próprio, que significaria ter indústrias. E mesmo Portugal não possuía uma política industrial enquanto nação. O receio de perder nosso território para os outros estrangeiros levou-o a aliar-se com a Inglaterra, no século XVII. Isso nos tornou, então, dependentes de dependentes da grande potência econômica da época.

Mas como produzir nessas terras sem mão-de-obra? A saída foi então a escravidão.

A ESCRAVIZAÇÃO DE INDÍGENAS E AFRICANOS

Em Portugal, como já dissemos, havia cerca de 1 milhão de habitantes. Mesmo que viessem todos para cá, não conseguiriam ocupar terra tão vasta como o Brasil. Os índios tinham um modo de vida muito particular e distinto, não precisavam dos brancos para viver. Só mesmo forçados eles iriam trabalhar para aqueles estranhos. E foi o que aconteceu. Pelo menos por uns cem anos eles foram escravizados.

A partir do século XVII, os colonizadores praticamente desistiram de usar mão-de-obra indígena e passaram a substituí-la pela de escravos africanos. Por quê? Durante o século XVI e parte do XVII houve no Brasil dois grupos de figuras que viviam às turras. De um lado, os jesuítas, padres da Companhia de Jesus e, de outro, os bandeirantes.

Os jesuítas instalaram várias missões religiosas para converter os nativos à fé cristã. E não permitiam que fossem escravizados. Além de cultivar a terra e pastorear, os índios entravam na floresta para colher drogas do sertão – baunilha, cacau, guaraná, castanha-do-pará, ervas medicinais e temperos –, que eram exportadas para a Europa. De certo modo, eles trabalhavam para as missões em troca da proteção que recebiam dos padres. Uma parte dos lucros dessa atividade era usada para as necessidades das aldeias missionárias e a outra ia para a sede da Igreja em Roma.

Os bandeirantes eram aventureiros que se embrenhavam na floresta, atravessavam florestas, montanhas e rios, indo a lugares muito distantes do litoral para apresar índios. Muitos colonos pobres viam nessa atividade uma forma de melhorar suas condições de vida. Nos antigos livros de História, eles sempre apareciam como heróis. Você sabe que os nomes de algumas importantes rodovias brasileiras levam seus nomes: Anhangüera, Fernão Dias, Raposo Tavares etc. Geralmente essas rodovias seguem o traçado empreendido pelos bandeirantes nas suas incursões pelo interior do país.

No começo, assumiam por conta própria a empreitada. Mais tarde foram contratados como mercenários, para atacar as missões e arrancar os índios da proteção dos jesuítas. Muitos eram incumbidos de "caçar" escravos negros fugidos e arrasar quilombos (veja adiante o quadro "Os quilombos: o exemplo maior em Palmares"). Essa era a atividade exclusiva deles até o final do século XVII e começo do XVIII, quando começaram a encontrar as minas de ouro e diamante no sertão.

Quando não estavam abrigados nas missões, os índios preferiam lutar até a morte a entregar-se à escravização. Os exemplos mais conhecidos da resistência indígena são a Confederação dos Tamoios e a Guerra dos Bárbaros.

Os tamoios formaram uma união de tribos em 1562 e aliaram-se aos franceses em guerra contra os portugueses, que durou até o ano seguinte. A paz foi conseguida pelos padres José de Anchieta e Manuel da Nóbrega.

A sublevação indígena mais longa e mais séria ocorrida em terras brasileiras foi a chamada Guerra dos Bárbaros. Ela durou vinte anos, a partir de 1682, e foi empreendida pelos cariris. O cenário dessa guerra foi uma extensa área do Nordeste, particularmente nos vales dos rios Açu (atual Piranhas) e Jaguaribe. No combate, estiveram envolvidos os bandeirantes Domingos Jorge Velho, o mesmo que combateu o Quilombo de Palmares, e Matias Cardoso de Almeida. Consta que os indígenas possuíam armas de fogo, tomadas em combate ou trocadas com piratas que subiam o Açu. Canindé, chefe dos janduins, uma das nações cariris, chegou a concluir o armistício com o rei de Portugal, mas mesmo assim houve depois o massacre de sua gente.

Já no século XVIII houve uma revolta na região do rio Negro, contra o colonizador Belchior Mendes de Morais, sob a chefia de Ajuricaba, que acabou sendo capturado e morto. Também nesse século, mas para defender missões espanholas, consta a Guerra dos Guaranis comandada por Sepé Tiaraju (veja quadro).

Essas dificuldades e mais as vantagens que o tráfico de escravos africanos revelaram para colonos esta-

Domingos Jorge Velho, pintura a óleo por Benedito Calixto. Essa era a imagem que um pintor do século XIX tinha de um bandeirante. Ares de fidalgo, imponência, armas polidas. Para a mentalidade do branco, um bandeirante tinha de ser assim.

Sepé Tiaraju

Havia no século XVIII, na região fronteiriça entre o Brasil e o Uruguai, missões jesuíticas espanholas onde viviam povos guaranis, cada qual em seu povoado e com populações entre 1.500 a 12 mil habitantes. Esse espaço, além de ser disputado por Portugal e Espanha, era constantemente atacado por bandeirantes apresadores de indígenas.

Quando Portugal e Espanha assinaram o Tratado de Madri, em 1750, a região onde hoje se situa o Rio Grande do Sul passou para o domínio de Portugal. Pelo acordo, todos os habitantes da região deveriam transferir-se para o outro lado do rio Uruguai, que pertencia à Espanha. Os guaranis se recusaram a deixar suas terras, onde plantavam e criavam gado, e deram início a uma guerra que durou de 1753 a 1756.

O líder guarani dessa guerra foi Sepé Tiaraju, um cacique educado pelos jesuítas e que, em carta aos inimigos, deixou clara a decisão de seu povo de não deixar a terra. A resistência contra as tropas portuguesas e espanholas durou até a exaustão, em fevereiro de 1756, quando Sepé e outros 1.500 guerreiros foram massacrados.

belecidos no Brasil acabaram sendo decisivos para a substituição dos índios como mão-de-obra. Você pode estar se perguntando: mas os africanos não se rebelavam? O problema é que eles já eram cativos na África. Bastava o traficante chegar lá e comprar no mercado. Isso mesmo, no mercado! Não era preciso pagar preadores para ir em busca deles nem gastar um só grama de pólvora para vencê-los. E chegando aqui, acorrentados, eram arrematados e levados para os engenhos, onde ficavam vigiados o tempo todo pelos feitores.

O comércio de escravos africanos se tornou tão vantajoso que os traficantes ficaram mais ricos que os próprios latifundiários a que serviam. E, além dessa atividade, puderam passar a atuar como agiotas, emprestando dinheiro aos fazendeiros da Colônia.

> *Até pouco tempo atrás, diziam que os índios eram preguiçosos e que, por isso, os portugueses preferiam trazer escravos da África. Só muito recentemente, conhecendo melhor sua cultura e seu modo de viver, passamos a entender e a respeitar os povos indígenas.*

A "DOCE" COLÔNIA

Cana-de-açúcar, cana-de-açúcar e mais cana-de-açúcar. Tudo o que se via no Brasil, especialmente no Nordeste, eram os imensos engenhos desse produto. O cultivo de um só produto numa região ou país chama-se **monocultura**. Sem falar na sua nocividade para o solo, essa prática pode ser ruinosa para a economia. Quando a economia de um país depende da exportação de um único produto, o que acontece quando os preços desse produto caem no mercado internacional?

Como em quase todas as colônias européias espalhadas pelo mundo, predominou no Brasil, até quase o final do século XIX, um sistema agrícola chamado *plantation*, uma combinação de latifúndio e monocultura voltada a atender ao mercado externo.

No Brasil do século XVII, ainda exclusivamente açucareiro, dominavam os **senhores de engenho**. Na mesma situação social, estavam os grandes comerciantes, que importavam e exportavam mercadorias e traziam escravos da África para serem vendidos no Brasil. Abaixo dessa camada mais rica ficava uma multidão de **homens livres pobres**: pequenos agricultores, carpinteiros, sapateiros, alfaiates, pequenos comerciantes etc. Esmagados sob esse edifício social estavam os **escravos**, que, em algumas regiões, chegavam a ser a maioria da população.

É importante que nos lembremos de que os negros e mulatos descendentes desse escravos são, hoje, a

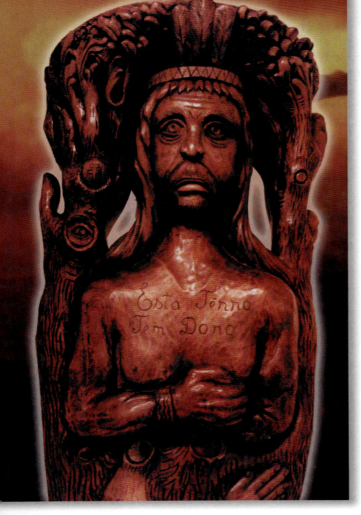

Derrotados, os guaranis sobreviventes e os padres abandonaram a região e foram viver no Paraguai. Sepé personificou a tragédia do índio americano e constitui um símbolo da luta contra a expropriação exercida pelos colonizadores de ontem e também de hoje. (FC: *A missão*)

61

maioria dos pobres do país. Vamos ver que, quando foi assinada a Lei Áurea, em 1888, eles formavam uma imensa massa de despossuídos, entre os quais a maioria só sabia trabalhar na terra, mas não tinha um metro quadrado de chão para plantar e sobreviver.

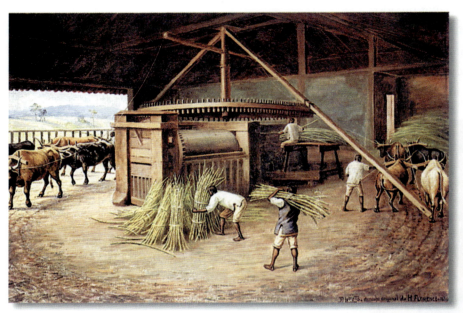

Escravos negros trabalhando em moenda de cana. Foram os braços desta gente, a mais injustiçada de todos os tempos, numa invenção especificamente humana, que fizeram a riqueza dos latifundiários e dos donos de minas da América.

A pecuária bovina constituía uma atividade secundária. O gado era criado dentro dos engenhos, servindo como força de tração para carregar a cana e mover a moenda, e fornecendo carne, leite e couro para suprir as necessidades locais.

Aos poucos, foram surgindo as fazendas de gado no interior. Aí já se tratava de uma atividade voltada para o atendimento da Colônia como um todo. Na condução do gado para o interior, em direção aos mercados de compradores, começou o desbravamento do sertão nordestino. Até então, as atividades haviam estado restritas ao litoral.

A descoberta de ouro e diamante em Minas Gerais favoreceu o surgimento de fazendas de gado ao longo do rio São Francisco, assim como no Sul e no Rio de Janeiro. Os vaqueiros e capatazes eram geralmente trabalhadores livres que, em troca de seu trabalho, recebiam pouco mais do que a comida e a roupa do corpo, sob a promessa de, depois de alguns anos de serviço, ganharem alguns bezerros. Os outros trabalhos, tirar leite, abater o gado, preparar a carne-seca e o couro, eram atribuições dos escravos.

Embora pouco considerada nos livros de História, a pecuária bovina foi uma atividade muito importante para o desenvolvimento da Colônia.

O BRASIL QUE REBRILHAVA

Ouro, ouro, muito ouro, e diamantes também! Finalmente os colonizadores haviam encontrado o Eldorado, o paraíso que brilhava de ofuscar a vista.

A mineração passou a ser a principal atividade econômica da Colônia no século XVIII. A maioria dos trabalhadores nas minas e garimpos era composta de escravos negros.

Foi uma época em que o Brasil recebeu uma enxurrada de portugueses. A população cresceu tanto em Minas Gerais que começaram a faltar gêneros na região. Isso proporcionou o surgimento de muitas áreas produtoras de alimentos, tanto ali pelos arredores como em São Paulo e no Rio de Janeiro.

> *Estima-se que, durante o ciclo da mineração, foram extraídas 75 toneladas de ouro das nossas minas e enviadas para Portugal e a Europa. Aos preços de hoje elas representariam 1 bilhão de dólares. Em 1999, o governo brasileiro pagou 50 bilhões de dólares em juros e amortização da dívida externa.*

O século XVIII foi o século da mineração no Brasil. Muito ouro saía daqui para Portugal, garimpado por braços escravos. O açúcar era, então, nosso segundo produto de exportação, saído principalmente do Nordeste. Havia também o algodão, que era quase todo vendido para o mercado externo, porque era proibida a fabricação de tecidos na Colônia, a não ser de panos rústicos usados para confeccionar roupas de escravos ou sacos. Como você deve estar lembrado, a Colônia existia para fornecer matéria-prima e para comprar produtos manufaturados de fora.

Na segunda metade daquele século, começou a **Revolução Industrial** na Inglaterra. As fábricas inglesas de tecidos, utilizando as novas máquinas a vapor, precisavam de muito algodão para dar conta da intensa produção de sua indústria têxtil. Como não produzia algodão, aquele país tinha de importá-lo, por exemplo, de Portugal. Aí ela fabricava os tecidos e nós, aqui, tínhamos de comprá-los dela.

Em Ouro Preto, antiga Vila Rica, o ouro era extraído pelos escravos negros, para os quais pouco servia, porque eram proibidos de comprar qualquer coisa.

Naquela época, fumar virou moda na Europa. Por que, então, não plantar **tabaco**? Foi o que resolveram alguns latifundiários, principalmente no Recôncavo Baiano, ao redor de Salvador. O tabaco, como a cachaça, podia ser trocado também por escravos na África. A mesma cachaça e o mesmo tabaco produzidos aqui pelos escravos eram usados para comprar mais escravos.

Mas, voltando ao ouro, no final do século XVIII a produção já era muito pouca, as minas estavam se esgotando. A mineração deu lugar à pecuária e à agricultura voltadas para o mercado interno, com base, claro, no trabalho escravo. A essa altura Minas possuía diversos centros urbanos e uma população notável.

Também na mesma época, uma rebelião de escravos no Haiti acabou favorecendo os produtores de açúcar do Brasil. Aquele país era, na época, o maior fornecedor desse produto ao mercado internacional. A guerra civil pela independência arruinou sua economia. Os preços do açúcar subiram, beneficiando assim os engenhos do brasileiros.

Em 1759 foi decretado o fim das capitanias hereditárias e, com isso, a Coroa portuguesa tornou-se a única autoridade na Colônia brasileira.

Em 1822, após a Independência, foi suspensa a concessão de terras de sesmaria até que uma nova lei a ser ainda elaborada e decretada resolvesse a questão agrária do novo país.

Como já dissemos, não podíamos ter manufaturas e tínhamos de nos conformar com a agroexportação. Portugal funcionava como um "atravessador" dos nossos produtos. Comprava-os e revendia-os aos outros países europeus, obviamente a um preço muito mais alto do que pagava aqui.

> *Podemos concluir, portanto, que, embora tendo se tornado secundária durante o auge da mineração, a agricultura sempre foi, como continuaria sendo ainda por muito tempo, a única alternativa para os brasileiros.*

OS BRASIS CONTRA O JUGO COLONIAL

Essa situação, tipicamente colonial, começou a incomodar-nos. E aí tivemos toda uma série de revoltas na tentativa de nos livrarmos da Metrópole e nos tornarmos independentes. A principal delas foi a **Inconfidência Mineira** (1792), um movimento que, convém lembrar, teve no comando gente das elites de Minas Gerais, dona de muitos escravos. Não devemos con-

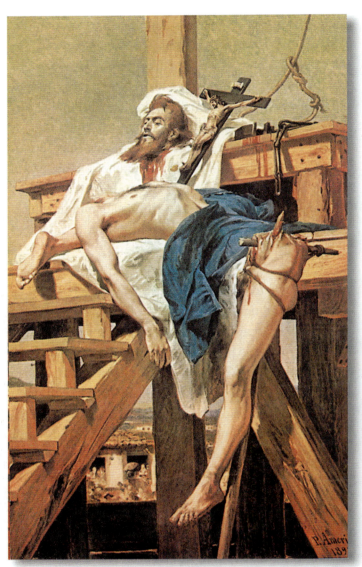

Tiradentes era um simples alferes, militar de categoria média. Entre os inconfidentes da elite mineira, era o exemplo ideal para a punição que a Monarquia ofendida dava aos rebeldes. Como em muitas outras situações semelhantes, o mais pobre é quem paga o maior pato.

fundir as coisas: esse movimento não tinha por objetivo melhorar a situação dos pobres ou libertar os escravos. Lutava principalmente contra os abusos da Metrópole e pela independência de Minas Gerais. Vale lembrar que, naquela época, as regiões do Brasil eram isoladas umas das outras, não existindo unidade e muito menos sentimento **nacional**.

Já a **Conjuração Baiana** (1798), liderada por médicos, advogados, farmacêuticos, pequenos comerciantes, alfaiates, teve a participação de homens livres pobres (ex-escravos, soldados, pedreiros). Entre suas propostas políticas estava a igualdade entre brancos e negros, o que era uma ameaça para os interesses dos latifundiários. A repressão do governo português foi à altura desses ideais.

Em 1817, estourou a **Revolta Pernambucana**, em Recife, que acabou dando na formação de um país independente em Pernambuco. Por dois meses e meio, o novo governo, formado por fazendeiros, comerciantes, padres, militares e juízes, dava a entender que tínhamos ali uma verdadeira revolução. Foi decretada a liberdade de imprensa e alguns líderes propunham estender o direito de voto aos pobres e acabar imediatamente com a escravidão. É claro que os fazendeiros não concordaram com isso. A concórdia em torno do ideal comum da independência acabou virando discórdia na hora em que se tratou da situação dos pobres e dos escravos. O governo de D. João enviou milhares de soldados da capital e de Salvador para acabar com aquela **baderna**.

> A palavra **baderna**, que significa "desordem", "bagunça", "confusão", foi muito usada durante o regime militar (1964–1984) para designar as manifestações contra a ditadura. Recentemente o presidente FHC a usou para referir-se às formas de luta dos sem-terra.

Em praticamente toda a história que viemos contando, a produção esteve baseada no trabalho escravo. Sabemos que os escravos – analfabetos, sem posses, sem qualquer perspectiva de futuro –, mantidos sob um regime de absoluta dependência em relação a seus senhores, tinham seus defensores.

Mas e eles próprios? Não lutavam por si mesmos? Mantidos sob a vigilância de feitores, que os obrigavam a trabalhar e a permanecer confinados às fazendas, sua única forma de luta era a fuga. Foi assim que se formaram, em muitos pontos do Brasil, os **quilombos** (veja quadro). Até mesmo os escravos urbanos iam para essas aldeias situadas em locais distantes e inóspitos, longe das garras de seus senhores.

OS QUILOMBOS: O exemplo maior em Palmares

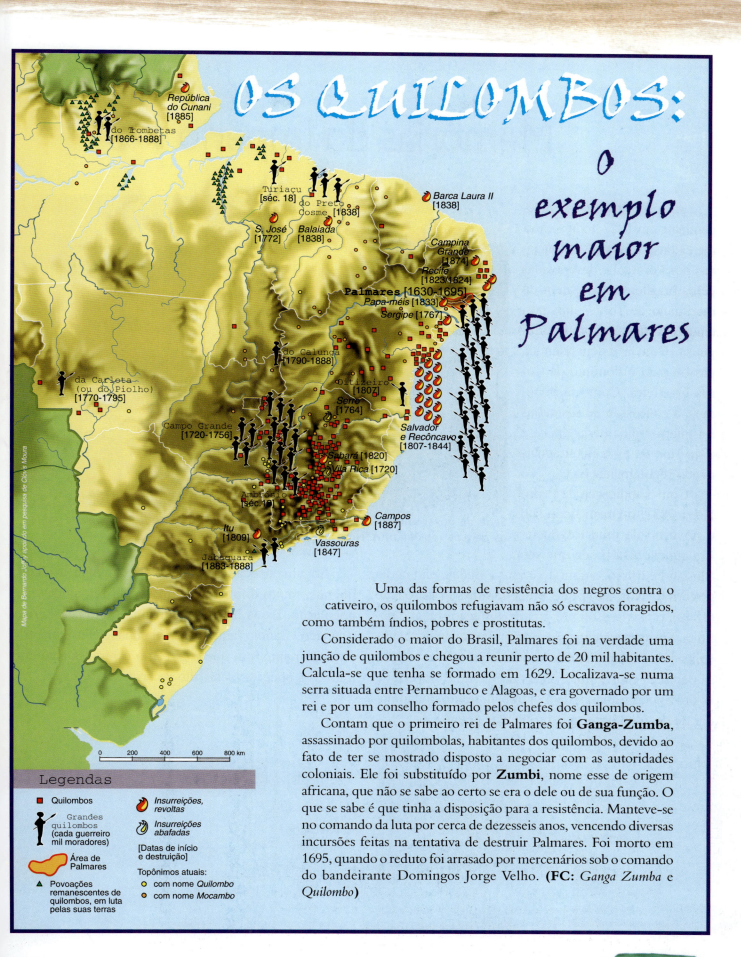

Uma das formas de resistência dos negros contra o cativeiro, os quilombos refugiavam não só escravos foragidos, como também índios, pobres e prostitutas.

Considerado o maior do Brasil, Palmares foi na verdade uma junção de quilombos e chegou a reunir perto de 20 mil habitantes. Calcula-se que tenha se formado em 1629. Localizava-se numa serra situada entre Pernambuco e Alagoas, e era governado por um rei e por um conselho formado pelos chefes dos quilombos.

Contam que o primeiro rei de Palmares foi **Ganga-Zumba**, assassinado por quilombolas, habitantes dos quilombos, devido ao fato de ter se mostrado disposto a negociar com as autoridades coloniais. Ele foi substituído por **Zumbi**, nome esse de origem africana, que não se sabe ao certo se era o dele ou de sua função. O que se sabe é que tinha a disposição para a resistência. Manteve-se no comando da luta por cerca de dezesseis anos, vencendo diversas incursões feitas na tentativa de destruir Palmares. Foi morto em 1695, quando o reduto foi arrasado por mercenários sob o comando do bandeirante Domingos Jorge Velho. **(FC:** *Ganga Zumba* e *Quilombo*)

Memórias do Império

Até o Brasil tornar-se independente em 1822, toda a enorme extensão de terras colonizadas por Portugal e desbravadas pelos brasileiros para além do meridiano de Tordesilhas pertencia, de fato, à Coroa portuguesa. Com a independência, passou para o domínio da Coroa brasileira. Como já dissemos, a concessão de sesmarias foi interrompida nessa época e a questão da terra ficou aguardando regulamentação.

Com a abdicação de Pedro I, em 1831, o Brasil ficou sob o governo de uma Regência. Era aquela história de que seu filho, o Pedrinho, era muito criança ainda e não podia governar. Nos anos que precederam sua coroação (1840), o país passou por grande agitação social e política. Entre as principais questões figuravam a centralização do poder e a autonomia das províncias. Todas as decisões estavam nas mãos do governo imperial e as províncias (atuais estados) tinham muito pouco poder de decidir sobre seus problemas gerais.

Sede do governo imperial, o Rio de Janeiro simbolizava o poder do Sudeste sobre as demais regiões brasileiras.

Era uma época em que estavam em voga as idéias liberais, muito difundidas entre as classes médias da população. Essas idéias rejeitavam o voto censitário, o senado vitalício (aquele que é ocupado eternamente) e o unitarismo (em que o governo central manda em tudo e os poderes locais são de brincadeirinha).

REVOLTAS POPULARES NA REGÊNCIA

A Cabanagem

1835-1840. A província do Grão-Pará compreendia a maior parte da região Norte do país. Em Belém, sua capital, morava a grande maioria da população da província. Descontentes com sua situação de miséria e sem ter quem por eles olhasse, moradores pobres das cidades e das pequenas vilas à margem dos rios – entre eles índios, negros e mestiços – se revoltaram contra o governo regencial. Juntos formaram uma multidão e invadiram o palácio do governador.

Os grandes proprietários e comerciantes, por sua vez, queixavam-se do excesso de impostos, da falta de incentivo às exportações e do preço dos escravos, e inicialmente deram apoio aos cabanos. O novo governo local foi liderado por fazendeiros do partido liberal exaltado, que diziam no início estar dispostos a fazer reformas profundas: direito de voto para todos, abolição da escravatura etc. Assim que assumiram o poder, quiseram recuar de suas propostas, mas os revoltosos não aceitaram e derrubaram o governo, proclamando a independência do Grão-Pará.

Os **cabanos** formaram assim um novo governo, de caráter mais radical e popular. Um de seus primeiros atos foi expropriar armazéns e depósitos de alimentos para distribuí-los entre os pobres.

Em 1836, o governo rebelde foi destituído pelas forças imperiais. Mas os cabanos se refugiaram no interior da província e continuaram agitando a população até 1840, quando foram dizimados

A Sabinada

1837-1838. Movimento ocorrido na Bahia envolvendo setores políticos que eram contra a centralização do poder pela Monarquia e a favor da autonomia das províncias. A população baiana estava também revoltada com o recrutamento de seus soldados para combater a Revolta dos Farrapos (1835-1845) no Sul do país. (Essa revolta, considerada a mais importante do período da Regência, envolveu os estancieiros do Rio Grande do Sul contra o governo imperial e pela autonomia das províncias. Defendeu exclusivamente os interesses dos latifundiários do Sul.)

Aproveitando-se dessa situação, os **sabinos** iniciaram a luta em favor da separação temporária da Bahia do resto do Império. Os revoltosos inspiravam-se nos ideais da Revolução Francesa. Ex-escravos formaram um batalhão denominado Leais à Pátria e lutaram ao lado dos liberais.

Os grandes proprietários fugiram da cidade. O governo imperial enviou contingentes militares por mar e por terra para conter a revolta. Mais de mil revoltosos foram mortos e cerca de três mil, aprisionados. O líder, o médico **Francisco Sabino Vieira**, donde o nome da revolta, foi confinado no Mato Grosso.

A Balaiada

1838-1841. Um vaqueiro e ex-escravo, capataz de um líder liberal, invadiu uma prisão no Maranhão para libertar o irmão, que estava preso a mando dos conservadores. Ele contou com o apoio de um tal **Balaio**,

Boa parte dos revoltosos do Grão-Pará moravam em cabanas à beira de rios, as chamadas palafitas, e por isso eram chamados cabanos.

cuja filha havia sido violentada por um policial. Esse ato rebelde estimulou uma agitação dos liberais e ganhou o apoio do chefe de um quilombo que possuía 3 mil escravos fugidos.

Em outubro de 1839, 2 mil sertanejos tomaram Caxias, a segunda maior cidade do Maranhão, e montaram ali um governo provisório. Eles queriam a expulsão dos comerciantes portugueses, que consideravam exploradores, e a extinção da polícia, truculenta e sempre aliada aos poderosos.

No início de 1840, o governo enviou para a cidade o coronel Luís Alves de Lima e Silva (futuro **Duque de Caxias**), para conter o movimento. Seguiu-se uma esmagadora repressão, com fuzilamentos e incêndios de vilas. Balaio foi morto numa das batalhas de retomada da cidade em mãos dos rebeldes.

Meses depois, Pedro II, já coroado, ofereceu anistia aos revoltosos, desde que os negros rebeldes voltassem às fazendas de onde haviam fugido. Em janeiro de 1841, Raimundo Gomes, aquele que libertara o irmão e fora o estopim da revolta, caiu aprisionado e terminou a revolta. Quanto a Cosme Bento, o chefe do quilombo, também foi preso e morreu enforcado.

O MODELO AGROEXPORTADOR NO REINADO DO CAFÉ

No século XIX, o café se tornou a principal riqueza do país e os fazendeiros cafeicultores do Sudeste mandavam em tudo. Pedro II ficou no poder por quase cinqüenta anos graças a eles. Entre 1840 e 1889, houve relativa estabilidade política no país. Por quê? Uma das razões foi a repressão sem tréguas movida contra as últimas revoltas. Por outro lado, o café trouxe o crescimento econômico e isso ajudou a diminuir as tensões sociais. Os cafeicultores sustentavam a autoridade do imperador. Então os grandes proprietários de outras regiões tiveram de ficar bem quietinhos, porque o governo central era apoiado pelos homens mais ricos do Brasil.

Mas houve pelo menos uma revolta popular importante no período, a **Praieira** (1848-1850), em

As fazendas de café foram responsáveis pela manutenção da escravidão no Brasil até 1888. Vinte e seis anos antes, os Estados Unidos já haviam libertado seus escravos, pensando nos benefícios disso para a sua industrialização.

Pernambuco, influenciada pelas agitações políticas da Europa na mesma época. Ela foi deflagrada também contra o excessivo poder do governo central e pela ampliação dos direitos dos cidadãos. Havia também uma pincelada de nacionalismo. Os praieiros atacavam os grandes comerciantes estrangeiros, que lucravam com a importação e a exportação, e concorriam em superioridade com os brasileiros. A exemplo do que ocorreu especificamente na França, queriam que o governo criasse oficinas para dar trabalho aos desempregados. Você está lembrado dessa história?

Até aí os grandes proprietários apoiaram o movimento. E Pedro II até que podia dar uma colher-de-chá. Mas os rebeldes começaram a exigir sufrágio universal (direito de voto para todos), liberdade de imprensa, o fim imediato da escravidão e a distribuição das terras dos latifundiários às famílias pobres. Não é preciso dizer o que aconteceu.

Europeus pobres substituem os escravos

Desde 1819, o Brasil havia começado a receber colonos europeus não-portugueses. Os primeiros foram os suíços, que se instalaram em Nova Friburgo, no Rio de Janeiro. Mas foi somente em 1847 que houve a primeira grande leva de imigrantes. Alemães, italianos etc., agricultores pobres atraídos para o Brasil

Colônia de suíços em Nova Friburgo, Rio de Janeiro, início do século XIX.

por promessas de terras passaram a ocupar áreas ainda não utilizadas, nas regiões Sul e Sudeste. Muitos deles, porém, foram levados para as fazendas para trabalhar em sistema de **parceria** ou de **colonato**.

Por volta da metade do século XIX, as parcerias estavam em pleno uso, devido às enormes vantagens que rendiam aos latifundiários. Era o momento para o governo começar a introduzir o fim do tráfico negreiro. Estava proibida a entrada de escravos no território nacional. Mas quem já os possuía podia mantê-los. (E quem disse que não continuaram a trazer escravos para o Brasil depois da Lei?)

Muitos escravos eram trazidos do Nordeste para trabalhar nas fazendas de café do Centro-Sul. Economicamente enfraquecidos, os senhores de engenho nordestinos tinham na venda de escravos uma solução mais imediata para sua situação.

A ESTRUTURA FUNDIÁRIA NO BRASIL ATÉ 1850

Como já foi dito, para manter a concessão das capitanias hereditárias os donatários deviam povoá-las, explorá-las com recursos próprios e governá-las em nome da Coroa. A maioria não deu conta do recado, restando em seus territórios, quando muito, algumas sesmarias. A Coroa acabou retomando aos poucos as capitanias até extingui-las em 1759.

Doadas a interessados na exploração **produtiva** da terra, as sesmarias pertenciam à Coroa portuguesa. Eram enormes extensões de terra, indo, por exemplo, de Santos a São Bernardo do Campo, incluindo Cubatão. No interesse de defesa do território, o sesmeiro estava obrigado a zelar pela propriedade como se ela fosse a própria Colônia. Esse tipo de propriedade podia ser desdobrado no tamanho, com a oferta de glebas aos filhos e parentes dos sesmeiros.

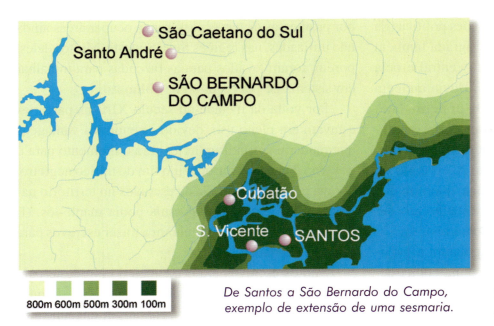

De Santos a São Bernardo do Campo, exemplo de extensão de uma sesmaria.

A partir do século XVII a obrigação de uso produtivo da terra em prazo determinado foi virando letra morta. O sesmeiro foi aos poucos tornando-se fazendeiro, senhor de engenho, cada vez mais privilegiado. Podia comerciar livremente com outras capitanias e importar produtos portugueses sem qualquer tributação.

As concessões de sesmarias sofreram modificações, durante o século XVIII, em face do notável aumento da população gerado pela descoberta das minas de ouro e diamantes em Minas Gerais. A primeira foi a limitação para 6 léguas de comprimento por 1,5 légua de largura (aproximadamente 40 km por 10 km!). O beneficiado devia cercar a terra antes de ter confirmada a doação. Depois, passou a ser exigida a demarcação judicial, porque nenhum sesmeiro obedecia à lei. Muitas outras mudanças ocorreram desde então.

No final do século XVIII, graças à liberalidade com que as sesmarias eram concedidas, os latifúndios ocupavam todas as regiões economicamente importantes, geralmente as mais próximas às cidades e aos portos. Já em 1822, as terras estavam quase todas repartidas, a não ser aquelas habitadas pelos índios. Havia latifúndios com 132 km de extensão! Os donos não permitiam o estabelecimento de lavradores nas suas terras, a não ser como seus dependentes. Isso fez com que muitos se tornassem **posseiros** de pequenas porções existentes entre uma propriedade e outra, e os mais arrojados fossem para locais muito distantes, que não interessavam aos fazendeiros.

Em 1822 não havia mais terras a distribuir, de modo que foram suspensas as concessões. Começou então a ocupação pelo sistema de **posse**. O período até 1850 foi conturbado por essa questão. No Vale do Paraíba, por exemplo, na época da expansão cafeeira, as terras estavam bastante valorizadas e os proprietários começaram a expulsar os "intrusos". Muitos desses posseiros estavam instalados havia muito tempo em áreas incultas das grandes fazendas, possuíam benfeitorias e viviam relativamente bem. Com as demandas judiciais, não tinham condições de suportar o alto custo das ações, muito menos a riqueza e o prestígio dos latifundiários. Não é preciso nem pensar sobre o que aconteceu!

Foi nesse contexto que o Império brasileiro decretou a **Lei de Terras** (Lei 601), em 1850.

A LEI DE TERRAS: A RESTRIÇÃO À POSSE DA TERRA

Nos meados do século XIX, a luta pela libertação dos escravos estava no auge nas cidades mais importantes e muitos deles fugiam para os quilombos. No âmbito internacional, havia muita pressão para se acabar com a escravidão, que já estava extinta na maioria dos países americanos. Entre os principais interessados estaria a Inglaterra, cujo comércio com o Brasil seria favorecido com a libertação dos escravos, pois eles formavam um numeroso contingente de futuros consumidores de seus produtos.

Percebendo ser inevitável o fim da escravatura, e também diante dos conflitos por terra em várias regiões, especialmente no Sudeste cafeeiro, a Coroa brasileira estabeleceu uma lei restringindo o direito de posse da terra. Isso para que os ex-escravos, os brasileiros pobres, os posseiros e os imigrantes não pudessem se tornar proprietários, mas sim constituíssem a mão-de-obra assalariada necessária nos latifúndios. Por essa lei só poderia ter terra quem as comprasse ou legalizasse as áreas em uso nos cartórios, mediante o pagamento de uma taxa para a Coroa. Portanto a **Lei de Terras** significou o casamento do capital com a propriedade da terra. Com isso a terra foi transformada em uma mercadoria à qual somente os ricos poderiam ter acesso.

É fácil perceber o ardil. A abolição da escravatura, pela qual a sociedade brasileira e também a Inglaterra pressionavam, viria sim, mas aos poucos. Após a lei do fim do tráfico (1850), viria a Lei do Ventre Livre (1871), a Lei do Sexagenário (1885) e, por fim, a Lei Áurea (1888). Nesse longo processo da abolição, que durou 38 anos, o governo imperial tratou de criar as bases da substituição da mão-de-obra escrava pela dos imigrantes europeus. Com a Lei de Terras, nem uns nem outros teriam acesso à terra, que permaneceria concentrada nas mãos dos latifundiários de sempre e de seus herdeiros.

Tudo como queriam os poderosos da terra. Foi a contrapartida para a abolição. Na verdade, ela garantia a propriedade àqueles que já dispunham dela e de capital. A própria Lei armou esse arame farpado.

"Cessada a escravidão, era necessário criar um mecanismo que tornasse o trabalho nas terras dos fazendeiros o único meio de sobreviver." (MARTINS, José de Souza. A questão agrária brasileira e o papel do MST. In: STEDILE, João Pedro (org.). *A reforma agrária e a luta do MST*.)

Enquanto isso, nos Estados Unidos...

Em 1862 foi aprovada nos Estados Unidos a chamada **Homestead Act** (Lei de Colonização). Ela se baseou num princípio muito importante, de que somente poderia ter direito à propriedade da terra quem nela morasse e trabalhasse. Claro que havia muitos latifundiários, mas também muita terra inculta no país, principalmente no Oeste. O tamanho máximo da propriedade garantida pela lei era de 100 acres (aproximadamente 41 hectares). Não era necessária nenhuma burocracia. Bastava que o agricultor marcasse seu pedaço e se estabelecesse.

Graças à natureza democrática dessa lei, até o final do século XIX cerca de 3 milhões de agricultores haviam sido beneficiados por ela. Essa foi a reforma agrária norte-americana, por meio da qual as terras do Oeste dos Estados Unidos se transformaram num dos grandes celeiros mundiais de alimentos, inicialmente com base na **agricultura familiar**.

A reforma agrária gerou um grande mercado interno no país. As famílias beneficiadas passaram a consumir os bens originários das indústrias do Norte, como ferramentas, tratores, roupas etc. Ela pode ser apontada como uma das causas do rápido desenvolvimento industrial do país que viria a tornar-se a maior potência econômica do planeta.

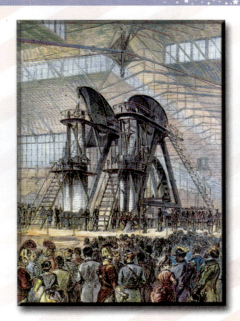

Em 1876, na feira de Filadélfia, passados catorze anos da reforma agrária e da abolição da escravatura, os norte-americanos impressionaram o mundo com suas fabulosas novidades em máquinas e outras invenções.

Tanto nos Estados Unidos como na Europa a reforma agrária resultou da necessidade de criar condições para o processo de expansão comercial e industrial, vindo ao encontro das necessidades da burguesia.

O que você acha disso? Compare a Lei de Terras brasileira e a Homestead Act e tire suas conclusões.

> A Lei de Terras de 1850 representou a cerca dentro da qual um punhado de latifundiários produzem, quando produzem, o quanto lhes interessa, mas a maioria especula, esperando a valorização de sua propriedade para vendê-la.

ses sem terra. Entre eles, estavam os que tinham perdido o emprego para as máquinas na agricultura. Muitos eram artesãos expulsos de suas atividades pela Revolução Industrial ou operários em busca de melhores condições de vida. Sonhavam com um pedaço de terra ou com oportunidades de progresso nas cidades.

Mentalidade é mentalidade. Pode demorar muito tempo para mudar. Você acha que as relações de trabalho se tranformaram com o fim da escravidão? Ainda hoje se ouve falar ou se lê nos jornais sobre trabalho escravo aí pelos confins do Brasil.

Os fazendeiros pagavam a viagem de navio dos imigrantes. Isso às vezes custava menos do que se pagava por um escravo. Os imigrantes compravam sua comida fiado no armazém da fazenda. Não podiam sair dos limites da propriedade, mesmo porque nunca tinham tempo para isso. Após a colheita e venda do café, o fazendeiro fazia as contas. Descontava o preço da pas-

Joaquim Nabuco, proprietário do jornal *O Abolicionista*, foi dos intelectuais brasileiros que contribuíram para a causa do fim da escravidão no Brasil.

Raro exemplo de negro livre bem-sucedido, o engenheiro André Rebouças participou de corpo e alma no movimento abolicionista.

No Nordeste, os latifundiários preferiam vender seus escravos para o Sudeste e utilizar trabalhadores livres no sistema de **meação** ou de **foro**. Formas de trabalho sem recebimento de salário como essas existiram em quase todas as zonas rurais do Brasil e ainda são praticadas em alguns lugares.

A partir de 1870 começaram a chegar imigrantes europeus em maior número. Vinham para cá fugindo da pobreza na Europa. Grande parte era de campone-

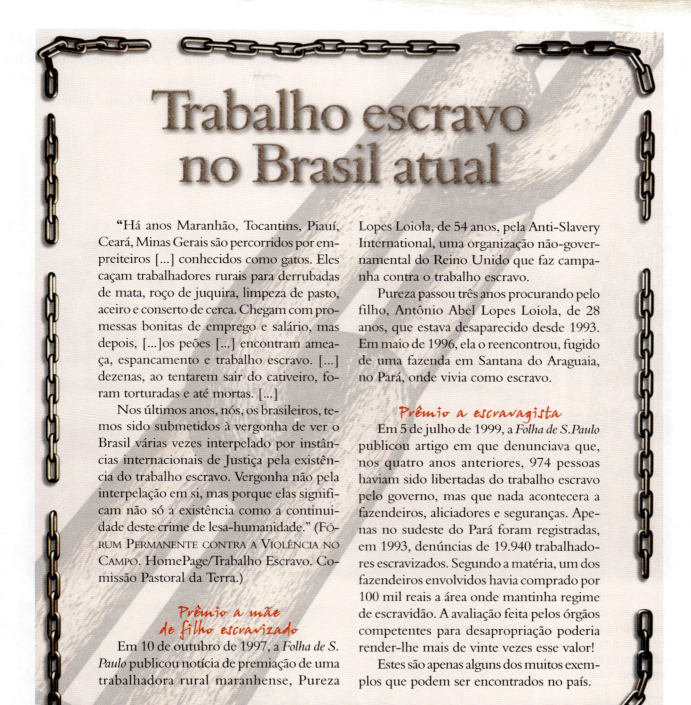

Trabalho escravo no Brasil atual

"Há anos Maranhão, Tocantins, Piauí, Ceará, Minas Gerais são percorridos por empreiteiros [...] conhecidos como gatos. Eles caçam trabalhadores rurais para derrubadas de mata, roço de juquira, limpeza de pasto, aceiro e conserto de cerca. Chegam com promessas bonitas de emprego e salário, mas depois, [...] os peões [...] encontram ameaça, espancamento e trabalho escravo. [...] dezenas, ao tentarem sair do cativeiro, foram torturadas e até mortas. [...]

Nos últimos anos, nós, os brasileiros, temos sido submetidos à vergonha de ver o Brasil várias vezes interpelado por instâncias internacionais de Justiça pela existência do trabalho escravo. Vergonha não pela interpelação em si, mas porque elas significam não só a existência como a continuidade deste crime de lesa-humanidade." (Fórum Permanente contra a Violência no Campo. HomePage/Trabalho Escravo. Comissão Pastoral da Terra.)

Prêmio a mãe de filho escravizado

Em 10 de outubro de 1997, a *Folha de S. Paulo* publicou notícia de premiação de uma trabalhadora rural maranhense, Pureza Lopes Loiola, de 54 anos, pela Anti-Slavery International, uma organização não-governamental do Reino Unido que faz campanha contra o trabalho escravo.

Pureza passou três anos procurando pelo filho, Antônio Abel Lopes Loiola, de 28 anos, que estava desaparecido desde 1993. Em maio de 1996, ela o reencontrou, fugido de uma fazenda em Santana do Araguaia, no Pará, onde vivia como escravo.

Prêmio a escravagista

Em 5 de julho de 1999, a *Folha de S. Paulo* publicou artigo em que denunciava que, nos quatro anos anteriores, 974 pessoas haviam sido libertadas do trabalho escravo pelo governo, mas que nada acontecera a fazendeiros, aliciadores e seguranças. Apenas no sudeste do Pará foram registradas, em 1993, denúncias de 19.940 trabalhadores escravizados. Segundo a matéria, um dos fazendeiros envolvidos havia comprado por 100 mil reais a área onde mantinha regime de escravidão. A avaliação feita pelos órgãos competentes para desapropriação poderia render-lhe mais de vinte vezes esse valor!

Estes são apenas alguns dos muitos exemplos que podem ser encontrados no país.

---

sagem, as dívidas do armazém, o aluguel da moradia. Quando e se sobrava algum dinheiro, como tentar qualquer coisa fora da fazenda com aquela merreca?

É claro que eles não iam ficar sentadinhos, esperando que os patrões reconhecessem que as coisas estavam malparadas. A **Revolta dos Parceiros**, em 1856, por exemplo, na fazenda do senador Vergueiro, na região de Limeira, São Paulo, foi importante para que os fazendeiros "pusessem a mão na consciência". Bonzinhos, uma ova! Começaram a pagar a passagem de navio para os imigrantes porque sem eles, babau, cafezal!

Vocês estão lembrados daquela história de que o tráfico de escravos estava proibido. Eles estavam fugindo aos montões, seu preço ia ficando cada vez mais alto e todo mundo sabia que um dia qualquer já não se poderia mais contar de graça com essa "riqueza". Além disso, os latifundiários começavam a convencer-se de que tinham mais vantagem com a parceria, o **colonato** ou o trabalho assalariado.

Interessado no aumento da produção de café, que era então nossa principal fonte de divisas, o governo construiu a famosa Hospedaria dos Imigrantes, no bairro do Brás, em São Paulo, para abrigar gratuitamente as famílias até que elas se acertassem com uma fazenda para trabalhar. Isso foi em 1888, ano da abolição da escravatura.

A foto acima é do século XIX. Mostra a colheita de café numa fazenda de São Paulo. Os trabalhadores são imigrantes e alguns já descendentes deles. O trabalho nas condições de parceria e de colonato eram suas únicas opções num Brasil fortemente baseado no latifúndio.

Imigrantes chegavam cheios de sonhos de enriquecimento a partir do trabalho na terra. A relação de trabalho que a maioria deles iria enfrentar estava muito próxima da escravidão e obviamente representava vantagem para o latifundiário.

74

Memórias do Brasil republicano

Quem fez a República no Brasil? O novo sistema de governo foi resultado de uma campanha política que durou quase vinte anos e caminhou junto com a abolicionista. Foi um episódio que, muito longe de ser promovido pela vontade popular, resultou de uma negociação pelo alto, entre oficiais do Exército e poderosos cafeicultores paulistas.

Sobre esse acontecimento e seus protagonistas você pode encontrar informações nos bons livros didáticos.

O fim da escravatura marcou o passo decisivo para a queda da Monarquia. Isso porque, decretando-o, o governo imperial perdeu o apoio dos escravocratas. Estava dado o sinal para o golpe. Foi assim: chamaram o marechal **Deodoro da Fonseca**, um comandante de prestígio no Exército, para liderar o golpe. E, no dia 15 de novembro de 1889, no Rio de Janeiro, à frente de suas tropas, ele proclamou a República. A população assistiu, admirada, sem saber ao certo o que de fato estava acontecendo. Foi o fim de 67 anos de Monarquia no Brasil.

A REPÚBLICA VELHA

Durante as três primeiras décadas da República, a situação no campo continuava a mesma. As políticas eram voltadas a salvaguardar os interesses dos latifundiários. Mas estes não tinham como inimigo único os camponeses pobres. Havia contra eles uma conjuntura mundial que os forçava a lutar contra ou a favor da industrialização. Havia também governos fracos, que os mantinham presos no círculo vicioso da **concentração da terra**.

Nesse período, os acontecimentos mais importantes no mundo foram a Primeira Guerra Mundial (1914-1918), a Revolução Russa de 1917 e a quebra da Bolsa de Nova York. Todos esses fatos repercutiram no Brasil, onde, no campo político, tivemos a efer-

A proclamação da República em 15 de novembro de 1889. Como sempre, o povo não foi convocado a participar. O primeiro golpe militar de nossa história foi confundido por muitos com uma parada militar. Poucos sabiam o que realmente acontecia.

75

vescência do **movimento anarquista** e a fundação do **Partido Comunista Brasileiro (PCB)**.

O anarquismo apareceu na Europa entre os séculos XVII e XVIII. Chegou aqui com os imigrantes europeus, especialmente os italianos, por volta de 1850. Sua proposta central é a organização da sociedade sem a presença do Estado ou de qualquer outra instituição com poder de mando.

A principal experiência anarquista no país foi a Colônia Cecília, criada entre 1890 e 1893, por imigrantes italianos. Instalou-se no município de Palmeira, no Paraná, em terras doadas por Pedro II, e chegou a agrupar cerca de trezentas pessoas.

Essa ideologia ocupou o cenário do movimento operário do início da República, principalmente em São Paulo, Rio de Janeiro e Rio Grande do Sul. A proposta do anarquismo é uma sociedade igualitária, na qual a propriedade dos bens é coletiva, todos são livres e trabalham igualmente. Seus seguidores urbanos defendiam a organização sindical autônoma, a extinção do Estado, da Igreja e da propriedade privada. Mas também eram contrários à formação de partidos e, nesse sentido, condenavam a participação dentro dos que existissem. Suas idéias eram divulgadas através de jornais, revistas, livros e panfletos. Suas federações comandaram as grandes greves operárias de 1917, 1918 e 1919, em São Paulo e no Rio de Janeiro.

Muitos líderes anarquistas participaram da fundação do Partido Comunista Brasileiro (PCB), em 1922, e o movimento acabou perdendo sua força no meio operário.

A maior parte da sociedade brasileira continuava marginalizada do poder político, sem direito a participar da eleições. Os poucos cidadãos ainda estavam submetidos a um fenômeno denominado **coronelismo** (ver quadro). A cidadania na República era a expressão do apoderamento das funções do Estado e do privilegiamento das **oligarquias**.

Durante toda a década de 1920, a política de valorização do café descontentou parte dos cafeicultores paulistas, que reclamavam do favorecimento dado aos grandes produtores e da corrupção. Os de outros estados, por sua vez, mostravam-se insatisfeitos com o maior apoio dado à produção paulista. O restante das elites também não estava gostando nadinha do predomínio do café na economia nacional.

Jornais anarquistas do início do século.

Coronelismo

Durante a Regência, a ordem pública passou a ser entregue à polícia, na época chamada de Guarda Nacional. Ela era usada, por exemplo, para desbaratar quilombos e perseguir escravos fugidos. No comando estava sempre um grande proprietário de terras que, por isso, assumia a patente de coronel. Esses "coronéis" existiam em todo o território nacional. Quando foi proclamada a República, a Guarda Nacional foi extinta e suas atribuições foram passadas aos estados.

Com o regime republicano, houve uma certa ampliação do direito de voto, isto é, mais brasileiros podiam eleger seus representantes no governo. Assim, os partidos políticos e as eleições ganharam importância. Mas eram os antigos "coronéis" que, com suas ligações regionais, garantiam a eleição de candidatos aos governos federal e estadual. Além de divulgarem os candidatos oficiais, eles controlavam o voto dos eleitores e a apuração. Dificilmente perdiam. Ora, o voto era aberto, e quem votasse contra os candidatos dos "coronéis" estava frito. E também havia a troca de favores: "Você vota no Fulano, que eu te dou botinas novas"; "Você trabalha pela candidatura do Sicrano que eu te arranjo um empreguinho na repartição tal". Isso se verificou mais intensamente até por volta de 1940, quando as cidades começaram a crescer por conta da industrialização.

Ainda hoje, especialmente no interior do país, são os laços de dependência econômica com os latifundiários que definem o voto da população.

A década foi marcada, no entanto, por uma grande seqüência de manifestações de operários, artistas e militares. Em 1922, ex-anarquistas, estimulados com as notícias do sucesso da Revolução Russa, fundaram o Partido Comunista Brasileiro (PCB). Também a questão da **concentração fundiária** foi levantada, ainda que de maneira pouco definida, pelo **tenentismo**.

O tenentismo e a Coluna Prestes

O nome **tenentismo** designa um movimento ocorrido no Brasil, na década de 1920, envolvendo setores militares em luta contra os governos. Em 1922, no Rio de Janeiro, os tenentes se insurgiram contra a nomeação de um civil para o Ministério da Guerra e contra a escolha de Artur Bernardes como candidato oficial à presidência da República. Em 1924, em São Paulo, unidades do Exército e da Força Pública atacaram a sede do governo e ocuparam a cidade, exigindo a renúncia de Artur Bernardes, a convocação de uma Assembléia Constituinte e o voto secreto.

Derrotados, os rebeldes retiraram-se, liderados por Miguel Costa. No início de 1925, juntaram-se, no oeste do Paraná, à coluna organizada pelo capitão Luís Carlos Prestes, que vinha do Rio Grande do Sul.

A **Coluna Prestes** era um contingente de 1.500 homens. Passou para o atual Mato Grosso do Sul, subiu até o Maranhão, cruzou uma parte do Nordeste e Minas Gerais, retornou ao Mato Grosso do Sul e atravessou a fronteira com a Bolívia em fevereiro de 1927. Nesse trajeto, enfrentou tropas do Exército, forças policiais dos estados, jagunços e cangaceiros contratados pelos "coronéis", sem nunca ser abatida. Por onde passava promovia comícios e distribuía panfletos contra o regime oligárquico e o autoritarismo do governo.

A marcha de 25 mil quilômetros feita pela coluna pode não ter derrubado o governo, mas aumentou o

Em 1925, em Foz do Iguaçu, Paraná, os guerrilheiros de Miguel Costa (no destaque, à direita) juntaram-se aos de Prestes (no destaque, à esquerda) para realizarem a longa marcha pelo Brasil contra o regime oligárquico e o autoritarismo.

A REPÚBLICA POPULISTA (1930-1964)

O quadro político que levou Getúlio Vargas ao poder você vai encontrar em qualquer livro didático. Nele se incluem a política do café-com-leite, a superprodução do café, a mobilização do operariado, a Revolução de 1930 etc. (**FC:** *Revolução de 30*)

A subida de Vargas ao poder, em 1930, foi tramada por uma nova classe hegemônica no país, formada por setores do empresariado industrial, e com a participação do tenentismo. Embora as oligarquias do café e da pecuária tenham perdido seu poder político, esse movimento não as destruiu. Ao contrário do que foi feito nos Estados Unidos e na Europa, a terra continuou concentrada nas mãos dessa minoria.

prestígio político do tenentismo e ajudou a preparar a trama que levou Getúlio Vargas ao poder. Até esse momento Luís Carlos Prestes não havia feito ainda sua opção pelo comunismo.

O *crack* da bolsa de Nova York e a crise do café

Em 1929, o *crack* da Bolsa de Nova York ocasionou uma crise mundial que atingiu em cheio os cafeicultores. Os países da América Latina não recebiam mais investimentos de capital estrangeiro e suas exportações caíram. O governo brasileiro, com seu favorecimento à monocultura do café, enfrentava o problema de uma **superprodução**. Já em 1927 se verificara uma séria crise, que o obrigara a comprar e estocar um terço da produção. Em outubro de 1929, o governo não tinha capacidade financeira para repetir a façanha. Muitos "barões" do café foram à ruína.

A crise de 1929 levou os Estados Unidos a uma profunda depressão econômica. A ilustração é de uma manifestação de grevistas do setor metalúrgico sendo violentamente reprimida pela polícia.

Vargas e a industrialização

Empossado, o novo presidente resolveu manter o apoio ao setor cafeeiro, criando o Departamento Nacional do Café e, ao mesmo tempo, impulsionar a industrialização. Em 1932, para solucionar o problema imediato dos cafeicultores, mandou queimar café estocado e derrubar cafezais, pagando aos produtores uma indenização ainda que parcial.

Mas seu objetivo básico era, na verdade, criar as **indústrias de base**. Isso não causou grande polêmica. A burguesia cafeeira continuaria sendo, ainda por muito tempo, a única classe nacional com condições de colocar o país a serviço de seus interesses.

Getúlio Vargas. A Revolução de 1930 o levou ao poder. Ele era um militar, filho de um general fazendeiro. Interessado na industrialização, faria algo pelos pobres do campo?

Não era mais possível o Brasil continuar sendo um país agroexportador. Precisávamos desenvolver a indústria. Mas a nossa burguesia ainda era muito nova e não tinha capacidade de investir. Além disso, havia uma crise mundial e os estrangeiros não se mostravam interes-sados em abrir empresas aqui. Quem então poderia entrar em cena nessa empreitada?

Falou-se muito, na Era Vargas, em intervenção do Estado na economia. Ou seja, o Estado seria o motor da economia nacional. Seria ele que investiria no tão acalentado desenvolvimento industrial de Vargas. Naturalmente teríamos de começar pelas indústrias de base, como as de energia elétrica, de extração de minérios e de transformação destes em matéria-prima para outros setores industriais.

Foi assim que se criaram as primeiras empresas estatais (que pertencem ao Estado): a Companhia Siderúrgica Nacional (CSN), em Volta Redonda, para forjar o aço; a Companhia Vale do Rio Doce (CRVD), para a extração de minério; a Companhia Hidrelétrica do São Francisco (CHESF), do setor energético, e a Companhia de Álcalis, do setor químico.

Fascistas e comunistas

As idéias fascistas estavam em voga na década de 1930. De acordo com elas, a sociedade deveria ser dirigida por um líder supremo e os interesses do Estado estavam acima dos interesses particulares. No Brasil elas eram defendidas pela **Ação Integralista Brasileira (AIB)**.

Mas também o comunismo fazia seu contingente de adeptos. Em 1935, Luís Carlos Prestes, então principal membro do PCB, lançou a **Aliança Nacional Libertadora (ANL)**, frente popular que exigia a suspensão do pagamento da dívida externa, a **reforma agrária**, a nacionalização de empresas e a defesa das liberdades individuais. Por trás dessas reivindicações estava um plano de destituir Vargas e estabelecer no Brasil um governo revolucionário e popular, diretamente vinculado com a União Soviética.

Como represália a um discurso de Prestes pela sua derrubada, Vargas tornou a ANL ilegal e fechou as centenas de suas sedes no país. Ainda em 1935, o PCB

Companhia Siderúrgica Nacional, Volta Redonda, Rio de Janeiro, em fase de construção. No lugar da burguesia, o Estado assumiu a empreitada da industrialização brasileira. As indústrias de base, como a do aço, eram necessárias para alimentar outras, que viriam mais tarde, como planejava Vargas.

Populismo e trabalhismo

No que diz respeito à relação com as massas, o governo de Getúlio caracterizou-se pelo **populismo**, uma prática política que marcou os sucessivos governos brasileiros até 1964. Com um discurso demagógico e nacionalista, Vargas chamou as massas populares à participação política como nenhum outro governante havia feito antes na nossa história. E ele sempre começava seus discursos exclamando: "Trabalhadores do Brasil!" Mas, ao mesmo tempo, criava e usava instituições capazes de exercer o controle da sociedade e de deter os excessos.

As leis trabalhistas que criou foram a principal base de sua grande e inegável popularidade:

realizou a **Intentona Comunista**, mas ela foi uma tentativa ainda muito frágil, facilmente derrotada pelo governo. Dois anos depois, uma farsa montada por um capitão do Exército dava conta de que os comunistas preparavam nova insurreição. Isso e a história anterior criaram as condições para que Vargas ficasse no poder até 1945, abrindo um período de franca repressão aos movimentos populares. O período 1937-1945, denominado **Estado Novo**, foi marcado internamente por uma política de caráter muito semelhante ao fascismo.

- redução da jornada de trabalho para 8 horas;
- proibição do emprego de crianças de menos de 14 anos;
- férias remuneradas (os trabalhadores podiam ter férias e receber salário);
- salário mínimo (antes, o patrão pagava o que queria);
- aposentadoria (antes, os trabalhadores não se aposentavam e, quando ficavam velhos, eram demitidos sem direito a nada).

Comício dos integralistas. A AIB era um grupo conservador, cujas idéias advinham do fascismo europeu.

A ANL, frente lançada pelo PCB, tinha um caráter nitidamente nacionalista e popular.

Getúlio era um político habilidoso. Soube conquistar os pobres como nenhum outro para ter o suporte para seu governo. Acariciava-os com uma mão e controlava-os com a outra.

Por isso Getúlio foi chamado de "pai dos pobres". Apesar da intensa repressão que promoveu contra a oposição, ele foi o primeiro governante do Brasil a tomar medidas que favoreciam a população mais carente. Na verdade, não nos esqueçamos, ao tomá-las, o presidente calou o movimento operário e, ao mesmo tempo, conseguiu o apoio da massa de trabalhadores urbanos.

Mas os patrões nem sempre cumpriam a lei. Será que hoje é diferente? Os fiscais do trabalho, que deviam zelar pelo cumprimento da lei, eram corrompidos pelos empresários. Será que não são mais? Os sindicalistas não reclamavam porque estavam comprometidos com o governo. Eram na maioria **pelegos**, isto é, estavam nos sindicatos a serviço dos patrões e do governo.

Getúlio, porém, se esqueceu dos trabalhadores do campo. Será que eles não contavam? Por que ficaram de fora das leis trabalhistas? Na época, mais de 60% dos brasileiros viviam no campo.

A política agrária que não houve

Como os governos do Império e dos primeiros anos da República, o de Getúlio Vargas não teve a menor consideração com os trabalhadores rurais. Quando assumiu o poder, ele se viu diante do problema de conciliar os interesses das forças que o haviam apoiado. Entre as propostas do tenentismo estavam a distribuição de terras, a elaboração de uma legislação protegendo os trabalhadores rurais e a colonização das terras devolutas com base em pequenas propriedades. Mas, se adotasse essas propostas, o presidente iria contra os grandes proprietários de terras, que também o haviam apoiado.

Por outro lado, os camponeses não contavam com nenhum tipo de organização com o qual pudessem fazer reivindicações. Isso só veio a acontecer a partir da década de 1950, como veremos adiante, no capítulo intitulado "As lutas pela terra de 1888 a 1964", quando eles passaram a se organizar.

O que sobrou para o campo foram alguns **projetos de colonização** em áreas de fronteira (como os de Ceres, em Goiás, e Dourados, no atual Mato Grosso do Sul). A **estrutura fundiária** do país continuou inalterada. (Leia sobre a estrutura fundiária do Brasil adiante, no capítulo "A questão da terra no Brasil atual".)

Pense bem. Seríamos ainda por muito tempo um país essencialmente agrícola. A grande maioria da população ainda vivia no campo em sistemas de parceria, colonato, meação etc. Como você deve estar lembrado, essa gente toda vivia do que plantava e criava, portanto não tinha poder aquisitivo para comprar o que uma indústria, mesmo incipiente como a nossa, pudesse oferecer. Veja o que diz a respeito o sociólogo José de Souza Martins, um dos maiores especialistas brasileiros na questão agrária:

> "[...] a necessidade de expansão do mercado interno para a indústria deveria ter colocado os industriais a favor da reforma agrária contra os grandes proprietários de terra. Mas a burguesia industrial brasileira nunca foi politicamente participante e vigorosa e nunca teve uma consciência de classe que a tornasse protagonista decisiva dos destinos do país".

81

Mais adiante ele acrescenta:

"Entre nós, nunca se configurou, como na Europa e, de certo modo, como nos Estados Unidos, um conflito histórico significativo entre os industriais e os grandes proprietários de terra que tornasse inadiáveis as reformas sociais e políticas, em especial a reforma agrária, que transformassem o país num país moderno" (*op. cit.*).

A melancolia com Dutra

Eurico Gaspar Dutra fora ministro de Guerra do governo anterior. Quando assumiu, em 1945, após o golpe que derrubou Vargas do poder, o mundo estava dividido pela Guerra Fria. Você leu sobre isso na primeira parte deste livro. As pressões norte-americanas levaram seu governo a romper relações diplomáticas com a União Soviética e a fechar o PCB em 1947. Obviamente vivemos então uma época de bico-calado.

Durante a Segunda Guerra Mundial (1939-1945), sob o governo Vargas, o Brasil havia aumentado as exportações de alimentos e matérias-primas para os Estados Unidos e a Inglaterra. Conseguira assim aumentar suas reservas. Mas aí Dutra determinou a redução das tarifas de importação. Uma verdadeira avalancha de produtos estrangeiros soterrou o país. Automóveis, eletrodomésticos e um monte de cacarecos acabaram com as reservas. Dizem até que aparelhos de televisão entravam aqui quando não havia ainda uma única emissora.

Alinhado aos Estados Unidos na Guerra Fria, uma das medidas políticas de Dutra foi proibir o funcionamento do PCB, cujos representantes nas câmaras foram cassados.

No final de seu governo, a inflação alta e a carestia devoravam os salários, e os trabalhadores voltaram a protestar nas cidades.

O povo suspirava de saudades de Vargas.

Getúlio Vargas: a volta "nos braços do povo"

Em 1950, Vargas voltou ao poder democraticamente eleito. Politicamente, repetiu o governo anterior: propaganda nacionalista e prática populista, para dar continuidade ao seu projeto industrial. Estatizou a geração de energia elétrica e criou a Petrobras, à qual deu o monopólio da extração e refino do produto no país.

Mas o Brasil estava mudado. Ao contrário do que ocorria no início do primeiro governo de Vargas, agora, empresas estrangeiras estavam investindo no país. O país vivia o dilema: proteger a indústria nacional ou permitir a livre instalação de empresas estrangeiras para concorrer com as nossas? Mesmo entre os empresários brasileiros havia aqueles que se interessavam pela instalação de indústrias estrangeiras no Brasil. Eles seriam fornecedores delas e lucrariam muito.

A pressão do movimento operário por melhoras salariais num cenário de inflação alta criou um forte anta-

A morte de Vargas deixou milhões de "órfãos". Multidões choravam nas ruas, acompanhando o enterro do "pai dos pobres".

gonismo de classes. A direita exigia medidas repressivas do governo contra as greves e os protestos dos trabalhadores. Mas, assim como resistia a escancarar as portas do país ao capital estrangeiro, Vargas cedia às massas, concedendo aumentos salariais que irritavam os poderosos. Premido pelos de cima e pelos de baixo, responsabilizado pelo atentado contra seu principal adversário político, Carlos Lacerda, o presidente ficou isolado e suicidou-se em 24 de agosto de 1954.

JK: desenvolvimentismo e dívida externa

Juscelino Kubitschek foi eleito presidente em 1955 com um discurso desenvolvimentista. Tudo o que faria seria em prol do desenvolvimento econômico do país. Dizia que o Brasil, com seu governo, iria crescer "cinqüenta anos em cinco". Seu Plano de Metas incluía os setores de energia, transporte, alimentação, indústria de base e educação. Foi então que, com capital estrangeiro, implantou o pólo automobilístico na região do ABC paulista. Ao mesmo tempo, construiu Brasília, no coração do país.

Quando terminou seu mandato, o valor da produção da indústria nacional superava o da agropecuária. Mas continuávamos tão subdesenvolvidos como antes.

O crescimento industrial não tirou o país da velha condição de exportador de produtos primários: café, algodão, minério de ferro, cacau, açúcar. A agricultura continuava baseada no latifúndio, caracterizada pelo atraso tecnológico e pela miséria no meio rural.

JK deixou ao país uma herança de alta inflação e aumento da dívida externa. **Reforma agrária?**

Jango: o último dos populistas

A renúncia de Jânio Quadros, após um curto período de governo, permitiu a seu vice, João Goulart, ou Jango, assumir o poder em setembro de 1961. O clima no país era de efervescência das lutas camponesas e

Quando inaugurou a linha de montagem da Volkswagen, em São Bernardo do Campo, São Paulo, Juscelino inaugurava também o sindicalismo mais combativo do Brasil, representando a categoria dos metalúrgicos.

operárias. No Nordeste, as Ligas Camponesas organizavam os trabalhadores rurais pelos direitos trabalhistas e pela reforma agrária. No Sudeste, os sindicatos operários organizavam greves por melhorias salariais.

A economia tinha poucos índices favoráveis, a inflação aumentava cada vez mais. Era necessário tomar um conjunto de medidas nas quais estavam implícitos benefícios à população mais pobre do país. O governo teria de implementar **reformas de base**, ou seja, mexer nas estruturas econômicas e sociais. A principal delas era a **reforma agrária**. Parecia inacreditável. Finalmente um governo se lembrava do trabalhador rural? Era óbvio que o movimento camponês a essa altura fervilhava em todo o país. Que tal fazer alguma coisa então para evitar que o Brasil se tornasse um país socialista? A Revolução Cubana estava ainda fresquinha, criando adeptos em toda a América Latina.

O plano de reforma agrária de Jango previa a desapropriação de 100 quilômetros de cada lado de todas as rodovias federais. O governo tomaria terras improdutivas, isto é, pedaços de terra que os latifundiários, mesmo sendo donos, nunca tinham aproveitado e as distribuiria aos camponeses.

Essa idéia não foi tirada do nada. Ela fazia parte do plano de desenvolvimento brasileiro do ministro **Celso Furtado**. Previa, com os novos pequenos proprietários, aumentar o mercado interno, porque, sendo donos e produzindo na terra, eles teriam condições de consumir. Assim, a indústria também cresceria e, com ela, a economia do país. Vale lembrar que, tendo em vista seu plano, Furtado já havia criado a **Sudene** (Superintendência de Desenvolvimento do Nordeste), para cuidar da reforma agrária e financiar a industrialização dessa região.

Reforma agrária → Mercado consumidor → Desenvolvimento industrial

Outra reforma de base programada era a tributária, a partir da qual os ricos teriam de pagar mais impostos, tornando possível ao governo construir hospitais, estradas, escolas e casas populares. Havia também a reforma educacional e a do sistema bancário.

Em 1963 foi estabelecido o Estatuto do Trabalhador Rural, que concedia aposentadoria por invalidez ou por velhice aos trabalhadores do campo, ainda que estes só tivessem direito à metade de um salário mínimo por mês. Mas já era o bastante para deixar os latifundiários muito aborrecidos com o governo.

Talvez o aspecto mais importante do governo Jango fosse o **nacionalismo**. Entre outras coisas, ele pensava em obrigar as empresas multinacionais a reinvestirem a maior parte de seus lucros aqui mesmo no Brasil. Os Estados Unidos não gostavam nem um pouco dessa idéia. Além do mais, temiam uma revolução socialista no Brasil, que era facilitada por Jango, que não reprimia os comunistas e com isso abria caminho para que estes crescessem cada vez mais.

A maioria do povo estava a favor das reformas de base. Elas mobilizaram as esquerdas em sua defesa. Os estudantes também se uniram a essa luta. Mas nem todos estavam gostando do que se passava. Havia interesses poderosos em jogo. A mobilização popular deixou as classes dominantes de orelha em pé. Grande parte da classe média, em geral desinformada, culpava os grevistas pela inflação.

Empresários, entre eles norte-americanos, banqueiros, latifundiários passaram a reunir-se por trás das cortinas para conspirar contra o presidente da República. Este, por sua vez, perdia cada vez mais as rédeas da situação. Não conseguia conter as forças que o pressionavam de um lado e de outro.

Os militares brasileiros, por sua vez, nunca haviam simpatizado com Jango. Eles o viam como um "filhote" de Getúlio, com o qual tinham alimentado diversas rusgas. Na chefia do Estado-Maior das Forças Armadas estava o então general Humberto de Alencar Castelo Branco. Foi ele quem levantou a lebre de que Jango pretendia esquerdizar seu governo. Mas, embora o motivo maior dessa antipatia pudesse ser o temor do comunismo, nada impede de pensar que os militares também queriam o poder.

A gota d'água para os militares foi quando os marinheiros organizaram uma associação para defenderem seus direitos. Aquilo era demais. A quebra da disciplina nas Forças Armadas era inadmissível e as causas teriam sido a situação criada pelo governo e a infiltração comunista nos quartéis.

Jango, então, percebendo que as coisas estavam malparadas para o seu lado, convocou um comício na Central do Brasil, no coração do Rio de Janeiro, onde iria anunciar suas reformas de base. Ele precisava do apoio popular para continuar seu governo. Era 13 de março de 1964. Foi realmente um comício inesquecível. Dezenas de milhares de pessoas gritavam pelas reformas de base, numa clara demonstração de apoio ao governo. Os poderosos do Brasil tremeram nas bases.

A resposta das elites foi outra manifestação também consistente: a Marcha da Família com Deus pela Liberdade, claramente contra o comunismo que elas viam em Jango. Ora, veja. Jango nunca foi comunista. Suas reformas estavam dentro de um plano de desenvolvimento capitalista para o Brasil. E essa reação das elites foi a demonstração clara de seu próprio atraso em relação ao capitalismo.

No dia 31 daquele mesmo mês, tropas militares se deslocaram para ocupar os pontos estratégicos do país. No dia 1.º de abril, não era mentira, não, Jango estava deposto e nós condenados ao escuro por vinte anos!

No dia 13 de março de 1964, operários e estudantes saudavam as reformas anunciadas por Jango no grande comício da Central do Brasil. Alguns dias depois, as elites realizaram a Marcha da Família com Deus pela Liberdade, manifestando seu conservadorismo e temor ao comunismo. No detalhe, Jango e a primeira-dama, Maria Tereza, no palanque.

As lutas pela terra de 1888 a 1964

As lutas pela terra no Brasil do período de 1888 (abolição da escravatura) a 1964 (golpe militar) podem ser classificadas em três tipos e/ou etapas:
- as lutas messiânicas, que se deram entre 1888 e a década de 1930;
- as lutas radicais localizadas e espontâneas, entre 1930 e 1954;
- as lutas organizadas, com caráter ideológico e de alcance nacional, entre 1950 e 1964.

AS LUTAS MESSIÂNICAS

No período de 1888 até a década de 1930, em todas as lutas pela terra havia sempre um líder **messiânico**. Isso significa que a fé era a ligação entre ele e seus seguidores. O líder colocava-se como um intermediário na comunicação de Deus com o povo. É por isso que alguns autores chamam as revoltas camponesas do período de **lutas messiânicas**.

Os movimentos mais importantes desse tipo no período foram o liderado por Antônio Conselheiro, em Canudos, Bahia (1893-1897), e a Guerra do Contestado (1912-1916), na região em litígio entre o Paraná e Santa Catarina, que teve como líder o "Monge" José Maria. Ambos envolveram milhares de camponeses pobres e somente foram derrotados pela brutal repressão das tropas federais.

Vamos sintetizar esses dois importantes movimentos da nossa História.

Canudos: a Terra Prometida

Final do século XIX. Trabalhadores rurais e ex-escravos peregrinavam pelo sertão, atrás do beato **Antônio Conselheiro**, um líder messiânico, até se estabelecerem no **Arraial dos Canudos**, no sertão da Bahia. O lugar foi rebatizado e recebeu o nome de Belo Monte. Criou-se então ali um povoado em que o trabalho cooperado foi essencial para a preservação da comunidade. Todos tinham direito à terra e desenvolviam a agricultura familiar. Havia um fundo comum destinado à assistência aos velhos e aos doentes.

Conselheiro proclamava o começo de uma "nova era", criticava a Igreja e a República recém-fundada, e recusava-se a pagar impostos.

Em 5 anos, Canudos chegou a ter cerca de 10 mil habitantes, que na época era a população das maiores cidades da Bahia. Conselheiro foi acusado de defender a volta da Monarquia e sua comunidade foi atacada

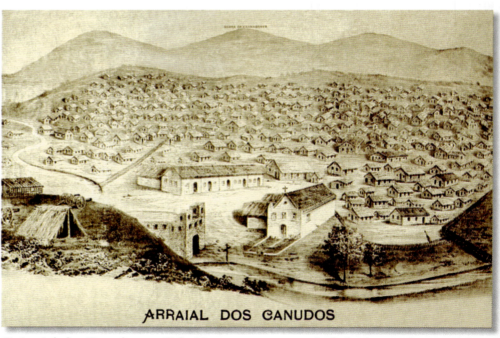

O Arraial dos Canudos, ou Belo Monte, era um mundo fechado em si mesmo. Seus moradores plantavam gêneros alimentícios e criavam animais para seu próprio sustento.

por expedições militares vindas de quase todas as partes do Brasil. Entre outubro de 1896 e outubro de 1897, mais de 5 mil soldados do Exército e armamentos pesados de guerra foram envolvidos nos ataques ao arraial, até o cerco total e massacre final. Restaram 400 pessoas, entre velhos, mulheres e crianças. (**FC:** *Canudos*; **BI:** CUNHA, Euclides da, *Os sertões*)

A Guerra do Contestado

Início do século XX. O governo concedeu uma enorme extensão de terras à empresa norte-americana Brazil Railway Company, no trecho previsto para a construção da ferrovia São Paulo–Rio Grande do Sul. As terras foram exploradas e desflorestadas por empresas que comercializavam as madeiras no Brasil e no exterior. Milhares de famílias que ali viviam foram expropriadas. Além disso, no final da construção da ferrovia, em 1912, cerca de 8 mil trabalhadores ficaram desempregados e passaram a perambular pela região à procura de trabalho.

Nessa mesma época, surgiu na região de Campos Novos e Curitibanos, em Santa Catarina, um movimento camponês de caráter político-religioso, liderado por um pregador e curandeiro chamado "Monge" José Maria. Em suas atividades políticas, o Monge acabou se envolvendo em um conflito de interesses dos "coronéis" da região. Acusado de servir aos monarquistas, começou a ser perseguido e foi refugiar-se em Vila do Irani. O local ficava situado no centro de uma área disputada pelos estados do Paraná e Santa Catarina, por isso chamado de **Contestado**. A entrada ali do Monge, junto com seus seguidores, foi interpretada pelos paranaenses como uma invasão de catarinenses. Atacados pela força pública do Paraná, eles revidaram e saíram vitoriosos. Mas o Monge foi mortalmente ferido.

Nos anos seguintes, espalhou-se a notícia da "volta" do Monge, o que fez aumentar enormemente o número de seguidores. Os "coronéis", a Brasil Railway e o governo se uniram para enfrentar os "rebelados", mas foram derrotados. Num segundo ataque das forças federais, cerca de 5 mil sobreviventes fugiram para o arraial de Caraguatá, onde passaram a viver em regime de propriedade coletiva. Uma epidemia de tifo os fez mudar para outros locais, onde formaram pequenos núcleos. Foram atacados novamente, numa ofensiva maciça do Exército, e perderam o núcleo principal.

Em 1915, os líderes lançaram um manifesto monarquista e declararam a "guerra santa" contra os coronéis, as companhias de terras e as autoridades governamentais. Acusaram o governo de assassinar trabalhadores e entregar as terras aos estrangeiros. Atacaram fazendas e cidades e controlaram partes da ferrovia. A luta prolongou-se até dezembro, quando um contingente de 7 mil soldados do Exército, mil policiais e 300 jagunços iniciaram os ataques contra uma população

Camponeses pobres e desempregados protagonistas da Guerra do Contestado.

rebelada de 20 mil pessoas. Destas sobraram 3 mil ao final dos combates em que até mesmo aviões foram utilizados para localizar os redutos rebeldes. Essa foi a primeira vez que se utilizou a aviação no país para fins militares. (**FC:** *Contestado: a guerra desconhecida* e *A guerra dos pelados*)

> *Nos dois movimentos camponeses citados, vale lembrar que eles foram destruídos devido à intervenção massiva da força pública, atuando com toda a sua capacidade militar, reunindo tropas de vários estados. A chamada força pública era, na verdade, uma mescla de soldados do Exército e da polícia.*

AS LUTAS RADICAIS ESPONTÂNEAS E LOCALIZADAS

Você está lembrado de que Getúlio Vargas não quis saber de reforma agrária. Durante seus governos e os seguintes até 1964, as lutas camponesas, embora como eventos isolados, aconteciam em quase todo o território brasileiro. Vamos relatar aqui algumas das principais que fizeram parte desse contexto.

Os posseiros da rodovia Rio–Bahia

As terras da região de Governador Valadares, em Minas Gerais, ficaram muito valorizadas desde o início da década de 1940, devido à perspectiva da construção da rodovia Rio–Bahia, que só iria realizar-se em 1957. Ali viviam muitos posseiros já antes do anúncio da construção. Você está lembrado de como eles foram surgindo no Brasil?

Sem perda de tempo, os supostos donos das terras começaram a aparecer de todos os lados e impuseram aos posseiros a condição de derrubar a mata para a formação de pastos. Estes só podiam plantar para a subsistência. Assim que formavam as fazendas, eles eram expulsos da terra.

Isso, de o fazendeiro se aproveitar da ingenuidade do camponês para fazê-lo trabalhar na formação de pastos e depois expulsá-lo, é uma prática comum no Brasil. Você vai ter a oportunidade de comprovar esse fato em muitos outros relatos que faremos.

O processo de expulsão dos posseiros teve seu auge em 1955. Foi nesse ano que um dos expulsos resolveu juntar companheiros de mesma sorte para fundar uma entidade que os representasse. (Nessa época os sindicatos de trabalhadores rurais não eram reconhecidos legalmente.) Essa organização logo conseguiu congregar centenas de associados, mas também fez aumentarem as tensões e os conflitos com os fazendeiros.

Já durante a gestão de Jango (1961-1964), os posseiros organizados exigiram do governo a desapropriação de uma fazenda experimental de propriedade do governo federal, que havia sido invadida pelos fazendeiros. A reação destes foi imediata e, de fato, o governo marcou a desapropriação para o dia 30 de março de 1964. Você está sabendo que dois dias depois houve o golpe militar. Muitos daqueles trabalhadores foram presos e torturados. Trinta anos depois, o MST viria a ocupar essa mesma fazenda.

Grileiros & governo contra posseiros

Na região noroeste do estado do Espírito Santo, entre os vales dos rios Mucuri e Doce, está localizado o município de Ecoporanga, que foi palco de vários conflitos entre camponeses e fazendeiros.

No final da década de 40, havia uma disputa com Minas Gerais, que revindicava a posse da região. Grileiros tentavam arrancar das terras os inúmeros posseiros que ali viviam e produziam. Houve até mesmo uma CPI (Comissão Parlamentar de Inquérito), que investigou as violências contra as famílias que resistiam. Mas o governo local estava do lado dos grileiros e, sempre que preciso, enviava tropas militares para ajudar seus comparsas. Os posseiros tiveram suas roças e casas queimadas e alguns foram assassinados pelos policiais militares. Os jagunços circulavam pelas cidades e distritos ostentando suas armas. Por volta de 1955, o PCB enviou militantes para ajudar a organizar os posseiros.

A luta prosseguiu e só teve um desfecho com o golpe de 1964, quando vários militantes foram dispersados ou presos.

Trombas e Formoso: território livre

Em 1948, a construção da rodovia Transbrasiliana e o projeto de colonização dos governos federal e estadual valorizaram as terras da região de Uruaçu, no norte de Goiás. Essa estrada já era parte da Belém-Brasília, que estava projetada com vistas à construção da nova capital federal.

No ano seguinte, trabalhadores rurais provenientes do Maranhão e do Piauí chegaram a Uruaçu, liderados por **José Porfírio**, e estabeleceram posses numa área de **terras devolutas**. Mas essas mesmas terras começaram a ser griladas, ao mesmo tempo, por um grupo de fazendeiros, um juiz e o dono do cartório local. Em 1952, o ato de grilagem estava consumado. Claro, pois entre os grileiros estava um juiz e o dono do cartório para facilitar as coisas. Você deve estar notando como no Brasil as falcatruas sempre passam ao largo da Justiça ou até mesmo contam com ela. Será que os governos desconhecem as grilagens de suas terras? Difícil de acreditar, não é mesmo?

Os grileiros propuseram aos posseiros que, se estes saíssem das terras, pagariam pelas benfeitorias feitas. A recusa foi geral. Muito bem, então eles podiam ficar com a condição de que formassem pastos. A velha tática. Nova recusa. A essa altura o número de pessoas vivendo nas posses chegava a 3 mil. Aí os grileiros partiram para o tudo ou nada. Queimaram as roças e as casas dos camponeses. Entre elas as de José Porfírio, cuja mulher morreu em conseqüência.

O crescimento dos conflitos na região levou o PCB a acompanhar a resistência e a colaborar com a organização do movimento. No final da década de 1950, toda a região estava organizada na Associação dos Lavradores de Formoso e Trombas, que eram os nomes dos dois povoados formados pela população de posseiros.

Em 1957 o governo estadual enviou tropas à região, disposto a dispersar essa população. O PCB então propôs um acordo: apoiaria a extensão do mandato do governador e depois a candidatura de seu filho à sucessão em Goiás. O governo, por sua vez, tiraria as tropas do local. Acordo feito, a região de Trombas e Formoso virou uma espécie de território livre, com governo próprio de cunho popular. Mais tarde, ela tornou-se um município e José Porfírio foi eleito deputado estadual, em 1962, constituindo um elo de negociação com o governo para a manutenção da posse da terra. Os posseiros ganharam uma enorme força na região, fundando vários sindicatos, realizando encontros e congressos e participando dos eventos nacionais.

Mas, dois anos depois, viria o golpe militar. Muitos líderes foram presos e torturados. José Porfírio conseguiu escapar e refugiou-se em Balsas, no Maranhão. Mas foi descoberto pela Polícia Federal, tendo de retornar à região de Trombas e Formoso, onde viveu alguns anos na clandestinidade. Preso finalmente, em 1972, foi solto no ano seguinte. Dois dias depois de sua libertação, desapareceu. O que pode ter acontecido com ele?

No norte e sudoeste do Paraná

O norte e o sudoeste do Paraná foram palco de diversos conflitos pela terra durante as décadas de 1940 e 1950, envolvendo camponeses, polícia e fazendeiros.

Havia em Jaguapitã, no norte do estado, cerca de 1.500 posseiros em terras devolutas do estado. Por volta de 1946, o governo estadual cedeu essas terras a fazendeiros e começou então o processo de despejo daqueles antigos habitantes. Iniciou-se uma verdadeira guerra entre posseiros e fazendeiros. O governador Lupion, que era famoso na região pelos negócios escusos que fazia com terras, propôs aos camponeses a transferência para outra área, mas não cumpriu a promessa.

Enquanto isso, não muito longe dali, em Porecatu, acontecia algo bastante semelhante, envolvendo um projeto de colonização. Ali o PCB articulou seus comitês regionais e promoveu uma luta que iria prosseguir durante alguns meses entre 1950 e 1951. Houve muitos mortos e feridos. Com a mudança de governo, em 1951, as terras em questão foram declaradas públicas e destinadas à desapropriação.

Talvez o evento mais importante do período tenha sido o ocorrido no sudoeste do estado, nas regiões de Pato Branco, Francisco Beltrão, Capanema e Santo Antônio. As terras devolutas passaram a ser manobradas em conjunto por Lupion, então de volta ao governo do estado, e pelos latifundiários. Os posseiros ali estabelecidos eram migrantes do Rio Grande do Sul, que haviam desbravado as terras e organizado a ocupação da região.

Posseiros detidos em Cascavel, PR, em julho de 1961, sob as vistas de um policial.

Havia ali também lavradores da região do Contestado, que o governo trouxera para a instalação da Colônia Bom Retiro, origem do município de Pato Branco.

Apareceu na região a empresa Clevelândia, que, apoiada pelo governador Lupion, realizou uma negociata para apossar-se das terras. Foi um caso famoso de grilagem. Essa empresa passou a ameaçar de expulsão os posseiros e até mesmo os trabalhadores que detinham o título definitivo. Queria obrigar os colonos a assinar contratos de arrendamento. Quem se recusava era despejado à base de violência. As terras assim tomadas eram presenteadas a amigos e parentes do governador, numa manobra calculada para tomar empréstimos privilegiados do banco estadual.

As coisas se arrastaram até que, no primeiro semestre de 1957, aconteceu o enfrentamento armado entre os camponeses e os jagunços dos grileiros. Os revoltosos organizaram-se nos quatro municípios, nos quais formaram juntas governativas. Conta-se que só em Francisco Beltrão houve a participação de 4 mil trabalhadores rurais. O governo mandou tropas militares para negociar uma solução. Mas a questão ainda ficou pendente até 1962, quando o governo Goulart determinou a entrega de títulos definitivos aos colonos.

Os conflitos entre posseiros e jagunços dos colonos produziram muitas mortes no oeste do Paraná em 1957.

Sudoeste do Maranhão

Famílias seguidamente expulsas de outros estados chegaram, por volta da metade da década de 1950, à região de Pindaré-Mirim. Na época, havia se iniciado a grilagem na região e muitas dessas famílias tiveram de deixá-la, partindo para o oeste e o sudoeste do Maranhão, área que se transformou em grande produtora de arroz. Logo apareceram os grileiros, que se apossaram inclusive do poder político local. Num verdadeiro pacto de grilagem, prefeitos, governadores e grileiros tomaram as terras para si, interessados no trabalho dos camponeses que as haviam ocupado e formado suas roças.

Desde essa época, começaram a registrar-se os conflitos que transformaram a região em uma das mais violentas do Brasil. Ali também se registrou a guerrilha do Araguaia e o assassinato do padre Josimo Tavares, militante da CPT. (Ver quadros adiante a respeito dos dois eventos.)

Em terras fluminenses

No estado do Rio de Janeiro, a grilagem colocou os posseiros diversas vezes em luta contra jagunços e policiais. Marchas até a Assembléia Legislativa, ao Palácio do Governo e ao Palácio da Justiça levaram à redução das ações de despejo. Mas os grileiros logo voltavam a persistir, provocando novos conflitos.

A continuidade das rusgas e da violência levou os trabalhadores a se organizarem, inicialmente criando comissões e, depois, fundando a Associação dos Lavradores Fluminenses, com o apoio do PCB. Fizeram ocupações de terra em quase todo o estado, principalmente nos municípios de Nova Iguaçu, Cachoeiras de Macacu e Duque de Caxias. Em Duque de Caxias, no início da década de 1950, após a sentença do juiz determinando seu despejo, os trabalhadores fizeram acampamento na frente do Palácio do Governo. Por um acordo com o governador, foram transferidos para Casimiro de Abreu.

Outra ação importante foi a ocorrida em Campos, no ano de 1963, sob a liderança de **José Pureza**, figura de relevo no movimento camponês do Brasil. A ocupação se deu em terras cuja regularização estava por ser feita desde 1959. Os usineiros de cana agiram rapidamente, utilizando seus jagunços e a polícia para impedir o avanço da ocupação. Mas os camponeses não se deram por vencidos, voltando à carga. O governo então resolveu desapropriar a área para interesse social. Os usineiros, inconformados, assassinaram um dos posseiros e impediram os técnicos do governo de fazer a demarcação das terras.

No ano seguinte, o governo militar revogou o decreto de desapropriação e as famílias de camponeses foram transferidas para outra região.

O movimento camponês fluminense também desapareceu após o golpe de 1964.

ICONOGRAPHIA

Assembléia da Associação dos Lavradores Fluminenses.

São Paulo: Pontal e Santa Fé do Sul

Os conflitos e as greves relacionadas à questão da terra foram constantes no estado de São Paulo durante as décadas de 1950 e 1960. Foram lutas de posseiros para se manterem na terra, de sem-terra para conquistar seu assentamento e de trabalhadores assalariados por aumento de salário e até para receber o que os patrões lhes deviam.

Você provavelmente já ouviu falar dos conflitos do Pontal do Paranapanema, ali onde se encontram os municípios de Mirante do Paranapanema, Teodoro Sampaio, Sandovalina, Primavera etc. Pois essa história é muito antiga.

Desde o final do século XIX, os grileiros derrubavam a Mata Atlântica ali, para transformá-la em pasto e colocar umas cabeças de gado, apenas para justificar sua presença na terra e poder especular com a terra. Para escaparem da fiscalização do governo, usavam as famílias sem terra, consentindo que plantassem para a subsistência. Aqui de novo a velha tática: "Vem cá, seu Zé, plante aí suas rocinhas e, se aparecer alguém do governo, diga que é empregado meu, viu? Mas olhe, pra ficar aqui na fazenda, o senhor tem de formar uns pastos pra mim".

Depois que haviam conseguido o que precisavam, expulsavam as famílias da área e utilizavam seus jagunços contra as que resistiam em deixar suas posses. Foi dessa forma que se formou no Pontal do Paranapanema um dos maiores grilos do estado de São Paulo. (A história recente dos conflitos no Pontal você vai ler num dos blocos que tratam do MST.)

Em Santa Fé do Sul, houve um processo semelhante ao do Pontal. Somente que ali estavam migrantes que haviam sido expulsos de suas regiões de origem e trabalhavam contratados como **arrendatários** nas fazendas.

Além de pagarem pelo arrendamento da terra, no fim do contrato eles tinham de entregar a área com capim plantado. Sem terra e sem trabalho, eles começaram a lutar pela prorrogação dos contratos com os fazendeiros. Mas não houve acordo. Os fazendeiros plantaram capim no meio de suas roças para forçá-los a desistir. Os lavradores arrancaram o capim e recorreram à Justiça.

Derrotados pela Justiça, tiveram suas lideranças presas e foram despejados. Foi somente depois de quase uma década de luta e persistência que os trabalhadores foram finalmente assentados.

AS LUTAS ORGANIZADAS: OS CAMPONESES COMO CLASSE

No período de 1954 a 1964, surgiram três grandes organizações camponesas que lutavam pela reforma agrária: a **Ultab** (União de Lavradores e Trabalhadores Agrícolas do Brasil), as **Ligas Camponesas** e o **Master** (Movimento dos Agricultores Sem Terra).

Ligas Camponesas

No início da década de 1950, em Pernambuco, muitos dos antigos engenhos estavam confiados a **foreiros**. Essa era uma situação muito particular do Nordeste. Agricultores usavam terras abandonadas por seus donos em troca de um **foro**, uma espécie de aluguel.

Em 1955, os donos do Engenho Galiléia, em Vitória de Santo Antão, impuseram o aumento do preço do foro e tentaram expulsar os foreiros da terra, que passaram a se mobilizar. Foi quando o advogado e de-

A Sociedade Agrícola dos Plantadores e Pecuaristas de Pernambuco, que deu origem às Ligas Camponesas.

putado **Francisco Julião**, do PSB (Partido Socialista Brasileiro), passou a representá-los.

Existia na cidade, então, a Sociedade Agrícola e Pecuária dos Plantadores de Pernambuco, uma instituição de auxílio mútuo, que servia para dar um enterro decente aos pobres. Ali também passaram a ser realizadas as reuniões da entidade que ficou conhecida como **Liga Camponesa da Galiléia**. Em poucos anos, novas ligas foram formadas em mais de trinta municípios de Pernambuco e outros estados do Nordeste, e de outras regiões do país. Eram comuns os conflitos com os fazendeiros, nos quais vários trabalhadores morriam resistindo à sua expulsão da terra.

Em 1962 vários encontros e congressos foram realizados reunindo representantes das diversas ligas. A essa altura, a consciência camponesa estava formada no sentido da luta em torno de uma **reforma agrária radical**. Os camponeses resistiam na terra e chegavam a realizar ocupações de terras. Eles tinham por lema "Reforma agrária na lei ou na marra". A posição do PCB e da Igreja Católica era, no entanto, por uma reforma agrária por etapas, com indenização em dinheiro e títulos aos proprietários.

Além de Francisco Julião, outros líderes importantes envolvidos nas Ligas foram: Clodomir Morais, dissidente do PCB; padre Alípio Freitas, do Maranhão, ligado à esquerda cristã radical, e João Pedro Teixeira, da Liga do Sapé, na Paraíba, assassinado em 1962. (**FC:** sobre o líder João Pedro Teixeira, veja *Cabra marcado para morrer*.)

1.º Congresso Nacional de Camponeses realizado em Belo Horizonte, em 1963, com 1.500 delegados. Acima, Francisco Julião discursando durante assembléia das Ligas. Atrás dele, entre outros líderes e apoiadores do movimento camponês, o famoso autocognominado Barão de Itararé e Luís Carlos Prestes, líder do PCB. Ao lado, os participantes da assembléia carregando cartazes com a palavra de ordem "Na lei ou na marra".

Durante o regime militar de 1964, Julião e diversos outros líderes foram presos e condenados. Sua culpa: desejar justiça social. O movimento então ficou sem comando e se dispersou.

Ultab

Criada pelo PCB, em 1954, a Ultab (União dos Lavradores e Trabalhadores Agrícolas) tinha por finalidade coordenar as associações camponesas e criar as condições para uma aliança política entre os operários e os trabalhadores rurais. Em geral seus líderes eram camponeses, mas havia uns poucos indicados pelo PCB. Essa organização foi criada aos poucos em todos os estados, com exceção do Rio Grande do Sul, onde havia o Master (veja a seguir), e em Pernambuco, onde havia as Ligas Camponesas.

Seus principais líderes foram Lindolfo Silva e Nestor Veras. Este último foi seqüestrado pelos órgãos da ditadura militar em São Paulo e jamais foi encontrado.

Master

O Master (Movimento dos Agricultores Sem Terra) surgiu no final da década de 1950, no Rio Grande do Sul, a partir da resistência de 300 famílias de posseiros no município de Encruzilhada do Sul. Nos anos seguintes, disseminou-se por todo o estado gaúcho. Para o movimento, eram considerados agricultores sem terra o assalariado rural, o parceiro, o peão e também os pequenos proprietários e seus filhos.

Em 1962, o Master iniciou os **acampamentos**, uma forma particular de organizar suas ações. Como você vai ver, eles são hoje uma das armas de luta do MST. Diferentemente dos foreiros de Pernambuco, que resistiam para não serem expulsos da terra, a luta dos integrantes do Master era para **entrar na terra**. O movimento cresceu com o apoio do Partido Trabalhista Brasileiro (PTB), ao qual pertencia o então governador Leonel Brizola. Mas, com a derrota do partido nas eleições de 1962, ele passou a sofrer ataques do novo governo estadual, de instituições e entidades, o que o enfraqueceu.

Os principais líderes dessa organização foram: João Sem Terra, na região de Porto Alegre; Jair Calixto, em Nonoai, e Müller, na região de Cachoeira e Encruzilhada do Sul. (**BI:** WAGNER, Carlos. *A saga do João Sem Terra*)

SINDICALIZAÇÃO RURAL

Foi em 1962, no governo de Jango, que se deu a regulamentação da sindicalização rural. Os sindicatos já existentes passaram a ser reconhecidos e outros começaram a ser organizados. Já existia então a perspectiva de se formarem posteriormente as federações e a confederação dos trabalhadores rurais. Contudo esse processo acontecia apenas dentro das cúpulas das organizações, isto é, os trabalhadores em geral permaneciam alheios a ele.

A primeira Convenção Brasileira de Sindicatos de Trabalhadores Rurais foi realizada em Natal, em julho do ano seguinte, com a participação de sindicatos ligados à Igreja católica, dos quais a grande maioria era do Nordeste. Nessa Convenção foi proposta a fundação de uma confederação sindical. A Ultab reunia a maior parte das federações e acabou atrapalhando os trâmites dos católicos. No final daquele ano, foi feito um acordo entre as duas instituições e formou-se uma lista única, com candidatos de ambas. Assim surgiu a **Contag** (Confederação dos Trabalhadores na Agricultura), em dezembro de 1963.

1964-1984: uma longa noite escura

Você está lembrado daquela história das reformas de base que o governo Goulart tentava implementar. Uma delas era a **reforma agrária**. Pois é, Jango acreditava nela como uma das soluções para a economia brasileira. E também para os conflitos que ocorriam no campo, cujos exemplos principais acabamos de relatar.

Outra coisa de que você deve estar lembrado é das revoluções socialistas, nas quais pudemos observar, sem nenhuma exceção, que um dos primeiros atos dos governos revolucionários foi a distribuição de terras aos camponeses. É claro, portanto, que os poderosos da terra no Brasil se pelavam de medo de perder suas propriedades, que usavam se e quando queriam, como acontece ainda hoje. A reforma agrária seria para eles o prenúncio de uma revolução socialista bem debaixo de suas barbas.

É fácil fazer a ligação entre o golpe militar de 1964 e a possibilidade da reforma agrária. E também compreender a violenta repressão que os generais lançaram contra os movimentos de luta pela terra. Muitas vezes eles foram explícitos: era preciso combater o **comunismo** no campo e nas cidades. As principais lideranças camponesas foram presas e exiladas, quando não assassinadas. Embora haja poucos registros a respeito, logo após o golpe, também os camponeses pertencentes a sindicatos, às Ligas ou ao Master foram duramente perseguidos e/ou mortos a mando dos latifundiários, que agiam sob a proteção dos militares.

Todas as organizações de trabalhadores rurais foram fechadas. Alguns sindicatos que sobraram mudaram completamente seus métodos, passando a ter caráter assistencialista. Isso ficou bem caracterizado em 1971, quando o presidente-general Médici criou o **Funrural**, órgão de previdência voltado para o campo, e deu aos sindicatos a responsabilidade pelas suas atividades burocráticas. Muitos trabalhadores rurais confundiam os sindicatos com o Funrural.

O BRASIL SOB AS BOTAS DOS MILITARES

Autoritarismo, desrespeito à Constituição, perseguição policial e militar, prisão e tortura para os opositores e censura prévia aos meios de comunicação. Esse foi o quadro político criado pelo regime militar para arrasar toda oposição a ele.

O primeiro presidente da ditadura foi o marechal **Castelo Branco**. Estava bem instruído do que tinha de fazer. Entre suas principais medidas políticas:
- cassou (anulou) os mandatos dos políticos considerados ameaçadores ao regime;
- suspendeu os direitos constitucionais, ou seja, ninguém mais podia se amparar na lei máxima do país;
- dissolveu todos os partidos políticos existentes;

GLAUCO GUIMARÃES

95

- instituiu dois partidos: a **Arena** (Aliança Renovadora Nacional), cujo papel era dizer "sim", e o **MDB** (Movimento Democrático Brasileiro), cujo papel era dizer "talvez";
- interveio em sindicatos, tentando torná-los submissos ao regime;
- fechou associações civis que pudessem ser incômodas ao regime;
- proibiu greves;
- criou o Serviço Nacional de Informações (SNI), para espionar atividades que pudessem pôr em risco os interesses do governo.

No início do governo do general **Costa e Silva** (1967-1969), o movimento estudantil estava em plena efervescência e greves operárias eclodiram em Minas e São Paulo. Isso era um indício de que o regime não estava sendo duro o suficiente. Em abril de 1968, 68 municípios (incluindo as capitais dos estados) foram tornados **zonas de segurança nacional**. Eles não podiam mais eleger seus prefeitos. Em setembro, dois grupos guerrilheiros, a **ALN** (Aliança de Libertação Nacional) e o **MR-8** (Movimento Revolucionário 8 de Outubro), seqüestraram um embaixador norte-americano exigindo trocá-lo por 15 presos políticos. Em dezembro daquele ano, o presidente-general fechou o Congresso Nacional e decretou o famoso **AI-5** (Ato Institucional n.º 5). Esse instrumento restabelecia o poder do presidente de cassar mandatos, suspender direitos políticos, demitir e aposentar juízes e funcionários, acabar com a garantia do *habeas-corpus* e reforçar a repressão.

Com o AI-5 acabaram-se as passeatas estudantis e operárias e outras manifestações pacíficas contra o governo. Alguns dos grupos da esquerda brasileira optaram pelo caminho da luta armada. (Veja adiante o quadro que trata da guerrilha do Araguaia.)

Em 1969 tomou posse da presidência o general **Emílio Garrastazu Médici**, que era da chamada **linha-dura** dos militares. Esse foi o governo mais repressivo da ditadura. A imprensa ficou completamente submetida à censura. Jornais diários protestavam colocando receitas culinárias nos espaços de notícias censuradas. Ao mesmo tempo, a luta armada ganhou maior intensidade e o governo instalou centros de repressão e tortura em vários pontos do país.

No governo Médici, o Brasil tinha a impressão de estar vivendo um milagre. O crescimento econômico e a queda da inflação geraram uma certa euforia, principalmente de parte do governo. O "milagre" favoreceu as elites e uma parte da classe média, mas a grande maioria da população amargava salários arrochados e não participava do "bolo". O ministro

Em 1968, antes da decretação do AI-5, os estudantes saíam aos milhares em passeatas pelas ruas dos principais centros urbanos do Brasil para protestar contra a ditadura e o sistema capitalista.

Era mais ou menos assim que jornais da época cobriam as notícias censuradas. Imagine que alguns deles haviam apoiado abertamente o golpe de 1964...

prefeitos em 79 das 90 cidades com mais de 100 mil habitantes. A censura à imprensa foi suspensa em 1975. A linha dura dos militares, insatisfeita com essa liberalização, promoveu uma onda de repressão. Foi quando prenderam e assassinaram o jornalista Vladimir Herzog e o operário Manuel Fiel Filho, ambos de São Paulo.

No final de 1976, nova vitória do MDB nas eleições levou o governo a mudar as regras eleitorais a fim de favorecer seu partido, a Arena. Em 1978, Geisel extinguiu o AI-5 e restaurou o *habeas-corpus*. O MDB, por sua vez, repetiu seus feitos anteriores nas eleições. Uma nova crise do petróleo, com **recessão**

Entre os mortos pela ditadura militar, da esquerda para a direita: Chael Charles Shreier, estudante e guerrilheiro da VAR-Palmares, torturado e morto em novembro de 1969; Honestino Guimarães, presidente da UNE, preso e desaparecido em outubro de 1973; Alexandre Vanucci Leme, estudante e militante da ALN, torturado e morto em março de 1973.

da Fazenda dizia que era preciso fazer crescer o bolo para depois reparti-lo. Mas, em vez de crescer, ele começou a murchar a partir de 1973.

O governo seguinte, do general **Ernesto Geisel** (1974-1979), recebeu como herança do anterior inflação e alta dívida externa. Além disso, havia a crise internacional do petróleo. Nesse quadro de dificuldades, o governo necessitava de apoio da sociedade. Ele anunciou então uma abertura política lenta e gradual. Era o começo do fim do regime militar, que ainda duraria outros dez anos.

Nas eleições de 1974, o MDB (Movimento Democrático Brasileiro) conquistou 59% dos votos para o Senado, 48% para a Câmara dos Deputados e elegeu

Carlos Marighella, líder do grupo guerrilheiro ALN, morto pela repressão no dia 4 de novembro de 1969, em uma rua de São Paulo.

O estádio de Vila Euclides, em São Bernardo do Campo, cheio, ouvindo Lula e outros líderes sindicais, era uma demonstração não só do descontamento, mas de um nível de organização dos operários jamais vista antes na história do país. Em plena ditadura militar.

internacional e aumento das **taxas de juros**, levaram a dívida externa brasileira a uma situação crítica.

O movimento operário estava se rearticulando, tendo seu foco mais organizado no ABC Paulista, junto aos trabalhadores da indústria automobilística. No dia 13 de maio de 1978, os operários da Saab-Scania iniciaram uma greve que se alastrou por outras cidades do estado. Em plena ditadura militar, eles desafiavam o governo, sob a liderança de Luís Inácio da Silva, o **Lula**. Outras greves passaram a acontecer a partir daí, atingindo também utros setores.

O novo presidente-general **João Baptista Figueiredo** (1979-1985), em continuidade à política de abertura, concedeu anistia aos acusados ou condenados por crimes políticos. A linha-dura promoveu então outras ações de terrorismo político: seqüestrou pessoas ligadas à Igreja católica, enviou cartas-bombas a sedes de instituições democráticas e armou atentados terroristas.

A anistia, já no início do governo Figueiredo, trouxe de volta ao país muitos exilados. Ainda em 1979, foi restabelecido o pluripartidarismo e, com isso, outros partidos se formaram, entre eles o **PT** (Partido dos Trabalhadores) e o **PDT** (Partido Democrático Trabalhista), ambos de tendência esquerdista. Os sindicatos voltaram a fortalecer-se. O partido do governo, a Arena, mudou de nome, passou a chamar-se Partido Democrático Social (PDS). Veja você que interessante: o partido que apoiava a ditadura resolveu, após as derrotas para o MDB, ser "democrático" e "social". Ele não era nem isso nem aquilo. Mais tarde, uma ala separou-se dele e formou o PFL (Partido da Frente Liberal), o mesmo que hoje apóia e governa com Fernando Henrique Cardoso.

Em 1984, a campanha Diretas Já, exigindo eleição direta para a presidência da República, estava nas ruas das principais capitais. Mas o novo presidente, Tancredo Neves, ainda seria eleito por um Colégio Eleitoral, em janeiro de 1985.

Era o fim da ditadura militar.

Você conhece aquela música de João Bosco e Aldir Blanc que fala na "volta do irmão do Henfil"? O irmão do Henfil era o Betinho (Herbert de Souza), um sociólogo que a ditadura baniu. Ele foi outro, além de Chico Mendes, a ganhar o prêmio Global 500 da ONU, por sua luta em defesa da reforma agrária e dos indígenas. Em 1993, fundou a Ação da Cidadania contra a Miséria e a Fome, que mais tarde priorizou a luta pela democratização da terra. Faleceu em 1997.

A POLÍTICA AGRÁRIA DA DITADURA

Já em 1964, o presidente-marechal Castelo Branco decretou a **primeira Lei de Reforma Agrária no Brasil**, em quase quinhentos anos, que foi denominada **Estatuto da Terra** (veja o quadro). Ela vinha em resposta à necessidade de distribuição de terras como forma de evitar novas revoluções sociais, como a que acabara de acontecer em Cuba, em 1959.

Ora, ora, será?

Embora decretada pelo primeiro governo militar, essa lei, por incrível que pareça, tinha um caráter progressista. Os técnicos que a elaboraram eram pessoas competentes, de mentalidade avançada, desejosas de fazer um projeto decente, que realmente favorecesse os interesses dos trabalhadores rurais. Prova disso foi que, na época, o jornal *O Estado de S. Paulo* e os latifundiários paulistas fizeram a maior pressão contra a lei.

Junto com essa lei foi criado o Ibra (Instituto Brasileiro de Reforma Agrária), o órgão governamental responsável por todas as questões referentes à terra no Brasil. Nunca houvera no Brasil um órgão com essas atribuições, tal era o poder dos latifundiários.

Mas o Estatuto da Terra jamais foi implantado. Era um "faz-de-conta" para resolver pelo menos momentaneamente os problemas no campo. Para viabilizar a sua política econômica, o Estado manteve a questão agrária sob o controle do poder central. Por essa política, o aces-

ESTATUTO DA TERRA

Além de tratar dos aspectos ligados ao conceito de *reforma agrária*, o Estatuto da Terra introduziu novos conceitos, designando os diferentes tipos de propriedade da terra no Brasil. Foi estabelecido que uma propriedade de tamanho menor que o necessário para o sustento e progresso de uma família seria considerada *minifúndio*. A área *mínima* de terra para uma família sustentar-se e progredir econômica e socialmente teria o nome de *módulo rural*. O tamanho desse módulo seria estabelecido por critérios técnicos. Ele poderia ter em torno de 15 hectares de terra, embora, na região amazônica, uma família necessite de mais e, em áreas das regiões metropolitanas destinadas à hortifruticultura, se possa progredir com apenas 5 hectares.

A propriedade que não excedesse o equivalente a 600 vezes o módulo da região e fosse explorada racionalmente, ocupando mais de 50% da área total agricultável, seria classificada, para efeito legal, como *empresa rural*. Isso não significava que a propriedade pertencesse a uma empresa ou atuasse como empresa capitalista. O nome se referia apenas ao caráter produtivo da propriedade.

Toda propriedade rural que não excedesse o tamanho admitido como máximo (o da empresa rural) mas fosse mantida inexplorada em seu todo era considerada *latifúndio por exploração*. É o que se chama normalmente de *latifúndio improdutivo*.

Finalmente toda propriedade rural que, independentemente do grau de utilização dado a ela, ultrapassasse 600 vezes o módulo regional era classificada como *latifúndio por dimensão*.

A Lei instituiu também a *desapropriação* seja de latifúndios ou minifúndios que estivessem em desacordo com o que impunha, sem direito a contestação judicial pelo proprietário, a não ser em termos de valores indenizatórios. Além disso, criou o *imposto territorial*. Vale lembrar que até então os grandes proprietários brasileiros jamais haviam pago um centavo sequer de tributo sobre a propriedade da terra.

Uma das inovações do Estatuto da Terra foi a definição da *função social* da terra. Segundo essa definição, o proprietário que utiliza a terra com respeito ao meio ambiente, de forma racional e adequada, e cumpre a legislação trabalhista, está dando à terra a sua função social.

so à terra ficou fechado aos camponeses e totalmente aberto à empresa capitalista.

O Estatuto da Terra escancarou-se, então, como um instrumento estratégico para **controlar as lutas sociais** e desarticular os conflitos por terra. As únicas e pouquíssimas desapropriações serviram apenas para diminuir os conflitos ou realizar **projetos de colonização** (veja no item a seguir). De 1965 até 1981, foram realizadas **8** desapropriações em média por ano, apesar de terem ocorrido pelo menos **70** conflitos por terra anualmente.

Desse modo, apesar de o Estatuto da Terra aparecer, por suas definições, como querendo modificar a estrutura fundiária e punir o latifúndio, a **política agrícola** e **agrária** dos militares promoveu a modernização tecnológica das grandes propriedades. Ao mesmo tempo, os grandes proprietários tinham livre acesso aos órgãos do Estado, como o Ministério da Agricultura, o Incra etc., exercendo forte controle sobre o Poder Judiciário e o Congresso Nacional.

Enfim, o Estatuto da Terra não saiu do papel e a política agrária real do regime militar significou, de fato, a entrega de mais terras aos comerciantes e industriais. E foi nesse período que se entregaram grandes extensões de terras públicas da região amazônica a grupos empresariais e também a multinacionais que, segundo o Incra, possuem hoje 30 milhões de hectares no Brasil.

A modernização tecnológica da agricultura não significou a eliminação das formas tradicionais de relações de trabalho. O desprezo aos direitos trabalhistas chegou ao ponto de provocar o ressurgimento do **trabalho escravo** no campo. A violência para bloquear as formas de organização e representação também ganhou corpo, conseguindo paralisar as lutas.

Os projetos de colonização

Os trabalhadores rurais sem terra, sem uma organização junto à qual pudessem continuar suas lutas, tiveram de buscar saídas individuais. Uma delas foi a colonização na região amazônica. Pela propaganda oficial, havia terras em abundância à espera de colonizadores às margens das grandes rodovias: a Transamazônica, a Cuiabá–Santarém e a Cuiabá–Porto Velho. Essa política espelhava o interesse do governo em esvaziar os con-

flitos por terra nos quatro cantos do Brasil. O general Médici a justificava como uma forma de "levar homens sem terra para terras sem homens".

A idéia de que a Amazônia, aquela imensidão coberta por florestas e cortada por inúmeros rios, precisava ser protegida contra a penetração estrangeira era antiga. Os governos militares elaboraram vários planos para a "ocupação" da Amazônia. Mas, agora, isso envolvia a proteção da grande propriedade contra os sem-terra. Enviando para lá os camponeses das várias regiões do país que pediam terra e entravam em conflito contra os latifundiários, o governo "matava dois coelhos": "ocupava" os espaços vazios e "resolvia" os conflitos.

Mas a região já estava entregue às empresas internacionais, que ali faziam grandes investimentos, sem precisarem tomar o território. A preocupação do governo aumentara em vista da guerrilha do Araguaia, na divisa do norte de Goiás (atual Tocantins) com o Pará, montada a partir de 1970 pelo **PCdoB** (Partido Comunista do Brasil)

A política de "ocupação" da Amazônia ignorava a existência de populações indígenas e caboclas, e até mesmo urbanas, na região. Os grandes projetos governamentais (rodovias, usinas hidrelétricas, exploração de minérios etc.) e da iniciativa privada geraram uma intensa apropriação e expropriação de terras. Muitas tribos indígenas e posseiros perderam terras e vidas nesse processo.

No início, o governo aplicou uma política de colonização que incluía a criação de núcleos de povoamento, os quais podiam ser tanto do governo como das empresas privadas. Milhares de pessoas foram atraídas de várias partes do Brasil, principalmente no período de 1970 a 1974. Os projetos governamentais administrados pelo Incra foram basicamente dois: o **PIC** (Projeto Integrado de Colonização) e o **PA** (Projeto de Assentamento).

O PIC fazia o assentamento, prestava assistência técnica e concedia empréstimo em dinheiro aos colonos. Estava voltado ao povoamento do eixo da rodovia Transamazônica. Para tanto, o Incra instalou agrovilas em Altamira e Marabá, no Pará.

Já o PA era um tipo de assentamento sem assistência técnica nem financeira. Preocupava-se exclusivamente em demarcar as terras de cada família e fornecer o documento de propriedade.

A Guerrilha do Araguaia

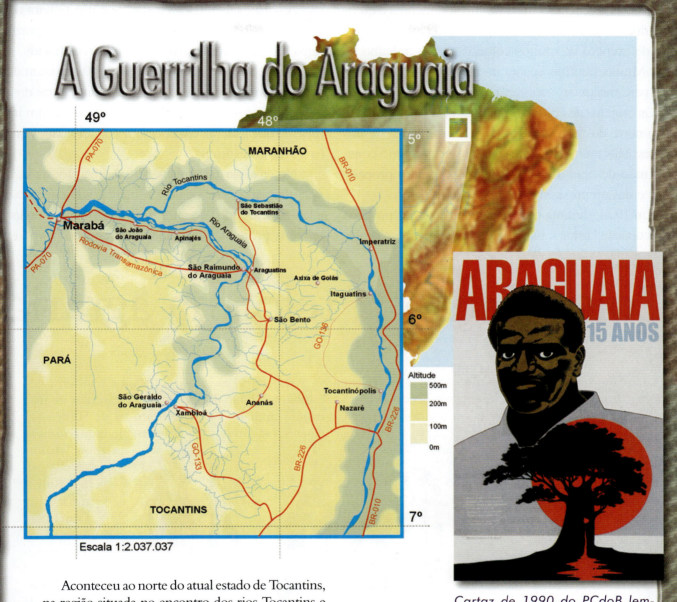

Cartaz de 1990 do PCdoB lembrando os 15 anos da Guerrilha da Araguaia e seu comandante Oswaldo Orlando da Costa, o Oswaldão.

Aconteceu ao norte do atual estado de Tocantins, na região situada no encontro dos rios Tocantins e Araguaia, chamada de Bico do Papagaio. A área tem sido cenário de muitos conflitos pela terra.

Em 1969, um grupo de guerrilheiros do PCdoB comprou um sítio na região, onde passou a viver da agricultura e a fazer treinamento de guerrilha. Ele pertencia à chamada "linha chinesa", que aderia às idéias de Mao Tse-tung. O objetivo era estabelecer relações com os camponeses locais e, aos poucos, conscientizá-los da necessidade da luta armada contra os latifundiários e o governo da burguesia.

Em 1972, tendo tomado conhecimento da presença do grupo na região, o governo enviou tropas para combatê-lo. Eram cerca de 70 guerrilheiros, sob o comando de Oswaldo Orlando da Costa. Acuados por milhares de soldados do Exército, Aeronáutica e Polícia Militar, eles se embrenharam na floresta para o enfrentamento. Ali resistiram por mais de dois anos, quando uma expedição de seis mil soldados, incluindo pára-quedistas, conseguiu derrotá-los em janeiro de 1975.

Esses projetos não deram certo devido exatamente à falta de assistência técnica, financeira, médica e escolar, à dificuldade para escoar a produção e até mesmo à falta de preparo de muitos colonos para o trabalho na terra. Muitas famílias acabaram alugando suas casas e lotes para migrantes sem terra que chegavam à região.

Os projetos de colonização dirigida, principalmente os do norte do Mato Grosso, atraíram milhares de migrantes. Mas muitos ficaram sem lote e passaram a constituir mão-de-obra disponível para os grandes proprietários e das empresas agropecuárias e minerais.

Em 1974, durante o governo Geisel, esses projetos de "ocupação" foram abandonados e deram lugar à colonização pelas grandes empresas. O governo federal oferecia enormes facilidades a elas, que não tinham de pagar impostos, recebiam empréstimos a longo prazo e a juros baixos, e contavam com **incentivos fiscais**.

Os incentivos fiscais, nesse caso, funcionam da seguinte forma: o governo renuncia a uma parte dos impostos devidos por uma empresa em troca de um investimento que esta faz em operações ou atividades que ele (o governo) estimula.

No caso das empresas de colonização, os incentivos oferecidos provocaram escândalo. De acordo com a lei, aquelas que não cumprissem as normas poderiam ter seus projetos cancelados e teriam de devolver ao

Colonização ✕ reforma agrária

Como manter o controle sobre a questão agrária sem ter de fazer a reforma agrária? A resposta do governo militar a essa pergunta, que era crucial para ele, foi a criação de vários projetos de colonização, a partir de 1970, no governo do presidente-general Médici. As regiões escolhidas foram principalmente a Amazônia e o Centro-Oeste.

Para essa empreitada, reuniu empresas privadas e órgãos públicos.

Vamos ver como e em quê isso acabou dando.

Trabalhadores rurais sem terra, especialmente do Rio Grande do Sul, Santa Catarina e Paraná, migraram para as regiões de colonização. Mais adiante, quando estivermos tratando da história do MST, você vai entender por que eles deixaram as ricas regiões onde viviam para atender aos apelos do governo federal. É claro que um dos principais motivos foi a total desorganização que estavam vivendo após o golpe.

A maioria dos tais projetos acabou se transformando mesmo em fonte de corrupção e escândalos de mau uso do dinheiro público. Em mais de 50 deles as empresas se apropriaram de terras, fundaram cidades e criaram latifúndios, dando origem a outros milhares de famílias sem terra. Dos projetos oficiais, a maioria fracassou por falta de assistência técnica, de alimentos, de financiamentos, de assistência médica etc. Ficou provada a ineficácia e a desonestidade das empresas de colonização, assim como do Incra.

Sem condições de sobreviver, grande parte dos colonos voltou para o Sul ou migrou para outras regiões brasileiras. Houve famílias que venderam seus lotes ao preço da passagem de volta de ônibus aos seus estados de origem. Não faltaram na ocasião latifundiários comprando os lotes para aumentar a concentração fundiária no país.

governo a **mesma** quantia dos incentivos. Ora, isso significava que, se houvesse inflação, não teriam de pagar a diferença (a correção monetária).

Imensas extensões de terras foram assim "distribuídas" a grandes grupos, incluindo os financeiros. Exemplos são:
- Projeto Jari, do norte-americano Daniel Ludwig (1,5 milhão de hectares), que foi vendido a diversos outros grupos;
- a Companhia Vale do Rio Cristalino, do grupo Volkswagen, localizada no sul do Pará (140 mil hectares);
- a Suiá-Missu, hoje pertencente à italiana Liquifarm (700 mil hectares);
- a Codeara, do Banco de Crédito Nacional (600 mil hectares); e
- muitos outros, pertencentes a diversos grupos, como Bradesco, Bamerindus, Tamakavy, Sadia, Camargo Corrêa, Frigorífico Atlas, Drury's Amazônica, Georgia Pacific, Tomoyenka etc.

Algumas dessas propriedades são maiores que alguns estados brasileiros ou muitos países.

Os grandes projetos agropecuários e minerais na Amazônia representaram grande destruição do meio ambiente. Foram intensos e rápidos desmatamentos, utilizando inclusive desfolhantes químicos. Nesse processo, saíram prejudicados vários segmentos do campo: os pequenos e médios proprietários, os posseiros, os garimpeiros, os grileiros, os seringueiros e os castanheiros. Isso sem contar os milenares habitantes da região – os indígenas. Diversas tribos perderam suas terras ou tiveram suas áreas diminuídas. Outras, ainda, foram deslocadas. Além disso, muitos de seus membros foram contagiados por doenças dos novos conquistadores, ou absorvidos pela cultura "civilizada", ou transformados em mão-de-obra barata pelos fazendeiros, ou, pior, assassinados por garimpeiros, grileiros etc.

Garimpeiros caíram na malha da grande empresa de mineração. O pequeno agricultor foi absorvido pela grande empresa agropecuária. Os sem-terra e os peões passaram a viver numa condição de quase servos nas fazendas. (Você está lembrado dos servos do feudalismo?) Os posseiros foram expulsos de suas pequenas roças. Os seringueiros e os castanheiros entraram em conflito com as madeireiras, lutando para preservar as florestas, pois elas são a fonte de sua subsistência.

No período da ditadura militar, foram aprovados 581 projetos agropecuários em 134 municípios da Amazônia. Além disso, outros 40 projetos agroindustriais, 247 industriais e 52 de serviços foram implementados com incentivos do governo federal.

Ao mesmo tempo, cresceram os conflitos por terra na região, com confrontos abertos e muita violência. Em 1982, o governo federal criou o Ministério Extraordinário para Assuntos Fundiários e colocou na chefia um general, dando um caráter absolutamente militar à questão agrária no Brasil. O **Getat** (Grupo Executivo de Terras do Araguaia-Tocantins) e o **Gebam** (Grupo Executivo do Baixo Amazonas) foram órgãos criados especialmente para atuar nessa área de conflito e conter a influência da Igreja, que desde a década anterior assistia os posseiros em litígio na região. (Veja, adiante, o quadro sobre a CPT.)

Pense bem: focos de incêndios eram detectados por satélite. Eram as grandes fazendas promovidas pelo governo na Amazônia. Dá pra imaginar o tamanho das áreas atingidas? Quantos animais e pessoas foram mortos ou expulsos por essas queimadas? Isso sem pensar no que representa a morte da vegetação.

103

Ouro e diamantes nas terras dos ianomâmis

Quando os garimpeiros invadiram sua área, os ianomâmis conheceram atitudes como a truculência, a ambição, o desrespeito e a sanha assassina dos brancos, além de doenças que seus pajés jamais haviam tido de enfrentar.

Roraima conheceu rápido crescimento populacional entre 1980 e 1991, passando de 79 mil habitantes para 218 mil. Isso se deveu à descoberta de ouro e diamante nas terras habitadas pelos ianomâmis. Ocorre que essas terras compreendem também uma parte da Amazônia venezuelana. Garimpeiros brasileiros atravessaram a fronteira Brasil-Venezuela e passaram a atuar também nesse país vizinho.

Ocorreram confrontos entre os garimpeiros brasileiros e venezuelanos. Quanto aos ianomâmis, sabe-se de alguns episódios em que foram massacrados. Em 1991, sob pressão da sociedade e de entidades brasileiras de defesa dos povos indígenas, o governo federal demarcou a área de terras dos ianomâmis. Hoje eles têm uma reserva de 9,5 milhões de hectares em Roraima.

A demarcação das terras indígenas deteve significativamente a migração para a área. Muitos garimpeiros acabaram se tornando trabalhadores temporários, posseiros e vaqueiros.

Na periferia de Boa Vista, capital do estado, as favelas são provas vivas da grande migração ocorrida no período citado.

Colocando a questão no contexto atual, a Amazônia continua sendo colocada à disposição dos interesses do grande capital. Sua vegetação original e seus ecossistemas estão sendo destruídos por uma "ocupação" sem controle e irresponsável.

AS LUTAS PELA TERRA DURANTE A DITADURA MILITAR

Como dissemos anteriormente, as organizações que representavam os trabalhadores rurais foram esmagadas pela ditadura militar. Porém as lutas pela terra continuaram acontecendo, particularmente nas regiões Norte e Centro-Oeste do país. É importante lembrar que a Igreja católica foi, durante a ditadura militar, a única instituição capaz de fazer frente ao regime, tanto nas cidades como no campo.

Os posseiros do Norte e do Centro-Oeste

Nos anos 1970, eclodiram diversas lutas camponesas no Norte e no Centro-Oeste. Determinado a controlar a questão agrária, o governo criou o Getat (Grupo Executivo das Terras do Araguaia-Tocantins) e o Gebam (Grupo Executivo do Baixo Amazonas). Os dois órgãos usavam suas sedes como escritórios de administração de conflitos e como prisão de camponeses revoltosos. Isso significou a **militarização** da questão da terra.

A CPT e a Teologia da Libertação

No início da década de 1960, a Igreja Católica criou as CEBs (Comunidades Eclesiais de Base), que, já em meados da década de 1970, existiam em todo o país. Baseadas nos princípio da Teologia da Libertação, elas se tornaram importantes espaços para os trabalhadores rurais e urbanos se organizarem e lutarem contra as injustiças e por seus direitos. Os teólogos da libertação fazem uma releitura das Sagradas Escrituras da perspectiva dos oprimidos e condenam o capitalismo, considerando-o um sistema anti-humano e anticristão.

Em 1975, surgiu a **CPT** (Comissão Pastoral da Terra), também da Igreja Católica, que, juntamente com as paróquias das periferias das cidades e das comunidades rurais, passou a dar assistências aos camponeses durante o regime militar. No início, a CPT esteve voltada às lutas dos posseiros do Centro-Oeste e Norte. Mais tarde, com a eclosão de conflitos pela terra em todo o país, ela se tornou uma instituição de alcance nacional. Sua atuação nas lutas do Sul do país, que deram origem ao MST (Movimento dos Trabalhadores Rurais Sem Terra), será vista na terceira parte deste livro.

Leonardo Boff, um dos grandes pensadores da Teologia da Libertação no Brasil.

Na luta pela terra, o *Livro do Êxodo* tem sido suporte para estudos e reflexões sobre a condição em que vivem os trabalhadores rurais. A CPT foi importante instrumento de desmascaramento das políticas e projetos dos militares, e permanece sendo espaço central na organização e projeção das lutas pela conquista da terra.

Essa postura foi resultado de decisões tomadas pela Igreja após o Concílio Vaticano II (1965) e reforçada pela II e III Conferência Geral do Episcopado Latino-Americano, em Medellín (Colômbia, 1968, e Puebla, México, 1979, respectivamente).

Como você deve estar lembrado, a falta de perspectivas de reforma agrária em seus estados levou muitos trabalhadores rurais para a Amazônia e o Centro-Oeste. Alguns foram para as agrovilas da Transamazônica. Outros para a chamada colonização espontânea em terras públicas, em que não recebiam qualquer ajuda do governo. Outros, ainda, acabaram se tornando peões em fazendas ou garimpos.

Na colonização espontânea, os trabalhadores rurais derrubavam a mata e passavam a cultivá-la. Logo apareciam pessoas dizendo-se donas da área, com títulos legais ou forjados, expulsavam os ocupantes e plantavam o pasto para a pecuária. Se eram donas ou não, com certeza nunca tinham aparecido naquelas terras para qualquer finalidade. Agricultores analfabetos ou semi-analfabetos foram assim expulsos da terra e perderam as benfeitorias que haviam feito, sem direito algum.

Essas foram as bases dos conflitos na região, geralmente resolvidos a bala, com a morte de centenas de posseiros. Os tais "fazendeiros" formavam verdadeiros exércitos particulares e atacavam os trabalhadores, sem qualquer interferência dos órgãos competentes do governo.

Foi esse o contexto que levou ao surgimento da **CPT**.

Os sem-terra do Sul

Na década de 1970, particularmente no Sul do país, a situação dos trabalhadores rurais era crítica. A política de desenvolvimento da agroindústria, favorecida pelo regime, atingiu em cheio grande número deles. Os que não optaram pelos projetos de colonização acabaram indo para as cidades, buscando empregos e subempregos de toda ordem. Esse tema será abordado na terceira parte deste livro, quando trataremos especificamente da história do MST.

A Igreja e os problemas da terra

Reunida em Itaici, São Paulo, em sua 18.ª Assembléia, a CNBB aprovou, em 14 de fevereiro de 1980, o documento *A Igreja e problemas da terra*. Esse documento representa um marco na interpretação da questão agrária brasileira, estabelecendo uma visão clara da diferença entre **terra de trabalho** e **terra de exploração**. A partir dele, a CNBB (Conferência Nacional dos Bispos Brasileiros) passou a defender a posição de que a terra deveria ser exclusivamente voltada ao trabalho. Veja a seguir alguns de seus pontos mais importantes:

"**38. O desejo incontrolado** de lucros leva a concentrar os bens produzidos com o trabalho de todos nas mãos de pouca gente. Concentram-se os bens, o capital, a propriedade da terra e seus recursos, concentrando-se ainda mais o poder político, num processo cumulativo resultante da exploração do trabalho e da marginalização social e política da maior parte de nosso povo.

84. Terra de exploração é a terra de que o capital se apropria para crescer continuamente, para gerar sempre novos e crescentes lucros. O lucro pode vir tanto da exploração do trabalho daqueles que perderam a terra e seus instrumentos de trabalho, ou que nunca tiveram acesso a eles, quanto da especulação, que permite o enriquecimento de alguns à custa de toda a sociedade.

85. Terra de trabalho é a terra possuída por quem nela trabalha. Não é terra para explorar os outros nem para especular. Em nosso país, a concepção de terra de trabalho aparece fortemente no direito popular de propriedade familiar, tribal, comunitária e no da posse. Essas formas de propriedade, alternativas à exploração capitalista, abrem claramente um amplo caminho, que viabiliza o trabalho comunitário, até em áreas extensas, e a utilização de uma tecnologia adequada, tornando dispensável a exploração do trabalho alheio".

"Nova" República, velhos mandantes

1985. Era um Brasil cheio de esperanças que se aglomerava na porta do Instituto do Coração, em São Paulo, aguardando pelo restabelecimento de Tancredo Neves. Depois de 21 anos, tínhamos um presidente civil, embora eleito indiretamente. Mas ele morreu, e quem tomou posse foi seu vice, José Sarney, imagine, ex-presidente da Arena e representante do latifúndio do Norte.

ARQUIVO MST

Tancredo Neves recebe lideranças do MST em Porto Alegre, antes da posse que acabou não acontecendo. A promessa de cuidar da questão agrária não seria cumprida.

REFORMA AGRÁRIA X UDR

O tema da **reforma agrária** voltou à baila logo no início do governo Sarney. Quando eleito pelo Colégio Eleitoral, Tancredo convidou para assumir a presidência do Incra o fazendeiro e engenheiro-agrônomo José Gomes da Silva. Ele era considerado a maior autoridade em reforma agrária no Brasil. Na visão de Tancredo, o fato de se tratar de um fazendeiro servia para não assustar muito os latifundiários.

No final de maio de 1985, o grupo coordenado por José Gomes da Silva entregou às lideranças políticas um plano intitulado **PNRA (Plano Nacional de Reforma Agrária)**. Ele beneficiava posseiros, parceiros, arrendatários, assalariados rurais e minifundiários. O objetivo do Plano era dar aplicação rápida ao Estatuto da Terra e viabilizar a reforma agrária no período do mandato de Sarney, assentando 1,4 milhão de famílias.

Em 10 de outubro daquele ano, o presidente Sarney assinou o Decreto 91.766 aprovando o PNRA. Porém a versão aprovada era muito distinta da que havia sido apresentada pela equipe do Incra. Durante a tramitação da proposta, ela foi totalmente desfigurada e tornada impraticável. Ao verem no que ela se transformara, José Gomes da Silva e seu colaboradores deixaram o governo.

Por trás desse fracasso esteve a reação imediata dos grandes proprietários de terra, que criaram, no mesmo ano, a **UDR** (União Democrática Ruralista). Para impedir a realização da reforma agrária projetada, eles pressionavam o Congresso Nacional, onde naturalmente tinham diversos representantes. A penetração da UDR foi imediata entre os latifundiários e também entre os pequenos e médios proprietários rurais. A entidade noticiava pelos quatro quadrantes do Brasil que as desa-

ARQUIVO MST

José Gomes da Silva era um grande especialista da reforma agrária. Seu PNRA revelou rara compreensão do problema agrário e social do Brasil.

107

propriações de terra previstas incluíam propriedades produtivas, qualquer que fosse seu tamanho. Isso contribuiu para criar um tal clima de oposição à reforma agrária que, por fim, levou à desfiguração do Plano, que foi, ainda assim, abandonado no ano seguinte.

Continuando em seu intento de frear a reforma agrária, a UDR financiou a campanha de candidatos de partidos conservadores, como o PPB, o PFL e o PTB, à Câmara e ao Senado, para fazer parte do Congresso Nacional Constituinte de 1987-1988. Foi assim que ela conseguiu impor emendas na Constituição que fizeram o Estatuto da Terra andar para trás. A principal delas foi com relação à desapropriação de terras. Antes, pela lei, qualquer latifúndio podia estar sujeito a desapropriação. Eles criaram e conseguiram aprovar a categoria "latifúndio improdutivo" para burocratizar, questionar e impedir os avanços da reforma agrária. Isso porque o conceito de "improdutivo" é amplo e complexo, dando margem a que os latifundiários recorram e impeçam a desapropriação.

O resultado mais imediato dessas investidas foi que, até 1993, quando foi aprovada a regulamentação da Lei Agrária, não foi possível realizar desapropriações para fins de reforma agrária. Em 1989, fim do mandato de José Sarney, haviam sido assentadas apenas 82.690 famílias, ou seja, 6% do total previsto pelo PNRA.

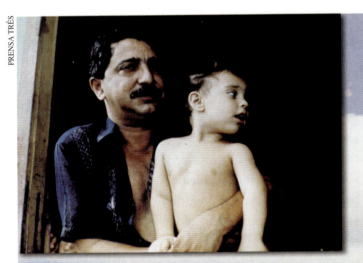

Chico Mendes: em defesa dos povos da floresta

Talvez você ainda seja muito jovem e não conheça esta história.

Chico Mendes (1944-1988) vivia em Xapuri, no Acre, e trabalhava como seringueiro. Deu nos jornais do mundo inteiro: "Chico Mendes assassinado".

Ele tornou-se sindicalista nos anos 1960. Foi dele a criação dos empates na região onde vivia, uma estratégia contra o desmatamento na Amazônia. Foi fundador, em 1977, do Sindicato dos Trabalhadores Rurais de Xapuri, que presidiu de 1982 até sua morte. Em 1985, participou da fundação do Conselho Nacional dos Seringueiros. Tornou-se conhecido no mundo todo por denunciar a destruição da floresta amazônica, tendo recebido o prêmio Global 500 da ONU em 1987. Por causa de suas denúncias, fazendeiros da região de Xapuri começaram a ameaçá-lo de morte. Até que, em 1988, a mando de um deles, Darli Alves da Silva, um pistoleiro o matou dentro de sua casa. O mandante e o assassino (seu filho) foram presos, julgados e condenados, mas fugiram da prisão e só vieram a ser recapturados em 1996.

A morte de Chico Mendes foi motivo de retração da UDR, que ficou marcada no mundo todo como responsável pelo crime.

FORA, COLLOR!

O jovem presidente, que fazia *cooper*, andava de *jet-ski* e pilotava supersônico, começou seu governo em 1990, confiscando o dinheiro da poupança dos brasileiros. Que coisa moderna, não? Você já viu essa história quando falamos de globalização, na primeira parte.

Collor vendia a imagem de juventude, vigor físico, arrojo, decisão. Ela até que deu certo por um tempo, antes de seus eleitores descobrirem a lama que se escondia por trás.

Mas já em 1991, ao lado das dificuldades do plano de estabilização econômica, que não acabou com a inflação e aumentou a recessão, começaram a circular suspeitas de envolvimento de ministros e altos funcionários em uma grande rede de corrupção. As suspeitas acabaram virando denúncias na imprensa. E elas envolviam Collor. O próprio irmão mais novo do presidente o denunciou. E foi aquele mar de lama, com o "esquema PC", contas fantasmas, Casa da Dinda etc. Com certeza você já leu ou vai ler sobre isso no seu livro de História do Brasil. Já pensou na esbórnia se ele ficasse os quatro anos de seu mandato?

O caso terminou em *impeachment* do nosso presidente supersônico. Milhões de pessoas em todo o Brasil saíram às ruas, os jovens de cara pintada de verde e amarelo, para exigir "Fora, Collor!" e "ética na política". Ele renunciou antes de ser julgado seu impedimento. Mesmo assim o Senado cassou seus direitos políticos por oito anos.

Manifestação pelo *impeachment* de Collor em São Paulo.

A promessa de Collor para as elites era a modernização econômica do país, seguindo o ideário do neoliberalismo, com a redução da intervenção do Estado na economia. Isso com certeza ele cumpriu. Foi em seu governo que a empresas estatais começaram a ser privatizadas, compradas pela iniciativa privada. Também as **taxas alfandegárias** foram reduzidas para estimular as importações.

De acordo com o presidente, a entrada de produtos estrangeiros seria um estímulo às empresas brasileiras para que elas melhorassem a qualidade de seus produtos. Chegou a dizer que os carros fabricados no Brasil eram carroças, no que não deixava de ter razão, não é mesmo? Ele só se "esqueceu" de dizer que esses carros são fabricados de acordo com os padrões estabelecidos pelas multinacionais do ramo. Vimos desde automóveis de luxo até bugigangas chinesas inundando as lojas. Assim, ricos e pobres podiam participar da febre de consumo que acabou contaminando a população. Quem não podia comprar um BMW ficava com as quinquilharias.

Para a questão agrária a política de Collor foi "porrete neles", os sem-terra. Durante seu curto período na presidência, os trabalhadores rurais em luta só conheceram repressão.

ITAMAR FRANCO: PARA EVITAR UMA CRISE MAIOR

Quando Collor foi devidamente posto para fora do governo, tomou posse seu vice. Pouquíssimos brasileiros sabiam que era Itamar Franco e quem era ele. Inicialmente pertencente ao PTB, durante o regime militar participou do MDB e era conceituado como político honesto e independente.

No pouco tempo que lhe restava de mandato, Itamar continuou com a política de privatizações de Collor. Foi no seu governo, por exemplo, que a maior usina de aço do país, a CSN (Companhia Siderúrgica Nacional), de Volta Redonda, RJ, passou para a mão de particulares. E ele teve ainda pela frente uma inflação altíssima. Aí se deu seu maior êxito: seu ministro da Fazenda, Fernando Henrique Cardoso, conseguiu batê-la, fazendo-a cair quase por completo. Foi o famoso **Plano Real**, de que falaremos adiante.

A Lei Agrária

Com as mudanças havidas na Constituição de 1988, foi aprovada, quatro anos depois, durante o governo Itamar Franco, a chamada **Lei Agrária** (Lei 8.629), pela qual as propriedades rurais no Brasil foram reclassificadas da seguinte maneira:

- **minifúndio** – dimensão menor que o módulo rural fixado para o município;
- **pequena propriedade** – dimensão entre 1 e 4 módulos rurais;
- **médias propriedades** – dimensão entre 5 e 15 módulos rurais;
- **grandes propriedades** – dimensão superior a 15 módulos rurais.

O tamanho de um módulo rural varia, de acordo com a região ou área do território brasileiro, entre 5 a 110 hectares. Nas proximidades de uma capital, ele equivale a 5 hectares. Já no Pantanal Mato-Grossense, sobe para 110 hectares.

As **grandes propriedades** *produtivas* passaram a ser as que produzem acima da média regional e as **grandes propriedades** *improdutivas* são as que produzem abaixo da média regional e, portanto, não aproveitam seu potencial produtivo natural. Todas as grandes propriedades improdutivas passaram a estar sujeitas a desapropriação para fins de reforma agrária.

A Lei Agrária representou pelo menos a regulamentação da questão posta na Constituição. Com ela não há mais vieses jurídicos que impossibilitem as desapropriações. Inclui, por outro lado, um mecanismo chamado **rito sumário**, que acelera o processo, exigindo do Poder Judiciário um prazo de 120 dias para decidir se a propriedade é ou não passível de desapropriação.

Assim como o Estatuto da Terra, a Lei Agrária foi criada para controlar, pelo menos momentaneamente, as lutas pela reforma agrária. Você vai ver que o período de 1979 a 1992 foi marcado por expressivas mobilizações em torno da questão da terra. Foi nele que se gestou, nasceu e ganhou inegável representatividade entre os trabalhadores rurais o MST.

FHC: A UNIDADE DAS ELITES PARA SAIR DA CRISE

Sociólogo internacionalmente conhecido, ex-professor da Universidade de São Paulo e de universidades importantes no exterior, FHC tem uma história de intelectual da esquerda e exilado político da ditadura. Em 1983, suplente no Senado pelo MDB, passou a ocupar a vaga de Franco Montoro. Depois de dois anos, candidatou-se pelo PMDB a prefeito de São Paulo, mas foi derrotado por Jânio Quadros. Em 1986 elegeu-se senador da República e dois anos depois liderou a criação do **PSDB** (Partido da Social Democracia Brasileira). Em 1993 foi nomeado ministro da Fazenda de Itamar Franco, promovendo o Plano Real.

O Plano Real fez a inflação cair praticamente a zero. Isso significou uma melhora na distribuição de renda e conseqüentemente a ampliação do mercado consumidor. Os mais pobres podiam comprar bens a crédito. Também a produção econômica se ampliou. A estabilidade econômica resultante, as privatizações e os incentivos do governo atraíram bilhões de dólares de investimentos estrangeiros no país.

Esse quadro deu grande popularidade a FHC, que, fazendo aliança com os partidos de direita e de "centro", não teve dificuldade para se eleger presidente da República em 1994, vencendo o candidato da esquerda, Luís Inácio Lula da Silva, o Lula. Muita gente estranhou e criticou essa aliança, mas o candidato alegou ser ela a única maneira de tornar possíveis as reformas necessárias para o país.

FHC adotou, afinal, uma política de cunho neoliberal para seu governo. Passou a envidar todos os seus esforços para aprovar emendas à Constituição que permitissem realizar as reformas que pretendia. Entre as emendas que o Congresso Nacional aprovou está a quebra do **monopólio estatal** do petróleo, das telecomunicações, do gás canalizado e da **navegação de cabotagem**.

As reformas mais polêmicas de FHC se deram em 1998: fim da estabilidade dos servidores públicos no emprego e reforma da Previdência. Por esta última, a aposentadoria passou a ser por tempo de contribuição à (35 anos para homens e 30 anos para mulheres).

A Companhia Vale do Rio Doce foi criada no primeiro governo Vargas. Em 1998 ela foi vendida, provocando o protesto do povo.

Na continuidade do Plano Real, o governo FHC promoveu ajustes econômicos que geraram **inadimplência**, queda no consumo e demissões em massa de trabalhadores das empresas privadas.

Também seguindo o neoliberalismo, que prega a redução da participação do Estado na economia, FHC deu continuidade ao processo de privatização de empresas estatais. Para o público em geral o governo disseminou a idéia de que as estatais são um escoadouro do dinheiro público, de que o governo gasta muito para mantê-las e perde com elas as verbas para a saúde, a educação e os programas sociais. Por trás dos panos, estão as mãos manipuladoras do FMI e do Banco Mundial.

Com a crise econômica mundial, iniciada em Hong Kong no final de 1997, o governo teve de adotar uma série de medidas para deter a saída de divisas do Brasil. A taxa de juros subiu em até 49,5% ao ano, com o intuito de atrair e manter no país o capital externo.

Em 1994, FHC tornou-se presidente apoiado na força momentânea do Plano Real e na aliança com todas as elites do país. Ao lado, seu vice, Marco Maciel, do PFL.

Foi realizado um acordo com o FMI, em novembro de 1998, pelo qual o governo brasileiro conseguiu 41,5 bilhões de dólares, sob a condição de adotar medidas de ajuste da economia. Uma dessas medidas seria o aumento da contribuição dos servidores públicos à Previdência Social. Mas a Câmara dos Deputados a rejeitou e o governo teve de buscar alternativas para manter o acordo com o FMI.

Durante o último ano do primeiro mandato de FHC (1998), conflitos por terra e saques a supermercados em regiões do Nordeste atingidas pela seca marcaram o cenário nacional. E o governo estava preocupado com o que fazer para cumprir a carta de intenções que assinou para o FMI.

A crise econômica na Ásia, a partir do final de 1998, obrigou o governo a realizar mudanças no Plano Real. O real sofreu uma forte desvalorização a ponto de chegar a valer quase metade do dólar. Isso levou à queda das importações e à melhora das exportações e da balança comercial, mas por outro lado a nossa dívida externa quase triplicou.

A política agrária neoliberal de FHC

No primeiro mandato de FHC (1995-1998), a **reforma agrária** aparecia nos planos do governo como forma de desenvolvimento da agricultura familiar, solução do problema da segurança alimentar e redução dos conflitos agrários. A meta fixada de assentamentos para todo o período foi de 280 mil famílias. Isso representava 20% do previsto no PNRA e tinha um caráter apenas compensatório, pois, na realidade, o governo já havia decidido que o único modelo viável para o campo era a agroindústria capitalista.

Contra as ocupações de latifúndios pelos sem-terra do MST e outras organizações congêneres, FHC bradava ter feito a maior reforma agrária no Brasil. De fato, foram assentadas 264.625 famílias, 70% delas no Norte e no Nordeste. Ele só não contou para os brasileiros que, em somente dois anos de seu primeiro mandato (1995-1996), 450 mil famílias de pequenos proprietários rurais perderam suas terras para os bancos.

Está claro que, para o governo, assentar camponeses sem terra é apenas uma medida paliativa e está longe de representar reforma agrária. No pensamento de seus planejadores econômicos, a agricultura pesa muito pouco na economia e a população rural representa hoje a minoria no Brasil. Isso para eles é um sinal de nossa modernidade. Essa modernidade, tão propalada nas últimas décadas, e cuja importância é superior à solução dos problemas sociais, favorece uma minoria.

Assim, a resolução do problema agrário tem agora, mais do que nunca, um caráter de classe. Ao contrário da Europa e dos Estados Unidos, onde ela foi feita pelas burguesias nacionais, no Terceiro Mundo ela terá de ser conquistada pelos próprios sem-terra. O que se observa no Brasil de FHC é que a reforma agrária que o governo diz estar fazendo tem sido arrancada pelos próprios sem-terra, através de suas lutas. Como você vai ver na próxima parte deste livro, a maioria dos assentamentos realizados resultou de pressão do movimento dos camponeses.

Outro aspecto importante da questão é que, hoje, a reforma agrária não implica apenas o combate à concentração da terra. Ela terá de abranger as formas de

ARQUIVO MST

sobrevivência do pequeno agricultor em face desse modelo excludente. Como vimos no capítulo sobre globalização, as medidas de ajuste incluem sempre manobras de eliminação da pequena agricultura e de favorecimento da grande empresa agroindustrial. E o problema social criado com tais medidas fica por conta dos atingidos.

Não há dúvida de que a solução do problema agrário não está simplesmente na distribuição de terras para a massa crescente de trabalhadores rurais sem terra no mundo. Ela exige mudanças profundas nas economias nacionais e o rompimento dos laços de dependência a que os países pobres estão atados.

A reforma agrária de mercado

Os assentamentos conquistados pelos sem-terra, a duras penas, por meio de suas lutas, acabam se tornando, na propaganda oficial e na própria imprensa, resultado das ações do governo pela reforma agrária. A verdade é que o governo tem realizado desapropriações e/ou aquisições de terras pressionado pelas iniciativas dos trabalhadores rurais. Ao mesmo tempo, ele cria novos mecanismos para atender aos interesses econômicos e políticos das classes dominantes e desmobilizar o movimento dos camponeses. Um desses mecanismos, ventilado pela primeira vez há mais de cinco anos, é a implantação de um programa de **reforma agrária de mercado**. Para isso, o governo conta com o apoio econômico, político e ideológico do Banco Mundial. A intenção deste é reproduzir no país experiências similares (e fracassadas) feitas na África do Sul, na Indonésia e nas Filipinas.

O fundamento dessa proposta é retirar do Estado sua função de agente mediador no processo de mudança da estrutura fundiária e transferir essa responsabilidade para a sociedade civil. Assim, trabalhadores rurais sem terra e/ou pequenos proprietários interessados em obter seu pedaço de chão ou aumentar sua área passariam a organizar-se em associações voltadas à compra de terra. Estas obteriam empréstimo de uma agência financeira determinada pelo governo federal e comprariam a terra diretamente de seu proprietário vendedor. O proprietário vendedor receberia, à vista, o pagamento pela terra e

GLAUCO GUIMARÃES

pelas benfeitorias existentes. A associação de trabalhadores rurais e/ou de minifundiários assumiria o débito do crédito fundiário no valor estabelecido na transação.

Na perspectiva do programa de reforma agrária de mercado, o governo federal implantou, em 1997, o **Programa Cédula da Terra** em cinco estados: Ceará, Maranhão, Pernambuco, Bahia e Minas Gerais. O apoio financeiro veio, como era de se esperar, do Banco Mundial. A duração do programa estava estimada em três anos. Ele seria também o teste para o Banco Mundial implantar efetivamente o **Banco da Terra**, que foi afinal criado no primeiro semestre de 1998.

Os trabalhadores rurais e/ou pequenos proprietários que entrarem no Programa Cédula da Terra não terão mais acesso aos créditos de implantação da reforma agrária (alimentação, fomento e habitação) e ao **Procera**, ficando limitados ao **Pronaf**.

No final de 1998 e início de 1999, o governo federal propagandeava na mídia o que chamava de "nova revolução agrária", a ser desencadeada através do Banco da Terra. E destacava que, assim, seriam evitados os conflitos sociais decorrentes da luta pela terra. Isso porque, havendo recursos para os trabalhadores rurais e pequenos proprietários adquirirem seu lote, o processo de ocupação de terras perderia sentido. Pelo que temos visto, não está dando certo. Os sem-terra continuam aí para todo mundo ver.

Está bem claro que a questão é acima de tudo política e que as soluções têm de estar afinadas com a visão neoliberal. Não há interesse em desapropriar terras que não cumprem a função social e nelas assentar os sem-terra, oferecer créditos para que os assentamentos se desenvolvam e livrar centenas de milhares de famílias da condição de indigência em que vivem.

Contudo, para garantir a reforma agrária de mercado, o governo federal conseguiu, em dezembro de 1998, a aprovação de um crédito especial de 122 milhões de reais. Busca ainda conseguir 1 bilhão de dólares do Banco Mundial e pretende colocar o mesmo valor com recursos próprios. Ao mesmo tempo, deixou de alocar recursos para a indenização de benfeitorias das terras desapropriadas para a reforma agrária.

Além de tentar descentralizar a reforma agrária, transferindo-a para os estados e municípios, o governo federal quer transformar o Incra em controlador das funções públicas passadas para a sociedade civil. Assim, ele ficaria restrito às ações voltadas à reforma agrária de mercado, livrando-se do abacaxi e dando uma banana para os movimentos sociais do campo.

Disso se conclui que o governo federal descumpre o estabelecido na Constituição, no que diz respeito à **função social da terra**. Além disso, permite aos latifundiários continuar usando a terra especulativamente e como meio para o tráfico de influência junto aos poderes públicos.

Na reforma agrária de mercado o grande beneficiado é, como sempre, o latifundiário. E duplamente:
- se ele desejar vender suas terras, o fará a preço de mercado, sem qualquer punição social por tê-las mantido improdutivas, por não obedecer à legislação trabalhista ou por não preservar o meio ambiente;
- se não desejar vendê-las, permanecerá impune, pois não haverá mais possibilidade de desapropriar suas terras por interesse social, em vista da inexistência de recursos para isso.

A jogada visa, sobretudo, mandar para escanteio os movimentos sociais e criar para a opinião pública a imagem de que o governo está buscando uma solução para a questão. Obviamente não aquela que realmente interessa para os sem-terra.

Manifestação contra o Banco da Terra em Sergipe.

A questão da terra no Brasil atual

Como anda a estrutura fundiária em nosso país? Os dados que apresentamos são do *Atlas fundiário brasileiro*, lançado pelo Incra em 1996, dos *Anuários estatísticos* de 1977 a 1992 e do *Censo agropecuário* de 1995-1996, ambos do IBGE (Instituto Brasileiro de Geografia e Estatística).

Segundo as informações do *Censo* citado, o total de área ocupada por imóveis rurais no Brasil em 1995-1996 era de 353 milhões de hectares e estava dividido em 4,8 milhões de propriedades. Desses 4,8 milhões, 2,4 milhões tinham menos de 10 hectares, representavam 49% do total e ocupavam 2,2% da área. As propriedades com mais de 1 mil hectares eram 49 mil, representavam 1% do total e ocupavam 45% da área. O contraste entre as menores e as maiores propriedades é assombroso.

O Brasil é, segundo a FAO (Organização das Nações Unidas para a Agricultura e a Alimentação) e o PNUD (Programa das Nações Unidas para o Desenvolvimento), o segundo colocado no mundo em concentração de terra, ficando atrás somente do Paraguai. Números que impressionam: pouco mais de 2 mil latifúndios ocupam 56 milhões de hectares, tamanho que corresponde a duas vezes e meia o estado de São Paulo. Dessa área, grande parte é improdutiva, estando reservada à especulação imobiliária de seus proprietários e/ou grileiros.

Compare os dados do Censo de 1985 e os de 1995-1996 nas tabelas da página seguinte. Em 1985, as propriedades com menos de 10 hectares representavam **52,9%** do total e ocupavam **2,6%** da área de imóveis rurais. As de mais de 1.000 hectares representavam **0,9%** do total e ocupavam **43,7%** da área de imóveis rurais. Agora, comparando com os dados de 1995-1996, vamos ver que a disparidade aumentou em dez anos. Era de se esperar que, diante de dados tão impressionantes, levantados pelo próprio governo, acontecesse exatamente o contrário. É fácil ver a mentalidade que nos governa até hoje.

Essa grande queda do número de propriedades com menos de 10 hectares pode ser explicada pela absorção

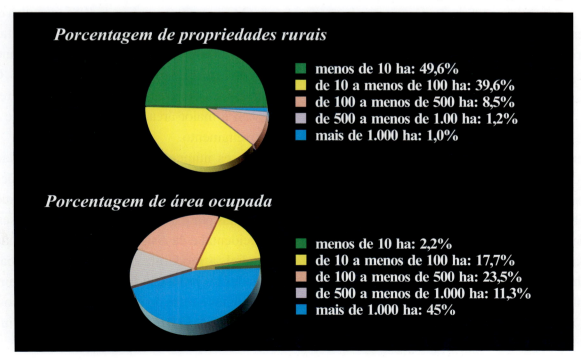

Porcentagem de propriedades rurais

- menos de 10 ha: 49,6%
- de 10 a menos de 100 ha: 39,6%
- de 100 a menos de 500 ha: 8,5%
- de 500 a menos de 1.00 ha: 1,2%
- mais de 1.000 ha: 1,0%

Porcentagem de área ocupada

- menos de 10 ha: 2,2%
- de 10 a menos de 100 ha: 17,7%
- de 100 a menos de 500 ha: 23,5%
- de 500 a menos de 1.000 ha: 11,3%
- mais de 1.000 ha: 45%

Grupo de área total (ha)/Censo Agropecuário 1985				
	N.º de estabelecimentos	%	Área (ha)	%
Menos de 10 ha	3.064.822	53*	9.986.636	3
De 10 a menos de 100 ha	2.159.890	37	69.565.160	18
De 100 a menos de 500 ha	457.762	8	90.474.373	24
De 500 a menos de 1.000 ha	59.669	1	40.958.296	11
De mais de 1.000 ha	50.411	1	163.940.461	44
Total	5.792.554		374.924.926	

Grupo de área total (ha)/Censo Agropecuário 1995-1996				
	N.º de estabelecimentos	%	Área (ha)	%
Menos de 10 ha	2.402.374	50	7.882.194	2
De 10 a menos de 100 ha	1.916.487	40	62.693.586	18
De 100 a menos de 500 ha	411.557	8	83.355.220	24
De 500 a menos de 1.000 ha	58.407	1	40.186.297	11
De mais de 1.000 ha	49.358	1	159.493.949	45
Total	4.838.183		353.611.246	

* Percentuais arredondados

que elas sofreram pelas maiores. Os números indicam que existe no Brasil uma tendência a uma concentração fundiária cada vez maior.

Como vimos, milhares de posseiros perderam suas terras ou tiveram de vendê-las a preços irrisórios, enquanto centenas de milhares de pequenos proprietários foram obrigados a entregá-las aos bancos credores, por não conseguirem pagar suas dívidas.

A UTILIZAÇÃO DA TERRA

Dissemos acima que, de acordo com o Censo Agropecuário de 1995-1996, a área total ocupada por imóveis rurais no Brasil é de 353 milhões de hectares. Mas, embora obviamente essa área tenha donos, apenas 52 milhões de hectares estavam sendo utilizados para a agricultura, da seguinte forma:

- 45 milhões para lavouras temporárias (arroz, trigo, soja, milho, feijão, cana-de-açúcar, sorgo, algodão etc.);
- 7 milhões para lavouras permanentes (café, cacau, frutas etc.).

O restante estava dividido em pastagens naturais ou cultivadas, florestas e cerrados, áreas de reflorestamento, terras não-agricultáveis, áreas em descanso e terras produtivas mas sem utilização.

O *Censo agropecuário de 1985* mostrava que as propriedades de menos de 10 hectares aproveitavam mais de 65% da terra para a agricultura naquele ano. Já as de mais de 1 mil hectares utilizavam apenas 5%. Os estabelecimentos com área entre 10 e 1 mil hectares, que somavam a maior área, tiveram um índice de 18,5% de aproveitamento.

Esses números escancaram uma verdade: existe muita terra ociosa no Brasil, enquanto milhões de famílias sem terra estão no aguardo de uma solução para suas vidas por parte do governo. Vários países da Europa Ocidental e da Ásia fizeram, após a Segunda Guerra Mundial, a modernização da agricultura baseada em unidades de produção familiar, com investimentos em tecnologias e redução ou eliminação de impostos para a agropecuária. O Brasil, por sua vez, preferiu manter o atrasado padrão de concentração fundiária.

Fica claro, também, que a terra em nosso país, ao contrário de ter **função social**, como definido na Constituição de 1988, é mantida nas mãos de meia-dúzia de latifundiários e/ou grileiros para pura especulação.

Ainda de acordo com a Constituição de 1988, cabe à União **desapropriar**, por interesse social, os imóveis que não estejam cumprindo sua função social como estabelecido no artigo 186. Nesse artigo, a função social da terra representa:

- o aproveitamento racional e adequado da terra;
- a utilização adequada dos recursos naturais disponíveis e a preservação do meio ambiente;
- o cumprimento das leis que regulam as relações trabalhistas;
- a exploração que favoreça o bem-estar dos proprietários e dos trabalhadores.

Oito artigos no 3.º capítulo da seção sobre a Ordem Econômica e Financeira definem que a **política agrícola** deve abranger:

- instrumentos de crédito;
- controle de preços e garantia de comercialização;
- assistência técnica;
- seguro agrícola;
- cooperativismo;
- eletrificação rural e irrigação;
- habitação para o trabalhador rural.

Quando a gente lê a Constituição Federal de 1988, tem a impressão de estar vivendo em outro mundo. Estaria salva a pátria brasileira. Tudo muito lindo no papel, não é mesmo? No entanto, na prática, as coisas são bem diferentes.

A produtividade da agricultura

Tomando por base os dados oficiais de 1993-1994, o Brasil plantou apenas 36 milhões de hectares em uma área rural de 353 milhões. A produção de grãos foi de 75 milhões de toneladas, que representou a safra recorde da nossa agricultura. Foram cerca de 2 toneladas por hectare. Comparativamente, a produção chinesa no mesmo período foi de 4 toneladas por hectare, o que significa que não tivemos uma produtividade tão boa como quis apregoar o governo na época.

A função social da terra

De acordo com o estabelecido no artigo 3.º da Constituição Federal de 1988, os objetivos fundamentais da República Federativa do Brasil são:

- construir uma sociedade livre, justa e solidária;
- garantir o desenvolvimento nacional;
- erradicar a pobreza e a marginalização e reduzir as desigualdades sociais e regionais;
- promover o bem de todos, sem preconceito de origem, raça, sexo, cor, idade e quaisquer outras formas de discriminação.

O artigo 5.º afirma que todos são iguais em direitos e deveres perante a lei e garante aos brasileiros e estrangeiros residentes no país a inviolabilidade do direito à vida, à liberdade, à igualdade, à segurança e à prosperidade.

Para definir o exercício desses direitos, a Constituição assegura, entre outras coisas, que:

- a propriedade atenderá à sua **função social**;
- a lei estabelecerá o procedimento para desapropriação por necessidade ou utilidade pública, ou por interesse social, mediante justa e prévia indenização em dinheiro;
- a pequena propriedade rural, desde que trabalhada pela família, não será objeto de **penhora** para pagamento de débitos decorrentes de sua atividade produtiva, dispondo a lei sobre os meios de financiar o seu desenvolvimento.

É verdade que a produtividade da agricultura brasileira teve um aumento geral desde a década de 1950, devido à modernização observada a partir de então e aos incentivos do governo à agroindústria, conforme já vimos. Mas, apesar desse aumento, o Brasil continua importando grãos para evitar problemas de abastecimento. Como explicar isso tendo em vista a disponibilidade de terras e de mão-de-obra, o desemprego, a existência de milhões de brasileiros desnutridos e de tantas propriedades improdutivas?

Produzir para quem?

Em toda a nossa história, o cultivo de produtos destinados à alimentação humana diária, como arroz, feijão, trigo, mandioca, sempre ocupou posição secundária na agricultura. Lembra-se do Brasil colonial? Naquela época, o principal cultivo foi a cana-de-açúcar, quase todo voltado à exportação. O mesmo aconteceu com o café, durante o Império e boa parte da República.

Recentemente a soja passou a destacar-se na nossa agricultura. Só para dar uma idéia do que foi a febre da soja, seu cultivo chegou a ocupar, em 1980, 47% da área de lavoura do Rio Grande do Sul. Esse estado era considerado como o de melhor padrão alimentar do Brasil. Era! Em termos de Brasil, a área de cultura da soja, que era de 170 mil hectares, em 1960, foi aumentando até atingir 10 milhões de hectares em 1985. Essa expansão está ligada aos interesses das transnacionais e das empresas agroindustriais, como a Cargill, a Anderson Clayton, a Fecotrigo e a Cotrijuí, por exemplo.

Agora, pense bem. Exceto quando transformada em óleo de cozinha e "leite", a soja não faz parte dos hábitos de alimentação dos brasileiros em geral. Uma parte é exportada em grãos e a outra vai para a indústria, para ser transformada principalmente em ração para animais.

Também recentemente a cana-de-açúcar e a laranja tiveram grande expansão. No caso da cana, um dos motivos disso foi a produção de álcool combustível para automóveis, a partir da década de 1960. Sua área de cultivo, que era de 345 mil hectares em 1960, chegou a quase dois milhões em 1993. No caso da laranja, houve um grande estímulo à produção de suco. Só em São

A soja abriu as fronteiras agrícolas do país, penetrando no Mato Grosso como grande esperança do setor agroindustrial. Na foto, a plantação da Fazenda Itamarati, de Olacir de Morais, uma das maiores produtoras de soja do país, que estava à venda recentemente, falida.

Paulo a área de seu cultivo, que era de 76 mil hectares, chegou a 786 mil hectares em 1992.

A agricultura de produtos alimentares para o mercado interno, por sua vez, apresentou um aumento de 20% entre 1970 e 1993. Mas, comparado com a comercial, que foi de 400% no mesmo período, esse aumento foi ridículo. Se levarmos em conta que a população brasileira cresceu mais de 50% no período, já temos aí o motivo para que tivéssemos de importar cada vez mais alimentos.

Todas essas considerações sobre o problema da terra no Brasil levam a concluir que, se não forem realizadas mudanças urgentes na estrutura fundiária do país, o problema do abastecimento tende a se agravar cada vez mais. Essas mudanças implicam, em primeiro lugar, uma **reforma agrária radical**, acompanhada de incentivos à produção de alimentos.

É esse o objetivo central do MST. Ao promover ocupações e outras formas de luta de que você vai tomar conhecimento daqui em diante, o Movimento busca arrancar do governo a decisão política de cumprir a Lei.

O MST: história e perspectivas

Se pensarmos em termos da história da humanidade, podemos dizer que o MST nasceu naquele momento da Antigüidade, quando famílias poderosas passaram a cercar o pedaço de chão em que moravam para evitar que viessem "compartilhar" seus bens. Era o começo da propriedade privada da terra.

Mas vamos localizar o Movimento aqui no Brasil, na realidade específica de um país cujas terras pertenceram a outro país por mais de trezentos anos e depois foram praticamente dadas aos poderosos por meio de uma lei que excluiu muitos milhares de famílias. Depois vieram outras políticas agrárias, outras leis, mas nada mudou substancialmente até hoje.

Puxando o fio da história

Rebobinando o filme, recordamos os quilombos, Canudos, o Contestado, as Ligas Camponesas e depois um corte de vinte anos na luta pela terra, em que os militares assumiram a questão agrária daquele modo tão desastroso. O receio da reforma agrária proposta por João Goulart, sob a pressão das massas populares, gerou o golpe de Estado urdido pela classe dominante e assumido pelos militares.

O MST foi buscar a ponta do novelo que ficou perdida desde o aniquilamento das Ligas Camponesas pelos militares em 1964. Podemos dizer que a história das Ligas tem sua continuidade no MST. Por quê? Essencialmente porque elas, tal como o MST, constituíam um movimento independente, nascido no próprio interior das lutas que se travavam pela terra. Mas principalmente porque defendiam uma **reforma agrária**, para acabar com o monopólio da terra pela classe dominante.

Como já dissemos, na década de 1970 se estimulou a mecanização e a modernização da lavoura, como parte da política agrária introduzida no Brasil pela ditadura militar. O Estatuto da Terra tinha ficado no papel e o governo passou a incentivar a agricultura capitalista.

As máquinas substituem muitos trabalhadores e permitem o aumento de produção numa escala com a qual é impossível competir no braço. Rapidamente os assalariados do campo, os arrendatários e parceiros foram sendo expulsos dos latifúndios, principalmente no Sul.

Ao mesmo tempo, grandes hidrelétricas foram construídas, como a de Itaipu, no Paraná, desapropriando muitos pequenos proprietários que viviam e produziam nas áreas atingidas pela inundação das represas. (Veja o quadro da página seguinte.)

Para muitos desses trabalhadores rurais, a solução foi migrar para as **fronteiras agrícolas**, onde o governo federal implantou projetos de colonização. Foram principalmente para Rondônia, Pará e Mato Grosso. Mas eles estavam acostumados à agricultura familiar, produzindo arroz, feijão, milho etc. no Sul do país. Como já dissemos, por trás dos projetos de colonização havia, na verdade, a intenção de transferir mão-de-obra para o garimpo e para

Itaipu: governo x camponeses

Nos anos 1970, o estado do Paraná foi marcado pela expulsão dos camponeses de suas terras numa escala nunca antes vista no Brasil. No prazo de dez anos, foram cerca de 100 mil pequenos proprietários rurais. Parceiros, posseiros e arrendatários já sofriam um processo de expulsão devido à mecanização da agricultura. Para piorar a situação, a construção da Hidrelétrica Binacional de Itaipu levou à desapropriação de mais de 12 mil famílias de oito municípios do extremo oeste do estado.

Você sabe. Para se construir uma hidrelétrica são represadas as águas de um rio, formando um lago. Esse lago inunda uma ampla área ribeirinha, sendo preciso deslocar toda a população que nela vive.

Itaipu está localizada a 40 km ao norte das cataratas do Iguaçu, na fronteira do Paraná com o Paraguai, país sócio na sua construção. É a maior hidrelétrica do mundo e exporta 80% da energia que produz. A barragem, com uma queda-d'água de cerca de 300 metros de altura, é atração turística do estado. Quem a visita, no entanto, não tem idéia do drama vivido por aqueles que habitavam a área coberta pelo imenso lago que formou.

O governo fez um enorme alarde dessa construção, com aquela história de maior do mundo, orgulho nacional etc. Mas ele nunca mostrou o outro lado, o impacto sobre o meio ambiente, as desapropriações, o desespero dos agricultores locais... Prometeu indenização justa aos desapropriados. Isso foi em 1975. Três anos depois, algumas poucas famílias receberam um pagamento muito abaixo do que seria o justo para elas. Não dava para comprar outra área igual de terras férteis e produtivas que elas tinham ali. Quanto aos posseiros, nem é preciso dizer que foram os mais prejudicados. Parte deles foi transferida para o Projeto de Colonização Pedro Peixoto, no Acre, onde foi largada sem qualquer assistência.

Como decorrência, em 1980, a **CPT**, junto com as Igrejas Luterana e Católica, e também alguns sindicatos de trabalhadores rurais, fundaram o Movimento Justiça e Terra. Numa de suas ações, ele reuniu cerca de 2 mil trabalhadores para acamparem no trevo de acesso à hidrelétrica e reivindicarem o aumento do valor das indenizações e assentamentos para os sem-terra. Depois de quase dois meses acampados, os sem-terra conseguiram assentamento no próprio estado, nos municípios de Arapoti e Toledo. Está claro que se esse pessoal não tivesse se mobilizado jamais teria conseguido nada.

Mas em 1981 havia ainda perto de 500 famílias que tinham perdido suas terras, suas casas e seus empregos, devido à construção da Itaipu. Além de organizá-las, a CPT começou a cadastrar outras, interessadas em assentamento no Paraná. Sob a sigla Mastro (Movimento dos Agricultores

FOTOGRAMA

Hidrelétrica Binacional de Itaipu.

Sem Terra do Oeste do Paraná), elas formaram uma espécie de regional de um movimento que iria alastrar-se por todo o estado. Nos anos de 1982 e 1983, surgiram outros quatro movimentos semelhantes: o Mastes (Movimento dos Agricultores Sem Terra do Sudoeste do Paraná), o Masten (Movimento dos Agricultores Sem Terra do Norte do Paraná); o Mastreco (Movimento dos Agricultores Sem Terra do Centro-Oeste do Paraná) e o Mastel (Movimento dos Agricultores Sem Terra do Litoral do Paraná).

A proposta do governo não podia ser mais ridícula e insensata: transferir as famílias para projetos de colonização no Mato Grosso ou no Norte do país. Todos já conheciam a armadilha.

121

a extração de madeira na Amazônia. Os sem-terra excedentes (que não cabiam nos projetos) eram, além disso, usados para desmatar imensas extensões de terras para as empresas de pecuária extensiva. Estas se instalavam na região com todo o apoio do governo federal, recebendo os tais incentivos fiscais de que já falamos.

Grande parte da população expulsa do campo foi para as cidades. O Brasil vivia então um processo de industrialização notável. Era o chamado "milagre brasileiro". No final dos anos 1970, porém, a indústria começou dar os primeiros sinais de uma crise que iria durar toda a década de 1980, que os economistas chamaram de "década perdida". O desemprego nas cidades voltou a figurar na mídia e foi tomando dimensões cada vez maiores. Entramos no ano 2000 com registros inigualáveis em toda a história brasileira. Todos os dias ouvimos falar "aumentou", "baixou". Mas quem se lembra de acompanhar os números no campo? Que importância o governo dá, hoje, à questão agrária?

Expulsos do campo pela modernização da agricultura, expulsos da cidade pelo fracasso da industrialização, fica no ar então a pergunta que será respondida pela própria história do MST: que perspectivas restaram aos sem-terra?

A desnacionalização das terras brasileiras

Depois de engavetar o Estatuto da Terra, o governo militar passou a promover apenas a colonização da **Amazônia Legal**. Essa foi uma área criada em 1966, com 5 milhões de quilômetros quadrados, abrangendo todos os estados do Norte, além de Mato Grosso, Tocantins e parte do Maranhão. Você sabe, o Brasil tem 8,5 milhões de quilômetros quadrados.

Os objetivos dessa colonização eram:

- acabar com os conflitos sociais derivados do crescimento do número de famílias sem terra;
- tornar viável a ocupação dessa área com extrativismo;
- povoar as fronteiras norte e oeste do país.

De 1966 a 1984 os governos militares promoveram a migração de famílias pobres para os projetos de colonização, mas também estimularam a instalação de grandes empresas do Sul e de multinacionais na área. Para isso foi criado um projeto especial de financiamento de projetos agropecuários na Amazônia. Jamais na história do Brasil o capital estrangeiro havia tido tanta facilidade para obter terras aqui: grandes indústrias, construtoras e bancos passaram a adquirir áreas rurais do governo a preços simbólicos. Foi o casamento das terras brasileiras com o capital estrangeiro.

Todo investimento feito nelas seria descontado no imposto de renda dessas empresas. Ora, você sabe que os impostos são pagos ao governo para que ele possa construir escolas, hospitais, estradas etc. Mas essas empresas poderiam investir em suas próprias fazendas o que normalmente deveria ir para os cofres públicos.

Segundo levantamento do Incra, aproximadamente 30 milhões de hectares passaram a ser propriedade de empresas estrangeiras. Relatórios recentes revelaram que 95% dos recursos financiados não foram aplicados e sequer foram pagos ao banco financiador (Banco da Amazônia). Esse era, segundo o *slogan* da época, "o Brasil que vai pra frente".

Um grande movimento em gestação

Vamos contar esta história começando pelo período de gestação do MST, que durou quatro anos e alguns meses até o nascimento em 1984.

Digamos que a semente do MST foi plantada em 7 de setembro de 1979, ainda em plena ditadura militar, quando aconteceu a ocupação da Fazenda Macali, em Ronda Alta, no Rio Grande do Sul. Muitas outras lutas, nesse estado e em todo o país, foram gerando lideranças e incrementando a consciência da necessidade de ampliação das conquistas em busca de um objetivo mais alto: a **reforma agrária**.

O espaço aberto para esse processo foi a **CPT**, sem a qual, em anos de ditadura, o Movimento não teria nascido ou talvez demoraria ainda muito tempo para surgir. Já falamos sobre ela no capítulo "1964-1984: uma longa noite escura".

RIO GRANDE DO SUL: A LUTA PELA TERRA NA TERRA

Em 1962, havia mais de 5 mil pessoas acampadas na periferia da Fazenda Sarandi, localizada no município gaúcho de mesmo nome, que possuía 24 mil hectares. Elas eram organizadas pelo Master. Com a pressão, a fazenda foi desapropriada pelo governador Leonel Brizola. Para isso, ele utilizou uma lei estadual, que dispunha sobre utilidade pública, já que na época não existia nenhuma lei de reforma agrária. A fazenda foi dividida em lotes, mas não foi possível distribuir todos, porque o mandato de Brizola terminou e seu candidato ao governo não foi eleito. Além disso, logo em seguida veio o golpe militar.

Muitas das famílias que não receberam lote foram mais para o norte, onde fica o município de Nonoai. Ali existe uma reserva indígena caingangue, com mais de 15 mil hectares, reconhecida pelo governo desde 1847. Durante a década de 1960, muitos sem-terra entraram nela como posseiros ou até como arrendatários da Funai, que estranhamente estimulava a ocupação. No final dos anos 70, já havia mais de 1.200 famílias ali.

Em maio de 1978, com o apoio do Cimi (Conselho Indigenista Missionário), os caingangues expulsaram essas famílias de suas terras. Afinal, elas lhes pertenciam e delas tiravam seu sustento. Diante disso, o governo gaúcho iniciou, junto com o governo federal, um processo de transferência desses sem-terra para o Mato Grosso. Grande parte das famílias aceitou, mas cerca de 500 não quiseram sair do estado. Parte destas últimas ficou acampada nas proximidades da reserva, no próprio município de Nonoai, em Planalto e em Três Palmeiras. Outras foram deslocadas para o Parque de Exposições de Esteio e, em alguns meses, conseguiram ser assentadas em Bagé.

No segundo semestre daquele ano, um grupo de 30 famílias, entre as quase 350 que seguiam acampadas próximo à reserva, resolveu ocupar uma das áreas

remanescentes da Fazenda Sarandi, acreditando que poderia ser distribuída também. Mas essa área havia se tornado reserva florestal. Alguns dias depois foram todas expulsas pela polícia e tiveram de retornar aos acampamentos de origem.

O resultado mais importante desse início de organização dos sem-terra foi que, em seguida, começaram a discutir, realizar assembléias em cada acampamento e analisar quais seriam as saídas. Nesse processo de conscientização, eles se juntaram aos acampados militantes da CPT e da reforma agrária, passando a

Lavradores em audiência com o governador Jair Soares e parlamentares do Rio Grande do Sul, em agosto de 1983.

Nos acampamentos Macali e Brilhante, a improvisação da vida e a presença constante da Brigada Militar (1979).

buscar soluções coletivas. Esses grupos de discussão e conscientização foram a semente de um novo movimento social.

Entre as decisões tomadas, estavam a formação de comissões de base e de representantes e um abaixo-assinado ao governador reivindicando o **assentamento no estado**, nas glebas Macali e Brilhante, que pertenciam à antiga Fazenda Sarandi e haviam sido griladas. Caso não fossem atendidos, os sem-terra fariam a ocupação.

Em uma reunião com representantes dos acampados, em 1.º de agosto de 1979, o governador pediu trinta dias para decidir. O prazo se esgotou sem resposta. Os sem-terra concluíram, então, que só tinham uma saída: a **ocupação**.

As primeiras conquistas

Logo após a reunião mencionada as lideranças começaram a mobilizar os acampamentos dispersos e a discutir os detalhes da ocupação.

Na noite do dia 6 de setembro, diversos caminhões e veículos transportando 110 famílias sem terra entraram na Macali, onde em pouco tempo montaram acampamento. Como haviam decidido nas reuniões, assim que chegaram à terra fincaram uma cruz, símbolo da conquista, e colocaram sobre ela a bandeira do Brasil. Era madrugada de 7 de setembro, dia da pátria, e se lutava pelo **direito de trabalhar**.

No dia seguinte, um pelotão da Brigada Militar acampou nas proximidades e foi engrossado em seguida por mais soldados. Como previsto, as mulheres e as crianças fizeram uma barreira em torno das barracas para impedir a invasão do acampamento.

Outras 170 famílias organizadas pelo nascente movimento ocuparam a gleba Brilhante no dia 25 daquele mesmo mês. Apesar da ameaça de repressão policial mais contundente, os sem-terra tiveram o apoio da sociedade e não houve violência.

O tempo foi passando, sem qualquer resolução da parte do governo. Foi preciso que as mulheres tomassem novamente a iniciativa e se colocassem à frente das máquinas de colheita do grileiro. Elas impediram, assim, o trabalho dos empregados da empresa que grilava a gleba e conseguiram que o governo concordasse em assentar parte daquelas famílias, porque não havia terra suficiente para todos.

O começo da luta pela Fazenda Annoni

As famílias remanescentes da Macali e da Brilhante, e as que não haviam estado nessa ocupação ou que não couberam nas duas áreas, ocuparam então, em outubro de 1980, a Fazenda Annoni, de 9.500 hectares, também em Sarandi. Os donos estavam em litígio judicial com o governo, que pretendia desapropriá-la para assentar famílias atingidas pela construção da Hidrelétrica do Passo Real. A Polícia Federal interveio, despejando os ocupantes e prendendo doze lideranças. Mas o caso dessa fazenda iria demorar ainda doze anos para ser resolvido.

Em novembro, famílias que não haviam conseguido assentamento na Macali e na Brilhante acamparam no centro de Porto Alegre, representando todas as que permaneciam acampadas no aguardo de uma solução do governo. Foram duas semanas de negociações para conseguirem, para uma parte delas, assentamento em Rondinha e em Palmeira das Missões.

O acampamento da Encruzilhada

Tudo começou (ou continuou) no início de dezembro de 1980, quase três anos depois da expulsão da Reserva de Nonoai. Famílias que não haviam conseguido assentamento em lutas anteriores resolveram acampar num local chamado Encruzilhada Natalino, entroncamento das estradas que levam a Ronda Alta, Sarandi e Passo Fundo. Parceiros, **meeiros**, assalariados e filhos de pequenos agricultores vieram juntar-se a elas. Era um local estratégico, próximo da Annoni, da Macali e da Brilhante. Cerca de sete meses depois, já eram 600 famílias, reunindo cerca de 3 mil pessoas em barracos que se estendiam por quase 2 quilômetros à beira da estrada.

Boa parte delas já tinha experiência das coisas do movimento. Apesar da precariedade das condições do acampamento, trataram de se organizar em grupos, setores e comissões, e de eleger uma coordenação. Dessa luta nasceu o *Boletim Sem Terra*, o primeiro órgão de comunicação do Movimento, e uma secretaria administrativa em Porto Alegre para buscar solidariedade.

O Boletim Sem Terra.

A Brigada Militar cercava o local, tentando intimidar e desanimar os sem-terra de sua luta. O governo enviou representantes e até o bispo de Passo Fundo para cooptá-los, oferecendo empregos. Mas desistiu. Os sem-terra da Encruzilhada estavam firmes na decisão de persistir. Para se defenderem das mentiras do governo, que afirmava não haver terras disponíveis

125

para assentamentos no estado, eles começaram a informar-se sobre os latifúndios por exploração existentes na região. A Igreja Luterana informou que, bem perto dali, havia uma propriedade de 4 mil hectares à venda.

Sindicatos de várias categorias de trabalhadores, comunidades de diversas paróquias, prefeitos, agricultores e estudantes passaram a apoiá-los.

Em junho de 1981, D. Pedro Casaldáliga veio trazer sua solidariedade aos acampados, rezando uma missa para eles em que reuniu 6 mil pessoas, contando as que foram prestar solidariedade. Esse acontecimento foi divulgado para todo o território nacional. Outra grande comemoração foi realizada no Dia dos Trabalhadores Rurais, 25 de julho, com a participação de mais de 10 mil pessoas. E estávamos ainda em plena ditadura militar!

No acampamento, a cruz era, de início, fincada no chão, mas passou a ser escorada. Cada escora simbolizava um apoio recebido; os panos brancos, as crianças que morriam ali.

D. PEDRO CASALDÁLIGA

Espanhol da Catalunha, Dom Pedro Casaldáliga foi nomeado bispo da prelazia de São Félix do Araguaia, no Mato Grosso, na década de 1970. Desde o início de seu bispado, defrontou a realidade do processo de concentração de terras e do desrespeito aos direitos dos índios. De um lado, grandes empresas do Sul e, de outro, um número cada vez maior de posseiros pobres que cruzavam o rio Araguaia em direção ao oeste, em busca de terras para trabalhar. Ali, ele viu de perto conflitos pela terra, assassinatos de posseiros, trabalho escravo no desbrava-mento da mata e na formação de pastos para as empresas agropecuárias.

Sensível aos problemas sociais e comprometido com o Evangelho, tornou-se um dos bispos mais perseguidos e caluniados pelos poderosos. Sofreu diversas ameaças e tentativas de assassinato. Num atentado contra sua vida foi morto o padre João Bosco Burnier, que o pistoleiro confundiu com ele.

Sua fé e seu compromisso com os oprimidos podem ser comprovados em suas belas poesias, nas quais revela também um dom profético.

*Malditas sejam
todas as cercas!
Malditas todas as
propriedades privadas
que nos privam
de viver e de amar!
Malditas sejam todas as leis,
amanhadas por umas poucas mãos
para ampararem cercas e bois
e fazer a Terra escrava
e escravos os humanos!*

PEDRO CASALDÁLIGA

A visibilidade do movimento fez o governo federal apresentar uma proposta: transferir as famílias para projetos de colonização em Roraima, Acre, Mato Grosso e Bahia. Obviamente ignorava ou desprezava o fato de que o cerne daquela luta era **a conquista da terra na terra**. Além de recusar a oferta, os sem-terra decidiram acampar na frente do Palácio do Governo, em Porto Alegre, para fazer pressão e exigir solução. Os veículos que os transportavam foram barrados na capital e eles tiveram de ir a pé ao local da manifestação. Com o apoio da CPT, da Comissão de Direitos Humanos e de dois deputados, conseguiram uma audiência com o governador. A proposta que receberam foi a mesma do governo federal.

Alguns dias depois, o Exército, a Polícia Federal e a Polícia Rodoviária Estadual cercaram o acampamento na Encruzilhada, sob o comando do major Curió. Tratava-se de uma intervenção militar do governo federal.

Os interventores se alojaram numa fazenda nas proximidades. Ninguém podia entrar no acampamento. Nem os padres, para celebrar a missa. Avisaram pelos alto-falantes colocados ao redor das barracas:
- quem já tivesse trabalhado com carteira registrada em centros urbanos estava classificado como *sem vocação para a agricultura* e, portanto, não tinha direito a terra;
- as famílias que tinham voltado do Mato Grosso também não teriam mais direito a terra;
- todas as famílias deviam apresentar uma certidão provando não ser proprietárias de terra.

Ora, sabemos que muitos trabalhadores, depois de expulsos do campo, foram trabalhar na cidade. Depois, também, grande parte ficou desempregada e estava procurando uma solução. O governo então os classificava como "sem vocação para a agricultura" e os condenava a voltar para as favelas das cidades, a encontrar algum lixão ou qualquer outra atividade marginal com que sobreviver.

Quanto aos que tinham retornado do Mato Grosso, o fizeram porque lá encontraram terra ruim, falta de qualquer infra-estrutura e assistência, além de doenças. Estavam trocando o inferno por uma chance de lutar por uma vida melhor.

Assim, o governo federal demonstrava total descaso para com a questão. Não respeitava o homem religioso, ao privá-los da presença dos padres. Omitia-se do fato de que os trabalhadores que foram tentar sobreviver nas cidades haviam sido expulsos do campo. Não reconhecia que eles estavam ali lutando para voltar para a terra, e não por considerarem tudo aquilo uma festa em que iria ser feita uma distribuição de presentes.

O objetivo central da intervenção era desorganizar os sem-terra, desmanchar o acampamento, desfazer o mal-estar que ele trazia para o governo diante da sociedade. Formavam longas filas para distribuição de alimentos, ameaçando não os dar aos que se recusassem a transferir-se para os projetos de colonização.

Dois aviões Búfalo da FAB (Força Aérea Brasileira) transportaram uma comitiva dos acampados para o Projeto Serra do Ramalho, na Bahia. Era apenas para que conhecessem a "maravilha" que havia lá e voltassem animados para convencer os demais a aceitarem a proposta do governo. Uma churrascada os esperava numa das agrovilas. Foi só tentarem lavar as mãos e viram que não havia água no local.

Algumas famílias tenderam a aceitar a proposta do governo, sinalizando seu cansaço, desânimo e resignação à sorte. Mas a CPT da Bahia enviou documentos sobre o Projeto que acabaram provando que ele era insustentável. A desistência então foi geral. Do lado dos interventores, aumentou a exasperação e a violência.

Numa outra tentativa de solucionar o problema, o governo criou às pressas o Projeto Lucas do Rio Verde, em Mato Grosso, exclusivamente para assentar os acampados da Encruzilhada. Mais de 100 famílias, cansadas da situação precária em que se encontravam e temendo o aumento da repressão, aceitaram. Mas a maioria acabou voltando, desiludida, e foi transferida pelos interventores para outro acampamento, chamado Quero-quero.

O acampamento tinha virado um campo de concentração, como denunciou a imprensa. Uma grande manifestação foi organizada pelas várias entidades de apoio, contando com 137 padres do Rio Grande do Sul e de Santa Catarina, membros da OAB (Ordem dos Advogados do Brasil), deputados federais e estaduais. Os soldados do Exército tentaram impedir a entrada das outras pessoas que haviam chegado para participar. Mas os acampados romperam a barreira com a cruz.

No final de agosto, os interventores deixaram o local, não sem antes devastarem parte do acampamento. Ficou provado que a resistência e o apoio da sociedade são as armas mais poderosas para a luta contra a política do governo e seu modelo econômico.

Os bispos do Rio Grande do Sul se reuniram em Passo Fundo e elaboraram um documento propondo ao governo a compra de terras no estado para assentar as famílias acampadas.

De outubro a dezembro de 1981, os sem-terra da Encruzilhada tentaram várias vezes negociar com o go-

Uma luta da sociedade contra a ditadura

Quem lutava pela reforma agrária, pela distribuição da terra, na Encruzilhada, lutava ao mesmo tempo contra a ditadura militar, símbolo da defesa da propriedade privada e do latifúndio. Os cidadãos urbanos que se aliaram a essa causa o fizeram como forma de combater a ditadura.

A luta da Encruzilhada Natalino adquiriu expressão nacional por diversas razões:
- a resistência e obstinação dos sem-terra, que enfrentaram todo tipo de sacrifício e perseguição;
- a intervenção do Estado, personificada na figura do major Curió;
- o apoio da sociedade brasileira, representada pelas Igrejas cristãs, por várias entidades e personalidades;
- sua transformação em símbolo da luta do campo contra a ditadura.

Daí que a vitória da Encruzilhada foi a vitória de toda a sociedade brasileira democrática. A mobilização

ASSIS HOFFMANN

O ato público realizado na Encruzilhada Natalino representou a união de todos os brasileiros contra a ditadura.

da sociedade brasileira deu aos sem-terra força e moral suficientes para transformar essa luta localizada nas bases de um movimento social de alcance nacional.

Se a sociedade não tivesse promovido a defesa do acampamento da Encruzilhada Natalino, o Movimento teria sofrido uma derrota política que adiaria sua construção ou, talvez, nascido com outro caráter.

O MST considera-se, assim, resultado não só da vontade do trabalhador rural, mas também de toda a sociedade brasileira.

verno estadual o assentamento no estado. Em fevereiro de 1982, a CPT realizou sua V Romaria da Terra, com mais de 20 mil pessoas. Nesse mesmo mês, os acampados propuseram à CNBB (Conferência Nacional dos Bispos do Brasil) a compra de uma área em Ronda Alta, onde pudessem viver provisoriamente e retomar a luta. A CNBB e a Igreja Luterana arrecadaram nas paróquias os fundos necessários para a compra de uma área de 108 hectares no município. Ali, cerca de 210 famílias permaneceram em acampamento, resistindo.

Depois de três anos de resistência, o governo se deu por vencido e desapropriou diversas áreas para o assentamento definitivo de todas as famílias. Apenas dez delas foram assentadas na área comprada pelas Igrejas, que passou a se chamar Nova Ronda Alta.

ENQUANTO ISSO, EM SANTA CATARINA...

A mobilização dos camponeses catarinenses começou em meados dos anos 70, quando uma série de circunstâncias mostrava claramente os objetivos do governo em relação à questão agrária. Veja no quadro abaixo um exemplo de como andava a situação no campo em Santa Catarina.

Em maio de 1980, trabalhadores rurais sem terra da região de Campo Erê haviam sido informados por técnicos do Incra de que uma fazenda da região seria desapropriada. Ficaram aguardando o decreto de desapropriação e, assim que ele saiu, cinco trabalhadores de uma mesma família ocuparam por engano uma área

A farsa da "peste suína"

Desde os anos 1940, Chapecó, no oeste de Santa Catarina, tem como principal atividade a criação de porcos. No final da década de 1970, os pequenos produtores locais viveram um drama sem precedentes: o caso da "peste suína africana". Quem nos conta é **José Fritsch** (PT-SC), prefeito daquele município desde 1997:

"Foi uma farsa sem tamanho. Surgiu de uma articulação nacional e até internacional, para obrigar os produtores a comprar novas linhagens de suínos do Canadá e forçá-los a vender os seus aos frigoríficos por pouco mais de 25% do valor de mercado.

Foi uma coisa terrível para a região. Quando morria um suíno grande ou um leitão, retiravam dele as vísceras e mandavam para o Rio, num lugar chamado Fundão, onde diziam haver um laboratório de identificação da peste. O produtor que tivesse um caso 'confirmado' tinha todos os seus animais fuzilados, queimados e enterrados. Também queimavam os chiqueirões. A polícia utilizava as máquinas de cada prefeitura e fazia valas para enterrar os porcos. Ironizávamos, dizendo que o vírus da peste suína era do tamanho da bala de um fuzil que a polícia usava para matar os suínos.

Muitos produtores foram à falência, porque o projeto era para dizimar o sistema tradicional e excluir agricultores. Mas, aí, começou a acontecer o seguinte: um leitão adoecia, o laboratório diagnosticava a peste. Procuramos dar um basta nisso e evitamos que muitos tivessem todo o rebanho extinto por causa da 'confirmação de um caso'. Ora, morria um leitão e, ao protegermos o produtor contra o extermínio, começamos a ver que passavam quatro, cinco meses sem morrer outro. Que peste suína era essa que só atingia um porco?

Para pôr fim àquele esquema que gerava sofrimento, prejuízo, êxodo e exclusão, passamos a fazer grandes mobilizações, com sindicatos, igrejas e a própria organização dos produtores. Dizíamos: 'Chega de matança, chega de prejuízo'. Chegamos a colocar 15 mil produtores no Estádio Índio Condá, pedindo o fim de tudo aquilo. Provamos que era um golpe, uma forma de enganar o produtor. Mas uma coisa, lamentável, é certa: muita gente ficou sem nada".

de um latifúndio chamado Fazenda Burro Branco. Souberam disso duas semanas depois, mas decidiram permanecer, já que se tratava de um latifúndio improdutivo. Tiveram de enfrentar os jagunços da fazenda, a polícia e o Exército, mas acabaram atraindo cerca de 350 famílias de toda a região.

O pároco de Campo Erê informou o bispo Dom José Gomes sobre a situação, e a CPT passou a contribuir para organizar as famílias. A diocese de Chapecó e a Igreja Luterana também apoiaram, coletando alimentos nas paróquias, assessorando-os juridicamente e acompanhando-os nas negociações com o governo.

O latifundiário entrou na Justiça com o pedido de **reintegração de posse** e foi atendido. Os advogados da CPT tentaram adiar o despejo e pressionaram o governo federal para desapropriar a área. As negociações e a firme determinação dos acampados em permanecer na fazenda levaram a que, em 12 de novembro de 1980, o presidente da República desapropriasse a Fazenda Burro Branco. Foi a primeira ocupação de terra do oeste catarinense e a **semente do MST em Santa Catarina**. Parte da primeira colheita foi doada pelos assentados às famílias acampadas na Encruzilhada Natalino.

ENQUANTO ISSO, NO PARANÁ...

Na esteira da ocupação e vitória dos acampados da Fazenda Burro Branco, em Santa Catarina, muitas famílias que moravam em lotes de parentes, sem esperanças, ocuparam uma fazenda, também chamada Annoni, no município de Marmeleiro, no Paraná. Sua vitória em 1982 reanimou a luta pela terra no estado.

Organizadas pelo Mastro, famílias ocuparam uma área da Reserva Florestal do Incra e a Fazenda Mineira, em São Miguel do Iguaçu. Foram despejadas, tiveram algumas lideranças presas e se dispersaram por diversos municípios da região.

Sob a liderança do Mastes, outras famílias ocuparam um grande latifúndio no município de Mangueirinha, denominado Fazenda Imaribo, e organizaram um acampamento em Curitiba, na frente da sede do Incra. Essas duas ocupações foram realizadas no primeiro semestre de 1984. Em janeiro de 1985, o governo federal desapropriou 10 mil hectares da fazenda, onde assentou os acampados e as famílias que haviam ocupado a Reserva do Incra e a Fazenda Mineira.

Essas lutas foram a base da **formação do MST no estado do Paraná**. A essa altura, as diversas organizações regionais de trabalhadores rurais – Mastro, Mastes, Masten, Mastreco e Mastel – já integravam o MST.

ENQUANTO ISSO, NO MATO GROSSO DO SUL...

Eram mais de mil famílias de arrendatários, assalariados, posseiros, desempregados das cidades e brasiguaios. Os desempregados das cidades, no caso, eram pessoas que haviam sido expulsas do meio rural, substituídas pela tecnologia introduzida nas grandes fazendas com financiamento do governo federal. Foram as principais vítimas da política agrária do governo militar. Os brasiguaios são os sem-terra brasileiros que foram buscar trabalho em fazendas do Paraguai. Os aqui citados haviam voltado ao Brasil por não terem realizado seus intentos.

Reuniram-se em Taquaruçu, num encontro promovido pela CPT. Isso foi no final de 1982. Queriam discutir as formas de luta e buscar apoio na sociedade. Estavam convencidas de que fazer abaixo-assinados não adiantava. A experiência havia demonstrado que o governo não estava disposto a atender a suas reivindicações. Era preciso utilizar formas mais efetivas. Por isso decidiram organizar uma ocupação.

Cerca de um ano depois, final de 1983, tinham computado o número de famílias participantes do movimento e pesquisado as fazendas que poderiam ser ocupadas. Havia um grande latifúndio, de 18 mil hectares, denominado Santa Idalina, no município de Ivinhema, sob domínio da empresa Someco (Sociedade de Melhoramentos e Colonização). Esse iria ser o *front* da luta.

Levaram ainda alguns meses para organizar a ocupação. Havia um rio no meio do caminho, o Guiraí. Mãos à obra! Cortaram 140 tábuas de 1 metro de comprimento e providenciaram dois cabos de aço de 50 metros. A passarela para a travessia do rio iria ser montada algumas horas antes da ação. O plano era saírem de cada município em comboios e encontrarem-se num ponto próximo à Fazenda Santa Idalina.

Alguns dias antes da ocupação, ouviram falar que a polícia e as autoridades locais sabiam dos planos e estavam preparadas para impedir a saída dos treze caminhões de Mundo Novo. Constataram que, de fato, a ocupação estava na boca do povo. As pessoas só não sabiam o local.

O pessoal que iria na frente para armar a ponte decidiu que deviam chegar todos juntos, porque a polícia poderia estar de prontidão, esperando. Houve quem aconselhasse o adiamento, mas seria impossível avisar todas as pessoas de todos os municípios.

28 de abril de 1984. Em Mundo Novo, a Polícia Militar tentou mas não conseguiu impedir a saída de um comboio. Os caminhões seguiram para o norte, rumo a Ivinhema, e os policiais para o sul, achando que a fazenda a ser ocupada estava em Japorã. Mais de vinte caminhões se encontraram no local e hora marcados. Faltavam alguns. Soube-se mais tarde que

haviam sido barrados pela Polícia Rodoviária e que o caminhão com os alimentos e a maior parte do material da passarela havia quebrado.

Na madrugada de 29 de abril de 1984, o comboio chegou à margem do Guiraí. Do outro lado, estava o alvo das ações. E agora? Como atravessar? A polícia no encalço, e havia apenas um cabo de aço. A nado seria arriscado, principalmente para as crianças e os idosos. Os policiais chegaram e viram muito mais gente do que esperavam. Tentaram convencer os sem-terra a desistirem. A situação era de impasse.

De repente, um rapaz se jogou no rio, levando o cabo de aço. Chegando à outra margem, amarrou-a ao tronco de uma árvore. As pessoas começaram a travessia, apoiando-se no cabo de aço, levando o que podiam. Os primeiros a pisarem a fazenda levantaram alguns barracos e acenderam uma fogueira. A maioria atravessou sob uma chuva torrencial. O dia amanheceu e o comandante do batalhão ainda tentava impedir que continuassem atravessando o rio.

O que se seguiu não era de todo imprevisível. Um avião da empresa sobrevoava o acampamento, para intimidar. Chegou a imprensa junto com o secretário de Segurança do Estado. A ordem era para que os sem-terra deixassem a área imediatamente. Muitos policiais em torno do acampamento; outros rondavam utilizando os veículos da Someco. Padres e freiras vieram trazer apoio. Tentaram impedi-los de entrar, mas não conseguiram. As condições eram precárias, gente doente, a maior parte dos alimentos havia sido perdida durante a travessia.

Diante da situação, os acampados procuraram acelerar as negociações. Enviaram uma comissão a Campo Grande para negociar com o governador. Mas foi a velha ladainha: "Estamos tentando encontrar uma solução, mas vocês têm de sair da fazenda". Os latifundiários, por sua vez, foram rápidos no gatilho. Entraram com o pedido de reintegração de posse e, no mesmo dia, o batalhão se preparou para o despejo. Já reparou que as decisões do governo e da Justiça que interessam aos poderosos saem sempre bem rapidinho?

Ocupação não é invasão

Na maioria das vezes, a imprensa usa a palavra **invasão**, em vez de **ocupação**, para designar a entrada e o acampamento dos sem-terra dentro de uma fazenda. É preciso que fique claro que a área ocupada pelos sem-terra é sempre, por princípio, **terra grilada**, **latifúndio por exploração**, **fazenda improdutiva** ou **área devoluta**.

Segundo os juristas Fábio Comparato, Luiz Edson Facchin e Régis de Oliveira, existem profundas diferenças entre **invadir** e **ocupar**. Invadir significa um ato de força para tomar alguma coisa de alguém em proveito particular. Ocupar significa, simplesmente, preencher um espaço vazio – no caso em questão, terras que não cumprem sua

função social – e fazer pressão social coletiva para a aplicação da lei e a desapropriação. (**BI**: SILVA, José Gomes da, *A reforma agrária brasileira na virada do milênio*, p. 114-123.)

A ocupação é para o MST uma ação voltada a abrir um espaço de luta e resistência. Com ela se cria uma outra condição para o enfrentamento. Ao realizá-la, os sem-terra conquistam a possibilidade de negociação. Você já deve ter percebido isso...

O governo federal criou a medida provisória 1.577/97, com a qual impõe a não-desapropriação das terras ocupadas. Mas nem por isso os sem-terra deixaram de utilizar esse seu instrumento de pressão mais importante.

A tática do governo estadual era levar os acampados de volta para os municípios de origem, separar as famílias, isolá-las. Isso seria a derrota dos sem-terra. Mas Dom Teotardo, bispo da diocese de Dourados, ofereceu uma pequena área de 4 hectares pertencente à Igreja, no município de Glória de Dourados. Ali as famílias poderiam permanecer juntas e continuar sua luta.

O governo tentou, ainda, cooptar os acampados, oferecendo-lhes emprego em destilarias de álcool. Erro tolo. Insensibilidade. Tentativa torpe de trocar uma situação terrível por outra ainda pior. Muitos daqueles homens haviam justamente abandonado essas usinas por causa do trabalho semi-escravo que ali tinham, pelo qual não ganhavam nem para pagar as dívidas do barracão onde compravam a comida.

A CPT voltou a organizar o acampamento e arrecadou alimentos nas paróquias. Foram formadas várias comissões: mulheres, educação, saúde, jovens etc. Crianças morriam devido às condições precárias. Mas eles não desistiram. Montaram barracas em frente à Assembléia Legislativa, na capital, para fazer pressão e acompanhar as negociações com o governo. Diversas entidades e instituições lhes deram apoio. Expulsos do local, mudaram-se para a frente da catedral de São José.

Ao cabo de cinco meses de negociação, finalmente o governo propôs comprar numa área de 2.500 hectares no município de Nioaque para assentamento provisório. Isso porque os lotes não alcançariam o módulo mínimo exigido por lei. O assentamento foi denominado Padroeira do Brasil. Todos estavam conscientes de que aquela fora uma vitória parcial. Teriam de lutar por mais terra e, nessa investida, buscar a conquista da reforma agrária.

Esses acontecimentos marcaram o **surgimento do MST no Mato Grosso do Sul**.

ENQUANTO ISSO, EM SÃO PAULO...

No estado mais rico da federação, a história agrária não difere muito da dos outros. Vamos resumir aqui o surgimento do MST em São Paulo, narrando brevemente os casos de Andradina, Itapeva-Itaberá, Sumaré e do início das ocupações no Pontal do Paranapanema.

Fazenda Primavera

Em Andradina, no oeste do estado, havia uma fazenda de nome Primavera, de 9.385 hectares, que era grilada, como muitas outras na região. Ali viviam diversas famílias arrendatárias. Apesar de receber pelo uso da terra, o grileiro resolveu trazer gado do Mato Grosso para a engorda nessa fazenda. Como era de se esperar, o gado começou a destruir as lavouras e os agricultores se recusaram a pagar a renda. O grileiro, então, tomou aquela já conhecida medida: colocou jagunços atrás dos devedores. Resultado: casas queimadas e um trabalhador assassinado.

Em 1979, o conflito estava ainda sem solução, quando entrou em cena a CPT, que organizou e orientou os agricultores para exigirem junto ao Incra a desapropriação da fazenda. Em julho do ano seguinte, o presidente-general Figueiredo assinou o decreto de desapropriação. Mas ainda se passaram dois anos para que o assentamento fosse implantado. Veja bem. Neste caso, os agricultores conseguiram **permanecer** na terra que já ocupavam havia décadas.

A experiência da Fazenda Primavera levou à **formação do MST do oeste do estado de São Paulo**.

Fazenda Pirituba

Essa fazenda, situada parte em Itapeva e parte em Itaberá, no sudoeste paulista, foi ocupada três vezes, na década de 1980, por um grupo de aproximadamente 300 famílias sem terra. Seus 17.500 hectares pertenciam ao governo do estado, que os havia arrendado a

133

grandes fazendeiros. Estes tentavam conseguir os títulos definitivos da terra na Justiça.

A primeira ocupação se deu em 1981, terminando com o despejo pela Polícia Militar e pelos jagunços dos arredantários. Em 1983, com a posse de Franco Montoro no governo do estado e a nomeação de José Gomes da Silva para a Secretaria da Agricultura, foi implantado um projeto de regularização das terras do estado. No primeiro semestre daquele ano, os sem-terra ocuparam novamente a Pirituba, mas foram despejados em uma semana. A comissão do governo criada para resolver o conflito fracassou contra os múltiplos interesses políticos e econômicos envolvidos.

Área 4 da Fazenda Pirituba, em Itapeva-Itaberá, assentamento do MST. Numa terra a perder de vista não se observa hoje um só pedaço sem produção.

Um ano depois, na última ocupação local da década, os arrendatários não conseguiram expulsar os sem-terra judicialmente e partiram para a violência. O governo, para evitar o agravamento da situação, retomou a área e deu início ao processo de assentamento. Foi a primeira vitória dos sem-terra no estado nos anos 1980.

As ocupações continuaram ocorrendo em outras áreas da fazenda e, no fim da década de 1990, ali havia cinco assentamentos e um pré-assentamento.

A primeira vitória no Pontal

A região do Pontal do Paranapanema, onde a grilagem de terras soma mais de 1 milhão de hectares, tem um histórico de muitos assassinatos em conflitos. Não existe um registro definitivo do número de mortos na resistência contra um dos processos mais absurdos de grilagem de terras devolutas no Brasil. Ali os conflitos perduram até os dias de hoje, como você mesmo pode acompanhar pelos noticiários.

No final de 1983, 350 famílias sem terra ocuparam as fazendas Tucano e Rosanela, no município de Teodoro Sampaio, contando com o apoio de apenas alguns religiosos e parlamentares. As famílias foram despejadas, mas permaneceram acampadas à beira de uma rodovia das imediações, aguardando medidas do governo. A perspectiva de uma desapropriação fez aumentar o número de sem-terra no acampamento.

No início do ano seguinte, o governo fez as primeiras desapropriações, que somaram uma área de 15 mil hectares, e assentou cerca de 460 famílias. Essa primeira vitória dos sem-terra no Pontal levou os grileiros e latifundiários da região a se unirem para criar a UDR local. Ao mesmo tempo, tornou-se uma referência para a organização de outras lutas pela conquista de terras numa região ainda passível de muitas desapropriações.

No capítulo "Resumo dos estados", você terá mais informações a respeito do Pontal do Paranapanema.

Em Sumaré, uma história de retorno ao campo

Sumaré é um município próximo de Campinas, onde, entre as décadas de 1970 e 1980, houve considerável processo de industrialização. Ali se desenvolveu uma história diferenciada, pois seus protagonistas eram famílias vivendo na cidade querendo voltar para o campo. Haviam sido expulsas do campo, devido à mecanização, e enfrentavam o problema do desemprego – estavam sendo expulsas também da cidade.

Organizadas pelas CEBs, começaram em 1982 uma experiência de horta comunitária e, no ano seguinte, já faziam reuniões para discutir soluções de longo prazo. Estavam informadas das vitórias dos sem-terra no Sul e no próprio estado de São Paulo. Foram tomando consciência de sua força enquanto classe e, no final de 1983, os homens das famílias ocuparam uma usina de cana, em Araraquara, que tinha uma parte de suas terras penhorada pelo estado. Expulsos da usina pelos jagunços, eles foram para um horto florestal, pertencente à Fepasa, empresa ferroviária estatal. O governo lhes propôs outra área dessa mesma empresa, mas eles não aceitaram e acabaram sendo despejados.

Após esses dois fracassos, decidiram colocar suas famílias participando de suas ações. Nas negociações com o governo, recusaram outras áreas oferecidas até que obtiveram uma área de 237 hectares, em Sumaré.

A experiência gerou o Movimento dos Sem-Terra de Sumaré, que passou a fazer a intermediação entre outro grupo de famílias da região e o governo para conseguir o assentamento.

Em fevereiro de 1983, mais de 1.200 trabalhadores rurais de 34 municípios do estado reuniram-se em Andradina, gerando o **embrião do MST paulista**.

***

Você observou, então, que o MST foi surgindo em vários estados ao mesmo tempo, tornando-se um movimento coeso em torno de seus propósitos, a partir dos diversos eventos que reuniram suas lideranças e apoios. É importante lembrar que, dentro desse processo de formação, foi fundamental o papel das Igrejas Católica e Luterana.

DOUGLAS MANSUR

Crianças na plantação de repolhos em assentamento de Sumaré, uma realidade conquistada por seus pais.

Todas essas lutas sobre as quais você acabou de ler foram, como já dissemos, dando origem a diversas lideranças. Outras estavam acontecendo, nesse mesmo período, em outros estados. No entanto, eram iniciativas isoladas, não havia nenhum contato entre elas.

Os primeiros passos da organização

A partir de 1981, a CPT começou a promover debates e encontros entre as diversas lideranças da luta pela terra no país. Os principais do período, ligados à formação do MST, foram o Encontro Regional do Sul e o seminário de Goiânia, que constituíram as bases da realização do 1.º Encontro Nacional dos Sem-Terra.

ENCONTRO REGIONAL DO SUL

De 9 a 11 de julho de 1982, lideranças do Rio Grande do Sul, Santa Catarina, Paraná, São Paulo e Mato Grosso do Sul reuniram-se em Medianeira, no Paraná. Estavam presentes também representantes do Mastro e do Mastes, dois dos movimentos de agricultores sem terra do Paraná.

Durante o encontro destacaram-se:
- a avaliação dos diversos movimentos de sem-terra existentes;
- a apresentação das causas e dos limites das lutas;
- a informação sobre as diferentes formas de apoio recebidas;
- a análise das alianças estabelecidas e das perspectivas diante da política do governo;
- a discussão da participação dos sindicatos e das articulações necessárias para melhor organizar os trabalhadores sem terra.

No final do encontro, os agricultores presentes concluíram que o maior inimigo dos trabalhadores é o modelo de desenvolvimento econômico, porque vislumbra apenas os interesses dos latifundiários, grileiros e grandes empresários. Além disso, reconheceram que uma das instituições oficiais que mais estavam prejudicando os sem-terra era o Incra.

Organizativamente decidiram ser necessário:
- formar comissões de sem-terra nos sindicatos;
- desenvolver maior articulação e solidariedade entre os movimentos;
- realizar encontros estaduais e regionais;
- criar boletins informativos para cada movimento (o da Campanha de Solidariedade aos Agricultores Sem Terra, que circulava apenas no Rio Grande do Sul, foi escolhido como órgão de divulgação dos cinco estados do Sul).

VLADEMIR ARAÚJO

Plenária do Encontro Regional do Sul, Medianeira, PR, 1982.

O SNI (Serviço Nacional de Informações), o órgão máximo da repressão, que atuava ostensivamente no meio dos movimentos rurais, foi repudiado por todos, assim como as federações e os sindicatos sem compromisso com a classe.

SEMINÁRIO EM GOIÂNIA

Dois meses após o Encontro Regional do Sul, a CPT organizou um seminário, no Centro de Formação da Diocese de Goiânia, com 22 agentes de pastoral e 30 lideranças de ocupações de terras, posseiros etc. Além dos representantes da Regional do Sul, estavam presentes os de outros doze estados.

Os participantes relataram as formas de luta em cada estado, analisaram erros, acertos e limites. Concluíram ser importante terem articulações regionais com cada frente de luta (arrendatários, parceiros, meeiros, parceiros e assalariados) para prosseguirem na organização.

Também a idéia de se criar um movimento de alcance nacional foi levantada. Alguns participantes consideravam suficiente ter a CPT como forma de organização. Mas foi um dos representantes da própria CPT que colocou em debate a idéia de que os trabalhadores rurais deveriam ter seu próprio movimento.

Desse evento foi tirada uma carta aos trabalhadores rurais expressando os objetivos do movimento em gestação. (Veja a síntese desse documento no quadro.)

A Carta de Goiânia

Aos companheiros sem terra do Brasil

Nós, trabalhadores sem terra, [...] queremos [...] fazer um convite a todos para que entrem na luta pela **conquista e defesa da terra** e dos direitos que nos são negados.

[...] Toda luta é difícil, porque ela exige muito esforço e uma dedicação comprometida. Lamentamos e protestamos pela perda de muitos companheiros [...], que foram assassinados, vítimas da ganância dos grandes. Apesar disso, muitas vitórias já houve por todo o País com os movimentos. [...] Não nos esquecemos, ainda, de que as lutas e o próprio movimento nos ajudam a tomar consciência da realidade e a descobrir quem são nossos inimigos.

Verificamos que em todas as regiões do país existem conflitos de terra, e o pior de tudo isso é a maneira como se resolvem esses problemas. Lamentamos outra vez dizer que esses problemas são resolvidos com repressão policial e que a corda quebra sempre do lado mais fraco.

Nós trabalhadores somos vítimas de um sistema que está voltado para o interesse das grandes empresas e dos latifundiários. Se não nos organizarmos em nossos sindicatos e associações de classe, em nossas regiões, nos estados e em nível nacional, [...] para confrontar essa realidade que hoje escraviza os fracos, [...] nunca iremos nos libertar dessa vida de explorados e de verdadeira escravidão.

Vivemos num mundo **sem finalidade humana** [...] fabricado por todo um sistema injusto implantado em nosso país. A terra nas mãos de poucos, os salários baixos, as leis que favorecem os poderosos, o poder e a riqueza nas mãos dessa minoria revelam claramente esse fato que [...] é uma verdadeira violência contra o homem e a natureza. [...] Este mundo, [...] é o grande gerador de todo tipo de mal que infesta nossa sociedade, como: a criminalidade, a fome, o roubo, o menor abandonado, a prostituição, a miséria e outros tipos de violência.

Alertamos, ainda, todos os companheiros da importância de uma participação consciente nas decisões políticas, porque os problemas citados são frutos das injustiças e da falta de participação. [...]

Queremos [...] nos solidarizar com os canavieiros em greve no estado de Pernambuco e com os companheiros de todo país que estão lutando e sofrendo. Queremos dizer que continuem firmes e mais uma vez convidamos todos [...] para que se unam pelos nossos direitos. [...]

Goiânia, 26 de setembro de 1982.

1.º ENCONTRO NACIONAL DOS TRABALHADORES RURAIS SEM TERRA

Todos esses eventos acabaram resultando na realização do 1.º Encontro Nacional dos Sem-Terra, em Cascavel, estado do Paraná, que deu nascimento ao MST.

O evento se deu nos dias 20, 21 e 22 de janeiro de 1984, nas dependências do Seminário Diocesano. Estavam presentes trabalhadores rurais de 12 estados: Rio Grande do Sul, Santa Catarina, Paraná, São Paulo, Mato Grosso do Sul, Espírito Santo, Bahia, Pará, Goiás, Rondônia, Acre e Roraima. Participaram também representantes da Abra (Associação Brasileira de Reforma Agrária), da CUT (Central Única dos Trabalhadores), da Cimi (Comissão Indigenista Missionária) e da Pastoral Operária de São Paulo. Esses apoios representavam a união de intelectuais, operários, indígenas e trabalhadores rurais em torno da formação de um movimento voltado à unificação das lutas dos sem-terra em âmbito nacional.

As atividades iniciais do Encontro foram voltadas a apresentar as principais lutas desenvolvidas pelos sem-terra e as políticas dos governos estaduais e federal quanto à questão. Isso possibilitou a análise das diferentes realidades dos camponeses. As lições aprendidas até então no processo foram fundamentais para o encaminhamento de novas lutas.

Durante o evento foi lida a mensagem de D. José Gomes, bispo de Chapecó e presidente da CPT, de apoio à fundação do **Movimento dos Trabalhadores Rurais Sem Terra**, o **MST**. Estava, assim, fundado e organizado um movimento de camponeses sem terra de alcance nacional voltado à luta por terra e pela **reforma agrária**.

A inclusão da expressão "trabalhadores rurais" no nome foi feita no sentido de deixar explícito que se trata de um movimento de agricultores, de pessoas que trabalham na agricultura.

Plenária do 1.º Encontro Nacional dos Sem-Terra, Cascavel, PR, 1984.

Já a expressão "sem terra" apareceu inicialmente na Constituinte de 1946, quando se colocou em pauta pela primeira vez a necessidade de uma reforma agrária no Brasil. Depois, integrou o nome do Master. Mas foi a imprensa que cunhou definitivamente essa expressão, a partir do final da década de 1970.

Após sua fundação, o MST passou a articular-se em diversos estados. Dessa articulação resultaram os passos organizativos representados pelos quatro Congressos Nacionais dos Sem-Terra (1985, 1990, 1995 e 2000) e pelos diversos Encontros Regionais e Nacionais realizados desde então.

1º Encontro Nacional dos Sem-Terra

Companheiros. Nós, trabalhadores sem terra, representantes dos cinco estados do Sul [Rio Grande do Sul, Santa Catarina, Paraná, São Paulo e Mato Grosso do Sul], convidados [...] dos estados da Bahia, Espírito Santo, Goiás, Rondônia, Acre, Roraima e Pará, [...] CUT, Sindicatos dos Trabalhadores Rurais e operários, bem como delegados da Abra, da CPT, da Pastoral Operária e da Cimi, reunimo-nos de 20 a 22 de janeiro de 1984, no Centro Diocesano de Formação de Cascavel (PR), [...] com o objetivo de estudar os problemas e lutas dos sem-terra.

Queremos, através deste documento, levar aos companheiros da Regional Sul, bem como a todos os 14 milhões de trabalhadores sem terra do país inteiro, incluindo nossos irmãos índios, a comunicação dos principais debates e conclusões tiradas neste encontro:

No relato das experiências de lutas feitas pelos companheiros dos diferentes estados, [...] constatamos com muita tristeza que os problemas aumentaram: cresceu o número de conflitos, a fome, a miséria, o desemprego, as mortes, os assassinatos brutais de companheiros. Só no ano de 1983 foram mortos 116 trabalhadores em 15 estados, e seus assassinos continuam soltos. Aumentaram as migrações, sobretudo do Sul para o Norte, fruto de uma campanha publicitária desencadeada pelos órgãos do governo e pelas colonizadoras particulares. Esses mesmos migrantes, mal informados, vivem hoje na maior miséria, enfrentando pistoleiros, malária e outras doenças, falta de escolas e estradas. Os que gostariam de voltar não conseguem, pois seus recursos não pagam sequer as passagens de volta.

Todos esses problemas e outros mais são consequências da política econômica, fundiária e agrícola voltada tão somente para a exportação, em benefício do capital nacional e estrangeiro. Esse capital, por sua vez, leva à concentração das terras nas mãos de poucos, eleva sempre mais o número dos sem-terra. Só no Paraná, na década de 1970, saíram mais de 2,5 milhões da lavoura; no Rio Grande do Sul, 1,5 milhões e, em Santa Catarina, 600 mil.

Por sua vez, aos pequenos proprietários só resta a luta de defesa e resistência pela permanência na terra. Uma primeira manifestação dessa luta são os conflitos de terra dos posseiros, meeiros e arrendatários.

A situação de opressão e exploração a que cada vez mais são submetidos os lavradores e os sem-terra em suas lutas de defesa fazem com que estes comecem a agir contra o projeto da burguesia latifundiária, que quer se apropriar de toda a terra e, em vez de só se defenderem, começam uma luta pela reconquista.

Esta é a luta do Movimento dos Sem-Terra em quase todo o Brasil, no campo e na cidade: os acampamentos, as ocupações, pelo cumprimento do Estatuto da Terra, até a luta por um governo eleito pelos trabalhadores.

Nossa luta pela reconquista da terra tem alcançado muitas vitórias em vários estados: Fazendas Macali e Brilhante, em Ronda Alta (RS); Burro Branco e Aldarico Azevedo (SC); Fazendas Annoni e Cavernoso (PR); Cachoeirinha (MG); Castilhos e Primavera (SP).

Conclamamos todos os companheiros a se reunirem em torno dessa causa que já nos une, que é a luta pela terra, contando [...] com o apoio das Igrejas, da CPT, da Cimi e dos sindicatos autênticos.

Esperamos, num próximo encontro, ver multiplicados os esforços, as articulações e o número de representantes engajados na participação na mesma luta de todos os estados da Federação.

A terra para quem nela trabalha e vive!
Cascavel, 22 de janeiro de 1984.

Construção nacional e consolidação

A partir de 1985, ano de seu 1.º Congresso Nacional, o MST expandiu-se pelas demais regiões do país e, no final da década de 1990, estava organizado em 23 estados. Entendendo que sua luta é uma luta pela reforma agrária, tinha necessariamente de se estender por todo o território nacional. Sua palavra de ordem era então **"Ocupar é a única solução"**.

Ao longo dessa caminhada, enfrentou inúmeros reveses e foi crescendo nas várias instâncias da luta. Contra a violência dos latifundiários, boa parte deles organizados na UDR, e da polícia, contra a inoperância do Incra e contra o modelo neoliberal, o Movimento criou diversas frentes, passando a possuir uma organização jamais vista no campo.

A experiência do trabalho coletivo, que começou já desde os primeiros acampamentos, levou à **cooperação agrícola** nos assentamentos, como forma de enfrentar as dificuldades desde sempre presentes na vida do pequeno agricultor. Por outro lado, para organizar sua militância, tanto na luta por terra como no desenvolvimento da produção, o Movimento bateu de frente com a realidade da baixa ou nenhuma escolaridade dos camponeses. Isso fez com que desse prioridade à **educação** dos acampados e dos assentados, como fator primordial para o sucesso de sua empreitada.

1985 foi também o ano que marcou o início do período em que o campo brasileiro conheceu significativa redução da área de lavouras tradicionais. A agricultura comercial, coberta por amplos investimentos e usando tecnologias avançadas, cresceu quase na mesma proporção. Ambos os fatos continuam sendo responsáveis pela expulsão de centenas de milhares de trabalhadores rurais do campo. Além disso, premidos pela concorrência de produtos estrangeiros e pelo total abandono da agricultura familiar por parte dos sucessivos governos, muitos pequenos proprietários perderam suas terras ao longo das últimas décadas do século XX.

É esse o quadro típico dos países aos quais o FMI/Banco Mundial impôs seus programas de ajuste estrutural. E é nele também que se inserem as lutas do MST a partir de seu 1.º Congresso.

Neste capítulo, você vai tomar contato com as principais lutas de caráter nacional do MST, inseridas na conjuntura política e econômica do campo brasileiro.

1.º CONGRESSO NACIONAL DOS SEM-TERRA

Em janeiro de 1985, um ano após a realização do 1.º Encontro, reuniram-se em Curitiba, Paraná, 1.600 delegados de todo o Brasil para o 1.º Congresso Nacional dos Sem-Terra. O MST havia decidido convidar todos os grupos que estavam lutando por terra no país.

A ditadura militar chegara ao fim. Está lembrado? Diretas já, Colégio Eleitoral... Tancredo Neves foi eleito presidente pelo Colégio Eleitoral. O PCB e o PCdoB estavam apoiando o novo governo, que ainda não tomara posse. Boa parte da Igreja também embarcou nessa canoa furada.

A decisão do 1.º Congresso, porém, foi de não fazer pacto com o novo governo, com a convicção maior de que a reforma agrária só avançaria se houvesse ocu-

Plenária do 1.º Congresso Nacional dos Sem-Terra, Curitiba, PR, janeiro de 1985.

pações, lutas de massa. Daí a nova palavra de ordem **"Ocupação é a única solução"**.

Se tivesse aderido ao governo naquele Congresso, o MST não teria sobrevivido. Menos de um ano depois estava provado que ele tinha razão.

Logo depois, começaram as ocupações em todo o Brasil. Só em Santa Catarina 5 mil famílias de mais de 40 municípios ocuparam 18 fazendas. Foi nesse clima que o MST deu continuidade ao processo de sua expansão em âmbito nacional.

A PENOSA HISTÓRIA DE UMA DERROTA

Passado o 1.º Congresso, a executiva nacional do MST conseguiu audiência com o novo ministro da Reforma Agrária, Nelson Ribeiro, e com o novo presidente do Incra, José Gomes da Silva, na qual apresentou proposta de mudanças imediatas e profundas na estrutura fundiária brasileira. Os compromissos obtidos nesse encontro foram de que a polícia não seria mais utilizada contra os trabalhadores, a violência no campo seria combatida e os agricultores participariam na elaboração do PNRA (Plano Nacional de Reforma Agrária).

Como já foi dito, logo após o anúncio do PNRA, houve uma enxurrada de reações contrárias a ele, naturalmente da parte de empresários rurais, fazendeiros e latifundiários. O crescimento da violência contra os trabalhadores rurais veio não só contrariar o compromisso do ministro como também servir de freio ao PNRA. Os "contra" conseguiram, assim, assustar o governo que, sem força política e sem real interesse em modificar profundamente a estrutura fundiária, foi cedendo às pressões dos latifundiários.

Setembro de 1985 seria o prazo final para a apresentação de sugestões para o Plano. Tendo em vista a premência, a coordenação nacional do MST decidiu propor às entidades sindicais e aos movimentos populares ação conjunta de pressão sobre os parlamentares, o Mirad (Ministério da Reforma Agrária e do Desenvolvimento) e o Incra. Além disso, promoveu manifestações em diversas capitais com o mesmo fim: reinício das desapropriações e aplicação dos planos regionais.

No final do ano, 11.655 famílias estavam acampadas em 11 estados brasileiros, como resposta ao governo e aos latifundiários.

No início de 1986, ora, ora, um novo ministério foi nomeado pelo presidente Sarney. Adivinhe. O novo ministro da Justiça era Paulo Brossard, grande proprietário de terras no Rio Grande do Sul. O novo ministro da Agricultura era Íris Rezende, latifundiário de Goiás. O Mirad continuou nas mãos de Nelson Ribeiro, que, durante um ano inteiro, havia assentado apenas 7 mil famílias. Enquanto isso, o Incra continuava enrolando e os despejos de acampados se sucediam. Até quem estava na beira das estradas sofria os ataques da Polícia, como acontecia no Paraná. E o ministro prometera que não aconteceriam mais!

O PNRA, já então totalmente desfigurado, ficou na dependência da aprovação dos Planos Regionais de Reforma Agrária (PRRAs), elaborados em gabinetes dos Incras regionais, certamente sob a influência dos latifundiários.

Padre Josimo Tavares

Páscoa-Paz!

PAZ da morte injuriada que se irmana à vida.
Paz da Terra revivida pelas Águas.
Águas que organizam
e, para além dos rebancos, produzem a luz.
Luz que exorciza as fontes do mal,
que dissipa as densas trevas do Medo,
que rearticula com a rigidez dos ventos
a fragilidade das mãos e dos pensamentos
de nós seres criados diuturnamente.
Luz acostumada aos trilhos das Grandes Águas,
que firma os passos nos desertos,
que sulca em nossa carne de retirantes
os traços definitivos da Libertação...

JOSIMO TAVARES

Desde os anos 40, a região do Bico do Papagaio era ocupada por nordestinos fugidos da seca. Ali, os babaçuais proviam a sobrevivência dessa gente para a qual a terra é um bem de Deus. Ninguém possuía escritura nem nunca se preocupou com isso. Isso seria a arma para estranhos arrancarem dos posseiros a dádiva divina.

Em 1960, o governo JK construiu um trecho da Belém–Brasília cortando a região. Construir rodovia no Brasil é sinal aberto para grilagens e expulsões de posseiros. Gente que nunca tinha sido vista ali apareceu dizendo ser dona.

Em 1979, a CPT começou a desenvolver ali seu trabalho. Quatro anos depois, chegou o padre Josimo Tavares, para assumir a paróquia de São Sebastião.

Nascido em Marabá, no Pará, em 1953, Josimo Tavares era negro e pobre. Isso já era suficiente para que fosse desprezado pelos poderosos. Mas sua atitude em defesa dos trabalhadores rurais o levou a ser também odiado pelos fazendeiros do Bico do Papagaio.

Era visto sempre de sandálias havaianas e camiseta surrada. Em dias de viagem pelas estradas lamacentas, cruzava a região com uma Toyota velha da paróquia para atender aos diversos povoados.

Logo se meteu na questão da terra e passou a trabalhar para a CPT. Os "fazendeiros" o chamavam de "macaco comunista" e ele sabia que estava marcado para morrer. Apesar dos inúmeros conselhos recebidos dos amigos para deixar a região, Josimo persistiu.

No dia 10 de maio de 1986, baleado pelas costas, Josimo não resistiu. O pistoleiro, contratado pelos fazendeiros locais, organizados pela UDR, disse ao ser preso que, se soubesse que era um padre, teria cobrado muito mais.

A morte de Josimo teve repercussão internacional, o que obrigou o governo a tomar, mesmo a contragosto, algumas medidas para diminuir a violência na região e dar títulos de propriedade a pelo menos parte dos posseiros da região.

Em abril, no 2.º Encontro Nacional dos Assentados, em Cascavel, Paraná, a conclusão foi a de que todos os 70 assentamentos existentes então no Brasil haviam sido conquistados através da organização e luta dos trabalhadores e da decisão de fazer ocupações em massa.

Era visível o esforço do governo federal para deixar o assunto "reforma agrária" para a Constituinte, na qual os "contra" tinham chances de obter maioria. Entre outras jogadas, não oferecia recursos para o Incra e o Mirad encaminharem os processos de assentamento e, ao mesmo tempo, iludia a população urbana propagandeando a reforma agrária. Enquanto isso, crescia a violência contra os sem-terra.

Foi nesse contexto que se deu o assassinato do padre Josimo Tavares.

A reação organizada da UDR e dos conservadores

No início do mês de junho, a UDR inaugurou sua sede nacional em Brasília. Os objetivos eram iniciar uma campanha para desmoralizar a Igreja e as entidades que apóiam os sem-terra e arrecadar fundos para eleger representantes na Constituinte, os quais esperavam (e conseguiram) derrotar o PNRA. A UDR tinha então apenas um ano de vida, contava com 3 mil associados e estava organizada em São Paulo, Goiás, Minas Gerais, no sul do Pará e no Maranhão.

No final desse mês, caiu Nelson Ribeiro e, em seu lugar, foi nomeado Dante de Oliveira, deputado da esquerda do PMDB, autor da emenda pelas diretas, derrotada em 1984.

Colocando no ministério uma figura com esse histórico, o governo pretendia mostrar que estava seriamente interessado em fazer a reforma agrária. Mas interessado também era o ex-ministro.

Romaria Conquistadora da Terra Prometida organizada pela CPT. Em 28 dias de caminhada, de Sarandi a Porto Alegre, cerca de 20 mil pessoas engrossaram a chegada.

Afinal qual era o verdadeiro plano de Sarney? Sua idéia era oferecer crédito para investimentos e planos de irrigação a proprietários de terras de 100 e 1.000 hectares, e conseguir o apoio destes contra os setores que lutavam por uma reforma agrária radical.

Os sem-terra melhoram sua organização

No dia 30 de abril venceu o prazo assumido pelo governo federal, de desapropriar 32 mil hectares no Rio Grande do Sul para assentar as 1.500 famílias da Fazenda Annoni. Entre 27 de maio e 23 de junho, 250 acampados iniciaram a Romaria Conquistadora da Terra Prometida, de 450 quilômetros, de Sarandi a Porto Alegre, que terminou com 30 mil pessoas nas ruas da capital.

Em julho, a executiva nacional do MST decidiu dar total prioridade às tarefas de organização do Movimento:
- impulsionar a construção de direções políticas nos níveis municipal e estadual;
- fortalecer a articulação do movimento e das lutas nos níveis estadual e nacional;
- formação de lideranças;
- fortalecer a autonomia do movimento nas mãos dos trabalhadores;
- participar nos sindicatos, nas direções da CUT e na política partidária.

Para tanto, o Movimento teria de elaborar um plano de arrecadação de recursos financeiros para viabilizar a continuidade da luta e organizar-se nas bases. Passou a ter uma articulação mais definida com os sindicatos, disputando eleições contra os pelegos em diversas localidades. Apresentou candidatos aos legislativos estaduais e federal nas eleições desse ano e conseguiu eleger vários representantes dos trabalhadores rurais.

No 3.º Encontro Nacional do MST, ainda em janeiro, foi decidido aprofundar a discussão sobre a cooperação agrícola e a Comissão Nacional dos Assentados formou uma equipe em âmbito nacional para cumprir essa finalidade.

Em agosto, mais de 3 mil trabalhadores foram a Brasília entregar as 34 emendas populares à Constituição, entre as quais a da reforma agrária

Em outubro o MST, a CUT, a Contag e outras entidades organizaram grande caravana a Brasília para mostrar à Assembléia Nacional Constituinte que os trabalhadores rurais estavam dispostos a fazer a reforma agrária na marra. Foi entregue um projeto de lei popular de reforma agrária, com 1,6 milhão de assinaturas.

Terminado o ano de 1987, o MST concluiu pela necessidade da vinculação entre o rural e o urbano, associando as greves nas cidades às ocupações no campo. No balanço geral desde sua fundação, em janeiro de 1984, até então, havia conquistado 143 assentamentos para 13.392 famílias, com uma área total de 52.705 hectares.

Milhares de brasileiros se solidarizaram com os acampados na Fazenda Annoni. Na foto, os atores Paulo Betti e Lucélia Santos, e o presidente da CUT, Jair Menegheli.

No final de 1986, o balanço de um ano do PNRA era catastrófico. Em dezembro, um levantamento feito pelo MST mostrava o aumento da violência no campo: 222 mortes, o dobro do ano anterior. De um total de 1 milhão de hectares desapropriados, apenas 300 mil estavam com imissão de posse.

Iniciando 1987, a situação dos assentamentos era crítica. Emergia claramente a consciência de que a conquista da terra é apenas o começo da luta. Os agricultores organizados no MST sofriam a pressão do latifúndio, de um lado, e do governo, de outro, para que os assentamentos fracassassem e provassem concretamente que era inútil lutar por eles. A **cooperação** apareceu então como a principal experiência dos assentados para resistir e manterem-se na terra.

Quanto ao governo federal, não cumprido 10% da meta proposta no PNRA e sua política agrícola levara milhares de pequenos proprietários a perder suas terras.

No 4.º Encontro Nacional, realizado na Universidade Metodista de Piracicaba, São Paulo, no início de 1988, as principais deliberações foram:

- ocupar latifúndios produtivos e improdutivos acima de 500 hectares;
- participar efetivamente das eleições de 15 de novembro para eleger o maior número possível de trabalhadores;
- priorizar cursos de formação de militantes;
- reestruturar e criar as comissões internas dos assentamentos;
- priorizar a organização dos jovens e mulheres em todos os níveis dos assentamentos;

- buscar a auto-sustentação dos assentamentos como meta prioritária;
- rearticular a equipe nacional de cooperação agrícola e intensificar o intercâmbio entre as diversas experiências de cooperação agrícola;
- intensificar o programa popular de educação primária e implementar a alfabetização de adultos.

Era notória a preocupação do MST com a educação, a cooperação e a formação política dos militantes.

DANIEL DE ANDRADE

Assembléia dos acampados na Fazenda Annoni, em 1987.

No balanço de 1988, o MST registrava: o fracasso da reforma agrária na Constituinte; 30 ocupações com 5.956 famílias em 13 estados; 55 assentamentos conquistados em 9 estados para 5.044 famílias. Mas reconhecia que, apesar das vitórias, ainda estava longe de constituir um movimento de massas pela reforma agrária. Que era preciso prosseguir na luta e ampliar o movimento.

OCUPAR, RESISTIR, PRODUZIR!

O ano de 1989 começou sem Mirad nem Incra, que foram extintos pelo governo federal. Logo no início desse ano, foi realizado o 5.º Encontro Nacional, em que se definiram as normas gerais dos assentamentos; escolheu-se o hino do MST; marcou-se a data do 2.º Congresso Nacional; decidiu-se a apresentação de 10 reivindicações básicas aos candidatos; foi tirada a nova palavra de ordem do Movimento: **"Ocupar, resistir, produzir!"**. Lideranças dos assentamentos apresentaram a proposta de um plano de ação para a conquista de aumento dos recursos do Procera.

Em março, o Incra foi reaberto, como resultado do esforço dos partidos de esquerda, mas não tinha orçamento para o ano. Os recursos do Mirad foram transferidos para o Ministério da Agricultura. Na Constituição, persistiam obscuridades que atuavam contra a reforma agrária. Ela determinava que "qualquer latifundiário, respeitando a propriedade produtiva, não pode ser desapropriado". Era necessário esclarecer os significados legais de "propriedade produtiva" e de "pequena e média propriedade", e de que maneira seriam feitas as desapropriações.

Entre agosto e setembro de 1989, o MST fez 33 ocupações em 13 estados, com 9.133 famílias (cerca de 50 mil pessoas). Foi sua maior ação de massas até então, como fora deliberado no 5.º Encontro Nacional. O objetivo central era chamar a atenção da sociedade para a necessidade da reforma agrária no Brasil. Houve intervenção da polícia em quase todas as ocupações.

O MST assumiu campanha por Lula nas eleições presidenciais por considerá-lo o candidato mais identificado com suas posições a respeito das questões agrárias. Mas tinha consciência de que, mesmo com sua vitória, teria de prosseguir na luta, porque o Congresso continuaria tendo maioria de conservadores e os meios de comunicação permaneceriam monopolizados.

No final de 1989, o balanço do Movimento para o ano era de 62 ocupações, em 18 estados, com 17.589

famílias, mais que o dobro do ano anterior. Dessas ocupações, 50% foram realizadas no Nordeste, mobilizando 40 mil trabalhadores. Com a intensificação da produção coletiva através das cooperativas, os assentamentos apresentaram grande melhora.

O início de 1990 foi marcado pela expectativa da realização do 2.º Congresso Nacional do MST, considerado um ato de consolidação do Movimento enquanto organização nacional. O objetivo central era pressionar o novo governo (Collor), os deputados e senadores para a reforma agrária.

2.º CONGRESSO NACIONAL DOS SEM-TERRA

De 8 a 10 de maio de 1990, foi realizado o 2.º Congresso Nacional dos Sem-Terra, em Brasília, com a participação de 5 mil delegados dos 19 estados onde o MST estava organizado.

Os objetivos do Congresso foram:
- fortalecer a aliança com os operários e outros setores da classe trabalhadora;
- divulgar a luta pela reforma agrária nacional e internacionalmente;
- discutir plano de ação para os próximos anos;
- reivindicar do novo governo (Collor) a realização da reforma agrária e o fim da violência no campo;
- mostrar para toda a sociedade que a reforma agrária é indispensável.

Diversas entidades e organizações populares e sindicais estavam presentes em apoio ao MST, entre elas, a CUT, a CPT, a CNBB, a Igreja Luterana, a OAB (Ordem dos Advogados do Brasil), a Abra (Associação Brasileira de Reforma Agrária), a Cimi e a UNE (União Nacional dos Estudantes). Parlamentares de diversos partidos se pronunciaram: PT, PSDB, PDT, PCB, PSB e PCdoB. Também participaram 23 delegados de organizações camponesas da América Latina (Guatemala, Peru, Equador, El Salvador, Uruguai, Cuba, Chile, Colômbia, México e Paraguai) e da África (Angola).

As ocupações de terra foram reafirmadas como o principal instrumento de luta pela reforma agrária. O documento final do Congresso, com 56 reivindicações, foi entregue por uma comissão ao ministro da Agricultura, Antônio Cabrera Filho, em audiência no último dia do evento. Também nesse dia, dirigentes do MST se reuniram com o presidente do Senado, Nelson Carneiro, o presidente interino da Câmara dos Deputados, Inocêncio de Oliveira, e o líder do governo na Câmara, Renan Calheiros.

Entre as reivindicações, havia três para as quais o MST colocou um prazo de 60 dias para atendimento:
- fornecimento de assistência médica, alimentação e escolas para as famílias pelos governos federal, estaduais e municipais aos atuais acampamentos;
- negociação imediata e em conjunto com os governos estaduais e órgãos da Justiça para suspensão de todas as ações de despejo em andamento;
- solução definitiva para as áreas de conflito, no sentido de evitar a ação de pistoleiros e da polícia, com o uso dos recursos da desapropriação, dando aos conflitos um caráter social, e não policial.

As demais reivindicações diziam respeito às desapropriações, ao Plano de Reforma Agrária, ao ITR, aos assentamentos, à Amazônia, às áreas indígenas, ao meio ambiente, à Justiça no campo e ao Incra.

No dia 15 de maio, a pedido do ministro da Agricultura, Antônio Cabrera, o MST enviou uma lista de acampamentos e de assentamentos irregulares. O governo se comprometeu a visitar as 114 áreas, espalhadas em 15 estados, com um total de 15.141 famílias.

EM BUSCA DE SOLUÇÃO PARA OS ASSENTADOS

No início de 1990, o MST contabilizava 300 associações nos assentamentos (de compra de maquinaria, compra e venda de produtos, lavoura coletiva, construção de benfeitorias, criação de pequenas agroindústrias); 10 cooperativas (incluindo todas as atividades produtivas): uma no Ceará, três no Rio Grande do Sul, três em Santa Catarina e três no Paraná. Mas faltava infra-estrutura social: escolas, atendimento médico, energia elétrica, estradas e meios de transporte.

Na produção, faltavam créditos adequados para investimentos iniciais, máquinas, armazéns, irrigação,

Mesa do 2.º Congresso Nacional dos Sem-Terra, de 8 a 10 de maio de 1990, em Brasília.

além de agroindústrias para aproveitar recursos, aumentar a produtividade e a renda, e absorver a mão-de-obra. Para tornar as coisas ainda piores, a política agrícola de Collor provocou forte queda nos preços dos produtos destinados ao mercado interno. A ela deveu-se a formação de **estoques especulativos**. O objetivo do governo, como esperado, era fortalecer a produção agropecuária, concentrar a propriedade e acelerar a expulsão dos pequenos agricultores do campo.

Nesse ano, a prioridade do MST era a criação de cooperativas nos assentamentos conquistados. Era preciso, portanto, organizar as várias formas de produção, equipar os assentamentos com a infra-estrutura necessária e ter uma política agrícola governamental especial voltada para assuntos de reforma agrária.

A essa altura, o Movimento estava pondo em prática a organização de cooperativas nos seis estados onde estava mais consolidado: Rio Grande do Sul, Santa Catarina, Paraná, Espírito Santo, Bahia e Ceará.

No início de 1991, o MST participou de uma reunião em Brasília em que estavam presentes, além da CPT, da Contag, do DNTR-CUT e do MAB, diversas outras entidades representativas dos trabalhadores e das mulheres. O objetivo eram unir esforços na luta contra o governo, dentro de um plano de luta comum, com mobilizações conjuntas em diversas datas do ano.

Após muitas pressões foram transferidas, do Incra para o Banco do Brasil, as verbas do Procera. Uma delegação do Setor de Assentados do MST esteve em Brasília e ficou acertado que o Incra aplicaria esses recursos entre os 110 projetos de assentamentos de todo o país que aguardavam desde o ano anterior.

O 6.º ENCONTRO NACIONAL

No 6.º Encontro Nacional, realizado entre 19 e 23 de fevereiro de 1991, em Piracicaba, estado de São Paulo, o MST colocou em discussão o imperativo da constante auto-superação e do enfrentamento de novos desafios. Antes, os sem-terra enfrentavam fazendeiros, grileiros e seus pistoleiros, mas agora, do outro lado da cerca, estavam o comerciante, o industrial e o banqueiro. Estava claro que a terra se concentrava cada vez mais nas mãos do grande capital, nacional e estrangeiro.

O Encontro definiu a necessidade de avançar em quatro grandes frentes:
- massificação das lutas;
- qualificação dos dirigentes e militantes;
- organização;
- sistema cooperativista dos assentados.

O ano de 1991, foi dos mais difíceis para o MST, que, porém, conseguira aumentar o número de ocupações, lutara articulado a outros movimentos sociais, como o dos sem-teto, e alcançara ótimos resultados no SCA (Sistema Cooperativista dos Assentados).

O SISTEMA COOPERATIVISTA DOS ASSENTADOS

O governo Collor fazia, a título de propaganda, promessas mirabolantes. No ano anterior, dispusera-se, com a força da palavra, a assentar 500 mil famílias. E o ministro da Agricultura, Antonio Cabrera, declarara: "Vou roubar a bandeira da reforma agrária das mãos da esquerda". Logo no início de 1992, o governo lançou o **Programa Terra Brasil**, que incluía:
- desapropriar 2,9 milhões de hectares;
- assentar 50 mil novas famílias;
- destinar 114 bilhões de cruzeiros para o Procera aos já assentados;
- assistir tecnicamente e com recursos as 98 mil famílias assentadas;
- emancipar 10 mil famílias assenta- das;
- destinar 30 bilhões de cruzeiros do Banco do Brasil para crédito a pequenos agricultores.

Meses depois, obviamente sem ter visto nada do Programa concreti-

zado, o MST estava presente nas manifestações pelo *impeachment* de Collor. Em outubro, o presidente foi afastado do poder. Nas eleições municipais desse ano, apesar de os conservadores terem ganho na ampla maioria dos municípios brasileiros, a esquerda conquistou prefeituras importantes nos diversos estados.

Terminado o ano de 1992, o MST contabilizava 32 novas ocupações de latifúndios e 29 reocupações. Paralelamente havia participado de diversas manifestações com outras entidades de trabalhadores, investido na formação de militantes. Sua maior vitória no período foi a fundação da Concrab (Confederação Nacional de Cooperativas da Reforma Agrária Brasileira), que será tratado no capítulo especial sobre cooperação.

A NOVA LEI AGRÁRIA, 1993

Em 27 de janeiro de 1993, a Câmara dos Deputados aprovou a Lei Agrária, que regulamentava as desapropriações de terra para fins de reforma agrária. Ela apresentava alguns avanços:
- recolocava a questão da **função social** da propriedade da terra como principal critério de desapropriação;
- definia em até 4 módulos a pequena propriedade e entre 4 e 15 módulos a média propriedade (os módulos variando segundo a região), mas determinava que nenhuma propriedade abaixo de 300 hectares podia ser desapropriada;
- determinava o pagamento das benfeitorias desapropriadas à vista e em dinheiro;
- definia que os títulos dos assentados seriam de concessão de uso individual ou coletivo por 10 anos, ficando eles proibidos de arrendar ou vender a terra;
- estabelecia os critérios de utilização da terra que caracterizam uma propriedade produtiva;
- garantia que os sem-terra seriam assentados em suas regiões de moradia.

Várias organizações de trabalhadores – CUT, Contag, MST, CPT, Cimi e outras – pediram ao presidente Itamar Franco que vetasse cinco artigos que praticamente inviabilizavam a reforma agrária:

- Art. 7.º – uma fazenda, mesmo improdutiva, não seria desapropriada se seu proprietário apresentasse um projeto técnico de desenvolvimento de produção;
- Art. 14.º – o fazendeiro desapropriado poderia continuar na terra até que a ação da desapropriação tramitasse em todas as instâncias (processo que costuma demorar muitos anos);
- Art. 15.º – não seriam desapropriadas as terras recebidas em pagamento de dívida nos três anos anteriores à promulgação da Lei;
- Art. 17.º – as desapropriações deveriam seguir uma ordem de prioridade nacional, começando pelas fazendas mais mal aproveitadas, e o governo ficaria restrito a fazer desapropriações somente na Amazônia;
- Art. 19.º – o fazendeiro desapropriado poderia ser também assentado e ficar com um lote na sede da fazenda.

Apenas os artigos 7.º e 19.º não foram vetados.

A Lei Agrária incluiu, por outro lado, um mecanismo chamado **rito sumário**, que acelera o processo, exigindo que a Justiça decida em 120 dias se a propriedade é ou não passível de desapropriação.

Em 1993, o governo liberou recursos para o Procera e reiniciou o processo de desapropriações, mas não cumpriu a promessa de assentar 20 mil famílias e resolver os casos dos acampados no ano.

Em 1994, mais de 200 emendas foram apresentadas para a revisão constitucional. No que diz respeito à reforma agrária, estavam incluídas as seguintes propostas:

- realizar assentamentos somente nas áreas públicas e de fronteira agrícola;
- recuperar os artigos vetados na Lei Agrária;
- reduzir a autonomia da União para executar desapropriações, sendo que a indicação de terras para esse fim dependeria do aval do município e/ou do estado em que elas se situassem;
- o pagamento das terras e benfeitorias deveria ser feito em dinheiro, no ato da desapropriação, ou parte em dinheiro e parte em TDAs. Essas TDAs, por sua vez, deveriam ter prazos reduzidos para serem resgatados, não teriam carência e poderiam ser negociados no mercado.

Com a aprovação dessas emendas, o governo ficaria autorizado a comprar terras para assentamento ao preço de mercado, o que enriqueceria ainda mais os latifundiários.

Elas também acabariam com o conceito central da Constituição de 1988 no que diz respeito à questão agrária – a **função social** da terra. Em seu lugar, entraria o conceito de **produtividade** econômica, independentemente das condições sociais, ambientais e trabalhistas existentes na propriedade. Além disso, propunha-se modificar o regime de concessão, ampliando o prazo durante o qual a terra não poderia ser negociada e impondo aos assentados o pagamento da terra em dinheiro, em parcelas mensais e sucessivas.

CASSIANA CAPARELLI

Representantes do MST em audiência com Itamar Franco, em 2 de fevereiro de 1993. Foi a primeira vez que um presidente da República recebeu a organização.

Lula candidatou-se novamente à presidência da República, apresentando sua proposta de assentar 200 mil famílias por ano. Para José Gomes da Silva, essa proposta era perfeitamente viável. Com ela, o governo gastaria em média 1 bilhão de dólares anualmente, que corresponderiam a 0,66% da receita da União.

A realidade do Plano Real

Para adequar o crédito rural ao Plano Real, o governo Itamar baixou novas medidas. De acordo com elas, todos os empréstimos do Procera teriam juros de 4% ao ano, sem correção monetária. Os recursos por família eram de 3.191 reais, sendo que uma associação ou cooperativa poderia obter outro valor igual sem prejudicar o recebido por família para custeio.

Passadas as eleições presidenciais, o MST avaliava que o Plano Real fora lançado unicamente com fins eleitoreiros. Ele criara a expectativa do fim da inflação e de que nossa moeda era mais forte do que o dólar. Um governo eleito pelos poderosos grupos econômicos, com a bênção dos meios de comunicação e das instituições financeiras internacionais certamente não beneficiaria os trabalhadores. Os latifundiários que deram seu apoio a FHC, por sua vez, certamente não permitiriam mudanças na estrutura fundiária e muito menos uma ampla reforma agrária.

O GOVERNO FHC (1995–1998)

O ano de 1995 começou com um governo que, de *novo* mesmo, tinha apenas os nomes. Para abrir caminho para seus projetos, eram necessárias mudanças na Constituição, que permitissem privatizar as estatais mais importantes, acabar com os direitos dos trabalhadores na Previdência, reduzir as taxas de imposto (reforma fiscal) e dar maior liberdade ao mercado para importar e exportar.

Na economia, estávamos equiparados aos países do Primeiro Mundo. Nossos preços, segundo as revistas especializadas, empatavam com os de Nova York e Tóquio. Só não diziam que lá os trabalhadores ganhavam de 2 a 3 mil dólares mensais, enquanto aqui não chegavam a 70.

O novo ministro da Agricultura era José Eduardo de Andrade Vieira, um banqueiro, dono de 254.410 hectares espalhados pelo país, dos quais utilizava apenas 85.917 hectares, empregando 138 assalariados. Sua primeira declaração ao ocupar o cargo foi de que o governo não tinha recursos para assentar as 40 mil famílias previstas no programa.

As primeiras desapropriações do governo FHC foram feitas em áreas onde não havia conflitos e muito menos famílias interessadas. No Paraná, embora existissem cerca de 30 áreas ocupadas com acampamentos, foi desapropriada uma em que não havia ocupação e só 3 hectares podiam ser trabalhados por trator pelo fato de o restante situar-se em escarpa. Em Minas Gerais, foi desapropriada a Fazenda Surpresa, em Medina, uma região de terra ruim e pouca água, sem nenhuma família ocupando.

Em março, FHC foi ao interior do Ceará para anunciar a desapropriação de 1 milhão de hectares, dizendo que com isso podia provar à oposição que estava cumprindo a promessa de assentar 40 mil famílias no ano. O Incra, por sua vez, levou 1.500 agricultores assentados de vários estados pagando todas as despesas, cada um vestindo uma camiseta de propaganda do governo, orientados para bater palmas ao presidente. Presentes, a TV Globo e o ministro da Agricultura.

Mas, na relação do Incra, o total previsto de famílias a serem assentadas era de 16.709, bem abaixo do número anunciado. Além disso, do 1 milhão de hectares, cerca de 60% se localizavam em Mato Grosso, Goiás, Tocantins e Maranhão, em áreas de colonização. Nos 40% restantes, grande parte já estava ocupada ou abrigavam conflitos antigos. Embora sejam as áreas com maior número de conflitos, a Zona da Mata e a Região Sul receberiam apenas 900 famílias no total.

Em junho de 1995, o *Jornal Sem Terra* publicou a lista dos principais devedores de cada estado, segundo relatório da Diretoria de Crédito do Banco do Brasil. Nesse relatório constava que um total de 1.227 fazendeiros deviam ao banco um total de 2,1 bilhões de reais. Com esse valor seria possível assentar 200 mil famílias. Sobre como os grandes latifundiários se relacionam com a questão dos impostos, leia no quadro a seguir.

Sonegação fiscal no campo

De acordo com dados da Secretaria da Receita Federal referentes ao período 1980-1994, os maiores latifundiários do país não pagam o ITR (Imposto Territorial Rural). No setor agropecuário, de cada 100 reais devidos de imposto, 68 foram sonegados.

Uma pesquisa do Banco Mundial sobre o mercado de terras no Brasil apontou como principal obstáculo do recolhimento do ITR a proteção política a seus maiores devedores. Considerando apenas o ano de 1994, os 200 maiores imóveis rurais do país deixaram de recolher cerca de 200 milhões de reais. Os 108 milhões de ITR pagos pelos fazendeiros em 1994 equivalem à metade do que foi arrecadado de IPTU (Imposto Predial e Territorial Urbano) de um só bairro da cidade de São Paulo.

Em 9 de março de 1996, a CNA (Confederação Nacional da Agricultura) fez pressão sobre o secretário da Receita Federal para suspender o recolhimento do ITR relativo a 1995. Isso porque o valor do imposto havia sido triplicado na gestão de Francisco Graziano no Incra. A suspensão aconteceu quando 60% dos contribuintes, que são os pequenos agricultores, já haviam pago em dia seu ITR. Os recolhimentos suspensos somaram aproximadamente 1,5 bilhão.

1995, BRASÍLIA: 3.º CONGRESSO NACIONAL DOS SEM-TERRA

De 24 a 27 de julho de 1995, 5.226 delegados dos 22 estados do Brasil onde o MST estava então organizado ocuparam Brasília para participar do 3.º Congresso Nacional dos Sem-Terra. Estiveram presentes também 22 delegados de entidades amigas da América Latina, dos Estados Unidos e da Europa.

O cinco objetivos básicos do Congresso eram:
- levar a reforma agrária para a opinião pública;
- apresentar as reivindicações ao governo federal;
- definir as prioridades de ação;
- ser um espaço de formação política massiva;
- ser um espaço de confraternização da militância do MST de todo Brasil.

Diversas organizações participaram da abertura, no dia 24, entre elas a CUT, o Capoib (Conselho de Articulação dos Povos e Organizações Indígenas do Brasil) e o MMTR (Movimento de Mulheres Trabalhadoras Rurais). Entre as personalidades presentes, estavam o deputado federal Alcides Modesto (PT-BA, presidente da Comissão de Agricultura da Câmara), Álvaro Ribeiro da Costa (procurador geral da República) e a vice-governadora do Distrito Federal, Arlete Sampaio.

No dia 25, palestraram, entre outros, Luís Carlos Guedes Pinto, presidente da Abra (Associação Brasileira de Reforma Agrária) e Vicentinho, presidente da CUT. À noite, houve a comemoração do Dia do Trabalhador Rural, com a apresentação de *shows* musicais e do ator Sérgio Mamberti.

No dia 26, foi realizada uma passeata com milhares de pessoas. Passando pela Embaixada dos Estados Unidos, elas protestaram contra a pressão que o governo norte-americano vinha fazendo pela aprovação da **Lei de Patentes**.

No Ministério da Agricultura, a negociação foi em termos pouco amistosos, pelo fato de os assentados não poderem ter acesso aos recursos do Procera.

No último dia do Congresso, 28 representantes do MST estiveram em audiência com o presidente FHC, levando as reivindicações do Movimento. Entre essas reivindicações, constavam: terra, assentamentos, Procera, Incra e emergências.

Fazia parte do documento uma moção de repúdio à política econômica do governo.

A resposta do governo federal

Na ocasião, o presidente Fernando Henrique Cardoso prometeu:
- manter a meta de assentar 40 mil famílias ainda em 1995, priorizando as acampadas, que eram 16 mil na época;
- enviar alimentos para os acampados pelo Programa Comunidade Solidária;
- liberar crédito para assentamentos com juros de 12% ao ano e desconto de 50% do valor do pagamento.

Além disso, ele admitiu a possibilidade de elevar de 3 mil para 6 mil reais o teto desse crédito por família. As propostas de vincular o Incra à presidência e de manter os 700 milhões de reais no orçamento do órgão para 1996 foram rejeitadas.

O presidente também se comprometeu a encaminhar ao Congresso e usar sua maioria parlamentar para mudar duas leis: a do **rito sumário** e a da **liminar de despejos**; e assegurou que não faltariam recursos para a reforma agrária.

Ao final de 1995, foi publicada no *Diário Oficial* a portaria interministerial que definiu o teto de crédito de 7,5 mil reais por família. Sendo sócia de associações e cooperativas, ela receberia esse valor duas vezes, incluindo as cotas destinadas aos investimentos em cooperativas. A taxa de juros do Procera foi estabelecida em 12%, sem correção e, no pagamento da primeira prestação, os assentados teriam um subsídio de 50% sobre o capital e o juro do recurso recebido, estando com as prestações em dia. Porém, além de não assentar as 40 mil famílias, o governo não cumpriu o compromisso de priorizar as acampadas.

Em 1996, o governo federal se comprometeu a assentar 60 mil famílias, priorizando as já acampadas, que somavam 37.573 no momento e, no final do ano, chegavam a perto de 53 mil. Assentou 35 mil, a maioria nas regiões Norte e Centro-Oeste, onde, na prática, os projetos são de colonização e prevêem uso de terras virgens, pouco alterando a concentração fundiária. Fora isso, de novo não priorizou as famílias acampadas.

O Exército concedeu 6 milhões de hectares para a reforma agrária. Porém a maior parte se encontrava em regiões da Amazônia Legal, distante de estradas e mercados, o que torna inviáveis até mesmo projetos de colonização. Apenas nas terras situadas no Maranhão é possível organizar assentamentos.

Foi feito um acordo, em 1996, entre o Banco do Brasil e o Incra para repassar as terras dos fazendeiros caloteiros que devem cerca de 2,3 bilhões de reais e possuem aproximadamente 3 milhões de hectares. Essa área possibilitaria assentar mais de 200 mil famílias, sem custos de desapropriação, porque o governo não teria de pagar por ela. Em 1999, o governo voltou atrás e o Tesouro Nacional assumiu a dívida.

Mesa de abertura do 3.º Congresso Nacional dos Sem-Terra, de 25 a 27 de julho de 1995, realizado em Brasília (DF), com 4 mil delegados.

Os objetivos do MST

Somos um movimento de massas de caráter sindical, popular e político. Lutamos por terra, reforma agrária e mudanças na sociedade.

Objetivos gerais

1. Construir uma sociedade sem exploradores e onde o trabalho tem supremacia sobre o capital.
2. A terra é um bem de todos. E deve estar a serviço de toda a sociedade.
3. Garantir trabalho a todos, com justa distribuição da terra, da renda e das riquezas.
4. Buscar permanentemente a justiça social e a igualdade de direitos econômicos, políticos, sociais e culturais.
5. Difundir os valores humanistas e socialistas nas relações sociais.
6. Combater todas as formas de discriminação social e buscar a participação igualitária da mulher.

Programa de reforma agrária

1. Modificar a estrutura da propriedade da terra.
2. Subordinar a propriedade da terra à justiça social, às necessidades do povo e aos objetivos da sociedade.

3. Garantir que a produção da agropecuária esteja voltada para a segurança alimentar, a eliminação da fome e ao desenvolvimento econômico e social dos trabalhadores.
4. Apoiar a produção familiar e cooperativada com preços compensadores, crédito e seguro agrícola.
5. Levar a agroindústria e a industrialização ao interior do país, buscando o desenvolvimento harmônico das regiões e garantindo geração de empregos especialmente para a juventude.
6. Aplicar um programa especial de desenvolvimento para a região do semi-árido.
7. Desenvolver tecnologias adequadas à realidade, preservando e recuperando os recursos naturais, com um modelo de desenvolvimento agrícola auto-sustentável.
8. Buscar um desenvolvimento rural que garanta melhores condições de vida, educação, cultura e lazer para todos.

Brasília, 1995.

Os desdobramentos sociais

De fato, além do 3.º Congresso, outros fatos ocorridos no ano de 1995 puseram o foco sobre a questão agrária: o calote dos latifundiários no Banco do Brasil, a crise geral da agricultura provocada pelo projeto neoliberal e a reação da sociedade diante do massacre de Corumbiara. Jornais que até então eram ferrenhos adversários da luta do MST começaram a publicar editoriais criticando a timidez e lentidão do governo para resolver a questão. Multiplicaram-se os espaços na mídia para informar à sociedade o absurdo da concentração fundiária no Brasil.

O contra-ataque da direita: os latifundiários correram para a frente das câmeras de televisão para mostrar seu poderio em armas. O governo federal espalhou relatórios falsos e irresponsáveis, segundo os quais o MST estaria sendo treinado pelo Sendero Luminoso, grupo guerrilheiro do Peru.

No ano de 1995, o MST ganhou maior reconhecimento da sociedade. Suas diversas ações fizeram a reforma agrária ser assunto diário nas discussões da sociedade e nos meios de comunicação. Recebeu a Medalha Pedro Ernesto, da Câmara dos Vereadores do Rio de Janeiro, por sua atuação em favor da reforma agrária e da justiça social, e o Prêmio Educação e Participação, do Unicef e Banco Itaú, por sua proposta e trabalho de educação nas áreas de assentamentos. Além disso, uma pesquisa da Abra (Associação Brasileira de Reforma Agrária), feita em Campinas, São Paulo, mostrou que a sociedade apoiava suas ações e era a favor da reforma agrária e das ocupações de latifúndios.

Os desdobramentos políticos

FHC havia prometido assentar prioritariamente as famílias acampadas, atingir a meta de 50 mil famílias até o final do ano e que não faltariam recursos para a

O massacre de Corumbiara

No dia 15 de julho de 1995, 514 famílias, lideradas pelo Sindicato dos Trabalhadores Rurais de Corumbiara, ocuparam a Fazenda Santa Elina, nesse município.

Corumbiara situa-se no sul de Rondônia. Ali, a ditadura implantou projetos de colonização na década de 1970 e vendeu áreas públicas de 2 mil hectares cada a preços simbólicos. Quem comprasse uma deveria estabelecer agropecuária nelas dentro de um prazo. A forma da venda possibilitou a uma só pessoa comprar diversas áreas em nome de outras e formar assim grandes latifúndios. Foi dessa forma que Hélio de Morais, morador de São Paulo, adquiriu 4 mil hectares, mas apoderou-se de 16 mil da Fazenda Santa Elina, cuja maior parte era coberta pela floresta.

Os contratos não foram cumpridos em 99% dos casos, ou seja, os "proprietários" não executaram o projeto agropecuário exigido. São cerca de 2 milhões de hectares de terras férteis nessas condições. Legalmente essas terras nem precisam ser desapropriadas, pois ainda são da União.

No dia 19, por volta das 16h30, por ordem do juiz-substituto de Colorado d'Oeste, policiais militares tentaram despejar as famílias, que não aceitaram sair. Ao reassumir, o juiz titular expediu nova liminar para *imediato* despejo.

No dia 8 de agosto, 300 policiais militares chegaram à fazenda e montaram acampamento. Os trabalhadores pediram trégua de 72 horas para encontrar uma saída pacífica. No entanto, por volta das 4 horas da manhã do dia seguinte, quando a maioria ainda dormia, os policiais invadiram o acampamento, com bombas de efeito moral e de gás lacrimogêneo, disparando para todos os lados. A ação resultou na morte de 2 policiais e 9 sem-terra. Segundo o laudo do legista, os acampados foram executados com tiros dados pelas costas e a curta distância. Um dos mortos foi uma menina de 7 anos, Vanessa dos Santos Silva, que fugia de mãos dadas com a mãe.

No dia seguinte, deputados da Comissão Externa de Representação da Câmara dos Deputados estiveram no local. Ali encontraram cerca de 10 pessoas que haviam permanecido por mais de 30 horas no mato, sem água e comida, fugindo da chacina. O fogo ainda consumia o que restara do acampamento. A comissão de deputados ouviu o depoimento dos feridos, entre eles muitos adolescentes, brutalmente espancados após terem sido baleados. Havia ainda 10 desaparecidos. Posteriormente foi encontrado o corpo de um deles, que havia sido visto vivo pela última vez em mãos de policiais.

A Comissão de Representantes da Câmara dos Deputados responsabilizou o governo federal, o governo do estado e o Poder Judiciário local pelo caso. Segundo o que foi apurado, o juiz Glodner Paoletto assinou a ordem de despejo sem consultar o Incra e exigiu que ela fosse cumprida de imediato, numa clara demonstração de vínculo com os latifundiários.

A Comissão Interamericana de Direitos Humanos da OEA (Organização dos Estados Americanos) está processando o governo brasileiro pelo massacre de Corumbiara. O processo foi aberto a partir de denúncias apresentadas pelo MST e pelo America's Watch.

---

reforma agrária. No final de 1995, ele anunciou, em cadeia nacional de rádio e televisão, o assentamento de 42 mil famílias.

O MST denunciou a mentira:

- de acordo com o próprio Incra, dessas 42 mil famílias, 10.202 faziam parte do projeto do ano anterior;
- entre os assentamentos que o governo dizia ter criado, alguns já haviam obtido imissão de posse em 1977, 1981, 1985, e assim por diante;
- curiosamente os 36 assentamentos criados no estado do Ceará tiveram imissão de posse entre 22 e 27 de dezembro de 1995, ou seja, em cima da hora;
- nesse final de ano havia 101 mil famílias acampadas em todo o país, e o governo havia prometido resolver o problema de todas;
- o Incra estava sem presidente por dois meses, após a demissão de Francisco Graziano;
- o caso de Corumbiara continuava sem solução.

A manutenção dos preços baixos dos produtos que compõem a cesta básica de alimentação desestimulou a agricultura. Em safras anteriores foram produzidos 80 milhões de toneladas, a de 1995 ficou abaixo de 70 milhões. O governo FHC fez pouco caso em relação a essa queda de produção, alegando que a agricultura representa apenas 15% do PIB e a população rural, somente 22% do total da população brasileira. Esqueceu-se, no entanto, de que esses 22% representavam 30 milhões de vidas.

No mês de abril de 1996, o MST voltava a ocupar a mídia. O caso de Eldorado de Carajás deixou a população brasileira perplexa. (Leia sobre o ocorrido no quadro da página seguinte.)

Pesquisa realizada pela Vox Populi, entre 11 e 14 de maio de 1996, nas oito principais capitais brasileiras, revelou que o MST estava entre as cinco instituições de maior credibilidade no Brasil. Dos entrevistados, 59% aprovavam o Movimento, 24% desaprovavam e o restante não tinha opinião formada a respeito.

Em junho de 1996, a Comissão de Constituição e Justiça da Câmara Federal aprovou três projetos que davam maior agilidade e segurança à reforma agrária, dois dos quais de autoria do deputado Domingos Dutra (PT-MA). O primeiro obriga o Ministério Público a acompanhar todas as ações ligadas à disputa pela terra, no sentido de evitar que a polícia pratique atos arbitrários, violentos e ilegais contra os sem-terra. O segundo restringe a concessão de liminares de reintegração de posse de áreas ocupadas pelos sem-terra e obriga os juízes a visitar as ocupações e ouvir os trabalhadores antes de conceder qualquer liminar devolvendo a terra aos latifundiários. O terceiro projeto, do deputado José Fritsch (PT-SC), acelera o rito sumário da reforma agrária e estabelece prazos para cada etapa do processo de desapropriação de um imóvel rural. Com isso evita conflitos, agiliza o assentamento dos trabalhadores e reduz a miséria entre os acampados.

Ainda em 1996, em carta distribuída à imprensa, a Cnasi (Confederação Nacional das Associações de Servidores do Incra) contava as verdades que o governo escondia sobre a reforma agrária. Sobre as alegações do governo, de que os sem-terra faziam reféns e ameaçavam funcionários do Incra, ela diz: "as pressões realizadas pelos trabalhadores rurais e suas organizações [...] não são ameaças à segurança pessoal dos servidores do Incra, nem ao patrimônio, haja vista o fato de esta situação perdurar há mais de 10 anos, sem que se tenha notícia de qualquer incidente mais sério, a despeito de alguns excessos, perfeitamente contornáveis via diálogo. [...] a insegurança maior que atualmente recai sobre os servidores do Incra tem a ver tão somente com as ameaças de demissão e disponibilidade anunciadas pelo próprio presidente da República e presentes na Reforma Administrativa do governo, que aponta para o fim da estabilidade, numa clara intenção de ampliar o processo de privatização dos serviços públicos".

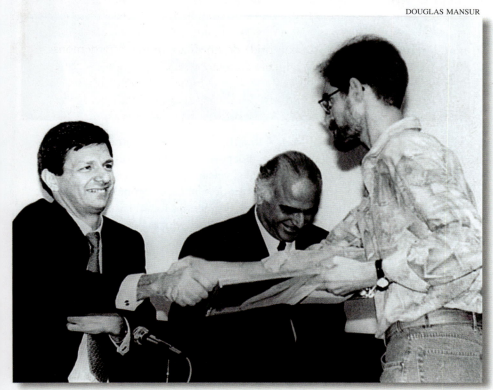

DOUGLAS MANSUR

Edgar Kolling cumprimentado após receber o prêmio Itaú-Unicef de Educação em 1995 das mãos do Ministro da Educação.

Eldorado dos Carajás: o massacre

Em setembro de 1995, formou-se à beira da rodovia PA-275, em Curionópolis, Pará, um acampamento com mais de 2 mil famílias, visando a Fazenda Macaxeira, de 42.448 hectares. As poucas pastagens e a mata já bastante raleada pela extração de madeira eram a prova da improdutividade da área.

Cinco meses depois, sem solução, as famílias decidiram ocupar a fazenda. Em seguida, representantes dos fazendeiros reuniram-se com o governador Almir Gabriel e o secretário de Segurança do estado, aos quais entregaram uma lista com 19 nomes. Ao mesmo tempo o governo prometeu assentar os acampados e enviar-lhes alimentos.

Passadas duas semanas, os alimentos não haviam chegado e os sem-terra decidiram, em assembléia, caminhar até Belém, a 800 quilômetros, para pressionar. Em 16 de abril de 1996, após uma semana, próximo a Eldorado de Carajás, decidiram parar para resolver um problema básico: a fome. Bloquearam o trânsito, como forma de cobrar o prometido. O major Oliveira, da Polícia Militar de Parauapebas, garantiu os alimentos para o dia seguinte e ônibus para levá-los ao Incra de Marabá. Os sem-terra desbloquearam o trânsito e montaram acampamento.

Na capital, reunidos o governador, o secretário de Segurança, o superintendente estadual do Incra e o presidente do Interpa (Instituto de Terras do Pará), decidiram que os sem-terra deveriam ser removidos da estrada *de qualquer maneira*.

Às 11 horas de 17 de abril, chegou ao acampamento um outro oficial, dizendo que o governo rompera o acordo. Os sem-terra voltaram a bloquear a rodovia. Às 16 horas, ouviram o ruído de veículos. Foram para a estrada na ilusão de que o governo havia mandado os ônibus prometidos. Mas eram 155 policiais dos batalhões de Parauapebas e Marabá, vindo pelos dois lados da rodovia, jogando bombas de gás lacrimogêneo. Os trabalhadores responderam com pedras e paus.

Nesse tumulto, Amâncio Rodrigues Silva, o "Surdinho", levou um tiro no pé, caiu e foi executado com um tiro na cabeça. A cena revoltou os sem-terra, que passaram a revidar com o que tinham. Os policiais dispararam as metralhadoras. Já com os acampados em debandada, começaram as execuções: 12 trabalhadores receberam tiros certeiros na cabeça e no tórax; 7 foram mortos com instrumentos de corte retirados deles, prova de que já estavam dominados pelos policiais. A operação deixou 19 mortos, 69 feridos e pelo menos 7 desaparecidos. Segundo os laudos, 13 foram executados depois de rendidos.

Operação planejada

Os soldados não tinham identificação no uniforme e suas armas e munições não foram anotadas nas fichas que comprovam quem estava com qual. O encurralamento dos sem-terra prova que não pretendiam apenas desobstruir a

estrada. Muitos foram presos em seus barracos ou já correndo pelo mato e depois apareceram mortos. Segundo o motorista de um dos veículos, pelo menos dois jagunços vestiram fardas dentro do ônibus; o coronel Pantoja pediu silêncio aos soldados; dois feridos foram levados ao quartel de Marabá no ônibus que ele conduzia, mas não foram registrados sobreviventes no quartel, de modo que provavelmente foram assassinados.

Os legistas do IML de Marabá não especificaram como as pessoas foram mortas. Convocado pelo Ministério da Justiça, Nélson Massini, legista da Unicamp, atestou que muitos foram mortos depois de imobilizados.

Segundo testemunhas, Oziel Pereira, 17 anos, um dos líderes, foi amarrado em uma caminhonete e torturado por mais de 4 horas. A caminho do hospital, foi assassinado com um tiro no ouvido e golpes de baioneta.

Em agosto, dois representantes de cada um dos 162 acampamentos do MST armaram barracas em Brasília. Durante os dois dias de votação do rito sumário, os sem-terra ocuparam as galerias da Câmara dos Deputados, obtendo uma vitória. Na semana seguinte, graças à presença do MST em Brasília, foram derrubados os projetos dos ruralistas que barrariam a reforma agrária. Sete bispos visitaram o acampamento em nome da CNBB.

Ainda nesse mesmo mês, o Incra lançou o *Atlas fundiário brasileiro*, que apresentava, de forma resumida, a radiografia da estrutura fundiária do Brasil, com base em dados de 1992. Você já leu a respeito no capítulo "A questão da terra no Brasil atual".

UM MODELO QUE INVIABILIZA OS PEQUENOS AGRICULTORES

Em 1996, a política agrícola ficou totalmente subordinada à econômica, priorizando a abertura do mercado às importações e estimulando a entrada de capital estrangeiro. O crédito rural, que em outros governos chegou a 15 bilhões de reais, foi de pouco mais de 4 bilhões. Dos quase 4 milhões de pequenos agricultores apenas 168 mil obtiveram um crédito de 200 milhões (1.190 reais por família). Quanto à taxa de juros, embora ainda baixas comparadas às do comércio, representaram uma transferência de renda aos bancos pelos pequenos agricultores, que ficaram sem qualquer rendimento.

Com a supervalorização do real em relação ao dólar, visando baratear as importações, e a eliminação de outras tarifas alfandegárias, o mercado foi inundado de produtos agrícolas importados. Os baixos preços destes prejudicaram o agricultor nacional e inviabilizaram a renda dos exportados. Os preços de produtos como leite, carne de suíno, milho, aves etc. – foram pressionados para baixo, com o objetivo de manter o valor da cesta básica e, conseqüentemente, o do salário mínimo.

Essa política econômica e agrícola trouxe uma crise jamais vivida no interior, que afetou todos os produtores (grandes e pequenos), produtos e regiões. O governo gastou o valor recorde de mais de 3 bilhões de dólares na importação de alimentos que poderiam ter sido produzidos no Brasil (carnes, peixes, leite e derivados, cereais e algodão). O Brasil, que era o maior exportador de algodão do mundo, tornou-se o terceiro maior importador desse item. Mais de 400 mil pessoas que trabalhavam em atividades relacionadas com esse produto perderam seus empregos.

No início de 1996, havia aproximadamente 22 mil famílias acampadas. Durante o ano foram realizadas mais 176 ocupações, que mobilizaram 45.218 famílias

Acampamento na Fazenda Pinhal Ralo, em Rio Bonito, PR.

Ocupação da Fazenda Dois Paus, Branquinha, AL.

157

Marcha Nacional por Empre

Iniciada no dia 17 de fevereiro de 1997, partindo de três pontos do país, foi programada para alcançar Brasília no dia 17 de abril, primeiro aniversário do massacre de Eldorado de Carajás. Uma das colunas, com os integrantes dos dos estados do Sul e São Paulo, partiu da capital paulista, com 600 integrantes. Outra, com o pessoal de Minas, Espírito Santo, Rio e Bahia, partiu de Governador Valadares, em Minas Gerais, com 400 integrantes. A terceira coluna, com os militantes de Mato Grosso, Mato Grosso do Sul, Rondônia, Goiás e Distrito Federal, partiu de Rondonópolis, em Mato Grosso, com 300 integrantes. O percurso de cada coluna foi de cerca de mil quilômetros. As três contavam com acampados e assentados.

Em São Paulo, antes da partida, houve uma concentração na praça da Sé, com a participação de personalidades, entre elas Vicentinho, presidente da CUT, Frei Betto e José Dirceu, presidente nacional do PT.

Em Governador Valadares, os participantes ficaram concentrados no Assentamento Oziel Alves Pereira. Antes da partida, houve ato público e celebração ecumênica com a participação de assentados locais, sindicalistas do Rio de Janeiro e diversas personalidades.

Em cada ponto de passagem da Marcha as igrejas, os sindicatos e as prefeituras receberam os participantes, garantindo-lhes alojamento e alimentação. Em cada cidade, os movimentos populares locais os acompanharam

DOUGLAS MANSUR

Chegada a Brasília, em 17 de abril de 1997, da Marcha Nacional por Reforma Agrária, Emprego e Justiça.

em 21 estados. Foi um recorde na história do MST. A média era de 50 ocupações anuais com cerca de 16 mil famílias. Também as ocupações espontâneas ou organizadas por sindicatos e outros movimentos de apoio à reforma agrária multiplicaram-se.

O presidente FHC afirmou que não faltariam recursos para a reforma agrária, mas a realidade mostrou que ele não a priorizou. Você lê na imprensa: "Governo aprova verba de 1,5 bilhão de reais para a reforma agrária". Oba! Então vão assentar uma carrada de famílias! Mas veja o que aconteceu com a verba em 1995:
- 30% (450 milhões) referiam-se à manutenção da máquina administrativa do Incra (pessoal, veículos etc.) e outros 400 milhões eram TDAs para desapropriações;
- posteriormente o governo cortou 264 milhões;
- o que sobrou foi sendo liberado em conta-gotas, trazendo grandes prejuízos para a imissão de posse e para as atividades do Incra;
- até o dia 30 de novembro, o Incra tinha gastado apenas 862 milhões de reais, enquanto havia disponíveis no orçamento 460 milhões.

No caso dos recursos para os assentados, também foi uma luta durante todo o ano. Havia no Procera 100 milhões de reais para produção e outros 61 milhões para fomento, habitação e alimentação. Ora, juntando tudo, cada família tinha direito a 12 mil. (E lembre-se: como empréstimo; nada de graça.) O número de famílias assentadas era de 25 mil. Fazendo as contas, o valor exis-

go, Justiça e Reforma Agrária

até a entrada do município seguinte.

A chegada a Brasília, no dia 17 de abril, foi celebrada com um grande ato público, congregando diversos setores da sociedade. Havia mais de 100 mil pessoas presentes ao ato. Simultaneamente a marcha programada em cada estado do Norte e do Nordeste atingiu as capitais.

Também em 17 de abril foi inaugurada a exposição de fotos de Sebastião Salgado em todos os estados do país e em mais de cem cidades do mundo, sobre a luta pela terra. Na inauguração, foram lançados o livro *Terra*, com as fotos da exposição e apresentação do escritor português José Saramago, e o CD de Chico Buarque, que acompanha o livro.

A Marcha Nacional do MST tinha por objetivo, além de chamar a atenção para a urgência da reforma agrária e pedir punição aos responsáveis pelos massacres de trabalhadores rurais, celebrar pela primeira vez o Dia Internacional de Luta Camponesa.

Lançamento do livro *Terra*, de Sebastião Salgado. Da esquerda para a direita, o senador Eduardo Suplicy (PT-SP), Chico Buarque, Sebastião Salgado, o escritor português José Saramago, autor do texto, João Pedro Stédile e Gilmar Mauro.

> O dia 17 de abril tornou-se o Dia Internacional de Luta Camponesa em todo o mundo em memória do massacre de Eldorado de Carajás, numa iniciativa da Via Campesina, organização internacional de trabalhadores rurais.

tente já não cobria as necessidades. O governo havia prometido assentar 60 mil famílias no ano e teria necessitado de outros 720 milhões para esses créditos.

Diversas pequisas de opinião realizadas no ano revelaram elevado apoio da sociedade à reforma. O MST ficou em quinto lugar entre as instituições de maior credibilidade no Brasil.

A meta do governo para o ano de 1997 era assentar 80 mil famílias. Segundo o Incra, foram assentadas 53.531; segundo o MST, 16.457, sendo que havia no Brasil 279 acampamentos, com 51.710 famílias.

O governo prometeu arrecadar 1,6 bilhão de ITR, mas conseguiu apenas 206 milhões ("uma coca-cola por hectare de latifúndio improdutivo", segundo o MST). E também aumentar o valor do teto do crédito do Procera de 7.500 para 11.500 reais por família, mas não liberou. Garantiu agilizar a reforma agrária passando a incumbência aos governos estaduais e as prefeituras. Nenhum governador aceitou e apenas 56 prefeituras de todo o país concordaram. Apresentou o Projeto Lumiar como a grande solução para a assistência técnica dos assentados, mas contratou apenas 159 equipes de técnicos.

O MST, por sua vez, realizou grandes mobilizações, entre as quais a mais importante foi a Marcha Nacional por Reforma Agrária, Emprego e Justiça (leia a respeito no quadro), além de 180 ocupações em todo o país, superando o recorde anterior, e avançou nas diversas atividades internas:

- alfabetização de 7 mil pessoas;
- inauguração da Escola Técnica Josué de Castro, em Veranópolis, Rio Grande do Sul;
- convênio educacional com a Universidade de Brasília e a Universidade do Vale dos Rio dos Sinos, do Rio Grande do Sul;
- mais de 30 assentamentos estavam com agroindústrias em funcionamento ou em construção;

E a sociedade continuava dando suas demonstrações de apoio ao Movimento:
- estava em preparo um CD com as músicas do MST cantadas por Beth Carvalho, Djavan, Lecy Brandão, Zé Geraldo, Antônio Gringo, Chico César e outros;
- saíram cinco filmes sobre o MST, feitos por produtores independentes;
- prêmios internacionais Rei Balduíno, da Bélgica, e de Direitos Humanos, da França.

Em sua Jornada Nacional de Lutas, de 16 a 20 de março de 1998, acampados e assentados do MST ocuparam delegacias do Ministério da Fazenda e do Incra em 16 estados. O objetivo era pressionar o governo a manter o orçamento original estabelecido pelo Incra para 1998. As verbas para a reforma agrária, o Procera e o Lumiar haviam sido drasticamente reduzidas.

No Dia Internacional de Luta Camponesa, 17 de abril, houve protestos em 20 estados contra a política neoliberal do governo e a impunidade dos crimes contra trabalhadores no campo e na cidade. Em Brasília, sem-terra, estudantes, pastoral da juventude, professores em greve, servidores públicos, indígenas e entidades fizeram vigília na Praça dos Três Poderes. O presidente FHC recebeu 40 mil cartões pedindo o fim da violência e da impunidade, de uma campanha coordenada pela entidade canadense Desenvolvimento e Paz.

No *Jornal Sem Terra* de maio-junho de 1998, o MST denunciava a indústria da seca no Nordeste. O fenômeno El Niño havia sido anunciado nove meses antes, mas os governos federal e estaduais nada fizeram para evitar seus efeitos sobre 10 milhões de nordestinos. No chamado Polígono das Secas, região que abrange 73% do Nordeste, existem 500 mil propriedades sem recursos hídricos. Em algumas áreas não chovia havia um ano. Em vários povoados, cada família tinha direito a duas latas de água por mês. Muitas estavam sendo obrigadas a comer palma, um dos poucos alimentos que sobram para o gado em situações de seca.

Dos 37 milhões de reais liberados pelo governo federal para combater os efeitos da seca no Nordeste, cerca de 32 milhões foram desviados para obras com fins eleitoreiros. Em abril, sem-terra em marcha pelo Nordeste foram até a Sudene, em Recife, para chamar a atenção das autoridades e da sociedade sobre a gravidade da seca. Esse foi apenas o início das mobilizações.

A seca afetava também grande parte dos assentamentos, nos quais cerca de 30 mil famílias sofriam como as demais. O MST propôs, então, medidas emergenciais, como cestas básicas e frentes de trabalho (com controle para que não fossem usadas para fins eleitorais). Propôs também medidas permanentes, entre as quais a criação de linha de crédito rural especial para as famílias atingidas se prevenirem contra as secas; a reformulação do Dnocs para que atuasse em obras de armazenagem de água para pequenos agricultores; cobrar os devedores do Finor e da Sudene em terras os 500 milhões devidos para distribuir para a reforma agrária; construção de poços artesianos em todos os povoados; dessalinização da água e construção de reservatórios permanentes em todas as comunidades.

A inauguração da Escola Técnica Josué de Castro, em Veranópolis, Rio Grande do Sul, em 24 de outubro de 1997, foi um marco na história do MST.

A militante Nina recebendo o Prêmio Rei Balduíno em 1997.

- quase 2 milhões de trabalhadores rurais ficaram desempregados;
- a venda de tratores agrícolas, que na década de 1980 era de 65 mil unidades por ano, caiu para 22 mil;
- as importações agrícolas, que na década de 1980 somavam em torno de 1 bilhão de dólares, aumentaram 7 vezes;
- a agricultura familiar sofreu um processo de marginalização;
- um estudo encomendado pelo governo ao Ipea (órgão do Ministério do Planejamento) mostrou que havia 4,9 milhões de famílias sem terra no país.

Em agosto, mais de 70 colunas reunindo trabalhadores do campo e da cidade realizaram a **Marcha pelo Brasil**, do interior rumo às capitais. O objetivo era percorrer mais de mil municípios para discutir os problemas do país com as comunidades.

Em dezembro, cerca de 600 trabalhadores rurais sem terra de Minas Gerais, Goiás e Distrito Federal fizeram manifestações em Brasília contra o Projeto Cédula da Terra. A organização foi do Fórum Nacional de Reforma Agrária (que reunia a Abra, a Cimi, a Cáritas, a Cnasi, a Conic, a Contag, o Inesc, a CPT e o MST).

BALANÇO DA POLÍTICA DE REFORMA AGRÁRIA NO PRIMEIRO MANDATO DE FHC

De 1995 a 1998, sem se preocupar com a concentração fundiária, o governo federal encarou a reforma agrária como um instrumento para evitar que os conflitos no campo se tornassem um problema político.

O balanço do período mostrava que:
- o crédito rural, que entre 1975 e 1979 chegou a somar anualmente 19 bilhões de dólares, caiu para 4 bilhões de dólares;
- 400 mil pequenos proprietários perderam suas terras, somente entre 1995 e 1996;

Para a mídia, FHC dizia estar fazendo "a maior reforma agrária do mundo". Segundo os *Relatórios Anuais de Atividades* do Incra, o governo havia assentado 254.792 famílias, assim distribuídas:
- 158.383 na Amazônia;
- 58.675 no Nordeste;
- 11.773 no Sudeste;
- 11.821 no Sul;
- 14.140 no Centro-Oeste.

Desse total, 30% eram de projetos antigos e quase 40%, de posseiros que foram apenas titulados. Menos de 150 mil dessas famílias receberam verbas para alimentação, moradia, **fomento** e investimento. Note também que cerca de 63% foram assentados na Amazônia, onde, como você sabe, existe muita terra disponível. E também muitos posseiros. É muito fácil transformar posseiros em assentados. Mas nas regiões Nordeste e Sul, de maior pobreza ou conflitos, foram apenas 27,5%.

Enquanto isso, o Congresso brasileiro aprovava orçamentos já cortados pelo Ministério do Planejamento, os quais, ainda assim, na hora de usar, nunca eram suficientes. Os cortes foram aumentando: 12% em 1996; 13% em 1997; 40% em 1998; e 50% em 1999.

Em 1997, a importação de trigo foi de 6 milhões de toneladas, 66% do consumo interno, quando a produção brasileira já chegara a atingir 90% do necessário. Foram importadas cerca de 10 milhões de toneladas de algodão no ano de 1998, enquanto, na década de 1980, era exportador desse produto.

Durante o primeiro mandato de FHC, houve 150 assassinatos de trabalhadores rurais e as prisões políticas foram multiplicadas, ficando em aproximadamente 180 casos.

1999-2000

Na Jornada Nacional de Lutas, em março de 1999, os sem-terra protestaram em vários estados contra medidas do governo, como o Banco da Terra, a tentativa de extinção do Procera e o projeto de emancipação dos assentamentos. Houve diversas ocupações de latifúndios, sendo 43 somente em Pernambuco.

A grande mobilização de 1999 foi a Marcha Popular pelo Brasil, coordenada por entidades como a CUT, o MST, a CMP, o MMTR, o MPA e a CNBB. Largando em 26 de julho, da frente da sede da Petrobrás, no Rio de Janeiro, cerca de mil trabalhadores caminharam até Brasília, em defesa do Brasil, por terra, trabalho e democracia.

O ano de 1999 foi negativo não só para a reforma agrária como para a agricultura brasileira. A área cultivada continuou diminuindo. Como demonstrado pelo Censo Agropecuário, nos últimos dez anos desapareceram cerca de 942 mil propriedades com menos de 100 hectares. Também no período o abastecimento do mercado passou a ser controlado pelas multinacionais e passamos de 1 bilhão para 8 bilhões de dólares de importações de produtos agrícolas.

O governo FHC assinou convênio com o Banco Mundial, prevendo o financiamento de 2 bilhões de dólares em quatro anos para aplicarem meio a meio na compra de terras e para viabilizar obras nos assentamentos.

Em 7 de outubro de 1999, a Marcha Popular pelo Brasil chega a Brasília.

O que aconteceu de fato? Destinaram-se apenas 120 milhões de reais para a compra de terras, para o atendimento de apenas 15 mil famílias.

Unidos contra essa proposta, o MST, o MPA, a Contag e outras entidades conseguiram barrar sua implementação massiva. Entraram com dois pedidos de **auditoria** (pelo Banco Mundial), alegando serem falsos os objetivos do governo de combater a pobreza e apresentando casos de corrupção. Com isso, o Banco desacelerou a liberação de recursos e condicionou o uso destes apenas em obras nos assentamentos. Além disso, restringiu o convênio aos estados do Nordeste e do Sul.

Orientado pelo Banco Mundial, o governo criou um novo método de assentamentos, chamado **Novo Mundo Rural**. Funciona assim: o Incra repassa a soma dos recursos por família para uma conta dos assentados para que eles assumam a medição final da área, a construção de estradas, a contratação de assistência técnica etc. Os movimentos sociais e os funcionários do próprio Incra na maioria dos estados se opuseram. Além de retirar do Estado a responsabilidade de garantir as obras sociais e de infra-estrutura para viabilizar os assentamentos, esse método exclui a atuação do Incra. Em alguns estados, o governo conseguiu impô-lo, mas em outros houve uma total paralisação das atividades. Como resultado, durante quase todo o ano os assentados ficaram sem recursos para as obras de infra-estrutura ou créditos para implantação – não conseguiram nem construir suas casas nem produzir.

As áreas só começaram a ser liberadas no segundo semestre, por conta do fracasso parcial do Banco da Terra. E essas áreas, como de outras vezes, foram terras públicas das regiões Norte e Centro-Oeste, enquanto nas regiões Sul, Sudeste e Nordeste praticamente não houve assentamentos.

Os técnicos do Incra haviam definido a necessidade de 2,5 bilhões de reais para assentar as 85 mil famílias, mas o Ministério do Planejamento reduziu esse valor para 1,9 bilhões. Depois da crise cambial de janeiro, obedecendo ao FMI, esse valor caiu ainda para 1,2 bilhões. Para piorar as coisas, até o mês de outubro o Incra havia liberado apenas 35% desses recursos. Enquanto isso, o BNDES emprestou mais da metade do FAT (Fundo de Amparo ao Trabalhador) a grupos multinacionais para que eles pudessem comprar empresas estatais. E FHC disse que com as privatizações entraria dinheiro para a educação, a saúde, a moradia e o saneamento. E entrou?

O governo ainda acabou com o Procera, jogando os assentados para o Pronaf, no qual as condições e prazos de pagamento são piores. E, como os recursos desse programa não foram aumentados, não houve crédito suficiente para os pequenos agricultores e muito menos para os assentados.

O ano de 1999 terminou com mais de 500 acampamentos do MST, agrupando em torno de 72 mil famílias. E, de acordo com um estudo feito pelo próprio governo, só há espaço na atual política agrícola para 600 mil proprietários rurais. Os 4,2 milhões restantes ficarão marginalizados. Havia então de 8 a 13 milhões de camponeses com o pé na estrada, rumo aos grandes centros urbanos. O estudo era secreto, mas caiu no conhecimento do público. O ministro da Reforma Agrária, então, contratou às pressas estudiosos da questão para dar pareceres contrários a ele.

Na semana de 17 a 24 de abril de 2000, que incluiu as comemorações dos 500 anos do descobrimento do Brasil, o MST ocupou mais de 150 latifúndios improdutivos no país, envolvendo perto de 20 mil famílias.

Na Jornada de Lutas, realizada no início de maio em todas as capitais do Brasil, as mobilizações buscaram tornar visíveis os principais problemas vividos pelos sem-terra e a repressão ao Movimento. Foram dias de exposição na mídia, principalmente em razão da morte do trabalhador Antônio Tavares, no Paraná, durante uma das manifestações.

Contra as mobilizações dos sem-terra na sua Jornada de Lutas, o governo fez veicular na imprensa suas acusações, contra as quais o MST deu suas respostas. (Veja um resumo a respeito no quadro a seguir.)

J.R. RIPPER

A caminho de Porto Seguro, onde iriam protestar contra as comemorações dos 500 anos, os sem-terra foram atacados pela PM baiana.

As acusações do governo	As respostas do MST
O MST depreda prédios públicos.	No prédio da Secretaria da Receita, os próprios funcionários assumiram ter quebrado a porta; no prédio do Incra do Distrito Federal, a Polícia Federal não encontrou nada fora do lugar.
O MST faz reféns e se equipara à ditadura e aos torturadores.	A Cnasi divulgou nota pública desmentindo o ministro Jungmann, que afirmou ter havido reféns em ocupações do Incra. O MST realizou manifestações em todas as capitais e só houve incidentes em duas, principalmente o caso do sem-terra Antônio Tavares morto pela PM no Paraná.
O MST está radicalizando suas manifestações.	O governo esconde que outros movimentos sociais fizeram atos na mesma ocasião em todo o país (Federação dos Trabalhadores do Pará, MAB, MPA, CPT), porque deseja ocultar da opinião pública que não é só o MST que está contra ele.
O MST fere o Estado de direito.	O Estado de direito implica o direito de manifestar-se; segundo o representante do Banco Mundial que estava presente ao ato no BNDES no Rio, o que ele viu é normal nos Estados Unidos.
O MST está isolado da sociedade.	Além da população, que sustenta os acampamentos e saúda o MST nas ruas, da OAB, da CNBB e de todas as entidades dos trabalhadores, nas pesquisas de opinião o Movimento tem o apoio de 56% da população.
O PT está contra o MST.	O PT e os demais partidos de oposição sempre estiveram com o MST; o massacre do Paraná só não se transformou em um novo Eldorado de Carajás porque deputados do PT estiveram presentes durante e depois das manifestações.
O governo FHC foi o que mais desapropriou.	Foi no governo FHC que Cecílio Rego de Almeida adquiriu 4 milhões de hectares de terras públicas no Pará e que 400 mil famílias de pequenos agricultores perderam suas terras e 2 milhões de assalariados, o emprego na agricultura. O governo diz que assentou 80 mil famílias em 1999, mas os dados do próprio Incra revelam que apenas 25 mil famílias foram assentadas em terras realmente desapropriadas.
O MST queria cadáveres.	O MST já tem vítimas de sobra e não precisa de outros cadáveres. Pior foi o presidente dizer que a morte do sem-terra Antônio Tavares, no Paraná, deveria servir de alerta. Alerta de quê? De que haverá outras mortes? Tratou-se de uma ameaça?
O MST goza de total impunidade.	Desde a redemocratização do país (1985-1999) foram assassinadas 1.169 pessoas no campo (lideranças de trabalhadores, religiosos, sindicalistas, advogados dos trabalhadores, dois deputados etc.). Apenas 58 pessoas foram incriminadas e julgadas; dessas, apenas 11 foram condenadas e 47 foram inocentadas apesar das provas; dos 11 condenados, apenas 3 continuam presos. Portanto quem de fato goza de impunidade neste país?

AGOSTO DE 2000: O 4.º CONGRESSO DO MST

Entre os dias 7 e 11 de agosto de 2000, o MST realizou seu 4.º Congresso Nacional, no ginásio Nilson Nelson, em Brasília. Presentes mais de 11 mil militantes do MST, vindos dos 23 estados onde o Movimento está organizado, simpatizantes, 107 estrangeiros de 25 países, representando 45 organizações e comitês de amigos. A palavra de ordem foi **"Por um Brasil sem latifúndio"**. O número de congressistas constituiu prova de que, apesar das imensas dificuldades pelas quais o Movimento estava passando, o ânimo da militância permanecia inabalado.

Durante os cinco dias do congresso foram realizados vários atos. Plenárias em torno de questões pertinentes contaram com as exposições dos professores Berger Führ, Emir Sader, Plínio de Arruda Sampaio Jr. e Horácio Martins, do juiz Fernando da Costa Tourinho Neto, presidente do Tribunal Federal da Primeira Região, além do bispo Dom Tomás Balduíno, Frei Betto e frei Sérgio Görgen.

O congresso foi um momento de confraternização entre as várias culturas do país, com apresentação de artistas do MST, exposição de artes, artesanatos e culinária, bancas de produtos dos assentamentos.

Uma vigília na noite do dia 10, no gramado fronteiro ao Congresso Nacional, com cerca de 10 mil participantes, exigiu a instalação imediata da CPI (Comissão Parlamentar de Inquérito) da corrupção no país. Discursos, música, poesia, encenação teatral da libertação dos seis presos políticos de São Paulo e da prisão de Eduardo Jorge (secretário de FHC), Luiz Estêvão (senador cassado), Nicolau dos Santos Neto (o ex-juiz do Tribunal Regional do Trabalho de São Paulo) e Salvatore Cacciola (ex-banqueiro).

Enquanto os pais atuavam nas diversas frentes e participavam dos debates, cerca de 90 educadores do Movimento mantinham perto de 200 crianças em atividade educacional e recreativa na Ciranda Infantil.

Plenária do 4.º Congresso Nacional dos Sem-Terra, Brasília, DF, agosto de 2000, com 11.200 delegados.

As decisões políticas

Em geral as decisões políticas do 4.º Congresso foram reafirmações de anteriores, com inserções de elementos novos na organização:

"1. Preparar militantes e constituir brigadas para fazer ocupações massivas permanentemente.
2. Construir a unidade no campo e desenvolver novas formas de luta. Ajudar a construir e fortalecer os demais movimentos sociais do campo, especialmente o MPA.
3. Combater o modelo das elites, que representa os produtos transgênicos (leia a respeito no quadro adiante), as importações de alimentos, os monopólios e as multinacionais. Projetar na sociedade a reforma agrária que queremos para resolver os problemas de trabalho, moradia, educação, saúde e produção de alimentos para todo o povo brasileiro.
4. Desenvolver linhas políticas e ações concretas na construção de um novo modelo tecnológico, que seja sustentável do ponto de vista ambiental, que garanta a produtividade, a viabilidade econômica e o bem-estar social.
5. Resgatar e implementar em nossas linhas políticas e em todas as atividades do MST e na sociedade, a questão de gênero (as desigualdades entre o homem e a mulher).
6. Planejar e executar ações de generosidade e solidariedade com a sociedade, desenvolvendo novos valores e elevando a consciência política dos trabalhadores sem terra.
7. Articular-se com os trabalhadores e setores sociais da cidade para fortalecer a aliança entre o campo e a cidade, priorizando as categorias interessadas na construção de um projeto político popular.
8. Desenvolver ações contra o imperialismo, combatendo a política dos organismos internacionais a seu serviço como: o FMI, a OMC, o Banco Mundial e a Alca (Acordo de Livre Comércio das Américas). Lutar pelo não-pagamento da dívida externa.
9. Participar ativamente nas diferentes iniciativas que representem a construção de um *projeto popular para o Brasil*.

ARQUIVO MST

Manifestação pela CPI da corrupção, na frente do Congresso Nacional, durante o 4.º Congresso do MST.

10. Resgatar a importância do debate em torno de questões fundamentais como meio ambiente, biodiversidade, água doce, defesa da bacia do São Francisco e da Amazônia, transformando-as em bandeiras de luta para toda a sociedade, como parte também da reforma agrária.
11. Implementar a propaganda do projeto e da reforma agrária com o povo da cidade periodicamente, por meio de campanhas em forma de jornal e diversos outros meios.
12. Preparar, desde já, junto com as demais forças políticas e sociais, uma jornada de lutas, prolongada e massiva, para o primeiro semestre de 2001, tendo como referência o Dia Internacional de Luta Camponesa, 17 de abril." (*Sem Terra*, ano XVIII, n. 203, agosto de 2000.)

Os transgênicos e o monopólio de seus danos

Os OGM (organismos geneticamente modificados), mais conhecidos como **transgênicos**, são um assunto polêmico, e o MST tem uma posição definida a respeito desse tipo de produção. É contra.

As empresas que cultivam ou produzem transgênicos não têm nenhum compromisso com a saúde pública e o meio ambiente. No Brasil são comercializados pelo menos onze produtos elaborados com transgênicos. Nenhum cientista pode assegurar que sejam inofensivos. Sabe-se de um caso comprovado de dano ao meio ambiente provocado por uma variedade de milho cultivado por esse método: todas as borboletas da área de cultivo morreram.

Quanto ao aspecto da segurança alimentar, empresas transnacionais estão promovendo mutações nas plantas para esterilizá-las. Isso visa também impedir que outros agricultores aproveitem as sementes, de modo que, assim, ficam obrigados a comprar as que elas produzem, pagando o preço que impõem.

Por enquanto, no Brasil, está em tramitação no Senado uma lei que determina a proibição do cultivo e comercialização de transgênicos por cinco anos.

ARQUIVO MST

O MST na manifestação de protesto contra os transgênicos, em Recife, PE, no dia 25 de julho de 2000.

O MST NO INÍCIO DO SÉCULO XXI

Após dezesseis anos de existência, o MST hoje atua em 23 estados da federação, organizando 1,5 milhão de pessoas, com 350 mil famílias assentadas e 100 mil vivendo em acampamentos.

Em seus assentamentos funcionam cerca de 400 associações de produção, comercialização e serviços, 49 cooperativas de produção agropecuária (CPAs), com 2.299 famílias associadas; 32 cooperativas de prestação de serviços (CPSs), com 11.174 sócios diretos; 2 cooperativas regionais de comercialização e 2 cooperativas de crédito, com 6.113 associados. Na perspectiva de sua proposta de agroindustrialização, o Movimento possui hoje 96 pequenas e médias agroindústrias, que processam frutas, hortaliças, leite e derivados, grãos, café, carnes e doces. Nessas unidades gera empregos, renda e impostos, beneficiando indiretamente cerca de 700 pequenos municípios do interior do país.

No setor de Educação, no ano 2000 o MST contava com 1.500 escolas públicas nos assentamentos, 150 mil crianças matriculadas da 1.ª à 4.ª série, com cerca de 3.500 professores pagos pelos municípios. Nessas escolas desenvolve-se uma pedagogia específica para as escolas rurais. Aproximadamente 25 mil jovens e adultos estão sendo alfabetizados nos assentamentos, em conjunto com a Unesco. Quatro universidades brasileiras desenvolvem cursos de Pedagogia e Magistério para formar professores de assentamentos.

Coerente com suas preocupações relativas às questões do meio ambiente, o MST desenvolve um Programa de Educação Ambiental para lideranças, professores e técnicos de áreas de assentamento, com apoio do Ministério do Meio Ambiente. Está produzindo, no Rio Grande do Sul, sementes agroecológicas (sem agrotóxicos ou insumos químicos). Além disso, faz plantações consorciadas visando à preservação da mata no Pontal do Paranapanema e, aliado à perspectiva de saúde, produz ervas medicinais em diversos estados.

A REFORMA AGRÁRIA NECESSÁRIA: A PROPOSTA DO MST

I. Objetivos

Esta proposta de reforma agrária implica, por si mesma, a realização de parte dos anseios da classe trabalhadora brasileira de construir uma nova sociedade: igualitária e socialista. As medidas necessárias aqui apresentadas compõem um amplo processo de mudanças na sociedade e, fundamentalmente, de alteração da atual estrutura capitalista de organização da produção.

A reforma agrária tem por objetivos:

- garantir trabalho para todos, combinando com distribuição de renda;
- produzir alimentação farta, barata e de qualidade à população brasileira, em especial à das cidades, gerando segurança alimentar para toda a sociedade;
- garantir o bem-estar social e a melhoria das condições de vida de forma igualitária para todos os brasileiros, em especial aos trabalhadores e prioritariamente aos mais pobres;
- buscar permanentemente a justiça social, a igualdade de direitos em todos os aspectos: econômico, político, social, cultural e espiritual;
- difundir a prática dos valores humanistas e socialistas nas relações entre as pessoas, eliminando as práticas de discriminação racial, religiosa e de gênero;
- contribuir para criar condições objetivas de participação igualitária da mulher na sociedade, garantindo-lhe direitos iguais;
- preservar e recuperar os recursos naturais, como solo, águas, florestas etc., para um desenvolvimento auto-sustentável;
- implementar a agroindústria e a indústria como os principais meios de desenvolvimento do interior do país.

II. As medidas necessárias

A reforma agrária implica um conjunto de medidas necessárias para alcançar aqueles objetivos. Essas mudanças começam necessariamente pela democratização da propriedade da terra e dos meios de produção, base para qualquer mudança social efetiva. E outras medidas conforme segue.

1. O sistema econômico

Todo processo de organização e desenvolvimento da produção no campo deve levar em conta a supremacia do trabalho sobre o capital. Devem-se buscar a eliminação de todas as formas de exploração e de opressão, a valorização e a garantia de trabalho a todos como forma de libertação e de construção da dignidade e da igualdade entre as pessoas.

Deve-se buscar também a geração de excedentes econômicos através do aumento da produtividade do trabalho, da produção e da produtividade na agricultura e na agroindústria, como forma de promover o progresso econômico e social.

2. Democratização da terra e dos meios de produção

A terra deve ser entendida como um bem da natureza a serviço de toda a sociedade. Um bem de todos para atender às necessidades de todos.

A propriedade ou posse da terra deve estar subordinada ao cumprimento dessa função social.

A posse e uso da terra poderão ser exercidos de várias formas como: familiar, de associação, de cooperativa, de empresa comunitária, estatal, pública e outras, de acordo com as necessidades sociais de cada região.

Para isso, deve-se alterar a atual estrutura de propriedade, realizando desapropriações (com indenizações aos proprietários) e expropriações (sem indenização, nos casos de grileiros, criminosos, cultivadores de drogas, contrabandistas, utilização de trabalho escravo etc.), para que se garanta o direito a todos de trabalhar na terra, e que ela esteja subordinada aos objetivos gerais assinalados.

A democratização da terra deve seguir critérios como:
- priorizar as terras próximas às cidades, viabilizando o abastecimento de forma mais barata e a infra-estrutura econômica e social;
- o tamanho e a forma das propriedades dependerá de cada região, de sua vocação natural e das perspectivas de desenvolvimento;
- regularizar a terra de todos os pequenos produtores familiares que vivem hoje na instabilidade de posseiros;
- democratizar o acesso aos meios de produção;
- a extração de madeira e de todos os recursos naturais será controlada pelos trabalhadores, através do Estado, para que beneficie os interesses sociais;
- impedir que bancos, empresas estrangeiras, grupos industriais nacionais, que não dependem da agricultura, possuam terras;
- a garantia da propriedade e de sua função social será realizada por meio da aplicação de várias formas de titulação e legitimação, como: concessão de uso, propriedade definitiva, título coletivo e outras;
- proibição de cobrança de renda da terra;
- impedimento da venda de lotes por parte dos beneficiários da reforma agrária;
- democratizar o uso das águas, garantindo sua utilização coletiva pelas comunidades, para sua subsistência e extrativismo;
- penalizar e recolher as terras mal utilizadas ou em dívida de impostos;
- adequar a distribuição das terras públicas, devolutas (da União e dos Estados) a esses objetivos.

3. *A organização da produção*

A organização da produção será orientada para que se alcancem os objetivos gerais. Poderão haver várias formas complementares de produção, seja nas unidades familiares, seja nos novos assentamentos. Segundo alguns indicativos:
- o tamanho das unidades de produção dependerá das regiões e dos produtos a que se dedicarem;
- estímulo às diversas formas de cooperação na agricultura, como: mutirões, associações, empresas públicas, cooperativas, empresas de prestação de serviços etc.;
- estímulo à urbanização das famílias que vivem no interior, aglutinando-as, de acordo com a realidade regional, em povoados, comunidades, agrovilas etc., de modo a facilitar o atendimento dos serviços públicos de luz elétrica, saúde, educação etc. e a melhoria das condições de vida;
- os trabalhadores deverão se organizar em sindicatos, cooperativas, associações, conselhos, comitês, movimentos etc., de acordo com sua experiência, tradição e realidades locais, para que, através da organização popular, exerçam plenamente sua cidadania e garantam seus direitos e deveres sociais;

- os pequenos produtores familiares autônomos terão estímulos da política agrícola para aumentar a produção e a produtividade, e melhorar sua situação de vida;
- buscar uma integração permanente da produção com a agroindústria, visando aumentar a renda dos agricultores e a qualidade dos alimentos;
- realizar um planejamento orientador da produção, adequando a vocação natural das regiões aos mercados próximos e às necessidades sociais;
- os assalariados deverão se organizar para participar, controlar, autogerir, organizar cooperativas, ou coparticiparem na gestão das empresas onde trabalham; terão os direitos trabalhistas e sociais garantidos, como salário e condições de trabalho dignos, e jornada de trabalho adequada; terão também participação no resultado econômico das empresas, bem como programas de capacitação e especialização permanentes.

4. *Uma nova política agrícola*

A política agrícola é o conjunto de medidas e instrumentos de que o governo dispõe para estimular a produção agropecuária e orientá-la de acordo com seus objetivos, buscando também aumento de renda para todos os pequenos e médios agricultores que produzem alimentos.

A implantação da reforma agrária será complementada com medidas de política agrícola que:
- garantam preços compensatórios aos agricultores, ou seja, acima do custo de produção, representando um aumento de renda para pequenos e médios agricultores que produzem no campo;
- o Estado garantirá o comércio (transporte e armazenagem) e estimulará a produção de todos os produtos básicos para alimentação e, se necessário, subsidiará o consumo, fazendo com que toda a população tenha acesso ao mínimo necessário para eliminar por completo a fome no país, além de evitar a importação de produtos que podem ser produzidos no país;
- haverá um seguro agrícola que dará segurança e garantia do valor do trabalho e da produção ao agricultor;
- o crédito rural dos bancos públicos será orientado para investimentos e para as atividades prioritárias da reforma agrária, investimentos sociais, tendo programas subsidiados;
- incentivo à formação de Bancos de Sementes associativos, para assegurar o acesso e melhoria dos insumos utilizados.

5. *A industrialização do interior do país*

O programa de reforma agrária deverá ser um instrumento para levar a industrialização ao interior do país, promovendo um desenvolvimento mais harmônico entre as regiões, gerando mais empregos no interior e criando oportunidades para a juventude.

Nesse sentido, devem ser destacados os seguintes aspectos:
- o processo de desenvolvimento deve eliminar as diferenciações existentes entre o meio urbano e o meio rural;
- as condições de vida devem se equiparar e, portanto, o programa de reforma agrária representa o desenvolvimento para todo o interior do país;
- a instalação de agroindústrias nos municípios do interior, buscando o aproveitamento de todos os produtos agrícolas, gerará mais empregos, aumentará a renda e criará alternativas para a produção no interior;
- as indústrias vinculadas à agricultura que produzem insumos ou máquinas devem ser descentralizadas e instaladas no interior.

6. *O desenvolvimento do Semi-Árido (programa de irrigação e combate à seca no Nordeste)*

No chamado Semi-Árido, localizado no Nordeste do país e que envolve vários estados, vivem milhares de famílias de camponeses que têm na agricultura sua única alternativa de subsistência. Essa região é assolada pelas condições climáticas de secas periódicas e pelo domínio dos "coronéis". O governo deve implementar um programa especial voltado para as características dessa região, de forma a solucionar o problema e que:

- distribua aos camponeses as terras próximas a rios ou a açudes, canais e barragens existentes, construídos com recursos públicos, bem como às margens dos rios perenes da região (São Francisco etc.);
- implemente um amplo programa de irrigação que viabilize a agricultura permanente na região, beneficiando os pequenos agricultores e estimulando a criação de animais e cultivos adaptáveis à região;
- implemente agroindústrias e pequenas indústrias que fixem o homem na região e tragam o desenvolvimento;
- inclua a captação de água e a construção de reservatórios nas regiões sem alternativas, com recursos públicos;
- democratize o uso das águas de reservatórios construídos com recursos públicos;
- garanta a compra de toda a produção.

7. *Um novo modelo tecnológico*

O atual modelo tecnológico adotado na agricultura visa apenas ao lucro das empresas produtoras de insumos. É completamente predatório com relação aos nossos recursos naturais – solo, água, clima, fauna e flora – e sobretudo prejudicial ao ser humano, tanto pela contaminação devida ao uso de agrotóxicos como por comprometer os recursos naturais para as gerações futuras. Portanto deve-se:

- desenvolver pesquisas e técnicas adequadas a cada região, buscando o aumento da produtividade do trabalho, das terras, mas com equilíbrio do meio ambiente e preservação dos recursos naturais;
- utilizar técnicas adequadas e desenvolver programas massivos de capacitação técnica dos agricultores em todas as regiões do país, especializando quadros em diferentes áreas específicas do novo modelo tecnológico;
- implementar pesquisas e técnicas agropecuárias que levem a um novo modelo adequado à realidade nacional e de desenvolvimento autosustentado, envolvendo universidades e a pesquisa participativa;
- voltar os serviços de assistência técnica e de extensão rural do Estado às prioridades da reforma agrária e à implementação desse novo modelo tecnológico;
- democratizar o acesso à genética vegetal e animal;
- preservar os recursos de flora e fauna existentes como patrimônios de toda a sociedade.

8. *O desenvolvimento social*

O desenvolvimento da produção agropecuária e agroindustrial deverá ser acompanhado por um amplo programa de atendimento social, por parte do Estado, que garanta a toda a população do interior:

- alfabetização de todos, jovens e adultos;
- escola pública gratuita até o segundo grau, em todos municípios, com ensino adequado à realidade local e com novos métodos pedagógicos;
- acesso e capacitação técnica ao ensino superior a todos os jovens;
- valorização dos professores no meio rural, com remuneração justa e integrando-os às atividades da comunidade;
- atendimento médico-hospitalar e programas de saúde preventiva e medicina alternativa gratuitos;
- implementação da construção de moradia para todo o povo;
- um programa massivo de cultura e lazer que represente a democratização e o acesso à cultura a todos trabalhadores do meio rural;
- democratização dos meios de comunicação social.

III. Os beneficiários da reforma agrária

A reforma agrária, compreendendo essas inúmeras medidas transformadoras, terá como beneficiária a maioria da população brasileira. Haverá beneficiários diretos e indiretos. E, em particular, buscará melhorar as condições de vida e de renda do seguintes setores sociais:

- os trabalhadores rurais, sejam eles trabalhadores rurais sem terra, assalariados ou pequenos produtores familiares;
- os trabalhadores da cidade, que precisam de alimentos mais baratos e mais emprego;
- a população em geral, que terá segurança alimentar e maior desenvolvimento;
- a juventude em geral, que terá maiores oportunidades de emprego e educação e a perspectiva de um futuro digno;
- os pescadores, os povos indígenas e as populações remanescentes dos quilombos;
- os pequenos comerciantes, os setores de serviços e industrial relacionados com a agricultura, que terão mais movimento em seus negócios e gerarão um maior desenvolvimento das atividades econômicas em toda a sociedade.

IV. Os mecanismos de implementação do Programa

As propostas de mudanças no campo, aqui defendidas e almejadas pela imensa maioria da população do meio rural, representam um sonho em busca do qual seguirá nossa luta permanente.

A correlação de forças existentes atualmente em nossa sociedade não permite a sua implementação. As classes dominantes, que controlam o governo e as leis, congregadas pelos interesses dos latifundiários, da burguesia e do capital estrangeiro, possuem ainda uma enorme força para manterem por muito tempo a atual situação.

Para podermos alimentar esse programa e torná-lo realidade, dependemos de dois fatores básicos:

1. *Mobilização popular*

Somente com a construção de um amplo movimento popular, que reúna os milhões de explorados e interessados nas mudanças na sociedade, se poderá alterar a atual correlação de forças e viabilizar o programa proposto.

Para isso, é necessário massificar, ampliar cada vez mais a participação popular nas lutas e mobilizações.

E esse processo será também a garantia de que as mudanças só serão realizáveis com uma ampla participação popular, antes e durante o processo de mudanças.

As conquistas atuais de assentamentos, associações, cooperativas e organizações sociais fazem parte do processo de mobilização e acúmulo de forças para a realização de uma reforma agrária ampla.

A luta cotidiana irá modificando e ajustando na prática este programa.

2. *A ação do Estado Democrático e Popular*

A implementação dessas mudanças implica necessariamente que o Estado, com tudo o que representa de poder (Executivo, Legislativo, Judiciário, segurança e poder econômico), seja o instrumento fundamental de implementação das propostas.

Seguramente deverá ser um Estado diferente do atual: gerido democraticamente, com ampla participação das massas e buscando sempre o bem comum.

Por outro lado, deverá haver um novo nível de colaboração e complementaridade entre os governos federal, estadual e municipal.

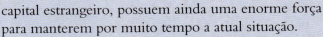

Resumo do desenvolvimento do MST nos estados (1985-2000)

Você já sabe que, na grande maioria dos casos, após uma ocupação vem a reação do latifundiário, a decisão judicial a favor dele, o despejo dos acampados, a má vontade dos governos, a morosidade ou mesmo a incompetência do Incra, sem contar a violência por parte do governo ou dos latifundiários. Do lado dos acampados, também a história é sempre muito parecida. Eles desocupam, montam suas barracas à beira das estradas ou ocupam outra área, que sabem previamente ser passível de desapropriação e, ao mesmo tempo, utilizam diversas formas de luta para atingir seus objetivos. Por isso só entraremos nesses detalhes nos casos que ganharam espaço na mídia, apenas com o intuito de oferecer a versão que você não conhece.

REGIONAL SUL

Vamos começar com os estados da Regional Sul, que cobre o Rio Grande do Sul, Santa Catarina, Paraná, São Paulo e Mato Grosso do Sul, onde o MST já estava enraizado após sua formalização, em 1984, e seu 1.º Congresso, em 1985.

Rio Grande do Sul

Grandes ocupações e ocupações simultâneas de diversas áreas foram as táticas utilizadas pelo MST a partir de seu 1.º Congresso. No Rio Grande do Sul, o estado onde os sem-terra estavam mais organizados, foi sempre assim.

DOUGLAS MANSUR

Um capítulo da saga dos sem-terra gaúchos, em Santo Ângelo, sob as vistas da Brigada Militar, em julho de 1998.

No final de outubro de 1985, 1.500 famílias, somando cerca de 6.500 pessoas de 33 municípios, ocuparam a Fazenda Annoni, aquela mesma de 9.500 hectares, em Sarandi. A ação foi tão bem organizada que a ocupação se fez sem maiores problemas. Mas a questão levaria ainda outros sete anos para ser resolvida. Como você sabe, o caso dessa fazenda estava nas mãos da Justiça e só veio a ser resolvido em 1992.

Em meados de 1987, o MST gaúcho estava organizado em 70 municípios, com cerca de 8 mil famílias participando. No início do ano seguinte, havia 3 mil acampadas no estado. Passados dois anos do 1.º Congresso, 8 novos assentamentos tinham sido conquistados.

No ano de 1988 começou a saga das famílias acampadas em Palmeira das Missões e Caibaté. O governo as transferiu para Santo Ângelo, prometendo assentá-las em um mês. Promessa não-cumprida, a maior parte ocupou a Fazenda Buriti, em São Miguel das Missões. Temendo um confronto com a Brigada Militar e os pistoleiros da UDR, elas se mudaram para uma área estratégica, onde derrubaram a ponte de acesso e detiveram um funcionário do Mirad, conseguindo, assim, negociar com o governo estadual.

O acordo foi que o governo faria a vistoria da fazenda e as famílias a desocupariam, transferindo-se para Tupanciretã. Incumbido de encontrar áreas para aquisição pelo estado, rapidamente o MST levantou perto de 20 mil hectares, mas a Secretaria da Agricultura alegou que só poderia comprar 5 mil. Os fazendeiros de Tupanciretã, por sua vez, pressionaram o governo para que mandasse aquelas famílias para outro município. Sim, senhores, disse o governo, e os sem-terra foram mais uma vez transferidos. Para Salto do Jacuí.

No início de 1989, algumas dessas famílias, com outras, procedentes da Annoni, ocuparam a Fazenda Ramada, em Júlio de Castilhos. Ali resistiram até o mês seguinte, quando conquistaram terra para 100 famílias.

Enquanto isso, as remanescentes daquele acampamento ocuparam a Fazenda Santa Elmira, em Salto do Jacuí. A ordem de despejo veio logo em seguida, mas elas se recusaram a sair. No coração do Rio Grande do Sul foi montado um cenário de guerra. Aviões agrícolas da UDR lançavam bombas de gás lacrimo-

Nesta obra, é narrado em detalhes o massacre ocorrido no Rio Grande do Sul em 1989.

gêneo sobre o acampamento, enquanto em terra a Brigada Militar cercava os trabalhadores com metralhadoras em punho. O saldo foi de 400 sem-terra feridos, 19 dos quais a bala, e 22 presos.

Em setembro de 1989, o MST do Rio Grande do Sul somava 60 assentamentos para 2.200 famílias.

No início de 1990, as 2 mil famílias acampadas em Cruz Alta fizeram passeata e ato público na cidade, junto com organizações populares, o PT e o PCdoB. Em seguida, uma parte saiu em marcha até Porto Alegre, onde acampou na praça da Matriz, para expor o movimento à população de todo o Brasil. Houve confronto com a Brigada, resultando em um policial morto e vários sem terra feridos. Em apoio à luta e aos sem-terra que se refugiaram na prefeitura durante o conflito, centenas de pessoas formaram um cordão para impedir que os policiais entrassem no edifício.

Em meados de 1991, o MST propôs ao governo estadual assentar em um ano as 2.400 famílias acampadas no estado, sendo 200 por mês. Nesse intervalo, não promoveria outras ocupações. Alguns meses depois, o governo liberou 5.700 hectares das estações experimentais para assentamentos, destinou verba para infra-estrutura e aquisição de terras, além de cestas básicas. Mas ficou longe de alcançar a proposta do MST.

Ainda nesse ano, nova operação de guerra foi lançada contra os sem-terra na ocupação da Fazenda Bom Retiro, em Júlio de Castilhos. Eram 1.100 brigadianos, aviões, cães, metralhadoras etc. contra 520 famílias.

De 1992 até o final da década houve forte crescimento no número de famílias organizadas. O processo de ocupações, acampamentos e manifestações prosseguiu, chegando a alcançar 6.900 famílias só no ano de 1997. Apesar da lentidão do governo, da repetição dos processos judiciais e da reação violenta dos latifundiários, os sem-terra do Rio Grande do Sul permaneceram firmes no propósito de **lutar pela terra na terra**.

Santa Catarina

Após o 1.º Congresso Nacional dos Sem-Terra, o MST catarinense iniciou uma série de ocupações no estado, envolvendo aproximadamente 5 mil famílias. Só no dia 25 de maio de 1985, numa articulação simultânea, 1.659 famílias ocuparam áreas em Quilombo, Abelardo Luz, Mondaí, Descanso, Romelândia, São Miguel do Oeste e Maravilha. Governo e MST fizeram então um tipo de acordo muito comum entre ambos. Os acampados deixariam as áreas ocupadas, o governo providenciaria outras com infra-estrutura na região, o Incra faria os processos de desapropriação e assentamento das famílias em 120 dias e o MST não faria ocupações nesse período.

Enquanto isso, fechados a qualquer negociação, os latifundiários organizaram a UDR local. Isso significava que eles não abriam mão de nada e se uniam politicamente contra a reforma agrária.

Venceu o prazo e o acordo não foi cumprido. Certamente o governo estava testando a força de resistência dos sem-terra, que responderam, ocupando a sede do Incra. Esse ato resultou na desapropriação de 11 fazendas, onde foram assentadas 1.300 daquelas famílias e outras que já estavam em assentamentos provisórios. Mesmo não conseguindo o cumprimento integral do acordo feito, o MST saiu fortalecido do episódio e pronto para continuar na luta.

Seguindo a deliberação do 2.º Encontro Estadual, em abril de 1986, os sem-terra catarinenses acamparam no centro de Florianópolis, para exigir o cumprimento integral do acordo. Três outras fazendas foram desapropriadas em junho, nas regiões oeste e norte, para assentar o restante das famílias envolvidas no acordo.

O processo de ocupações continuou a partir de outubro de 1987: Campo Erê, Irani, Campo Alegre, Ibirama, Palma Sola e Garuva. Com todas as conseqüências típicas, o processo resultou na conquista de diversos assentamentos entre o final de 1989 e o início de 1990.

O ano de 1990 foi farto em lutas dos sem-terra catarinenses: ocupação das fazendas Santa Rosa, em Abelardo Luz; Frigonese, em Palma Sola; Caldato, em Chapecó; Despraiado e Ronda, em Curitibanos; ocupação do Incra, em Florianópolis, exigindo audiência com o governador, para reivindicar alimentos, escolas, estradas; ocupação da prefeitura de Abelardo Luz, para pressionar por energia elétrica, estradas, escolas, sementes. Em dezembro, o MST conquistou a **imissão de posse** das fazendas Iguaí, em Ponte Serrada, e Canhada Funda, em Fraiburgo.

ARQUIVO MST

Ocupação em Campo Erê, SC, em outubro de 1987.

Até 1990, o MST de Santa Catarina havia se expandido por três regiões do estado e conquistado 50 assentamentos para 2.031 famílias. Nos anos Collor, de intensa repressão, o Movimento dedicou-se mais às negociações, à organização interna e às ações pelo desenvolvimento dos assentamentos.

A década de 1990 foi plena de lutas em Santa Catarina, começando com a conquista de terras para 350 famílias, em 1991, em Fraiburgo e no Projeto Contestado. Ainda nesse ano, o MST promoveu atos em vários pontos do estado. Uma caminhada, de Curitibanos a Florianópolis, iniciada com 100 pessoas, recebeu apoio popular no trajeto e chegou à capital com 7 mil. Outras três manifestações foram realizadas ao mesmo tempo em Rio do Sul, Blumenau e Itajaí. Outros assentamentos foram conquistados entre 1992 e 1994, em Joaçaba, Matos Costa e Abelardo Luz.

As lutas prosseguiram em Santa Catarina, em suas diversas formas, por todo o decurso da década, com diversas conquistas. Catanduvas, Passos Maia, Fraiburgo, Mafra, Abelardo Luz e Joinville foram novos focos de ocupações.

O MST tem atualmente no estado mais de 4 mil famílias assentadas, 94 escolas de assentamento, 4 cooperativas regionais, 4 CPAs e 6 associações, além da Cooperativa Central de Reforma Agrária de Santa Catarina. O estado contava, em junho de 2000, com 150 mil famílias sem terra. Possui capacitação nas áreas de educação, saúde, agropecuária, construção civil, cooperativismo e administração de agroindústrias. Somente no ano de 1999 foram capacitados mais de 8 mil assentados e acampados. As agroindústrias produzem conservas doces e salgadas, queijo, leite em saquinho e longa-vida, erva-mate, entre outros produtos que levam a marca Terra Viva.

SEBASTIÃO SALGADO

Ocupação da Fazenda Pinhal Ralo, em Rio Bonito do Iguaçu, PR, em abril de 1996, a maior realizada até então na região Sul do país, com 3 mil famílias.

Paraná

O MST paranaense resultou dos diversos movimentos regionais isolados existentes no estado (Mastro, Mastes, Masten, Mastreco e Mastel), contando com os importantes apoios da CPT, das Igrejas Católica e Luterana, da CUT e dos sindicatos rurais.

Em 1985, definidos os rumos do Movimento no 1.º Congresso Nacional, os sem-terra locais passaram a intensificar o trabalho de conscientização e formação de grupos de famílias. Em julho, havia três acampamentos no sudoeste do estado, reunindo aproximadamente 1.500 famílias, reivindicando a desapropriação da Fazenda Pinhal Ralo, de mais de 80 mil hectares, pertencente à empresa Giacometti-Marodin, em Rio Bonito do Iguaçu.

No final de 1986, o número de acampamentos havia duplicado. Isso significava, além do óbvio fortalecimento da organização, a necessidade de redobrar a luta. Duas ocupações foram feitas, uma em Matelândia e outra em Chopinzinho. Já no segundo semestre de 1987, houve 5 ocupações em diversas regiões do estado.

Até 1990 os sem-terra do Paraná haviam conquistado 60 assentamentos, mas o número de famílias organizadas aumentava cada vez mais. Esse ano foi particularmente tumultuado no campo paranaense. Em Inácio Martins, Telêmaco Borba, Castro e Prudentópolis, os acampados foram atacados por pistoleiros, que feriram diversos trabalhadores. Em Quedas do Iguaçu, centenas de policiais militares despejaram as 50 famílias que ocupavam a Fazenda Solidor. Mais de mil assentados ocuparam as prefeituras de Laranjeiras do Sul, Cantagalo e Teixeira Soares, reivindicando estradas, escolas e postos de saúde. Até outubro, o governo, além de ter cortado recursos para os assentados, não havia feito qualquer desapropriação de áreas ocupadas nem assentado nenhuma família no ano.

Em abril de 1991, havia 2.500 famílias acampadas em 14 áreas. Representando 6 mil famílias, entre assentadas e acampadas, 200 trabalhadores rurais ocuparam a sede do Incra em Curitiba, por recursos, desapropriações, imissão de posse para as áreas ocupadas e com produção em todo o estado. Obtiveram a liberação de verba e o compromisso de legalização de 15 mil hectares.

ARQUIVO MST

O delegado Mário Sérgio "Braddock", de Querência do Norte, a caráter no comando do despejo das famílias acampadas em uma fazenda do município. Os protestos contra a violência da operação fizeram com que fosse transferido.

Logo no início de 1992, foram feitas 7 ocupações no estado, envolvendo 1.295 famílias, nos municípios de Campo Bonito, Cantagalo, Ribeirão, Ibati, Tamarana, Bituruna e Mangueirinha.

Em abril, mais de mil trabalhadores realizaram uma caminhada de 130 km, de Ponta Grossa a Curitiba, e ocuparam a sede do Incra, conquistando a imissão de posse de diversas fazendas, totalizando 9.700 hectares, mais a liberação de quatro áreas ocupadas. Além disso, o governo entrou em negociação com os donos de seis fazendas, que somavam 12.400 hectares.

De 1994 a 1999, as ocupações, acampamentos e manifestações foram uma constante no campo paranaense. Em abril de 1996 foi realizada a maior ocupação da Regional do Sul, quando 3 mil famílias ocuparam a já citada Fazenda Pinhal Ralo. Essa ocupação foi objeto de fotos de Sebastião Salgado, que tiveram grande re-

177

percussão. Em janeiro de 1997, foram finalmente desapropriados 16.852 hectares dessa fazenda, um caso que demorou mais de 12 anos para ser resolvido.

As reações dos latifundiários, usando seus jagunços e a polícia, foram também uma constante. Um dos casos mais graves ocorreu em maio de 1999, quando, com carros equipados, cães treinados, helicópteros, mais de 100 viaturas, cerca de 30 ônibus e ambulâncias, fuzis, armas automáticas e bombas de gás lacrimogêneo, a PM realizou o despejo de famílias em Querência do Norte. Eram quase 2 mil policiais na operação para 12 as áreas. E 12 sem-terra foram presos.

São Paulo

Após a conquista dos sem-terra de Sumaré, em 1984, o MST prosseguiu em sua luta, expandindo-se na região de Campinas, nos anos seguintes, com o apoio da CPT, da CUT e do PT.

Na segunda metade da década de 1980, as ações do MST alcançaram Promissão, Castilho e Itapeva, com conquistas importantes. Mas o campo paulista só viria a ganhar destaque na década de 1990, especialmente com as lutas do Pontal do Paranapanema, onde o Movimento se tornou cada vez mais visível. Sobre o Pontal, você tem detalhes geográficos e históricos no quadro.

Pontal do Paranapanema: das grilagens às ocupações

A região do Pontal do Paranapanema era uma extensa área de terras públicas estaduais de 584.700 hectares. Situada entre os municípios de Presidente Venceslau, Marabá Paulista, Presidente Epitácio e Teodoro Sampaio, tem uma longa história de invasão começando na segunda metade do século XIX. Os protagonistas foram escrivães, juízes, promotores, "compadres" políticos e, não raro, jagunços contratados para expulsar os pequenos posseiros presentes nas terras por meio do uso da violência.

Uma imensa parcela dessa área constituía a Fazenda Pirapó-Santo Anastácio. Alegando morar nela desde antes da promulgação da Lei de Terras de 1850, um tal Antônio José Gouvêa conseguiu legalizar a posse. Passados mais de quarenta anos, um comprador da área tentou legitimá-la, mas o governo do estado considerou nulo o processo. Os conflitos pela posse e legitimação dessa fazenda continuaram, constituindo um dos mais volumosos processos de litígio de terra no Estado. Mesmo com todas as irregularidades observadas, alguns títulos foram reconhecidos.

Entre 1941 e 1942, durante o governo Fernando Costa, foram criadas no Pontal três grandes reservas florestais, somando mais de 50% do total da área: Morro do Diabo, Lagoa São Paulo e Grande Reserva do Pontal. No primeiro governo de Ademar de Barros, a Grande Reserva sofreu enorme redução. A do Morro do Diabo, invadida por fazendeiros, acabou loteada por meio de fraude articulada por autoridades locais. Mas, como os "donos" não pagavam os impostos, a área foi retomada pelo estado e arrendada a grileiros, que afinal obtiveram a documentação de posse e domínio das terras.

No governo Jânio Quadros, foi derrotado na Assembléia Legislativa um projeto de lei que visava garantir a preservação do que restava da Grande Reserva. Um dos deputados que votaram contra era "proprietário" de uma das áreas. Muitos dos latifundiários favorecidos por essa derrota permanecem com a posse até hoje. Em 1966, durante seu segundo mandato, Ademar de Barros publicou um decreto pelo qual sobraram apenas cerca de 12,5% das reservas do Pontal. Esse foi um de seus últimos atos no governo do qual foi cassado pela ditadura militar e substituído por Abreu Sodré, curiosamente possuidor de 5.714 hectares naquela região.

Além de pelo fato de ter muitos milhares de hectares grilados, "melhor que qualquer outra área do país, o Pontal presta-se admiravelmente bem para realizar uma verdadeira reforma agrária, já que se trata de um amplo espaço, [...] dispõe de infra-estrutura construída pelo estado, [...] terras [...] de regular fertilidade [...] cercadas por milhares de potenciais beneficiários com tradição de trabalho na terra, inclusive os sem-terra que cruzam a divisa [...], vindos do Paraná e do Mato Grosso do Sul" (GOMES DA SILVA, José. *A reforma agrária brasileira*, p. 126).

A ocupação das fazendas Ribeirão dos Bugres e Jangada, em Getulina, em outubro de 1993, por 2.500 famílias foi uma das ações mais importantes do MST em São Paulo. Na foto, a operação de despejo na primeira por um enorme contingente policial. Um grupo foi a Brasília fazer pressão junto ao governo e conseguiu a desapropriação das duas fazendas.

A história das ocupações organizadas pelo MST no Pontal começou em 1990, na imensa Fazenda Nova Pontal, em Primavera, com perto de 700 famílias. O governo estadual recusou-se a negociar e enviou 900 policiais para o despejo junto com pistoleiros da UDR.

Parte dessas famílias ocupou, em março de 1991, a Fazenda São Bento, de 5.240 hectares, em Mirante do Paranapanema, que "pertencia" a um membro da UDR e teve sua desapropriação decretada em 1987. Rapidamente o juiz concedeu reintegração de posse ao grileiro, mas três meses depois os sem-terra saíram vitoriosos, conseguindo seu assentamento definitivo em parte da fazenda.

Acampamento Nova Canudos, em Porto Feliz, SP, fevereiro de 1999.

A São Bento foi ocupada seguidamente, sempre com novas famílias, chegando a somar 1.800 delas em 1993. Após a 22.ª ocupação, finalmente em 1994 ela foi conquistada para o assentamento de 1.023 famílias.

O ano de 1995 foi talvez aquele em que o MST paulista mais se destacou na mídia, por conta das ocupações que realizou no Pontal. Foi nesse contexto que ocorreu a prisão de Diolinda Alves de Souza e outros líderes do MST local. A estratégia dos latifundiários era intimidar as famílias e deixá-las sem suas lideranças. Mas o resultado foi o fortalecimento dos sem-terra, que continuaram a fazer suas ocupações e manifestações na região. Em janeiro de 1997, foram 7 novas ocupações no Pontal, mobilizando 1.200 famílias. Na ocasião, os prefeitos da região lançaram um manifesto em defesa do Movimento e da reforma agrária. Afinal, os assentamentos representavam uma dinamização da economia local, além de os assentados pagarem seus impostos, coisa que os latifundiários nunca faziam.

No período 1990–1999, o MST organizou ocupações em diversos municípios: Andradina, Getulina, Pradópolis, Tremembé, Iperó, Castilho, Iaras, Itapetininga e Porto Feliz, sem contar as reocupações da Pirituba, em Itapeva-Itaberá.

Na capital, na manhã de 2 de maio de 2000, cerca de 600 trabalhadores ocuparam a Secretaria do Ministério da Fazenda e foram reprimidos pela Polícia Militar, que prendeu 14 manifestantes. Em repúdio, trabalhadores ocuparam a sede do Itesp (Instituto de Terras do Estado de São Paulo), em Teodoro Sampaio. Em Presidente Prudente, bloquearam a rodovia que liga o município a São Paulo por 4 horas. Em Euclides da Cunha, ocuparam a sede do Itesp. Em Itapeva, bloquearam a rodovia de acesso a São Paulo durante 5 horas. Em Promissão, realizaram ato conjunto com a CPT para denunciar a violência cometida contra o povo brasileiro.

Mato Grosso do Sul

O MST do Mato Grosso do Sul, como já dissemos, foi gerado na ocupação da Fazenda Santa Idalina, em Ivinhema, em 1984, da qual resultou o Assentamento Padroeira do Brasil, em Nioaque. (Você está lembrado do caso da travessia do rio Guiraí? Pois é, acabou dando certo.) Os representantes dos sem-terra do estado haviam participado da fundação do MST em Cascavel. E estiveram também presentes no 1.º Congresso Nacional em Curitiba.

Em 1986, 4.600 famílias brasiguaias foram barradas na fronteira do estado com o Paraguai. Cerca de 200, que conseguiram acampar em Eldorado, e outras mil, que já estavam acampadas, foram transferidas provisoriamente para Dois Irmãos do Buriti. A demora no assentamento levou essas famílias a ocuparem a Fazenda Monjolinho, em Anastácio. O Incra, então, as transferiu para os assentamentos Taquaral e Piraputanga, em Corumbá, e Casa Verde, em Nova Andradina.

Mas o número de famílias sem-terra no estado já era grande antes disso. Os sindicatos rurais e a CPT as priorizavam e isso provocou uma certa dissensão com o MST, que só retomou a ação no estado em fevereiro de 1989, quando organizou 1.280 famílias para a ocupação da Fazenda Itasul, em Itaquiraí.

Ainda naquele mesmo ano, o MST organizou três ocupações no Mato Grosso do Sul, nos municípios de Itaquiraí, Jateí e Bataiporã, contando com a participação de 1.100 famílias. O resultado foi o de sempre: despejo e acampamento nas margens de uma rodovia. Os acampados da Fazenda São Luís, em Bataiporã, organizaram uma passeata e ato público na cidade, no final do ano, em protesto contra a ameaça de despejo pelas autoridades. Em apoio à mobilização, compareceram o Comitê Pró-Reforma Agrária, o PT, a CUT e a CPT.

Acampamento de brasiguaios em Amambaí.

Vista do acampamento da Fazenda Itasul, Itaquiraí, MS, ocupada em fevereiro de 1989 por 1.280 famílias. A conquista deu-se após quatro meses de pressão.

Na Jornada de Luta pela Terra e Contra o Plano Collor, em 1990, 300 trabalhadores rurais sem terra realizaram uma caminhada de Dourados a Campo Grande, recebendo apoio das comunidades do trajeto, que doaram roupas e comida. O resultado foi a conquista de 7.500 hectares.

A partir de 1990, o MST expandiu-se por todo o estado, fazendo ocupações em Anastácio, Sete Quedas, Jateí, Bataiporã, Bonito, Nioaque e Aquidauana, entre outros municípios, em alguns casos mais de uma vez no mesmo latifúndio.

NORDESTE

O Nordeste é tradicional cenário de lutas de trabalhadores rurais. Essas lutas se caracterizaram, nas décadas de 1940 e 1950, como ações pela permanência na terra. Você está lembrado da luta dos foreiros de Pernambuco e das Ligas Camponesas. O MST tinha, desde seu nascimento, como um de seus objetivos centrais organizar ramificações e estender suas lutas nessa região.

A partir do 1.º Congresso Nacional, em que participaram vários representantes do Nordeste, o Movimento iniciou seu trabalho de articulação na região.

Bahia

No extremo sul da Bahia, na divisa com o Espírito Santo, a CPT já promovia a articulação das lutas locais, mas deixou de atuar ali devido à criação da diocese de Teixeira de Freitas, cujo bispo não comungava com as idéias da Igreja progressista da qual ela faz parte. Isso fez com que o MST enviasse para lá lideranças tiradas de Santa Catarina para reunir e organizar as famílias sem-terra e implantar o Movimento no sul do estado e estender-se depois na Bahia como um todo.

Esse trabalho foi iniciado em novembro de 1985. Foram eleitos dois representantes para cada grupo de cinco municípios da região. Eles ficaram sediados em Itanhém, Teixeira de Freitas, Alcobaça, Itamaraju, Eunápolis e Caravelas, compondo no conjunto a Coordenação Regional do MST.

Acampamento em Itamaraju, sul da Bahia. A conquista do assentamento nessa fazenda teve uma longa trajetória a partir de 1988.

181

Em janeiro de 1986, foi realizado o 1.º Encontro Estadual, no qual se tirou o consenso de que a reforma agrária só seria realizada se os trabalhadores estivessem organizados. Passados cerca de 18 meses, havia aproximadamente 600 famílias organizadas na região e 450 participaram da primeira ocupação do MST. Era uma fazenda já desapropriada da Companhia Vale do Rio Doce, de 5.100 hectares, em Prado.

No final daquele ano, o MST fez sua segunda ocupação no estado, em Riacho das Ostras. Isso levou os latifundiários da região a criarem sua UDR. Até então o Movimento contava com o apoio de alguns sindicatos, mas várias instituições tentavam desmoralizá-lo.

O número de famílias foi aumentando. Em março de 1988, 1.300 delas ocuparam a Fazenda Terra à Vista, em Itamaraju, mostrando sua força. Mas os sindicatos que as apoiavam recuaram diante das críticas da imprensa, temendo que seus candidatos não se elegessem. Essa ocupação sofreu uma derrota que quase desestruturou o MST no estado. Mas 100 daquelas famílias acamparam no seminário dos freis capuchinhos, e logo se juntaram a elas outras 600. Em abril, elas fizeram uma passeata na cidade. A coordenação nacional do MST e o Mirad entraram num acordo que previa desapropriação de uma área em 90 dias. O prazo se esgotou, e nada. As famílias ocuparam então as fazendas Reunidas, Corumbau e Vale do Rio Doce, em Prado, e a Boa Esperança, em Porto Seguro. Muita conversação e, como sempre, entre promessas e prazos, nada se cumpriu.

Em maio de 1989, vinte associações de assentamentos do sul e extremo sul da Bahia realizaram a 1.ª Reunião da Cooperativa Mista dos Produtores Rurais do Estado da Bahia, em Itamaraju. A cooperativa foi criada para auxiliar as associações dos assentamentos na elaboração de projetos e oferecer assessoria técnica aos agricultores.

No final de 1989, o MST estava constituído no sul da Bahia. As conquistas animaram outros sem-terra a organizar-se no Movimento.

Colégio do Assentamento Terra à Vista, em Itamaraju, BA, resultado de uma longa luta.

Durante a década de 1990 expandiu-se no estado, abrangendo Camaçã, Camamu, Belmonte, Una, Itacaré, Itamaraju, Arataca, Itabuna, Vitória da Conquista, alcançando, mais para o norte, Andaraí (Chapada Diamantina), Santo Amaro e Boa Vista do Tupim, entre outras localidades. Prado e Eunápolis conheceram diversas outras ocupações de sem-terra.

Sergipe

A formação do MST de Sergipe começou com a participação de 9 representantes no 1.º Congresso Nacional. Os conflitos por terra estavam então em plena efervescência, nas regiões de Propriá e Pacatuba.

Já em setembro de 1985, com o apoio do MST e da CPT, 300 famílias ocuparam a Fazenda Barra do Onça, em Poço Redondo. No ano seguinte, outras 300 famílias ocuparam a fazenda Borda da Mata, em Canhoba e acabaram conquistando a terra.

O MST a essa altura encontrava-se fortalecido no estado, mas ainda muito isolado. No 1.º Encontro Estadual, em setembro de 1987, em Itabi, a decisão foi articular-se com os movimentos sindicais rural e urbano, a Igreja e outras instituições. Decidiu-se também uma ocupação no sertão, na Fazenda Monte Santo, em Gararu.

Novas famílias foram se integrando ao movimento. Além disso foi criada uma secretaria e eleita a coordenação do MST local. Apesar do apoio de muitos dos religiosos, havia muitas críticas de outros aos métodos da organização. A CPT local foi extinta e o Movimento passou a coordenar a luta praticamente sozinho. O grande desafio era reunir sempre um número significativo de famílias. Em outubro de 1988, havia 400 famílias para ocupar a Fazenda Betânia, em Lagarto. No início do ano seguinte, 1.000 famílias ocuparam a Fazenda Santana do Cruiri, em Pacatuba. Foi a maior ocupação feita até então. Outras se seguiram, em Santa Luzia do Itanhi, Cristianópolis, Japaratuba, Riachuelo, Malhador, Santa Rosa de Lima e Malhada dos Bois.

Essas ações do Movimento levaram ao surgimento da UDR local. A mídia, controlada pelos latifundiários, iniciou uma verdadeira campanha de ataque aos trabalhadores, o que gerou um clima de grande tensão. A resposta dos sem-terra a tudo isso e à vagareza do Incra foi intensificar suas formas de luta.

Do início de suas ações até o final de 1989, o MST havia conquistado 8 assentamentos no estado.

Na década de 1990, foram ocupadas áreas em diversos outros municípios, entre eles Socorro, Capela, em Salgado, Divina Pastora, Canindé, Monte Alegre e Riachuelo. Manifestações antes nunca vistas no estado, com milhares de participantes, visibilizaram a situação dos sem-terra locais e arrancaram do governo, entre as usuais promessas e tentativas de esquiva, diversas conquistas.

Na manhã de 2 de maio de 2000, mais de 1.500 assentados e acampados de todo o estado ocuparam a sede do Incra, em Aracaju, onde permaneceram três dias. Já havia ali, desde o dia 24 de abril, 200 trabalhadores rurais acampados em protesto contra FHC. Além do acampamento, foram realizadas três passeatas pelas ruas principais da cidade, ato público com representantes dos movimentos sindicais e sociais do estado, para denunciar a morte do trabalhador Antônio Tavares Pereira, no dia anterior, durante a repressão ao protesto no Paraná, e exigir a libertação dos sem-terra presos em todo o país.

Alagoas

O Sindicato dos Trabalhadores Rurais de Inhapi esteve presente ao 1.º Congresso Nacional do MST, em 1985, tornando-se responsável pela construção do Movimento em Alagoas a partir de então. Em outubro de 1986, promoveu um encontro regional em Inhapi, no qual se discutiu a situação no estado e formas de luta.

Havia, no município de Delmiro Gouveia, numa fazenda denominada Peba, a questão dos arrendatários expulsos pelo grileiro. No final de janeiro de 1987, as 66 famílias envolvidas ocuparam a fazenda e foram despejadas. Mas houve a desapropriação e nova ocupação, somando outras famílias. Um ano depois elas conquistaram assentamento em parte da área, além de sementes e cestas básicas.

A CPT, o MST e a CUT realizaram, em 1988, a 1.ª Romaria da

Ocupação da Usina Xingó, em Canindé do São Francisco, alto sertão sergipano.

ARQUIVO MST

Agrovila do Assentamento Frutuoso, em São Luís do Quintude, AL, uma das conquistas do MST alagoano.

Terra de Alagoas, em União dos Palmares, com 2 mil famílias. A manifestação foi reprimida, o que causou grande repercussão, provando a força do Movimento.

Em 1989, o MST criou uma Secretaria Regional em Maceió, objetivando ter ali uma central de formação de lideranças e troca de experiências. A essa altura, com quatro anos de luta, resistência e diversas conquistas, estava consolidado no estado.

As ocupações prosseguiram em Alagoas no final da década de 1980, atingindo fazendas nos municípios de Penedo, Taquarana, Jacuípe, Chã Preta e Flexeiras.

Em maio de 1990, cerca de 600 lavradores sem-terra ocuparam a Secretaria da Agricultura, em Maceió. Reivindicaram e conquistaram sementes de milho e feijão, foices, enxadas e machados, farmácia de primeiros socorros, assistência técnica para os assentamentos Caldeirão, Boa Cesta, Vitória da Conquista, Peba e Lameirão, mais 500 hectares para as 200 famílias acampadas no Caldeirão e crédito do Procera para o assentamento Lameirão.

Na década de 1990, os sem-terra e assentados do MST alagoano mostraram sua força, com ocupações de prédios públicos, bloqueio de estradas, marchas e outras formas de manifestação. Diversas ocupações foram realizadas, em municípios como Jundiá, Branquinha, Atalaia, Murici e Olho d'Água do Casado.

Pernambuco

Pernambuco, estado que foi o berço das Ligas Camponesas na década de 1950, teve importante participação no 1.º Congresso Nacional do MST.

Já em agosto de 1985, os sem-terra locais ocuparam a Fazenda Caldeirão, em Pedra, com 100 famílias. Após o despejo, elas resistiram, pressionaram durante um ano e foram assentadas. Mas, apesar dessa vitória, essas famílias decidiram por desvincular-se do MST e organizar seu movimento isoladamente.

Membros do MST de outros estados criaram, então, no início de 1989, uma secretaria em Palmares e iniciaram a formação e conscientização de famílias.

ARQUIVO MST

Ocupação do Complexo Suape, no município de Cabo, PE, em 19 de junho de 1989: uma tentativa frustrada que serviu para a manipulação do governo local.

Em junho, 400 famílias ocuparam parte do Complexo Suape, no município de Cabo. Após o despejo, o governo lhes propôs transferência para uma área onde atuavam plantadores de maconha. Ali elas passaram a ser ameaçadas pelos marginais e acabaram retornando para a região de origem. Numa clara tentativa de controlar o movimento e de impedir a organização do MST no estado, o governo concedeu a algumas famílias o uso da terra por dez anos no próprio Complexo Suape.

Em resposta, o Movimento ocupou três áreas em processo de desapropriação, no município de Petrolina, indicadas por famílias da região. A vitória total representou o estabelecimento definitivo o MST no estado.

Já entre março e julho de 1990, três fazendas foram ocupadas em Floresta. Elas estavam envolvidas no "escândalo da mandioca" (as autoridades usavam os recursos recebidos do governo e, em lugar de mandioca, cultivavam maconha) e haviam sido passadas para a União. As famílias estavam decididas a fazer cumprir a lei segundo a qual áreas envolvidas com tráfico de drogas serão destinadas a assentamentos.

Durante a década de 1990, ocupações em Pombos, Gameleira, Amaraji, Barretos, Gravatá, Bonito, Rio Formoso, Barra de Guabiraba, Água Preta, Santa Maria da Boa Vista, Caruaru, Riacho das Almas, São Bento do Una, renderam diversas vitórias ao Movimento.

Entre os fatos mais importantes ligados aos sem-terra de Pernambuco na década, podemos citar o primeiro ato conjunto realizado por MST, CUT, Fetape, com mais de 5 mil camponeses, no dia 11 de maio de 1994, em Recife. Mais importante ainda foi a Jornada de Lutas, entre os dias 29 de março e 5 de abril de 1998, em que cerca de 6.500 famílias ocuparam 27 áreas improdutivas em várias regiões do estado.

Paraíba

Após o 1.º Congresso Nacional dos Sem-Terra, a delegação paraibana retornou a seu estado disposta a fundar o MST local. Em encontro realizado em dezembro de 1988, lideranças do Movimento no Nordeste discutiram a primeira ocupação na Paraíba e definiram uma coordenação provisória no estado.

Em abril de 1989, 200 famílias ocuparam a Fazenda Sapucaia, em Bananeiras. Jagunços da propriedade reagiram a tiros, matando uma criança. O latifundiário, por sua vez, entregou à polícia uma metralhadora, uma bandeira e um caderno, que teria "achado" no acampamento. Segundo ele, os sem-terra estavam formando um foco de guerrilha na Paraíba, o que teve uma repercussão enorme e negativa na mídia.

Depois de ter negada uma audiência com o governador, as famílias montaram acampamento no Engenho Mares, em Alagoa Grande. Passados cinco meses, sem que qualquer providência fosse tomada pelo governo, elas ocuparam a Fazenda Maniçoba, em Esperança. Foram despejadas pela polícia, a mando do fazendeiro e dos prefeitos de Remígio e Esperança, mas em menos de um mês reocuparam a fazenda.

O descaso das autoridades paraibanas com os sem-terra do estado era notório. Em junho de 1990, uma comissão de trabalhadores rurais foi a João Pessoa negociar com o secretário da Agricultura e foi ignorada. No mês seguinte, porém, o MST, o DNTR-CUT, o STR, filiados, entidades de apoio e posseiros das 14

MARISTELA MAFFEI

Posseiros da Paraíba reunidos na Fazenda Cajá, em Alagoinhas, em março de 1986.

áreas mais conflitivas no estado, exigiram do governo solução imediata. Havia 1.160 famílias ocupando um total de 8.345 hectares. Entre as reivindicações estavam: a compra de diversas áreas ocupadas em Esperança, Alagoinha, Conde e Caiçara; o assentamento de 126 famílias; a aceleração da desapropriação das fazendas Abiaí (em Pitimbu), Barra do Gramame (em Conde), Carvalho (em Bananeiras); e a solução dos conflitos existentes.

A partir daí, foi acelerado o processo de expropriação de áreas encontradas com cultivo de maconha. As 70 famílias que ocupavam havia sete meses a Fazenda Boa Esperança, em Campina Grande, obtiveram sementes, ferramentas e mudas do Instituto de Terras.

Em março de 1993, a Fazenda Abiaí, ocupada por 280 famílias, teve duas de suas áreas desapropriadas, logo após a aprovação do rito rumário pelo governo. Em dezembro, foi decretada a desapropriação da Fazenda Barra de Cima do Abiaí, em Pitimbu, com 296 hectares. Ainda no mesmo município, os assentados das fazendas Sede Velha e Corvoada obtiveram a imissão de posse.

Rio Grande do Norte

A construção do MST do Rio Grande do Norte foi iniciada apenas em 1989, na região oeste. Lideranças de outros estados iniciaram os trabalhos na região, arregimentando famílias sem-terra. Em outubro daquele ano, 20 famílias ocuparam uma fazenda desapropriada, denominada Bom Futuro, em Janduís. Não houve acordo com o governo e elas foram despejadas. Essas mesmas famílias tentaram ocupar a Fazenda Palestina, em Jucurutu, mas acabaram desistindo.

No primeiro semestre de 1990, o grupo de construção do MST no estado criou sua secretaria local e buscou apoio da CUT, do PT e de sindicatos urbanos locais. Os trabalhos de base com as famílias sem-terra foram intensificados desde então.

Em julho, o Movimento ocupou com 300 famílias a Fazenda Marajó, em João Câmara, que já se encontrava em processo de desapropriação desde o ano anterior. Esse foi mais um caso de vitória da resistência. O governo não aceitou negociar com o MST, por não considerá-lo representante legítimo dos trabalhadores rurais. Houve ameaça de uso de jangunços e a situação ficou tensa, mas muitas famílias decidiram resistir e continuaram a pressionar o governo. Um acampamento na frente do Palácio do Governo, em agosto, levou ao assentamento de parte delas na própria Fazenda Marajó.

Em outubro, as famílias excedentes ocuparam a Fazenda Nogueira, em Touros. Despejadas, elas retornaram ao acampamento na Marajó, local que se tornou uma espécie de sede regional da luta. Tentaram outra área em Taipu, município vizinho a João Câmara, mas foram também despejadas.

Havia nitidamente da parte do governo um esforço para impedir a expansão do MST para outras regiões do estado. Novas ocupações foram tentadas em São Gonçalo do Amarante. A área destinada ao Assentamento Marajó era sempre o ponto de retorno das famílias despejadas. Não faltaram as arbitrariedades e demonstrações de força dos latifundiários nesse cenário de crescimento das lutas dos sem-terra.

Trabalhadores sem terra na ocupação da Fazenda Esperança, em Touros, RN, 7 de novembro de 1995.

Em maio de 1991, cerca de 150 famílias de lavradores acamparam na frente do Palácio do Governo e ocuparam o Itern (Instituto de Terras), em Natal. A pressão levou o governo a assinar o compromisso de assentar em 120 dias as famílias excedentes da Marajó.

A partir dessas vitórias, o MST foi se consolidando no Rio Grande do Norte, obtendo diversas conquistas. Ainda em 1991, cerca de 520 famílias saíram da comunidade de Lagoa Serrote, em Poço Branco, dirigindo-se a Natal, para buscar soluções para seus problemas junto ao Itern. Ficou decidido que o governo assentaria as famílias até dezembro e forneceria lonas e sementes aos acampados.

Outras conquistas estavam por vir, alimentando a luta no estado. Em 1993, 400 famílias pressionaram pela desapropriação da Fazenda Zabelê, em Touros, e foram assentadas. De 1994 a 1998 o MST conquistou diversas fazendas, entre elas uma de 31.034 hectares na região de Mato Grande. Obviamente todas essas conquistas foram fruto de muita luta e resistência. A de Mato Grande provocou a reação dos latifundiários locais, que tentaram colocar a opinião pública contra o Movimento, acusando seus militantes de ladrões de gado e profissionais da invasão.

Em relação aos assentamentos já conquistados, o MST realizou, em 1996, com apoio da CUT, uma mobilização no estado, obtendo recursos do Procera, adutoras, eletrificação rural, distribuição de água e imissão de posse das fazendas Xuá e Baixa do Macaco.

Ceará

Até 1988 os participantes cearenses no 1.º Congresso Nacional do MST não haviam conseguido construir o MST no Ceará e solicitaram a ajuda de militantes de outros estados. Na região do sertão, grassava a seca e a miséria. Com a ajuda de companheiros de fora formaram uma comissão provisória e organizaram encontros municipais e regionais. Em quatro meses conseguiram reunir em torno de 450 famílias em reuniões e trabalhos de base.

Em setembro de 1998, sem-terra e assentados do MST cearense manifestaram-se diante do Incra de Fortaleza por liberação de crédito e outras reivindicações.

Em maio de 1989, ocuparam com 300 famílias as Fazendas Reunidas São Joaquim, em Quixeramobim. Nove dias depois, além das 300 acampadas, outras 200 famílias foram assentadas.

Logo no início de setembro, havia 800 famílias prontas para ocupar a Fazenda Tiracanga, em Canindé. Ali as coisas foram bem mais complicadas. A UDR mobilizada bloqueou parte das famílias na estrada. Cerca de 600, porém, conseguiram entrar. As que restaram ocuparam a Fazenda Touros, em Itapiúna. Após algum tempo sofreram despejo, mas foram transferidas para uma fazenda experimental, em Santa Quitéria. Em ambos os casos, apesar dos despejos, as famílias envolvidas conseguiram ser assentadas. Essas vitórias foram fundamentais para a constituição do MST no estado.

A primeira ocupação no ano de 1990 foi a da Fazenda Ameixas, em Santana do Acaraú, com 400 famílias. A área fazia parte de um processo de desapropriação envolvendo outras das vizinhanças, somando 15 mil hectares. A seguir, outras duas fazendas foram ocupadas e o juiz não determinou o despejo por falta de documentos dos proprietários. Essas novas ocupações deixaram as autoridades e a UDR de orelha em pé.

187

A década de 1990 foi de intensa mobilização e de grandes conquistas pelos sem-terra no Ceará. Foram ocupações em Crato, Tamboril, Canindé, Massapê, Quixadá, Ocara, entre outros municípios.

Em fevereiro de 1995, 800 acampados e assentados realizaram a 1.ª Assembléia Estadual dos Sem-Terra do Ceará, em Fortaleza, com o objetivo de cadastrar os sem-terra e aprovar a carta aberta com propostas de reforma agrária. Em agosto de 1999, mais de 300 trabalhadores de 38 assentamentos ocuparam o prédio da Procera, em Canindé, para pressionar a liberação das frentes de trabalho. Depois de expulsos por policiais, acamparam em frente à prefeitura local.

No final desse ano, foi realizado o 2.º Encontro Estadual dos Sem-terrinha, em Fortaleza. No encerramento, as crianças fizeram uma passeata em direção ao Palácio do Governo, para entregar reivindicações ao secretário de Educação. Um grande aparato policial foi mobilizado para deslocar a direção da passeata.

Piauí

A partir do 1.º Congresso Nacional do MST, as CEBs e a CUT passaram a fazer articulações e a formar as lideranças no sudeste piauiense. Havia na região uma luta de posseiros resistindo à expulsão. A preocupação do MST era justamente preparar uma primeira ocupação, para ser a base da formação do Movimento no estado. Os agentes pastorais e outras entidades que atuavam na luta pela reforma agrária não incluíam a ocupação entre as formas de luta locais.

Até junho de 1989, o MST ainda não havia conseguido seu intento. Nesse intervalo, houve eventos importantes no estado. A 1.ª Romaria da Terra, em Oeiras,

Mulheres de assentamento do Piauí preparam macaxeira para a produção de farinha.

promovida pela CPT, contou com a participação de 8 mil trabalhadores, em outubro de 1988. Foi realizada em dezembro do mesmo ano uma manifestação em frente à sede estadual do Mirad, em Teresina, reivindicando a regularização das posses e a implantação de assentamentos. Em janeiro de 1989, sem-terra organizados pelo MST e pela CPT ocuparam a Assembléia Legislativa para pressionar os deputados a votarem contra a venda de 450 mil hectares a grupos privados.

No início de junho de 1989, o Movimento sentia-se suficientemente organizado e fortalecido para fazer sua primeira ocupação no estado. No dia 10 daquele mês entrou com 120 famílias na Fazenda Marrecas, em São João do Piauí. Não houve despejo e o assentamento foi negociado. Na mesma região, havia uma fazenda de nome Lisboa, cujo proprietário estava interessado em negociá-la com o Incra. Em outubro, 150 famílias a ocuparam e começaram a fazer suas roças. Em julho de 1990, 100 famílias ocuparam área do estado, chamada Projeto Mudubim. Após o despejo, acabaram junto à estrada e resistiram até a conquista do assentamento.

Essas vitórias em um ano de ação foram fundamentais para o crescimento do MST no estado. Paralelamente ele organizou os setores de produção, lutou pelo Procera e expandiu-se para outras regiões do estado.

Durante a década de 1990, as ocupações prosseguiram, incluindo fazendas dos municípios de São João, Teresina e Cristiano Castro, entre outros.

Maranhão

Os trabalhadores maranhenses presentes ao 1.º Congresso Nacional do MST eram integrantes do Centru (Centro de Educação e Cultura do Trabalhador Rural), entidade do oeste do Maranhão. Nessa região, mais precisamente no município de João Lisboa, havia, desde o final da década de 1960, uma imensa área grilada chamada Fazenda Pindaré. Ela foi dividida em várias outras e apoderadas por grupos, como Varig, Sharp, Cacique, Mesbla e Pão de Açúcar. Ali também, como é previsível, os posseiros passaram a sofrer a chamada "limpeza da área". Pistoleiros e policiais os perseguiam e expulsavam, cometendo até mesmo atos de chacina. Nessa região, havia, além disso, projetos de extração de madeira e agropecuários, financiados pela Sudam, que agiam da mesma forma em relação aos posseiros.

As famílias expulsas migraram em grande número, indo morar na periferia de Imperatriz, município importante da região, ou de cidades vizinhas, onde o número de sem-terra já era grande. O quadro dos conflitos agrários na região exigia uma solução. Em 1985, foram assassinados dois trabalhadores rurais por mês.

A construção do MST maranhense começou exatamente nesse ano, no apoio ao Centru na ocupação da Fazenda Capoema, em Santa Luzia, com 537 famílias.

Do lado dos latifundiários, a UDR se organizava em Imperatriz. Você está lembrado da história do padre Josimo. Ele foi assassinado pela UDR no ano seguinte. Mas foi nesse mesmo município que o MST organizou, em julho de 1987, com 250 famílias, a ocupação da Fazenda Criminosa, pertencente à empresa Sharp. O nome Criminosa foi dado ao grilo pelos próprios sem-terra, devido aos vários assassinatos de posseiros que resistiram à "limpeza da área". Houve despejo e reocupação da fazenda logo em seguida. A resistência acabou levando à desapropriação da área.

ARQUIVO MST

Em julho de 1995, os sem-terra e assentados do Maranhão realizaram a Feira da Reforma Agrária, em São Luís.

189

Para o MST essa ocupação era fundamental para que as chapas que simpatizavam com ele ganhasse as eleições sindicais na região. As divergências políticas e estratégicas entre o MST-Centru e sindicatos locais constituíam uma ameaça à continuidade do Movimento no estado do Maranhão.

Durante o primeiro semestre de 1988, essas divergências acabaram prejudicando o desenvolvimento das ações. Mas em outubro o MST entrou com 144 famílias na Fazenda Gameleira, em Imperatriz. A conquista dessa fazenda custou vários anos de resistência, em que os sem-terra foram despejados e reocuparam duas vezes. Uma semana após a primeira ação na Gameleira, o MST entrou com 27 famílias na Fazenda Terra Bela, em Buriticupu. O número esperado era muito maior, mas essas famílias resolveram acampar mesmo assim. Pistoleiros e a polícia local tentaram e não conseguiram expulsá-las. Paralelamente, com o apoio do PT, da CUT e da CPT, buscavam negociar a desapropriação da área. O caso foi bastante divulgado e atraiu outras famílias, que chegaram a somar 200 no acampamento. Em dezembro, o Incra começou a demarcação de uma área para assentar 380 famílias. Essas duas ocupações consolidaram o MST maranhense.

Em junho de 1989, expandindo-se para o norte do estado, o MST ocupou com 500 famílias a Fazenda Diamante Negro, em Vitória do Mearim. Outras ocupações ocorreram ainda naquele ano, nos municípios de Imperatriz e Estreito.

O número de sem-terra organizados no Movimento aumentou muito em 1990. Foi com essa base que ele realizou outras ocupações em Imperatriz e João Lisboa.

Em janeiro de 1991, em Encontro Estadual, o MST decidiu criar três regionais: Tocantínia, Vale do Pindaré e Meio-Mearim, que incluem os municípios em que já possuía assentamentos. Pretendia, com isso, desenvolver a capacitação nos aspectos técnicos e produtivos, estimular o trabalho coletivo e a criação de cooperativas.

Em março desse ano, os sem-terra participaram de uma manifestação contra o governo no centro de Imperatriz, organizada em conjunto por PT, MST e CUT. Participaram também o PSB, o PCB, o STR, sindicatos de jornalistas, entre outros.

ORLANDO BRITO

O jagunço: uma presença constante no latifúndio. Este é Trajano Bicalho, da Fazenda Camarões, em São Sebastião dos Camarões, município hoje pertencente ao Tocantins.

De julho a setembro, foram concedidas 10 liminares de despejo. Três áreas estavam ameaçadas de despejo não-judicial. O quadro no Maranhão era de violência e arbitrariedade. Além de prisões de lavradores, houve assassinatos de lideranças.

Mas a luta e a resistência dos sem-terra foram compensadas. Em 1992, conseguiram:
- a desapropriação e o mandado de imissão de posse da Fazenda Gameleira, ocupada havia quase 3 anos;
- a construção de 50 km de estrada para os acampamentos Gameleira, Juçara e Criminosa, agentes de saúde e dois professores para cada assentamento, medicamentos, regulamentação das escolas, dois monitores para alfabetização e mudas de caju;
- a vistoria das fazendas Tatajuba e Bela Vista.

Outras ocupações se sucederam, em Bom Jardim, Lago da Pedra, Imperatriz, Buriticupu, Davinópolis e Santa Rita, entre outros municípios.

CENTRO-OESTE E NORTE

Em relação ao Centro-Oeste brasileiro, foi nessa região que ocorreram os conflitos de Trombas e Formoso, na década de 1950, liderados por José Porfírio. Está lembrado? Também podemos lembrar as lutas e violências do Bico do Papagaio e do sudoeste maranhense. Foi também onde a CPT iniciou suas atividades de orientação aos posseiros perseguidos por grileiros e oportunistas de toda sorte.

Quanto à região Norte, na qual se incluem o Pará e Rondônia, foi onde ocorreram os casos de Corumbiara e Eldorado dos Carajás, que foram amplamente cobertos pela imprensa, e cuja história verdadeira você pôde conhecer neste livro.

Goiás

Derivados também do 1.º Congresso Nacional do MST, os trabalhos de organização do Movimento em Goiás se deu por uma articulação entre a CPT, os Sindicatos Rurais e a CUT goiana, além do apoio de três militantes paranaenses.

Havia, no início de 1985, 250 famílias acampadas nas fazendas Rio Paraíso e Pedregulho, em Jataí. Além disso, em Itapuranga, o sindicato local organizara a ocupação da Fazenda Serra Branca e, no município de Goiás, os posseiros da Fazenda Estiva, área de terras devolutas, resistiam à expropriação.

O MST nascente formou, então, um grupo de famílias para realizar sua primeira ocupação. A área escolhida foi a Fazenda Mosquito, terra grilada no município de Goiás. Após o despejo, as famílias acamparam na frente da prefeitura, mas nada conseguiram. Anunciaram então que voltariam aos municípios de origem, mas, em vez disso, reocuparam a fazenda. Foram novamente despejadas e iniciaram uma série de formas de luta, com o apoio do bispo de Goiás, D. Tomás Balduíno, como um acampamento no centro da capital. Curiosamente a batalha foi vencida devido ao presépio de Natal que a primeira-dama costumava fazer exatamente no local onde os sem-terra estavam acampados. O governador prometeu que, se os sem-terra saíssem, seriam colocados em um assentamento provisório enquanto o processo de desapropriação estivesse correndo. Nove meses depois, as 36 famílias resistentes foram assentadas na Fazenda Mosquito.

Isso representou o nascimento do MST goiano, que, no mês de janeiro de 1986, realizou seu 1.º Encontro e elegeu a Coordenação Estadual. A essa altura, já havia organizado comissões e grupos de famílias em cerca de 30 municípios.

Em junho, uma caravana de sem-terra foi a Brasília reivindicar a desapropriação de 45 áreas em conflito, denunciar assassinatos de trabalhadores e o do padre Josimo Tavares, além de ameaças de morte contra lideranças do Movimento. Na falta de providências do governo, em novembro, 85 famílias acamparam às margens da BR–153, em Goiânia.

A palavra de ordem "Ocupar é a única solução" voltou a fazer eco: em agosto de 1987, 56 famílias ocuparam a Fazenda Rio Vermelho. Houve muita intimi-

ARQUIVO MST

Dom Tomás Balduíno, bispo de Goiás Velho, GO, fundador da CPT e do Cimi, esteve presente em muitos momentos da luta dos sem-terra.

Ocupação da Fazenda Europa, em Goiás Velho, pertencente à família de Ronaldo Caiado, ex-presidente da UDR. A ação não teve sucesso, mas os sem-terra se mantiveram na luta.

dação da parte do latifundiário. A CPT apoiou, divulgando o trabalho das famílias na terra junto à opinião pública. O processo de desapropriação demorou cinco anos, mas afinal as famílias foram assentadas. Paralelamente alguns sem-terra ocuparam uma área vizinha, a Fazenda Vereda Bonita, que viria a ser desapropriada somente em 1993.

Em abril de 1988, foi ocupada a Fazenda Retiro Velho, em Itapirapuã. A desapropriação entrou em curso, mas elas tiveram de deixar a área e acamparam às margens da BR-070, aguardando os trâmites.

Depois desse evento, o MST goiano dedicou-se por um tempo à organização interna, para somente em agosto de 1989, organizar a ocupação da Fazenda Europa, em Goiás Velho, pertencente à família de Ronaldo Caiado, ex-presidente da UDR. As famílias foram transferidas para um assentamento no leste, mas voltaram para retomar a luta no noroeste.

Em março de 1991, realizou seu 3.º Encontro Estadual, na cidade de Goiás, no qual foi decidida a construção de alianças com trabalhadores urbanos.

De 1992 até o final da década, foram realizadas ocupações em Mara Rosa, Mundo Novo, Goiás, Jateí, Itaberaí, Formosa e Itaguari.

Mato Grosso

A atuação do MST no Mato Grosso começou de fato em agosto de 1995, quando fez a primeira ocupação com 1.000 famílias, na Fazenda Aliança, em Pedra Preta. Alguns dias depois, elas tiveram audiência com o governador Dante de Oliveira, na qual reivindicaram a desapropriação imediata da fazenda, segurança contra os jagunços, remédios e alimentação.

Em março de 1997, cerca de 1.000 famílias sem terra ocuparam uma área em São José do Povo, e outras 1.500 fizeram o mesmo em área próxima a Cáceres.

Em outubro de 1998, 700 famílias ocuparam o latifúndio Urutau, em Mirassol d'Oeste e São José dos Quatro Marcos.

Pará

A primeira ocupação do MST no estado ocorreu em 1990, em Conceição do Araguaia, com a ajuda de militantes do Maranhão e do Piauí. Após três anos, em outubro de 1993, parte das famílias ocupou a sede do Incra da cidade, reivindicando a desapropriação da área. O superintendente do Incra deixou a sede do órgão para não negociar com os sem-terra, mas o governo federal acabou atendendo aos sem-terra.

Em 1992, o Movimento expandiu-se para Carajás, onde sete lideranças de sem-terra estavam presos, acusados de serem responsáveis pelas ocupações na região de Marabá. Em 30 de novembro, 541 famílias ocuparam a Fazenda Rio Branco, de 12.500 hectares, em Parauapebas. Depois de sofrerem um violento processo de despejo, elas levantaram o primeiro acampamento massivo no estado. Em junho de 1993, após meses de fome, doenças e pressões policiais, elas reocuparam a fazenda e conquistaram o assentamento definitivo.

Em 1994, 2.200 famílias acamparam no Cinturão Verde da Vale do Rio Doce, em Parauapebas. A área tem mais de 1,3 milhão de hectares, mas somente 511 mil são de propriedade da Vale. O despejo levou as famílias a ocuparem a prefeitura do município e posteriormente a sede do Incra em Marabá.

Em setembro de 1995, formou-se à beira da rodovia PA-275, em Curionópolis, próximo à antiga Fazenda Macaxeira, um acampamento com mais de 2 mil famílias. A fazenda, de 42.558 hectares, era dividida no início em quatro áreas e depois passou a constituir 13 imóveis rurais.

O então presidente do Incra, Francisco Graziano, esteve na região e prometeu fazer a vistoria da fazenda, desde que os sem-terra não a ocupassem. As famílias continuaram acampadas na beira da estrada enquanto as equipes de vistoria realizavam o trabalho. O abandono das áreas era tal que os técnicos do Incra tiveram dificuldade de vistoriá-las. Mas elas foram consideradas produtivas!!! A suspeita e comprovação da corrupção envolvendo o laudo acabou levando à exoneração do superintendente do Incra do Pará.

Acampamento 26 de Março, Fazenda Cabaceiras, em Marabá, PA. O nome lembra a data da ocupação de 1999. A vitória desses sem-terra viria no final de 2000.

Esses foram os antecedentes do massacre de Eldorado de Carajás, sobre o qual você já leu.

Passados oito meses do massacre, foram desapropriados apenas 5.920 hectares, onde foram assentadas 190 famílias. O MST montou acampamento no pátio do

Monumento em memória do massacre de Eldorado de Carajás, do artista Dan Baron.

Incra, em Marabá, em dezembro de 1996, para reivindicar créditos e desapropriação de áreas para as 690 famílias que restaram da Macaxeira. Sem resposta, elas ocuparam a Fazenda Eldorado, outra área da Macaxeira.

No dia 7 de setembro, chegou a Marabá o monumento *Eldorado Memória*, esculpido e oferecido pelo arquiteto Oscar Niemeyer aos sem-terra. Na madrugada de 22 do mesmo mês ele foi destruído a golpes de marreta e picareta por oito homens não-identificados.

Em 1997, 1.200 famílias receberam assentamento na Fazenda Barreira Branca ou Bamerindus, entre Eldorado de Carajás e São Geraldo do Araguaia, com 58 mil hectares. Ainda no final desse ano, cerca de 8 mil sem-terra do sudeste do estado acamparam na sede da superintendência do Incra, em Marabá, reivindicando a liberação de crédito, desapropriações de novas áreas, apoio aos assentados e abertura de estradas.

Em 11 de julho de 1998, 1.700 famílias montaram acampamento em Castanhal, região nordeste do Pará, em área cedida por um trabalhador rural.

A mais importante mobilização ocorrida no Pará, foi a de 9 de novembro de 1998, quando cerca de 8 mil sem-terra do sudeste do estado acamparam na sede da superintendência do Incra em Marabá, reivindicando a liberação de crédito, desapropriações de novas áreas, implementação do Procera, apoio aos assentados e abertura de estradas.

No final do ano 2000, as 550 famílias do Acampamento 26 de Março, na Fazenda Cabaceiras, em Marabá, comemoraram a notícia de seu assentamento.

Rondônia

Em 1985, de retorno do 1.º Congresso Nacional do MST, os participantes rondonianos iniciaram os trabalhos de base junto às famílias sem-terra no estado. Desde aquele ano a obtenção de um lote de terra tornou-se cada vez mais difícil para elas. Áreas de posse foram griladas por latifundiários, grandes empresas e comerciantes. Nesse quadro, posseiros e sem-terra passaram a buscar formas de resistência, enfrentando sempre a repressão de policiais e jagunços.

Em 1986, 1.500 famílias de posseiros expulsos de suas terras conquistaram 61 mil hectares, em Porto Velho e Colorado d'Oeste. Em agosto daquele ano, o MST do Pará realizou seu 1.º Encontro Estadual, no qual definiu suas formas de luta e a formação de grupos de famílias para ocupações. Além disso, decidiram incentivar a organização do trabalho em assentamentos e articular as instituições de apoio à reforma agrária, e elegeram a Coordenação Estadual.

Três anos se passaram até a primeira ocupação, no dia 26 de junho de 1989, com 380 famílias, na Fazenda Seringal, em Espigão d'Oeste. Em Rondônia as coisas não se dão de maneira diferente. As famílias foram despejadas, lutaram, resistiram e depois de dois anos conquistaram a terra. A repercussão da luta dos sem-terra na imprensa foi importante para estender as alianças com sindicatos urbanos.

1.º Encontro de Formação de Professores de Acampamento em Rondônia, realizado entre 9 e 10 de setembro de 1989.

Em julho de 1990, 150 famílias ocuparam a Fazenda Adriana, em Cerejeiras, e outras 250, a Fazenda Lambari, em Espigão d'Oeste. A duas ocupações foram vitoriosas. As vitórias tornaram o MST uma força política em Rondônia, dando-lhe condições de atuar como interlocutor dos sem-terra do estado junto ao governo e à sociedade.

A luta por terras e manutenção dos assentamentos seguiu simultaneamente. Até 1994 foram ocupadas áreas em Colorado d'Oeste, Pimenta Bueno e Jaru. Mas o caso mais ruidoso em Rondônia, amplamente coberto pela imprensa, ocorreu em 1995, no município de Corumbiara. As famílias envolvidas não eram organizadas no MST.

Apesar do ocorrido, as ocupações não pararam. De 1996 até o final da década, elas ocorreram em Campos Novos, Buritis, Presidente Médici, Nova União, Ariquemes, Jorge Teixeira e Mirante da Serra.

O MST tinha no estado, até os meados do ano 2000, 10 assentamentos com 1.519 famílias e 8 acampamentos com outras 1.149. Existem ali 24 associações, uma cooperativa de comercialização, 2 grupos coletivos e 3 grupos semicoletivos.

SUDESTE

O MST considera São Paulo como historicamente integrante de sua regional Sul. Por isso no Sudeste se incluem apenas Rio de Janeiro, Espírito Santo e Minas Gerais para efeito de suas abordagens.

Minas Gerais

Já em 1984 a CPT reunia famílias sem-terra em Poté, na região do vale do rio Mucuri, próximo a Teófilo Otôni. O grupo enviou dois delegados ao 1.º Congresso do MST, em 1985, que retornaram com a proposta de organizar as famílias daquele município e iniciar trabalhos de base em outras regiões. No Encontro Estadual, realizado em Belo Horizonte, em agosto desse ano, a decisão foi de organizar inicialmente o Mo-

Sem-terra mineiros em manifestação da Jornada de Lutas de junho de 1999, em Governador Valadares, MG.

vimento a partir dos vales do Mucuri e do Jequitinhonha, ocupando terras e formando lideranças, para depois realizarem trabalhos de base em outras regiões.

Após os trabalhos de base nas comunidades, foi feita a primeira ocupação do Movimento, em 12 de fevereiro de 1988, na Fazenda Aruega, em Novo Cruzeiro, com cerca de 400 famílias. Rapidamente formou-se a UDR regional, liderada pelo prefeito local. Mas a fazenda foi desapropriada e 25 famílias foram assentadas. As famílias excedentes foram transferidas para uma área em Pedra Azul. Ao verem que se tratava de uma área isolada, sem infra-estrutura, diferente da descrita pelos técnicos da Rural Minas, decidiram voltar. Impedidas de deixar a área pela polícia, resolveram acampar nas margens da BR-116, em Padre Paraíso, e após três anos conquistaram a terra.

As ações do MST até o final de 1989 estenderam-se na região, em Itaipé e Teófilo Otôni. Foi nessa época que o Movimento iniciou seu trabalho no Triângulo Mineiro, onde 250 famílias tentaram ocupar sem sucesso, em vista da repressão policial e dos pistoleiros da UDR, as fazendas Colorado e Varginha,

Mutirão de roçado no acampamento da Fazenda Aruega, em Novo Cruzeiro, MG, a primeira ocupação pelo MST no estado (1988).

em Iturama. Quatro anos depois, foram assentadas no Projeto Santo Inácio do Ranchinho, em Campo Florido.

Na década de 1990 as lutas prosseguiram em ambas as regiões e estenderam-se para outras. Acampamentos foram montados em Governador Valadares, Buritis, Campo do Meio, Periquito e Tumiritinga.

Espírito Santo

Os sem-terra capixabas começaram a se reunir em 1983, nas CEBs de São Mateus, no norte do estado, apoiados e organizados pela CPT e pelos STRs. Nesse mesmo ano, outros grupos de famílias de diversos municípios se organizaram, conquistando dois assentamentos em Jaguaré.

Desde o 1.º Encontro Nacional do dos Sem-Terra, o MST começou a preparar grupos de famílias para ocupações, reestimulado em 1985 pela deliberação do 1.º Congresso: "Ocupar é a única solução". Mas parte das lideranças defendia a continuidade das negociações, o que gerou uma divisão no movimento.

Nesse entretempo, foram realizadas três ocupações, nos municípios de Jaguaré, Montanha e Barra do São Francisco, que resultaram na implantação de oito assentamentos no estado e animaram os sem-terra à luta.

No final de outubro de 1985, o MST fez sua primeira ocupação no Espírito Santo. Foi na Fazenda Georgina, em São Mateus. Despejadas, as famílias foram transferidas para outra área e, passados cinco meses, conquistaram quatro assentamentos, um deles na própria Georgina. Isso foi fundamental para a consolidação do Movimento no estado.

Em maio de 1986, os sem-terra capixabas realizaram seu 1.º Encontro Estadual, apoiados pela CPT e CUT. No mês seguinte, a CPT organizou a 1.ª Romaria da Terra do Espírito Santo, para comemorar as conquistas e apoiar os sem-terra locais.

Mas foi também nesse ano que se formou a UDR local, com o apoio do governo estadual, cujas ações, ajudadas pela polícia, recrudesceram a repressão ao Movimento. Esse fato, porém, não intimidou os sem-terra do MST, que, em setembro, realizaram sua segunda ocupação no estado. Foram 500 famílias acampadas em uma das fazendas da empresa estatal Floresta Rio Doce, em São Mateus. Como tática auxiliar, ocuparam ao mesmo tempo a sede do Incra local. Mais três assentamentos resultaram dessa iniciativa vitoriosa.

No final de 1987, 500 famílias foram barradas por pistoleiros e policiais na tentativa de ocupar a Fazenda Scardini, em Nova Venécia. Outras famílias aderiram, o que estimulou a resistência e a montagem de um grande acampamento à beira da estrada. Todavia, foram obrigadas a sair do local e se transferiram para o município de Pedro Canário, em frente à fazenda Castro Alves, onde permaneceram enfrentando perseguições, prisões e ameaças. Alguns meses depois, a fazenda foi desapropriada e liberada para assentar 130 famílias. As remanescentes foram assentadas nos municípios de Montanha e Nova Venécia.

Ainda no final de 1987, o MST fundou o Centro Integrado de Desenvolvimento dos Assentados e Pe-

MARIA DE FÁTIMA RIBEIRO

Imagem histórica da primeira ocupação do MST no Espírito Santo, em outubro de 1985, na Fazenda Georgina, em São Mateus.

quenos Produtores, no Assentamento Juerana, em São Mateus, com vistas à formação política, técnica e de assessoria administrativa aos assentados em geral.

Em setembro de 1988, 550 famílias ocuparam uma área pertencente à Acesita, em Conceição da Barra. Na resistência ao despejo, 15 coordenadores da ocupação foram presos. O assassinato de dois sem-terra e a falta de disposição da empresa para negociar fizeram com que o governo do estado transferisse as famílias para os municípios de Ecoporanga, São Gabriel da Palha e Nova Venécia, onde elas acabaram sendo finalmente assentadas.

O caso mais ruidoso no Espírito Santo ocorreu em 1989. O MST estava preparando a maior ocupação até então no estado, com 700 famílias. O alvo era a Fazenda Ipuera, em Pedro Canário. A UDR infiltrou alguns de seus membros nas reuniões preparatórias da ocupação e conseguiu saber por onde viria a maioria dos grupos de famílias. Com a ajuda da polícia conseguiu barrar os caminhões que transportavam esses grupos. Os que atingiram a fazenda foram atacados por pistoleiros e latifundiários, enquanto montavam o acampamento. Nesse confronto morreram o dono da fazenda e um policial a paisana, e vários sem-terra foram feridos a bala. Foi esse o caso que deu origem à prisão e julgamento de José Rainha Jr., que será tratado adiante, no capítulo intitulado "O MST e a Lei".

A UDR, da qual o fazendeiro morto era uma liderança, passou a acusar publicamente o estado e a Igreja de facilitarem as ocupações. Além disso, em represália ao acontecido, assassinou dois líderes sindicais e um dirigente do PT, e ameaçou de morte todas as lideranças do norte do estado, que tiveram de fugir. Diante disso e da perseguição da polícia, o MST ficou cerca de um ano sem conseguir mobilizar as famílias para os trabalhos de base.

O esforço educacional é uma das características centrais do MST capixaba. Na foto, cerimônia de formatura do Curso Alternativo de Habilitação para o Magistério, em março de 1998.

De 1985 a 1989, o MST do Espírito Santo havia conquistado 21 assentamentos, a cuja organização passou a se dedicar em 1990.

Durante o período 1990-2000, as ocupações prosseguiram em todo o estado, levando a muitas conquistas, incluindo os municípios de Ecoporanga, São Mateus, Kennedy, Córrego do Ouro, Aracruz, Conceição da Barra, Vila Velha, Bom Jesus do Norte, Pinheiro e Águia Branca.

Rio de Janeiro

O Rio de Janeiro é um estado peculiar no que diz respeito à questão agrária. Sendo o menor da Região Sudeste, possui no entanto a terceira maior população do país e suas cidades ocupam 45% da área estadual, abrigando 95,5% da população. Isso significa que o campo fluminense apresenta apenas 4,5% da população em 55% da área total do estado. Esse quadro é derivado da tendência urbanizante verificada desde os tempos do Império brasileiro, reforçada pela posterior criação de pólos industriais no estado.

O problema do desemprego urbano em décadas mais recentes fez com que se verificasse um refluxo populacional para o campo. Isso explica em boa parte a presença de trabalhadores urbanos entre os integrantes da luta pela terra no estado.

No período de 1985 a 1987, o MST tentou, sem sucesso, consolidar-se no Rio de Janeiro. Apoiou os acampados da Fazenda Campo Alegre e os da Fazenda Boa Esperança, ambas em Nova Iguaçu, e os da Fazenda Barreiro, em Paracambi.

Os militantes responsáveis pela construção do MST fluminense não iniciaram lutas que levassem a ocupações, a assentamentos e à formação de lideranças. Alguns líderes importantes priorizaram a militância no partido do governador Leonel Brizola, o PDT, colocando nas mãos do governo estadual o controle político do Movimento.

Além disso, ao criarem a Comissão dos Assentados, voltado a dar solução para os problemas internos dos assentamentos existentes, acabaram abandonando a formação de grupos de famílias para expansão da luta no estado. Todos esses fatores conjugados levaram a direção do Movimento a decidir dissolvê-lo no estado do Rio de Janeiro.

Foi somente no final do ano de 1993 que o MST voltou a se organizar e a se expandir por diversas regiões do estado, com a participação de trabalhadores urbanos, em geral desempregados e sem perspectivas de outra forma de sobrevivência.

Em maio de 1994, um grupo de famílias sem-terra fechou a rodovia Amaral Peixoto e ocupou o centro da capital para entregar suas reivindicações à Delegacia do Ministério da Fazenda e chamar a atenção da sociedade para o drama que estavam vivendo.

Em novembro, outras famílias ocuparam a Fazenda Cumbucas, em Silva Jardim, desapropriada desde 1993 e com imissão de posse assinada pelas autoridades desde agosto daquele ano.

Em 1996, havia 359 famílias acampadas na Fazenda Capelinha, em Conceição de Macabu, ameaçadas como sempre de despejo judicial. Na fazenda funcionava uma usina de cana-de-açúcar, que havia fechado sem pagar os direitos trabalhistas aos empregados. Entre muitas dessas famílias havia ex-funcionários da usina, que viam na ocupação e assentamento uma forma de serem ressarcidos.

Outras tantas famílias estavam então acampadas em Casimiro de Abreu, município da Região dos Lagos, aguardando desapropriação de áreas para serem assentadas. Em setembro de 1997, cansadas de aguardar pela atenção das autoridades, elas ocuparam a Superintendência Regional do Incra, como forma de pressionar por uma solução.

Na madrugada de 9 de novembro de 1998, 100 famílias ocuparam a fazenda Mocotó, em Campos.

No início de maio de 2000, famílias sem terra ocuparam a sede do BNDES (Banco Nacional de Desenvolvimento Econômico e Social), com a solidariedade do movimento sindical, de estudantes, religiosos e da população em geral. A associação de funcionários do banco e os demais funcionários apoiaram as manifestações. Essa mobilização foi uma entre tantas realizadas nos demais estados como protesto contra o descaso do governo à questão da reforma agrária.

No dia seguinte, foram realizados um ato ecumênico e outro político, lembrando o sem-terra Antônio Tavares, assassinado pela Polícia Militar no Paraná. O prédio foi desocupado às 8 horas da manhã do dia 5 e, à tarde, os manifestantes marcharam pelo centro do Rio, saudados pela população.

As diversas formas de luta

Vamos agora fazer uma breve descrição das diversas formas de luta surgidas ao longo da história do MST, construídas na base pelos trabalhadores, que foram descobrindo novos e criativos métodos de pressão social.

OCUPAÇÃO

Cansados de esperar que o governo atendesse às suas reivindicações e desiludidos com as "soluções" oferecidas para as questões de terra localizadas e principalmente para a questão nacional, os sem-terra entenderam que a **ocupação** é sua forma de luta mais importante. De modo geral, é a partir de sua efetivação que as demais formas de luta são utilizadas.

Uma ocupação requer organização e bases muito bem definidas. O critério fundamental é a escolha do local. Mas nem sempre a terra conquistada é a que foi ocupada pelos sem-terra. Em geral o número de famílias que ocupam uma área excede o mínimo legal (10 hectares) de um lote de reforma agrária. Por exemplo, se 200 ocupam uma área de 1.500 hectares, 50 ficam de fora, se o governo fizer o assentamento ali.

A ocupação gera o fato político: é um setor organizado da sociedade mobilizado em torno de sua causa, que, no caso, é a reforma agrária. E isso requer uma resposta política do governo.

ACAMPAMENTO PERMANENTE

Como você viu, sempre que a Justiça determina o despejo, geralmente com reintegração de posse, os sem-terra deixam o local e se estabelecem em área próxima. Há casos em que montam o acampamento à beira de uma rodovia, o que também gera um fato. O mais importante foi o da Encruzilhada Natalino, sobre o qual você já leu.

Há acampamentos que parecem uma cidade. Só que, em lugar de casas e edifícios, há barracos de lona e muita improvisação. A população varia bastante, de 500 a 3 mil pessoas. Em geral cada barraco abriga uma família inteira. Mas há também quem lute sozinho por seu chão, como o filho de um pequeno agricultor cuja terra é pequena demais para dividir com os descendentes.

ARQUIVO MST

Ocupação com acampamento dentro da Fazenda Pinhal Ralo, da empresa Giacometti-Marodin, em Rio Bonito do Iguaçu, PR, o maior latifúndio do Paraná, em 17 de abril de 1996.

O local pode ser também uma área concedida pelo governo. O tempo de instalação também varia muito. Alguns duram mais de 4 anos, porque a **resistência** é a palavra de ordem que os sem-terra seguem até que todos os acampados sejam assentados.

Existe o **acampamento provisório**, cujo objetivo é chamar a atenção das autoridades e da sociedade, estudar e decidir os encaminhamentos e apresentar as reivindicações. Após atingida a finalidade que o moveu, ele se dissolve.

Já o **acampamento permanente** só se desfaz quando todos os acampados estão assentados. Enquanto ele está em pé, o MST promove diversas atividades básicas, entre as quais a mais importante é a educação. São formadas comissões para cada uma delas: saúde, alimentação, imprensa etc. Ao lado disso, são desenvolvidas as atividades de sensibilização da opinião pública e de pressão sobre as autoridades.

A Fazenda Annoni foi ocupada diversas vezes. Foram doze anos para o governo finalmente assentar as famílias. Na foto, manifestação de solidariedade por parte da sociedade às 1.550 famílias que viviam sob pressão e violência da polícia.

MARCHAS PELAS RODOVIAS

Essa forma de luta tem por objetivo chamar a atenção da população para os problemas dos sem-terra, ganhar adeptos e simpatizantes, promover a discussão sobre a realidade brasileira e, conseqüentemente, ser um poderoso meio de pressão sobre os governantes.

A organização interna dos acampamentos

Um acampamento, abrangendo um grupo tão grande de pessoas, necessita de organização. A primeira medida nesse sentido é a constituição de núcleos, com 10 a 30 famílias, organizadas quase sempre de acordo com o município de onde vieram.

Nesses núcleos organizam-se os principais serviços e tarefas: alimentação, saúde, higiene, educação, religião, finanças, lazer etc. Cada função possui um responsável e equipes de serviço que se organizam regularmente para avaliar e planejar suas atividades.

Há ainda um sistema de coordenação geral do acampamento, responsável por dar unidade ao trabalho das várias equipes, encaminhar as lutas, negociar com o governo e relacionar-se com a sociedade. Essa organização envolve: a Assembléia Geral do acampamento (órgão máximo de decisão, que se reúne periodicamente); os líderes de núcleos, que se reúnem também de tempos em tempos, encaminham o dia-a-dia do acampamento, mantêm os núcleos informados das negociações; e a Coordenação do Acampamento, eleita pelos acampados.

Os princípios que norteiam a organização são a democracia, a participação de todos no processo decisório, a divisão de tarefas e a direção coletiva.

O acampamento se sustenta com o produto do trabalho dos acampados, a contribuição dos membros do movimento que já conquistaram terra, a solidariedade de pessoas e entidades e recursos obtidos do governo.

Imagine que você está passando por uma estrada e encontra, digamos, umas 500 pessoas caminhando, carregando bandeiras, crianças nos braços, muitas só de havaianas nos pés. Digamos que você também, no dia seguinte ou alguns dias depois, encontre essas mesmas pessoas numa praça de sua cidade, agitando as mesmas bandeiras, gritando palavras de ordem ou assistindo a uma missa ao ar livre. O que pensaria?

A caminhada tem sido uma forma de luta para os sem-terra de todo o Brasil, a exemplo da Marcha Nacional por Reforma Agrária, Emprego e Justiça, que, saindo de três pontos do país em 17 de fevereiro, atingiu Brasília em a 17 de abril de 1997. Acima de tudo, é um ato de cidadania de milhares de pessoas, exigindo o cumprimento da lei maior da nação.

JEJUNS E GREVES DE FOME

No caso de um **jejum**, centenas de participantes ficam sem comer, por **um tempo determinado**, em lugar público. Essa ação tem por finalidade simbolizar e tornar visível a fome diariamente vivida nos acampamentos. Nela também fica implícito que os sem-terra usam formas pacíficas de luta e que estão abertos ao diálogo com as autoridades.

Com isso desfazem aquela imagem propalada na mídia de que desejam a luta armada.

A **greve de fome** é utilizada somente em situações extremas e com muito critério e preparo. Um grupo permanece, por exemplo, na frente de um palácio de governo ou de algum órgão pertinente, sem se alimentar por **tempo indeterminado**, até que as autoridades se disponham a atender às reinvindicações.

Naturalmente ela é feita de forma a ter a maior visibilidade possível para toda a sociedade. Deve constituir um processo de pressão permanente sobre as autoridades, para que a opinião pública cobre do governo a atenção devida à causa em questão. Você já deve ter ouvido falar a respeito em outras situações.

Uma ação dessa natureza só se justifica quando existe um número muito maior de vidas em risco e nada está sendo feito pelo governo.

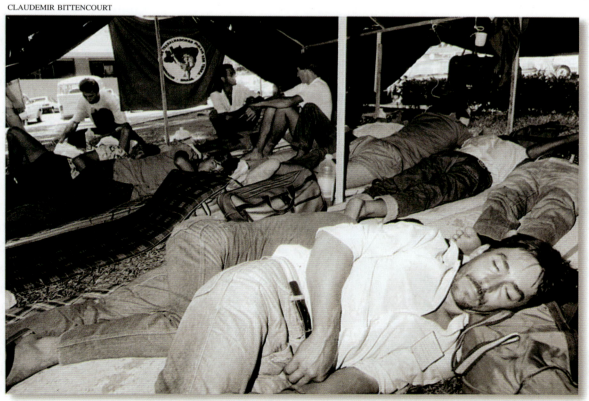

CLAUDEMIR BITTENCOURT

Greve de fome de sem-terra na praça da Matriz, em Porto Alegre, RS, em outubro de 1991.

OCUPAÇÃO DE PRÉDIOS PÚBLICOS

O prédio ocupado é sempre aquele onde está sediado o órgão envolvido na reivindicação. Por exemplo, se a solução está no Incra, ocupa-se o prédio do Incra; se está na Secretaria da Agricultura, é lá que os sem-terra vão fazer a ocupação.

A intenção é expor ao público que esses órgãos não cumpriram os compromissos assumidos e obrigar os responsáveis a negociar. Você sabe, quando não querem resolver um problema, as autoridades enrolam e se negam a receber quem reclama.

ACAMPAMENTOS NAS CAPITAIS

Como os acampamentos no campo só se tornam visíveis quando geram um fato que interessa à mídia, às vezes os sem-terra vão todos ou mandam um grupo acampar no centro da capital. Isso em si constitui uma manifestação permanente, que expõe, para todomundo ver, as condições de um acampamento.

Entre os acampamentos nas capitais mais numerosos e que mais repercutiram no Brasil destaca-se o que foi realizado no interior da Assembléia Legislativa do Rio Grande do Sul, durante oito meses no ano de 1987, com a participação de aproximadamente 300 pessoas, entre adultos, jovens e crianças.

Durante o julgamento dos responsáveis pelo massacre de Eldorado de Carajás (em Belém, 1999) e os de José Rainha Jr. (Pedro Canário, 1998, e Vitória, 2000), foram organizados acampamentos diante dos tribunais.

ACAMPAMENTOS DIANTE DE BANCOS

Os assentados enfrentam muitos problemas com a liberação de empréstimos e recursos para organizar o assentamento e a produção.

À medida que foi aumentando o número de famílias assentadas nas diferentes regiões, foram surgindo também novas formas de pressão para que as agências bancárias acelerem a liberação dos recursos.

São freqüentes os acampamentos em frente a agências bancárias nas cidades do interior.

VIGÍLIAS

As vigílias são manifestações também massivas, programadas para um período menor, mas de forma contínua e permanente, mantendo-se dia e noite.

Elas podem ser de protesto contra injustiças e são realizadas diante de prefeituras, fóruns, presídios e delegacias de polícia, ou de solidariedade, como a que foi realizada no Sindicato dos Metalúrgicos de São Bernardo do Campo, São Paulo. Nessa vigília, os sem-terra e os operários contaram com a participação de diversas personalidades e artistas comprometidos com a luta pela reforma agrária e por justiça social no país.

LUIZ EDUARDO ACHUTTI

Acampamento na Assembléia Legislativa do Rio Grande do Sul, em 1987.

MANIFESTAÇÕES NAS GRANDES CIDADES

O MST conduz trabalhadores sem terra às grandes cidades para manifestações e passeatas, na tentativa de chamar a atenção da população para seus problemas. Essa é uma forma de o Movimento ganhar visibilidade.

Na maioria das vezes, essas manifestações são pacíficas e chamam a atenção pela ordem e disciplina dos participantes, que normalmente desfilam organizadamente e utilizam muita simbologia, como bandeiras e instrumentos de trabalho, para protestar contra a política do governo.

Em diversos casos, no entanto, houve repressão por governos estaduais mais conservadores.

O caso mais absurdo ocorreu no início de maio de 2000, quando o governador Jayme Lerner requereu **liminar** ao Judiciário para impedir a entrada dos camponeses em Curitiba, alegando que sujariam a cidade e colocariam em risco a ordem pública.

O Judiciário negou a liminar, mas mesmo assim a tropa de choque da Polícia Militar bloqueou as entradas da cidade e reprimiu a marcha, ferindo dezenas de pessoas e assassinando o trabalhador sem-terra Antônio Tavares. O caso foi amplamente coberto pela imprensa escrita, falada e televisionada.

SÉRGIO CARDOSO

Manifestação em Vitória, ES, durante o julgamento de José Rainha Jr., em abril de 2000. Era o MST no banco dos réus. A sentença de absolvição foi uma vitória do Movimento.

A organização do Movimento

Você viu que o MST foi crescendo, expandindo-se pelo Brasil afora e tornando-se um dos mais importantes movimentos sociais de toda a história do Brasil, conforme avaliações de Darcy Ribeiro, Celso Furtado, Jacob Gorender, José Saramago e Eric Hobsbawm*, entre outros. O MST aparece com destaque nos livros didáticos como movimento social que faz a História. Na base desse crescimento existe uma estrutura organizativa que foi sendo criada a partir das experiências vividas pelo Movimento.

No processo de construção e expansão do MST foram surgindo diversas comissões, equipes, núcleos, setores e outras formas de atividade, enfim bases de reflexão, discussão e encaminhamento das questões ligadas à luta pela terra em todas as suas dimensões.

De acordo com Bernardo Mançano Fernandes, em seu livro *A formação do MST no Brasil* (p. 172), "processo e mudança são elementos importantes da dinâmica dos movimentos sociais. Essas são fortes características do MST, de modo que, quando se estabelece uma atividade, ela está sendo praticada há tempos, porque a forma surgiu da práxis, e não de um projeto previamente elaborado". Com isso ele quer dizer que a forma de organização do Movimento foi sendo desenvolvida a partir da própria luta. Não havia fórmulas prontas e acabadas de como agir nas diversas circunstâncias. Aos poucos, devido às próprias necessidades, as diversas frentes foram sendo criadas, como veremos neste capítulo.

O estudo e a reflexão são práticas permanentes no interior do Movimento. O confronto de teorias políticas, econômicas e sociais fornecem as bases para a formulação de estratégias de luta em escala tanto local quanto nacional e internacional. Pense bem: o MST luta por uma reforma agrária. Isso ultrapassa a simples reivindicação de terra para os grupos que o compõem. Implica a distribuição da terra a todos os que desejem trabalhar nela e viver dela; sua destinação ao cumpri-

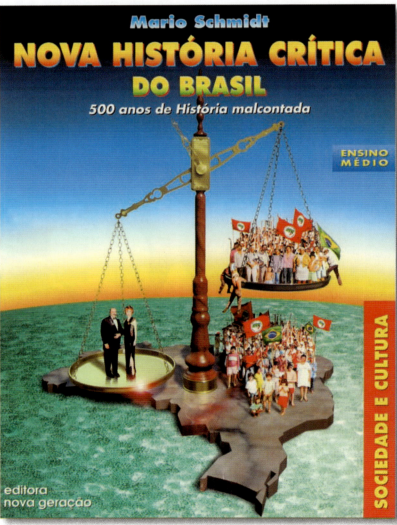

Capa de livro didático para o Ensino Médio traz o MST como o movimento de oposição às elites no Brasil.

---

*Darcy Ribeiro, antropólogo e político falecido em 1997; Celso Furtado, economista e ex-Ministro da Fazenda de João Goulart; José Saramago, escritor português, Prêmio Nobel de Literatura de 1998; Eric Hobsbawm, historiador inglês.

mento de sua função social, como prega a *Constituição* brasileira. Nesse sentido, a reforma agrária tem um caráter revolucionário, na medida em que deve levar à transformação da estrutura fundiária do país. Isso está consubstanciado na proposta do MST, conforme você leu no quadro das páginas 168 a 172, e em diversas publicações do próprio Movimento e sobre ele.

FRENTE DE MASSA

Uma ocupação se inicia com a formação dos grupos de famílias, que inclui a realização dos trabalhos de base e conscientização, e desenvolve-se no acampamento, nos enfrentamentos, nas manifestações, nas negociações, na conquista da terra. Para esse conjunto de ações o MST criou a **Frente de Massa**.

Como diz Bernardo Mançano Fernandes, no livro já citado (p. 173), esse setor "faz a travessia das pessoas de fora para dentro do MST". No desenvolvimento desse processo de luta popular, elas vão construindo a consciência e a identidade com a luta e com o Movimento, ou seja, vão se constituindo como **sem-terra**. Tornar-se sem-terra, nesse sentido, é mais que tentar superar a condição de excluído da terra, "é possuir o sentido de pertença e a identidade com os princípios desse movimento camponês".

Ao fazer parte das ocupações, os sem-terra passam a atuar nas diversas formas de organização, ou seja, passam a ser integrantes do MST. Adotando as idéias e os valores do Movimento, essa militância pode prosseguir após a implantação dos assentamentos, levando à participação nas instâncias de representação em âmbitos local, regional, estadual e nacional.

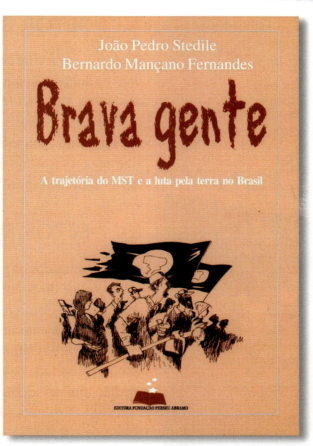

Este livro traz uma síntese do pensamento do MST.

O Setor de Frente de Massa é responsável pelo desenvolvimento do processo de expansão do Movimento. Seus integrantes deslocam-se para outros municípios, estados ou regiões, formando novos grupos de famílias, fazendo o trabalho de conscientização e realizando novas ocupações.

SETOR DE FORMAÇÃO

Embora a própria luta, em suas variadas formas, seja em si elemento fundamental na formação do militante, seu desenvolvimento depende de que ele adquira uma formação sociopolítica da qual os trabalhadores em geral sempre foram privados. Compreender o sistema capitalista, as razões históricas da situação dos trabalhadores, as alternativas ao modelo político e econômico vigente etc. é fundamental para o engajamento consciente do sem-terra. Considerando essa realidade, o MST decidiu criar o seu **Setor de Formação**.

Uma das atividades do Setor foi a organização de cursos periódicos de formação política, chamados de **escolas sindicais**. No início eles eram realizados em conjunto com o movimento sindical vinculado à CUT (Central Única dos Trabalhadores) nos diversos estados em que o MST já estava organizado. Nesses cursos, os trabalhadores articulavam os estudos teóricos com suas práticas na luta, fomentando a consciência crítica de classe. Eles foram interrompidos no final dos anos 80, devido à diminuição da participação do movimento sindical, que vivia uma crise de perspectiva enquanto tal.

A partir de março de 1990, o MST passou a investir em um espaço próprio de formação, sua Escola Nacional, em Caçador, Santa Catarina. Ali foram realiza-

ARQUIVO MST

Reunião de grupo de estudos de sem-terra em acampamento de Cruz Alta, RS. A atividade faz parte da formação de lideranças políticas locais, regionais e nacionais.

dos diversos cursos, mas a realidade da baixa escolaridade dos sem-terra em geral era um entrave à sua formação e à gestão dos assentamentos. Isso levou à criação de cursos supletivos de primeiro e segundo graus, de Magistério e de Técnico em Administração de Cooperativas.

Como subsídio à formação de seus integrantes, o MST fomentou a publicação de cadernos, boletins e livros, contando com a colaboração de cientistas e assessores. Por exemplo, a coleção Cadernos de Formação, iniciada em 1984, trata de temas ligados aos desafios do Movimento: sua própria organização; PNRA; reforma agrária na Constituinte; relação Igreja–Movimento; teoria da organização; sindicalismo; participação da mulher etc.

SETOR DE EDUCAÇÃO

A escola para as crianças e a alfabetização dos jovens e adultos foi uma preocupação desde as primeiras ocupações. Pais e professores formaram comissões para reivindicar e organizar escolas nos acampamentos e assentamentos. Em 1986, já havia diversas experiências educacionais isoladas nos estados. (Veja, na última parte, um capítulo específico sobre Educação no MST.)

SETOR DE PRODUÇÃO

Conquistados os primeiros assentamentos, o MST viu-se diante do desafio de estabelecer novas relações de produção. Como resistir ao processo expropriador do modelo vigente de desenvolvimento econômico? Grande parte das famílias assentadas havia sido expulsa ou expropriada da terra desde a implantação desse modelo. Foi nesse contexto que elas começaram a discutir o desenvolvimento da **cooperação agrícola** como forma de resistência. Afinal, traziam consigo a perspectiva de mudança política, econômica e social.

De 1980 a 1985, o trabalho e a produção nos assentamentos tinham um caráter individual e eventualmente eram realizados em grupos. O MST ainda estava em fase de gestação e não havia realizado um debate amplo sobre as formas de cooperação e os problemas derivados da falta de crédito agrícola.

Os desafios enfrentados, as discussões e os estudos referentes ao desenvolvimento da agricultura no capitalismo levaram a uma nova concepção da realidade. Era preciso mudar para **resistir no presente e construir o futuro**. Três princípios fundamentais foram estabelecidos para dar origem ao modelo de cooperação agrícola do Movimento:

- não separar, nas lutas pela terra e pela reforma agrária, a dimensão econômica da dimensão política;
- a luta não termina na conquista da terra; ela continua na organização simultânea da cooperação agrícola e das ocupações;
- investir sempre na formação dos sem-terra e dos assentados para sua qualificação profissional, tendo em vista as transformações da estrutura produtiva.

SISTEMA COOPERATIVISTA DOS ASSENTADOS

No Encontro Nacional dos Assentados, promovido pelo MST em abril de 1986, foi colocada uma proposta de criação de outro movimento, somente de assentados. Era uma proposta desagregadora, que contrariava os princípios do Movimento. Mas, após discutidos os prós e os contras, ela foi superada.

Estava então em formação a Comissão Nacional dos Assentados do MST, voltada justamente a discutir e encaminhar as dificuldades enfrentadas pelas famílias. Ela fez várias reuniões no Mirad, em Brasília, para reivindicar crédito de custeio e deu início à formulação de um programa de crédito para os assentados. Esse esforço resultou no Procera (Programa de Crédito Especial para a Reforma Agrária), que veio a ser então a principal linha de crédito dos assentados.

A Comissão acabou se tornando o **Setor dos Assentados**. Uma de suas preocupações e atividades foi realizar cursos de formação técnica e ampliar o debate sobre cooperação agrícola.

De 1987 a 1989, dedicou-se à criação de diferentes associações de produtores. Além de organizar a produção, era preciso tratar de problemas de infra-estrutura, como escolas, estradas, postos de saúde, etc. Já nesse período, alguns integrantes do Setor começaram a viajar para vários países da América Latina – Nicarágua, Peru, Honduras, Cuba, Chile e México – para conhecer as formas de cooperação das organizações camponesas em cada um deles.

O 1.º Laboratório Experimental para Formação de Organizadores de Empresas foi realizado, em outubro de 1988, em Palmeira das Missões, Rio Grande do Sul. Até 1992 esses laboratórios de campo foram realizados em assentamentos de diversos estados, voltados principalmente à formação de cooperativas de produção. Mas, apesar de teoricamente bem construídos, a maior parte de suas experiências não se consolidou e a metodologia foi abandonada.

Entre o final da década de 1980 e o início da de 1990, foram feitas as primeiras análises sobre as associações de cooperação agrícola e desenvolvimento econômico dos assentamentos. Elas foram a base para a construção de uma proposta ainda mais ampla voltada para essas finalidades.

Florestan Fernandes (1920–1995), sociólogo e grande pensador da esquerda, foi um dos incentivadores da formação do MST.

ARQUIVO MST

Ato de abertura do 1.º Laboratório Experimental para Formação de Organizadores de Empresas, em Palmeira das Missões, RS, em agosto de 1988.

A partir do segundo semestre de 1988, o Setor dos Assentados passou a trabalhar na formação do SCA (Sistema Cooperativista dos Assentados) e, em maio de 1992, fundou a **Concrab** (Confederação das Cooperativas da Reforma Agrária do Brasil).

OUTROS SETORES

No processo de organização do MST, outros setores foram se estabelecendo: Finanças, Projetos, Comunicação, Relações Internacionais, Gênero, Direitos Humanos, além das secretarias nacional e estaduais.

AS INSTÂNCIAS DE REPRESENTAÇÃO

Tal como ocorreu com a criação das bases de sua estrutura organizativa, no período de 1985 a 1990 o MST foi constituindo suas **instâncias de representação**, que se tornaram os espaços políticos onde se analisam as conjunturas e se traçam as linhas políticas gerais de atuação.

As instâncias de representação são os fóruns de decisão do Movimento, que acontecem nos encontros estaduais e nacionais. Sua formação também foi fruto de um processo. Do 1.º Encontro Estadual dos Sem-Terra do Rio Grande do Sul, em 1982, até o 1.º Encontro Nacional, em 1984, foram sendo deliberadas as linhas políticas do MST em formação. No 1.º Congresso Nacional foi eleita uma Coordenação Nacional com representantes dos doze estados em que o Movimento estava organizado ou em vias de organização.

Essas instâncias, peridiocidades de atuação e objetivos são os seguintes:

- *Congresso Nacional* – realizado a cada cinco anos, define as linhas conjunturais e estratégicas do Movimento e promove a confraternização entre os sem-terra e entre estes e a sociedade;
- *Encontro Nacional* – realizado a cada dois anos, avalia, formula e aprova linhas políticas e planos de trabalho dos setores de atividades;

- *Coordenação Nacional* – composta por dois membros de cada estado, eleitos no Encontro Nacional – um do SCA de cada estado e dois dos setores de atividades –, reúne-se de acordo com um cronograma anual e é responsável pelo cumprimento das deliberações do Congresso e do Encontro Nacional, e das decisões tomadas pelos setores de atividades;
- *Direção Nacional* – composta por um número variável de membros indicados pela Coordenação Nacional, deve acompanhar e representar os estados, bem como trabalhar pela organicidade do Movimento por meio dos setores de atividades;
- *Encontros Estaduais* – realizados anualmente para avaliar as linhas políticas, as atividades e as ações do MST, programam atividades e elegem os membros das Coordenações Estaduais e Nacional;
- *Coordenações Estaduais* – compostas por membros eleitos nos Encontros Estaduais, são responsáveis pela execução das linhas políticas do MST, pelos setores de atividades e pelas ações programadas nos Encontros Estaduais;
- *Direções Estaduais* – compostas por um número variável de membros indicados pelas coordenações estaduais, também são responsáveis pelo acompanhamento e representação das regiões do MST nos estados, bem como pela organicidade e desenvolvimento dos setores de atividades;
- *Coordenações Regionais* – compostas por membros eleitos nos encontros dos assentados, contribuem com a organização das atividades referentes às instâncias e aos setores;
- *Coordenações de Assentamentos e Acampamentos* – compostas por membros eleitos pelos assentados e acampados do Movimento, são responsáveis pela organicidade e desenvolvimento das atividades dos setores;
- *Grupos de base* – compostos por famílias, jovens ou grupos de trabalhos específicos (educação, formação, frente de massa, cooperação agrícola, comunicação e outros), que compõem a coordenação do assentamento.

A mística dos sem-terra

Desde suas primeiras ocupações os sem-terra vêm criando diversos símbolos de representação de sua luta. Circunstanciais, como a cruz da Encruzilhada Natalino, ou permanentes, como a bandeira e o hino do MST, eles são, sobretudo, signos da unidade em torno de um ideal e constituem a **mística** do Movimento.

O que podemos entender por mística? Os dicionários dão como sentidos "tratado sobre coisas divinas ou espirituais" e "ciência ou arte do mistério". No contexto dos sem-terra, é um ato cultural em que suas lutas e esperanças são representadas.

As palavras de um integrante do Movimento resumem bem a idéia da mística: "Nas lutas sociais existem momentos de repressão que parecem ser o fim de tudo. Mas, aos poucos, como se uma energia misteriosa tocasse cada um, lentamente as coisas vão se colocando novamente e a luta recomeça com maior força. Essa energia que nos anima a seguir em frente é que chamamos de 'mistério' ou de 'mística'. Sempre que algo se move em direção a um ser humano para torná-lo mais humano aí está se manifestando a mística".

Na Encruzilhada Natalino, a **cruz** simbolizava em si mesma a fé cristã que unia os sem-terra num momento crucial de sua luta. As escoras que lhe foram sendo postas representavam os apoios recebidos de instituições, entidades e pessoas de fora do Movimento. Os lençóis usados pelas crianças mortas pela fome e pelo sofrimento no acampamento eram um protesto contra as autoridades. Fé, esperança, dor e ânimo político estavam reunidos naquela cruz.

A bandeira, que aparece com grande destaque em todas as manifestações do Movimento, formando, muitas vezes, um lago ou um rio vermelho nas praças, avenidas e estradas, é um elemento permanente da mística.

Os hinos e músicas também fazem parte dos momentos de mística. Entre eles, a *Homenagem à bandeira dos sem-terra,* foi composta por Pedro Tierra e apresentada pela primeira vez durante o 3.º Encontro

Nacional. O outro é o *Hino do Movimento dos Sem-Terra*. A letra foi resultado de um concurso realizado em vários estados, cujo vencedor foi Ademar Bogo. A música foi composta por Willy Correia de Oliveira, professor da Escola de Comunicações e Artes da Universidade de São Paulo. A primeira apresentação foi feita pelo Coralusp.

Homenagem à bandeira dos sem-terra

Com as mãos
De plantar e colher
Com as mesmas mãos
De romper as cercas do mundo
Te tecemos.

Desafiando os ventos
Sobre nossas cabeças
Te levantamos.
Bandeira da terra,
Bandeira da luta,
Bandeira da vida
Bandeira da Liberdade!

Sinal de terra
Conquistada!
Sinal de luta
E de esperança!
Sinal de vida
Multiplicada!

Sinal de liberdade!
Aqui juramos:
Não renascerá sob tua sombra
Um mundo de opressores.

E quando a terra retornar
Aos filhos da terra,
Repousarás sobre os ombros
Dos meninos livres
Que nos sucederão.

Hino do Movimento dos Sem-Terra

Vem, teçamos a nossa liberdade
Braços fortes que rasgam o chão
Sob a sombra de nossa valentia
Desfraldemos a nossa rebeldia
E plantemos nesta terra como irmãos!

Vem, lutemos
Punho erguido
Nossa força nos leva a edificar
Nossa pátria
Livre e forte
Construída pelo poder popular

Braço erguido ditemos nossa história
Sufocando com força os opressores
Hasteemos a bandeira colorida
Despertemos essa pátria adormecida
O amanhã pertence a nós trabalhadores

Nossa força resgatada pela chama
De esperança no triunfo que virá
Forjaremos desta luta com certeza
Pátria livre, operária camponesa
Nossa estrela enfim triunfará.

Outros símbolos, como o facão, a foice, a enxada e os frutos do trabalho tornaram-se presentes no cotidiano da luta, representando a resistência e a identidade dos sem-terra.

Os pés descalços ou em sandálias, o chapéu de palha do camponês, a panela no fogo são também representações presentes em esculturas e pinturas de grandes artistas apoiadores do Movimento.

A participação da mulher

Na luta pela terra, desde os trabalhos de base, portanto antes mesmo da ocupação, predomina a participação da família. Mães, pais, jovens e crianças estão sempre presentes nas diversas atividades realizadas nas comissões, nas coordenações, nos setores, nos coletivos criados nas ocupações, nos acampamentos e nos assentamentos.

A coesão é uma condição básica na organização da luta, e o MST a vê como fundamental para evitar o isolamento, principalmente das mulheres, dos jovens e das crianças. Nesse sentido, a participação das mulheres nos diferentes setores e instâncias do Movimento é considerada essencial.

A preocupação do MST com a questão de **gênero** consubstanciou-se numa das deliberações do 4.º Encontro Nacional, realizado na Universidade Metodista de Piracicaba, São Paulo, no início de 1988: "priorizar a organização dos jovens e mulheres em todos os níveis dos assentamentos". Em seu documento "A reforma agrária necessária", o Movimento coloca como princípio fundamental "contribuir para criar condições objetivas de participação igualitária da mulher na sociedade, garantindo-lhe direitos iguais".

No 1.º Congresso Nacional, em 1985, elas estavam presentes na organização e iniciaram os trabalhos para a formação da Comissão Nacional das Mulheres do MST. Já em março do ano seguinte, conquistaram, junto com outros movimentos ligados a gênero, sua primeira grande vitória: o direito de receber lotes na implantação dos assentamentos, superando a condição de dependência

No 1.º Congresso Nacional dos Sem-Terra, em 1985, o MST homenageou as viúvas de líderes camponeses assassinados. Na foto, em primeiro plano, Elizabete Teixeira, viúva de João Pedro Teixeira, da Liga Camponesa do Sapé, Paraíba, morto em 1962.

em relação a pais ou irmãos. Ainda nesse período, as sem-terra de diversos estados organizaram encontros para refletir e avaliar suas formas de participação na luta.

Presentes em todos os setores e instâncias políticas do Movimento, elas têm sido fundamentais no desenvolvimento das ações em todos os níveis. Sua experiência nas ocupações, nos enfrentamentos e nas negociações, na lavoura, em suas casas ou barracos de lona, nas escolas, nas associações, nas cooperativas, no jornal e nas secretarias, resultou na criação do Coletivo Nacional das Mulheres do MST. É um espaço de debate permanente a respeito das ações das mulheres na luta pela terra e das relações sociais em suas diferentes dimensões.

Em termos concretos, as mulheres organizadas no MST desenvolvem atividades ligadas a gênero tanto nos assentamentos e acampamentos como em eventos externos. Realizaram diversos encontros regionais e nacionais e participaram de outros, organizados em conjunto com as entidades ligadas a gênero de todo o Brasil. Problemas específicos das comunidades de que fazem parte e gerais, como o fim da aposentadoria da mulher trabalhadora rural aos 55 anos, o salário maternidade e o auxílio acidente de trabalho, fazem parte da pauta das discussões.

Manifestação das mulheres do MST do Mato Grosso do Sul, em frente ao Incra de Campo Grande, em outubro de 1997, após o 1.º Encontro das mulheres do estado.

Elas participam do consenso, estabelecido no 1.º Encontro Nacional das Trabalhadoras Rurais, realizado no Instituto Cajamar, da CUT (Central Única dos Trabalhadores), de que os problemas de gênero e classe se entrelaçam e de que é fundamental combinar as lutas de ambos para a construção de novas relações de gênero e para um projeto de sociedade democrática e popular.

Em abril de 2000, por ocasião dos 500 anos do descobrimento do Brasil, o MST fez sua primeira ocupação só de mulheres. Cerca de 70 trabalhadoras rurais ocuparam o Engenho Gutimba, na Zona da Mata de Pernambuco, como resposta aos 500 anos de exploração, fome, miséria, concentração da terra e submissão forçada das mulheres. O acampamento foi batizado com o nome de Dorcelina Folador, em memória da prefeita de Mundo Novo (Mato Grosso do Sul) e militante do MST assassinada em outubro de 1999.

Mobilização de mulheres do MST, em Brasília, março de 1996.

Os jovens e os sem-terrinha

Os motivos para que os **jovens** em geral deixem o campo e rumem para as cidades são muitos. Entre eles estão o fascínio da vida urbana, o prosseguimento dos estudos, as oportunidades de emprego e desenvolvimento pessoal, as opções de lazer, a concentração de eventos culturais e esportivos. Para os jovens filhos de pequenos agricultores o motivo é sobretudo a sobrevivência. O lote de seus pais já não poderá prover-lhes o sustento quando casem e constituam família. Obviamente esse é também o caso dos jovens que vivem nos assentamentos da reforma agrária.

Muitos filhos dos primeiros assentados desta história que viemos contando já deixaram o campo. Outros foram à luta por seu próprio assentamento, juntando-se aos acampados. Alguns conseguiram trabalho nas cooperativas de que seus pais fazem parte.

O MST assume ser esse um de seus principais desafios. Entendendo ser essencial cidadanizar os jovens, conscientizá-los e qualificá-los, concentrou esforços na educação, com o EJA (Projeto de Educação de Jovens e Adultos), os supletivos, cursos profissionalizantes e outros. Na cidadanização dos jovens, buscou parcerias com universidades para realizar cursos de férias (de verão e inverno) sobre Realidade Brasileira. Também nesse sentido, dentro de sua preocupação com as questões ambientais, vem procurando envolver a juventude na agroecologia, desenvolvendo formas alternativas de utilização da terra, sem o uso indiscriminado de venenos e insumos químicos.

O MST entende também que, diante das crises econômicas cada vez mais constantes, a juventude precisa estar

Já na segunda metade dos anos 80, os jovens participavam dos cursos de formação realizados pelo MST em parceria com a CUT. Na foto, jovem recebe seu certificado.

Abertura do 1.º Encontro Estadual de Jovens de Pernambuco.

213

preparada, apta para aplicar o modelo de agricultura mais adaptado às condições de cada região, de baixo custo e rentabilidade satisfatória. Privilegiando o desenvolvimento de uma mentalidade coletivista, a proposta do Movimento é estabelecer formas de atuação organizadas, como as brigadas, tanto nas atividades ligadas aos assentamentos (reciclagem, agroecologia etc.), quanto naquelas que os jovens desenvolvem na sociedade (limpeza e ornamentação de logradouros públicos etc.).

Com vistas à preparação das novas lideranças, além de cursos de formação política, são realizados encontros estaduais e nacionais nos quais os jovens discutem os encaminhamentos das lutas dos sem-terra.

As crianças dos acampamentos e também as dos assentamentos, chamadas de **sem-terrinha**, são cidadãs. Além de participar do esforço educacional do MST, freqüentando as escolas dos assentamentos ou dos municípios onde vivem, elas estão presentes nas lutas, em passeatas organizadas nas grandes cidades, chamando a atenção das autoridades para a causa, ou em eventos de entrega de reivindicações nas diversas instâncias governamentais ligadas à questão da terra, créditos, educação e infra-estrutura.

Crianças participando da oficina de pintura durante o 3.º Congresso Nacional dos Sem-Terrinha, em Recife, PE.

Em outubro de 1996, o MST realizou o 1.º Congresso Infanto-Juvenil com filhos de assentados e acampados de vários estados, com o apoio do Sindicato dos Bancários de São Paulo. Cerca de 400 crianças e adolescentes participaram de atividades culturais, recreativas e educativas no clube da Associação dos Funcionários da Caixa Econômica Federal, em São Paulo, estudaram o Estatuto da Criança e do Adolescente e elaboraram um manifesto.

Alunos da Unesp coordenaram oficinas de arte e as brincadeiras. No dia 12, Dia da Criança, artistas apoiadores da reforma agrária apresentaram peças teatrais. Os sem-terrinha fizeram passeata do largo de São Francisco até a Secretaria da Educação, na praça da República, onde tiveram audiência com os secretários adjunto da Educação e da Justiça.

Em março de 1999, crianças e adolescentes de várias regiões do país realizaram o 1.º Encontro Nacional dos Sem-Terrinha, em Brasília. Do evento, resultou a seguinte pauta de reivindicações: construção de escolas, parques infantis e quadras esportivas, recursos para educação de alunos e formação de professores, bibliotecas, transporte escolar, saneamento básico nas escolas e merenda de boa qualidade.

Passeata de sem-terrinha no 3.º Congresso Nacional, em Recife, PE, 1998.

O MST e a Lei

Quando trabalhadores rurais sem terra ocupam terras que não estão cumprindo sua função social, eles estão cometendo um ato de **desobediência civil**? Voltemos às páginas 117 e 132 para reler os quadros "A função social da terra" e "Ocupação não é invasão".

A questão da **função social da terra** está no inciso XXIII do artigo 5.º e nos artigos 184 e 186 da Constituição Federal. De acordo com eles:

- o proprietário da terra deve fazer dela um uso racional e adequado, preservando os recursos naturais e o meio ambiente, observando as leis trabalhistas e que a produção favoreça tanto a ele como aos trabalhadores.
- a propriedade que não cumprir qualquer dos requisitos citados, será desapropriada e destinada ao Programa Nacional de Reforma Agrária.

Se o governo federal, por motivos políticos, não está cumprindo a Lei, os sem-terra podem se organizar e, por meio de mobilizações, como as ocupações de latifúndios, pressionar e exigir que ela seja obedecida.

Ao julgar um caso de ocupação, o juiz deve verificar se a terra cumpre ou não sua função social. Para isso, pode visitar a propriedade. Se ela estiver de acordo com o que manda a Constituição, o juiz deve conceder a liminar de reintegração de posse. Caso contrário, deve julgar que a posse pertence aos trabalhadores e determinar ao Incra que faça uma vistoria no imóvel para dar início ao processo de desapropriação.

A OCUPAÇÃO DE TERRAS E O CÓDIGO PENAL

Alguns juízes e delegados entendem que ocupar terra é crime e, às vezes, prendem integrantes de ocupações sob a acusação de **esbulho possessório** e **formação de bando ou quadrilha**.

Ainda bem que eles não recebem o respaldo dos tribunais superiores. Vejamos alguns exemplos disso, que extraímos da tese de mestrado do Prof. Bruno Comparato.

Tribunal de Justiça de São Paulo

Apelação Criminal n.º 272.550-3/0 (Andradina). 26 de outubro de 2000. A Quinta Câmara Criminal do Tribunal de Justiça de São Paulo manteve a absolvição de trabalhadores rurais participantes de ocupação no município de Andradina, acusados de esbulho possessório, formação de bando ou quadrilha e roubo. No **acórdão**, está escrito que "a invasão de propriedades rurais com a finalidade, [...], de pressionar as autoridades a dinamizar a reforma agrária, [...] tangencia a guerra revolucionária, perturba a ordem pública e importa em ilícito civil, mas não configura o delito de esbulho possessório, porque ausente o elemento subjetivo do tipo". Ou seja, os trabalhadores ocuparam a propriedade com o fim de pressão política, e não de enriquecimento pessoal. No final do voto vencedor, o desembargador Celso Limongi afirma: "Constitui-se, aliás, imperdoável erro científico analisar o Movimento Sem Terra pela ótica penal, ao invés de fazê-lo sob o enfoque social".

Superior Tribunal de Justiça (STJ)

Habeas Corpus n.º 9.896 – Paraná (99/0055128). 21 de outubro de 1999. A Sexta Turma do STJ decidiu que "a manutenção de líderes do Movimento do Trabalhadores Rurais Sem Terra – MST – sob custódia processual, sob a acusação de formação de formação de quadrilha, desobediência e esbulho possessório afronta o preceito inscrito no artigo 5.º, inciso LXVI da Constituição Federal". Segundo os ministros do STJ, a prisão dos trabalhadores rurais visou ao "enfraquecimento do Movimento" e a Justiça não pode ser "instrumento de ação política contra movimentos que se insurgem contra as desigualdades econômicas e sociais".

Habeas Corpus n.º 5.474 – SP (97.0010236-0). 8 de abril de 1997. Impetrado em favor dos trabalhadores do Pontal do Paranapanema. Segundo os ministros do STJ, "um movimento popular visando implantar a reforma agrária não caracteriza crime contra o Patrimônio. Configura direito coletivo, expressão da cidadania, visando implantar programa constante da Constituição da República. A pressão popular é própria do Estado de Direito Democrático".

Habeas Corpus n.º 4.399 – SP (96/0008845-4). 12 de março de 1996. Impetrado em favor de trabalhadores presos no Pontal do Paranapanema. Para o ministro Luiz Vicente Cernicchiaro, "a conduta do agente no esbulho possessório é substancialmente distinta da conduta da pessoa com interesse na reforma agrária. [...] No esbulho possessório, o agente dolosamente investe contra a propriedade alheia", mas quando os trabalhadores rurais participam das ocupações de terras estão realizando uma "pressão social para a concretização de um direito (pelo menos, interesse)".

Convém destacar que a ocupação de terras já não é vista como crime, o que demonstra que o Poder Judiciário no Brasil evolui e em breve poderá estar decidindo que as propriedades ocupadas que não cumprem a função social sejam exploradas pelos trabalhadores, cabendo ao Incra entrar com a ação de desapropriação. E, enquanto o governo federal não desapropria, os ocupantes poderão desenvolver culturas de subsistência.

Um movimento social no banco dos réus

A 2 de junho de 1989, famílias sem terra ocuparam a Fazenda Ipuera, no município de Conceição da Barra, norte do Espírito Santo. Três dias depois, José Machado Neto, o proprietário, acompanhado pelo policial Sérgio Narciso, à paisana, foi até o acampamento. Ao chegarem, dispararam contra os acampados, que revidaram. Ambos morreram e vários sem-terra ficaram feridos. A Polícia Militar cercou a área, despejou todas as famílias e prendeu trabalhadores.

As confissões obtidas sob tortura, levaram ao indiciamento de José Rainha Jr. e de oito acampados. Ainda naquele ano, dois dos indiciados foram assassinados. Isso fez com que os demais fugissem, à exceção de Rainha, que foi o único a comparecer ao tribunal de Pedro Canário a 10 de junho de 1997.

Ficou provado que ele residia havia 7 meses no Ceará e que, no período do ocorrido, participara de negociações com o governo e de uma ocupação do Incra, em Fortaleza. Várias testemunhas confirmaram seu álibi, entre elas um coronel da PM, políticos locais e um sindicalista. Mesmo assim, ele foi condenado a 26 anos e seis meses de prisão. De acordo com a *Folha de S. Paulo* de 22 de junho de 1997, vários dos sete jurados tinham ligações com a família do fazendeiro morto ou com proprietários rurais da região.

Como a pena foi superior a 20 anos, Rainha teve direito a novo julgamento. Sua defesa conseguiu que ele fosse feito em Vitória, visando contar com um júri imparcial. A 3 de abril de 2000, no mais longo julgamento ocorrido no Espírito Santo, José Rainha Jr. foi absolvido. A 200 metros do tribunal, milhares de pessoas em vigília desde o dia anterior, um painel com centenas de mensagens de apoio, celebração ecumênica, apresentação cultural com diversos artistas locais e nacionais.

A defesa foi composta por Aton Fon Filho, Luiz Eduardo Greenhalgh e Evandro Lins e Silva. Este último, ex-ministro do Supremo Tribunal Federal, com 88 anos, aceitou a defesa por acreditar que no banco dos réus não estava um homem, mas o MST.

Após a absolvição, Rainha comemora em Vitória com os companheiros.

A imprensa e o MST

Sob o chapéu Conflito, o título "Centros de treinamento preparam os sem-terra". A matéria, publicada em 24 de outubro de 1995 pelo jornal *O Estado de S. Paulo*, sugeria que as escolas do MST em Caçador, Santa Catarina, e Braga, Rio Grande do Sul, fossem esses "centros de treinamento". Em meio às explicações sobre o Movimento e o que era oferecido nesses locais, havia informações como: "Nos ônibus fretados para levar os sem-terra na madrugada da ocupação não faltam foices, facões, machados e enxadas. [...] Postos de observação são armados com trincheiras de sacos de terra e faixas e bandeiras indicam a presença do MST no local". Ao final, o nexo era dado com as declarações do presidente regional da UDR no Rio Grande do Sul: "O MST é o braço armado da CUT e está executando uma verdadeira operação de guerrilha"; "o comando dos colonos é formado pelos 40 da Nicarágua". A matéria nem fez questão de esclarecer quem eram esses "40 da Nicarágua", que só deviam existir na imaginação do declarante.

Junho de 1996: a imprensa lançava um bombardeio sobre o MST. Foram dias seguidos de acusações, cuja fonte era a SAE (Secretaria de Assuntos Estratégicos) do governo federal. De acordo com o relatório dessa Secretaria, distribuído à imprensa:

- em algumas áreas de assentamentos estariam estocadas armas contrabandeadas do Paraguai;
- a organização do MST segue modelo paramilitar;
- o treinamento dos sem-terra é feito com ajuda de alemães, chilenos, cubanos, nicaragüenses e soviéticos;
- os sem-terra fazem treinamento de guerrilha, pretendem instalar bases na região do Bico do Papagaio e estão fortemente armados.

Mas você mesmo viu:

- a estratégia central do MST é ter um número cada vez mais significativo de famílias para empreender suas ações;
- o Movimento tanto busca visibilidade que realiza longas marchas com centenas ou milhares de bandeiras pelas vias públicas;

217

- mesmo quando realiza ações no campo, a exemplo da destruição das plantações de transgênicos da Monsanto, no final de janeiro de 2000, no Rio Grande do Sul, ele convoca a imprensa para cobrir o evento.

O que tudo isso tem a ver com guerrilha?

Em maio de 2000 outra ofensiva da grande imprensa contra o MST. A revista *Veja*, em seu número 1.648, deu como manchete de capa "A tática da baderna", referindo-se às ações do MST no início do mês. Na matéria, intitulada "Sem terra e sem lei", ataca: "Na prática, quem observa a trajetória do MST verifica que, pouco a pouco, modifica sua visão a respeito desses objetivos [a reforma agrária]. Numa palavra, o MST não quer mais terra. Ele quer *toda* a terra, quer tomar o poder no país por meio da revolução e, feito isso, implantar aqui um socialismo tardio [...]." Mais adiante, o jornalista opina: "Tal era o empenho do MST em enfatizar suas reivindicações que seus integrantes não hesitaram em violar o Código Penal em vários artigos. Invadiram repartições públicas, impedindo-as de funcionar. Mantiveram servidores do Estado em cárcere privado. Danificaram bens públicos e propriedades particulares. E tudo isso sem a menor sensação de que cometiam crimes. Como considera ilegítimo o Estado, o MST desconsidera suas leis". Tudo ecoava a visão do governo federal a respeito da reforma agrária, pondo, ao mesmo tempo, de um lado, a massa de manobra e, de outro, as lideranças que a manipulam. (Você já leu aqui as respostas do MST a essas acusações.)

Dias depois, um jornalista da própria revista denunciou anonimamente pela Internet como o secretário de Comunicação da presidência da República, Andrea Matarazzo, negociou a matéria com os editores. (Leia na íntegra a denúncia no quadro ao lado.)

Jornalismo tendencioso

"[...] a principal limitação do jornalismo comercial deve-se ao fato de estar subordinado ao interesse das elites, além de um motivo ainda mais óbvio: o próprio monopólio dos meios de comunicação. Sendo assim, é claro que a representação dos sem-terra – assim como de todos aqueles que não participam da sociedade de

A verdade sobre o crime da *Veja*

Talvez o fato de trabalhar para a empresa que se acusa me faça cúmplice. No entanto, algum lampejo de honestidade me ilumina a razão e, por isso, vos narro o que sei. Há anos vivo os melindres da profissão e da filiação ao império Abril. É pena que o colega Mário Sérgio[1] tenha contado tão pouco do que lá se passa. É pena que tenha omitido detalhes importantes das trapaças arquitetadas pelos arrogantes senhores do resumo semanal. A revelação de tais fatos certamente macularia sua já arranhada reputação. Mas se a disputa se dá no campo da falta de ética, é certo que será superado pelos senhores Tales Alvarenga e Eurípedes Alcântara[2].

De Mário Sérgio Conti tudo se pode dizer. Que é bruto com as mulheres, que fuma demais e que obriga seus subordinados a coletar argumentos para justificar falsidades. Dos outros dois, pode-se esperar ainda empáfia e ignorância. O primeiro é capaz de recorrer ao Dedoc[3] para descobrir se Vinícius de Moraes está vivo ou morto. O segundo, dublê de cientista e Don Juan da casa, é capaz de fundir boi e tomate numa fantástica e exclusiva descoberta[4]. Diagnóstico: a arrogância é tanta que não lhes cabe mais perder tempo com a aquisição de conhecimento.

O garoto de recados da Camorra editorial é o sr. Eduardo Oinegue[5]. Veja bem: Oinegue ao contrário quer dizer Eugênio. O que significa eugenia para o império dos Civita? Oinegue foi criado no laboratório da casa. Nunca trabalhou em qualquer outro órgão de imprensa. Saiu diretamente dos bancos escolares para *Veja*. Mantinha os contatos sujos com Cláudio Humberto[6], no início da década [90]. Hoje, chafurda na lama das matérias plantadas, dos panfletos encomendados pelo governo.

No dia 2 de maio, Alvarenga recebe um telefonema do "chefe supremo". O "filho do pato", alguém diz. Não, a secretária é quem lhe passa a senha. É do "mata-ratos", diz[7]. O diretor de redação está distante da sede naquele momento. O contato, no entanto, é feito rapidamente. Um homem de confiança do presidente Fernando Henrique Cardoso pede uma contrapartida. Afinal, a revista teria "batido" indiretamente no governo ao espicaçar a festa dos 500 anos. Alvarenga defende-se. Segundo ele, a revista "livrou a barra do governo" ao insistir na teoria "Dinamarca". Trata-se da informação de que o governo deu tantas Dinamarcas aos índios e beneficiou um mar de famílias com novas doações de terra. O diretor afirma que o governo saiu "limpinho" da história e que sobrou mesmo só para o "paranaense", numa referência ao ex-ministro Greca[8].

Do outro lado da linha, o senhor Matarazzo pede novamente uma contrapartida. Alvarenga lembra que já se produz uma matéria sobre o MST, mas que não sabe quando será publicada. "Agora", diz o emissário governista, afirmando que "tudo já está acertado com o dono". Alvarenga ri e pergunta se há qualquer encomenda. "Bota aí esse negócio da Dinamarca. É um país titica, mas dá impressão boa."[9] Alvarenga dialoga com Alcântara e decidem convocar "Oinegue-*boy*" para executar o serviço sujo.

Começa rapidamente a operação. Durante a semana, Oinegue repreende duramente um repórter que não estaria "cooperando" para rechear o trabalho contra o MST. Discute-se a capa. Dois ou três editores executivos oferecem sugestões. Oinegue fala em "baderna", palavra sempre utilizada para desqualificar adversários de *Veja*. Os iluminados do semanário não sabem, mas "baderna" era termo freqüentemente utilizado pelo sociólogo Oliveira Viana e pelo pensador católico Jackson Figueiredo, ideólogos do Integralismo, movimento de inspiração nazifascista da década de 30. Usavam-no para caracterizar a "anarquia liberal". Decidem que "tática" é palavra importante na chamada "porque lembra futebol e fala fundo ao espírito brasileiro".

Alguém cita uma matéria sobre a Coréia do Norte. Oinegue manda utilizar os termos "Coréia Comunista" e "morta de fome". A revista precisa reforçar subliminarmente a mensagem contra o MST. Escolhe-se uma foto de agricultores para ilustrar a matéria. A legenda é "agricultura fracassada e crianças subnutridas: o país mais isolado". Num telefonema à redação, Alcântara sugere o uso da palavra "fracasso e fracassado". "Dá sempre certo. A Globo não cansa de usar o termo para avacalhar com greves gerais. Desmobiliza os caras e fode tudo."

A baixaria continua. Nova reunião é marcada entre os chefes. Uma repórter participa. A idéia é pintar o "vilão" da história. Não existe fantasma sem cara. Stedile é o preferido. Alguém sugere colocá-lo no "corpo de Guevara", outro sugere o corpo do cangaceiro Corisco. Resolvem, por fim, realizar uma montagem em que o líder do MST aparece com uma pistola na mão. É um suposto James Bond do mal. Alguém alega que "pode dar processo". "O dr. Civita[10] diz que pode mandar bala", afirma Alvarenga. O chefe da

arte morre de rir ao ver o resultado. "Ficou bem bandido mesmo". Na página anterior, o compenetrado Fernando Henrique Cardoso aparece em foto de gabinete. Sério, parece zelar pela segurança dos brasileiros.

Pede-se a um repórter que ouça vozes da condenação. "Ouve lá o Celso Bastos[11]. Pra tacar pau na esquerda ele é ótimo, e sempre atende". O clima na redação não é dos melhores. Arranja-se uma foto da Folha Imagem, com um suposto sem-terra chutando uma porta. A matéria vai sendo escrita e reescrita. Há uma frase encomendada, introduzida de última hora: "(Cria-se) assim um mundo em que o MST desempenha o papel do Bem, num cenário maniqueísta em que o governo FHC é o Mal".

Dois repórteres são muito elogiados pelo editor executivo pelo empenho. Um deles afirma que o termo "baderna" caiu muito bem na história. É uma pena que não tenha se divertido antes. Baderna é o nome de uma dançarina que despertou paixões em sua passagem pelo Rio, em 1851. Os rapazes da época faziam ruído durante suas apresentações. Baderna, doce Baderna. Dizem que era linda.

Notas da Oficina de Informações

* Esta carta, redigida por um funcionário da Editora Abril que prefere se manter anônimo, por razões óbvias, circulou na Internet durante a semana passada [de maio de 2000].

1 Mario Sergio Conti foi diretor de redação da revista *Veja* entre 1991 e 1997 e é autor de *Notícias do Planalto - A imprensa e Fernando Collor*, Companhia das Letras, São Paulo, 1999.

2 Tales Alvarenga é o atual diretor de redação de *Veja* e Eurípedes Alcântara é o seu redator-chefe.

3 Departamento de Documentação da Editora Abril.

4 Barriga histórica de *Veja*, baseada em falsa matéria científica que "demonstrava" a possibilidade de fusão genética de animais com vegetais. A matéria, copiada de uma revista estrangeira, havia sido publicada como brincadeira de 1.º de abril.

5 Eduardo Oinegue é um dos cinco editores executivos de *Veja*

6 Cláudio Humberto Rosa Silva foi o porta-voz do presidente Fernando Collor.

7 Ministro Angelo Andrea Matarazzo, chefe da Secretaria Geral de Comunicação de Governo da Presidência da República.

8 Ex-ministro do Esporte e Turismo Rafael Valdomiro Greca de Macedo, coordenador dos festejos oficiais dos 500 anos.

9 O trecho publicado, na página 47, ficou assim: "Depois de receber 22 milhões de hectares de terra, área equivalente a cinco Dinamarcas, o MST acrescentou um item novo ao seu tradicional discurso. Agora, a tônica das reivindicações dos sem-terra deixou de ser a distribuição de terras e passou a ser distribuição do dinheiro público - daí a invasão dos prédios do Ministério da Fazenda e da sede do BNDES, no Rio de Janeiro".

10 Roberto Civita, presidente e editor de *Veja*.

11 Celso Bastos é professor de Direito Constitucional em São Paulo.

consumo será tendenciosa". Essas palavras são da jornalista e diretora do Centro de Justiça Global, Maria Luísa Mendonça. São dela os dados que passamos a reproduzir em seguida. Eles resultam de uma pesquisa que realizou em 300 artigos de jornal que citam o MST, nos quatro maiores órgãos de imprensa do país: *Folha de São Paulo*, *O Globo*, *O Estado de S. Paulo* e *Jornal do Brasil*, entre 20 de abril e 20 de agosto de 1999.

- "Desocupação no PR deixa 3 feridos" (*Folha de S. Paulo*, 22/5/99)
- "Morte de sindicalista foi vingança, diz polícia" (*O Estado de S. Paulo*, 25/5/99)
- "Conflito mata sem-terra na Paraíba" (*Folha de S. Paulo*, 08/7/99)
- "PMs se contradizem sobre massacre: comandantes divergem em depoimento, mas atribuem morte de sem-terra a ordem superior" (*Folha de S. Paulo*, 17/8/99)

A jornalista assinala o fato de que as manchetes resumem a questão, atribuindo os crimes a conflitos, tiroteios, desocupação, vingança, ordem superior.

Quando o foco é uma ação do MST, o que se procura ressaltar é a imagem de violento do Movimento:

- "Sem-terra *bloqueiam* 3 prefeituras no Pontal" (*O Estado de S. Paulo*, 21/5/99)
- "Policial é feito *refém* por sem-terra em SP" (*O Estado de S. Paulo*, 31/5/99)
- "MST faz *ameaça* em gravação" (*Jornal do Brasil*, 08/6/99)
- "Sem-terra *incendeiam* casas em fazenda" (*O Globo*, 15/7/99)
- "Sem-terra *saqueiam e queimam* fazenda histórica em São Paulo" (*O Estado de S. Paulo*, 15/7/99)
- "Sem-terra *invadem* oito áreas em PE" (*Folha de S. Paulo*, 10/8/99)

A questão da "pretendida" tomada do poder pelo MST ganhou força em matérias publicadas pelo jornal *O Estado de S. Paulo*, no mês de junho de 1999, quando as manchetes procuraram dar essa conotação às ações do Movimento.

Embora o MST demonstre na prática não ter qualquer relação com a guerrilha, a grande imprensa tem-se mostrado capaz de estimular a intensificação da repressão aos sem-terra.

- "MST ensina táticas de guerrilha aos sem-terra" (*O Globo*, 13/6/99)
- "Denunciada ação armada de sem-terra em MG" (O Estado de S. Paulo, 24/6/99)
- "PF investiga infiltração da guerrilha peruana no Brasil" (*O Globo*, 29/6/99)

A abordagem da ação da polícia em relação aos sem-terra geralmente dá a entender que essa instituição tem procurado "pacificar" o campo ou evitar a violência (de quem contra quem?).

- "Polícia Federal teme onda de invasões" (*O Estado de S. Paulo*, 30/4/99)
- "PM convoca reunião com sem-terra" (*O Estado de S. Paulo*, 30/6/99)
- "Megaoperação desocupa 3 fazendas pacificamente" (*Folha de S. Paulo*, 24/7/99)

Neste último caso, as famílias que ocupavam as fazendas já as haviam deixado antes da chegada da polícia. E no próprio artigo é desmentido o "pacifismo" da polícia, quando revela que ela vinha usando contingentes de 300 a 500 soldados em cada operação e que estes "entram nas fazendas armados com bombas de efeito moral, balas de borracha e comuns, cassetetes e escudos". Tudo isso para se defender de quem?

Já as matérias sobre a posição do governo em relação à reforma agrária podem ser interpretadas como de muita boa vontade:

- "Jungmann vai ao Pontal falar com o MST" (*O Estado de S. Paulo*, 03/5/99)
- "Incra já admite aumentar orçamento no Pará" (*O Estado de S. Paulo*, 07/5/99)
- "Jungmann afirma que pretende assentar 85 mil famílias este ano" (*O Globo*, 08/5/99)
- "Incra libera R$ 100 milhões para sem-terra" (*O Globo*, 10/7/99)
- "Crédito agrícola terá R$ 1,75 bilhão" (*O Estado de S. Paulo*, 18/8/99)

Entre as trezentas matérias pesquisadas pela jornalista, apenas oito passam uma imagem positiva do MST.

Prêmios e homenagens ao MST

1986-1995

1 *Prêmio Vladimir Herzog de Anistia e Direitos Humanos* (8.ª edição). Categoria: Imprensa do Movimento Sindical e Popular. Pelo Sindicato dos Jornalistas Profissionais do Estado de São Paulo ao *Jornal dos Trabalhadores Rurais Sem Terra*. Data: outubro de 1986.

2 *Prêmio Vladimir Herzog*. Categoria: Menção honrosa. Pelo Sindicato dos Jornalistas Profissionais do Estado de São Paulo ao MST por seu trabalho pela reforma agrária e pelo fim da violência no campo. Entregue a Otávio Amaral, José Gowaski, Idoni Bento e Augusto Moreira, presos por 19 meses devido ao conflito da praça da Matriz, em Porto Alegre, RS. Data: 08/11/90.

3 *Chave da Cidade de Porto Alegre*. Pelo prefeito Olívio Dutra (PT-RS) aos trabalhadores rurais sem terra, após uma marcha de 450 km no dia 16 de outubro de 1991. Data: 16/10/91.

4 *Prêmio Nobel Alternativo*. Concedido pela Fundação The Right Livelihood Awards, da Suécia, ao MST e à CPT, no Parlamento sueco, em Estocolmo. Data: 09/12/91.

5 *Medalha Chico Mendes de Resistência*. Pelo Grupo Tortura Nunca Mais (RJ) ao MST-RS. Data: 31/03/92.

6 *Paraninfo na Unisinos*. O MST foi paraninfo da 2.ª turma de formandos de 1992 em Ciências Sociais da Unisinos, de São Leopoldo (RS). Data: 08/01/93.

7 *Medalha Chico Mendes de Resistência*. Pelo Grupo Tortura Nunca Mais (RJ) a Ivonete Tonin (Nina), militante do MST que, por seu trabalho junto aos sem-terra, permaneceu presa por seis meses em 1993, em Dourados (MS). Data: 1993.

8 *Prêmio Marçal de Souza de Direitos Humanos*. Pelo Centro de Direitos Humanos Marçal de Souza de Campo Grande (MS) ao militante Egídio Brunetto. Data: 25/03/94.

9 *Prêmio Estadual de Direitos Humanos Emmanuel Bezerra dos Santos*. Pelo Movimento Nacional de Direitos Humanos e Comitê em Defesa da Vida (RN) ao MST do Rio Grande do Norte. Data: 04/11/94.

10 *Medalha Chico Mendes de Resistência*. Pelo Grupo Tortura Nunca Mais (RJ) ao MST do Paraná. Data: 1994.

11 *Medalha Pedro Ernesto*. Pela Câmara Municipal do Rio de Janeiro ao militante do MST, João Pedro Stedile. Data: 1995.

12 *Prêmio de Direitos Humanos*. Pelo Centro de Direitos Humanos Henrique Trindade, Cuiabá (MT), em parceria com o escultor Jonas Lima Correa Neto, ao MST-MT. Data: 14/12/95.

13 *Memorial de la Paz y la Solidaridad entre los Pueblos*. Pela Fundación Servicio Paz y Justicia da Argentina ao MST. Data: 15/12/95.

14 *Prêmio Itaú-Unicef de Educação e Participação* (2.º lugar). Ao Setor de Educação do MST, pelo programa de educação desenvolvido nos assentamentos da reforma agrária. Data: 11/12/95.

15 *Medalha Ordem do Mérito Legislativo Municipal* (Grau Insígnia). Pela Câmara Municipal de Belo Horizonte à militante do MST, Diolinda Alves de Souza. Data: 21/12/95.

1996

16 *Troféu Greve de Maio dos Petroleiros.* Pelo Sindipetro do Ceará ao MST. Data: 01/03/96.

17 *Título de Cidadã do Estado do Rio de Janeiro.* Pela Assembléia Legislativa do Rio de Janeiro à militante do MST, Diolinda Alves de Souza. Data: 01/03/96.

18 *Título de Cidadão do Estado do Rio de Janeiro.* Pela Assembléia Legislativa do Rio de Janeiro ao militante do MST, Márcio Barreto. Data: 01/03/96.

19 *Título de Cidadão do Estado do Rio de Janeiro.* Pela Assembléia Legislativa do Rio de Janeiro ao militante do MST, José Rainha Júnior. Data: 06/03/96.

20 *Título de Cidadã Sorocabana.* Pela Câmara Municipal de Sorocaba (SP) à militante do MST, Diolinda Alves de Souza. Data: 07/03/96.

21 *Título de Cidadã Voltarredondense.* Pela Câmara Municipal de Volta Redonda (RJ) à militante do MST, Diolinda Alves de Souza. Data: 07/03/96.

22 *Medalha Tiradentes.* Pela Assembléia Legislativa do Rio de Janeiro à militante do MST Diolinda Alves de Souza. Data: 08/03/96.

23 *Homenagem às Mulheres Lutadoras.* Pela Câmara Municipal de Governador Valadares (MG) à militante do MST, Marlene Ferreira Martins, pela importância da participação da mulher na luta principalmente em defesa da reforma agrária. Data: 08/03/96.

24 *Título de Honra ao Mérito.* Pela Comissão Especial de Defesa dos Direitos da Mulher da Assembléia Legislativa da Bahia, Conselho Municipal da Mulher, Fórum de Mulheres de Salvador, à militante do MST, Diolinda Alves de Souza pelas contribuições prestadas às lutas por reforma agrária e emancipação da mulher. Data: 21/03/96.

25 *Medalha Chico Mendes de Resistência.* Pelo Grupo Tortura Nunca Mais (RJ) à militante do MST, Diolinda Alves de Souza. Data: 01/04/96.

26 *Homenagem do Conselho Universitário da Universidade do Estado do Rio de Janeiro.* Homenageada a militante do MST, Diolinda Alves de Souza. Data: junho de 1996.

27 *Homenagem ao Dia do Trabalhador Rural.* Pela Câmara Municipal de Governador Valadares (MG) à militante do MST, Leonora de Souza. Data: 25/07/96.

28 *Título de Cidadã Campograndense.* Pela Câmara Municipal de Campo Grande (MS) à militante do MST, Laura Aparecida dos Santos, pela participação como mulher na luta pela terra. Data: 1996.

29 *Título de Cidadão Vitoriense.* Pela Câmara Municipal de Vitória (ES) ao militante do MST, João Pedro Stédile. Data: 13/09/96.

30 *Prêmio Franz de Castro Holzwarth 1996.* Pela Comissão de Direitos Humanos da OAB-SP à militante do

Fátima Ribeiro em entrevista coletiva à imprensa em Estocolmo, antes de receber o Prêmio Nobel Alternativo, em nome do MST.

31 *Prêmio de Direitos Humanos Henrique Trindade.* Pelo Centro de Direitos Humanos Henrique Trindade de Cuiabá (MT) ao MST de Mato Grosso. Data: 10/12/96.

32 *Título de Personalidade do Ano de 1996.* Pela Associação de Correspondentes de Imprensa Estrangeira no Brasil (RJ) à militante do MST, Diolinda Alves de Souza. Data: 11/12/96.

33 *Título de Personalidade do Ano de 1996.* Pelo Instituto dos Arquitetos do Brasil (RJ) ao MST, pela primeira vez a uma organização social. Data: 13/12/96.

34 *Prêmio Rei Balduíno 1996.* Pelo Rei da Bélgica ao MST, na qualidade de organização que luta pelo desenvolvimento do Terceiro Mundo.
Data: 19/03/97.

1997

35 *Nome de Turma João Pedro Stedile.* Pelos formandos de 1996 de Filosofia da Faculdade de Filosofia, Ciências e Letras de Palmas (PR). Data: 15/02/97.

36 *Medalha Pedro Ernesto.* Pela Câmara Municipal do Rio de Janeiro ao militante do MST José Rainha Júnior. Data: 05/09/97.

37 *Título de Cidadão Niteroiense.* Pela Câmara Municipal de Niterói (RJ) ao militante do MST, João Pedro Stedile. Data: 12/09/97.

38 *Prêmio Internacional de Direitos Humanos.* Pelo Comitê de Defesa e Liberdade dos Direitos Humanos na França ao militante do MST, José Rainha Júnior. Data: 11/12/97.

39 *Prêmio da Comissão de Direitos Humanos da OAB-DF* ao MST do Distrito Federal. Data: 12/12/97.

40 *Personalidade da República do Ano de 1997.* Pela revista *República* ao militante do MST, João Pedro Stedile, como uma das 25 personalidades que influenciaram a República em 1997. Data: outubro de 1997.

A trabalhadora rural sem terra Antônia Feliciana recebe, em nome do MST, a Medalha da Inconfidência em Ouro Preto, MG.

1998

41 *Medalha Chico Mendes de de Resistência.* Pelo Grupo Tortura Nunca Mais (RJ) ao militante do MST, João Pedro Stedile, por sua participação na luta em defesa da vida e pela dignidade. Data: 01/04/98.

42 *Prêmio Herbert de Souza.* Pela ANABB (Associação Nacional dos Funcionários do Banco do Brasil) ao Grupo Coletivo Madre Maria Bernarda, do Assentamento Santa Rosa III, no município de Abelardo Luz (SC), pelo melhor projeto de combate à fome e à miséria. Data: 31/05/98.

43 *Prêmio Contag 35 Anos.* Categoria: Melhor Filme. Pela Contag (Confederação dos Trabalhadores na Agricultura) ao filme *O futuro da Terra*, que mostra a experiência em dois assentamentos no RS. Data: 04/12/98.

1999

44 *Medalha da Inconfidência.* Pelo Governo do Estado de Minas Gerais ao MST. Data: 21/04/99.

45 *Prêmio Alceu Amoroso Lima na Área de Direitos Humanos.* Pelo Centro Alceu Amoroso Lima para a Liberdade, da Universidade Cândido Mendes (RJ) ao Setor de Educação do MST. Data: 16/08/99.

46 *Nome de Turma MST.* Pelos formandos de 1999 do curso de Ciências Sociais da UFRJ. Data: 24/09/99.

47 *Homenagem ao MST.* Pelo Sindicato Nacional dos Servidores Federais da Educação Básica e Profissional de Fortaleza (CE), ao MST, como exemplo de luta para homens e mulheres que querem e lutam por uma sociedade mais justa. Data: 12 a 16/11/99.

48 *Título Liderança do Século XXI.* Pela revista *Time* e Rede CNN dos Estados Unidos a Gilmar Mauro, da Coordenação Nacional do MST, como um dos 50 jovens líderes que farão o século XXI. Data: 1999.

2000

49 *Medalha Chico Mendes de Resistência.* Pelo Grupo Tortura Nunca Mais (RJ) ao militante do MST-SP, Luis Beltrami, 92 anos. Data: 31/03/2000.

50 *Homenagem Especial.* Pelo Centro Acadêmico Celso Furtado da Faculdade de Economia da Universidade Estadual de São Paulo, Campus Araraquara, ao militante do MST, João Pedro Stedile.

51 *Título de Cidadão Honorário de Brasília.* Pela Câmara Legislativa de Brasília ao militante do MST, João Pedro Stedile. Data: 17/04/2000.

52 *Prêmio Internacional à Inovação Tecnológica.* Pelo Colégio e Associação dos Engenheiros Industriais da Catalunha (Espanha) ao Assentamento Santa Maria, de Paranacity (PR), pelo projeto "Secagem de frutas por energia solar térmica" da Copavi (Cooperativa de Produção Agropecuária Vitória). Data: 26/05/2000

53 *Prêmio Paulo Freire de Compromisso Social.* Pelo Conselho Federal de Psicologia de São Paulo ao MST. Data: 05/10/2000.

54 *Prêmio Educação/RS 2000.* Pelo Sindicato dos Professores do Rio Grande do Sul à Escola Josué de Castro, do Iterra (Instituto Técnico de Capacitação e Pesquisa da Reforma Agrária), unidade educacional do MST naquele estado. Data: 11/10/2000.

Irmã Pompéia recebe do MST uma reprodução do prêmio Nobel Alternativo, oferecida em reconhecimento à sua contribuição para a luta pela terra.

A LUTA CONTINUA
A organização social e da produção nos assentamentos

Como você mesmo pôde ver, durante a década de 1990 o MST, paralelamente às variadas formas de ação voltadas à conquista da terra e à sua consolidação como movimento em escala nacional, dedicou-se à organização dos assentamentos. Essa atividade responde à decisão de que a luta dos sem-terra não termina com a conquista da terra. **A luta continua**, tanto nas novas frentes reivindicatórias de crédito, escola, moradia e saúde, como na solidariedade aos que continuam batalhando por seu pedaço de chão. Nesta parte do nosso livro, você vai tomar contato com essa luta em que os sem-terra e os assentados se articulam, como sujeitos da História, pela construção de uma sociedade onde a solidariedade e a cooperação são os princípios centrais.

Organizando a produção e a comunidade

A principal característica de um assentamento do MST está no fato de ele ter sido resultado de longos meses de lutas, com os acampamentos no campo e na cidade, as marchas, os atos públicos, a repressão... Nessa trajetória, os fatores fundamentais de êxito foram a união, a solidariedade, a resistência e a cooperação.

Esses fatores, que guiaram e fortaleceram os sem-terra enquanto acampados, permanecem na conduta dos assentados. Por isso, ao chegar à terra conquistada, os agora ex-sem-terra estabelecem novas relações sociais. O latifúndio, quando dividido em pequenas propriedades, é terra compartilhada por muitos trabalhadores. Ali não se vêem mais assalariados sem registro em carteira ou escravos trabalhando por comida. No assentamento, cada família, muitas vezes junto com seus vizinhos, organiza sua produção e sua existência.

Na canção de um dos poetas do MST, você ouve:

Quando chegar na terra,
Lembre-se de quem quer chegar.
Quando chegar na terra,
Lembre-se de que tem outros
 [passos a dar.
Quando chegar na terra,
Não está completa a sua
 [liberdade.
Este é o primeiro passo
Que damos na busca de outra
 [sociedade.
Só a terra não liberta.
Este é o alerta da necessidade:
aumentar a produção
para alimentação
do campo e da cidade.

"[...] outros passos a dar", "só a terra não liberta", são dados da consciência de que há ainda um caminho longo a ser percorrido.

No novo contexto, o assentado é um cidadão inserido numa comunidade, na qual marca sua presença tanto na economia como na política e na sociedade.

Economicamente falando, um assentamento, ao comercializar seus produtos, gera recursos para o município, soma-se ao mercado consumidor, aquece o comércio local e participa da receita do governo, pagando impostos. Nas mãos dos assentados, o crédito agrícola pode resultar numa nova dinâmica na região. Quando se organizam em cooperativas, racionalizam diversas funções: comercialização, **repasse de crédito**, assistência técnica, planejamento da produção etc. Além disso, viabilizam a compra de insumos e implementos, propiciando o aumento da produção.

Politicamente os assentados, trazendo consigo a experiência de acampados, se destacam por sua capacidade organizativa e de luta pelos direitos sociais, carregando ideologicamente a marca do MST, como exemplos daqueles que se organizam, lutam e conquistam.

GIANNE CARVALHO

Acampados de Amambaí, Mato Grosso do Sul, 1992.

Uma das formas com que os assentados defendem seu ponto de vista junto à comunidade é através da rádio comunitária, mostrando sua versão do que é divulgado pela mídia controlada pela classe dominante.

Criando também uma nova estrutura social, em tudo distinta da que se costumava verificar no latifúndio, os assentados estabelecem, ao longo dos anos, outras relações com as comunidades do município e marcam assim sua presença e sua "cara" na região.

Dois grandes princípios, essenciais à formação da consciência, estruturam a vida no assentamento: os de convivência e participação. Dentro de uma comunidade ativa, organizada, a visão de mundo torna-se distinta da que é alcançada por aqueles que vivem e atuam isoladamente. A participação nas decisões pertinentes ao assentamento contribui para o desenvolvimento de uma conduta cidadã, com a qual se rompe com a submissão ao sistema capitalista.

A consciência social é a resultante natural de uma situação em que a convivência é intensa e as pessoas assumem a condução do núcleo social, participando amplamente de suas decisões. Isso faz parte da concepção de assentamento do MST: uma estrutura social que proporciona o convívio e permite a participação.

O assentamento não é apenas uma unidade produtiva, mas também um núcleo social. Esse é outro princípio importante do MST. O assentamento, mais do que um lugar de produção, é um centro de convivência, onde se realizam sonhos, se criam filhos e inclusive se enterram os entes mortos.

Considerando a importância de estimular a convivência e a participação e de se ter claro o assentamento como um local onde se combinam produção e vida social, o MST elaborou um método de organização que articula a moradia, o núcleo de base e a cooperação.

A ORGANIZAÇÃO DA MORADIA

Na luta pelo acesso à terra, o sonho alimentado pelo trabalhador rural é ter seu "pedaço de chão", onde trabalhar e viver com sua família. Em muitos casos, isso está associado a uma visão de certo modo individualista, que reflete a ideologia dominante: viver e trabalhar isolado das outras famílias, contando exclusivamente com seu próprio empenho para melhorar de vida.

O MST vê como essencial a proximidade das moradias para a formação de um núcleo social que, além de promover a convivência, facilita o acesso a algumas infra-estruturas básicas, como a energia elétrica, a água encanada, o armazém etc.

Para promover essa proximidade há duas formas básicas: as agrovilas e os núcleos de moradia.

As agrovilas

Nos assentamentos, são bastante comuns as agrovilas, em que as casas são construídas em um lote reservado para essa finalidade e com as facilidades e serviços citados.

Diversas regras sociais são definidas entre os moradores para garantir o clima social de amizade e fraternidade.

Qualquer que seja sua forma de organização, uma agrovila representa sobretudo a manutenção do sentido de coletividade que move os assentados desde os tempos dos acampamentos.

Curral do Assentamento Terra à Vista, em Itamaraju, BA.

MITSUE MORISSAWA

Agrovila de um dos assentamentos da Fazenda Pirituba, em Itapeva-Itaberá, SP.

Os núcleos de moradia

Nas regiões Sul e Sudeste, está sendo realizada uma experiência de núcleos de moradia. Eles diferem das agrovilas pelo fato de as casas serem construídas nos lotes individuais. Desse modo, o assentamento é cortado em lotes, de maneira tal que facilita a proximidade entre as diversas moradias. Portanto, dentro dele existem vários núcleos, cujo tamanho varia de acordo com a topografia, a hidrografia e as estradas existentes, e cujo agrupamernto possui em média 15 famílias. No centro de cada núcleo, existe um local reservado para a construção dos diversos equipamentos da infra-estrutura comunitária.

TODO MUNDO PARTICIPA

Nos núcleos de moradia ou nas agrovilas, a conduta do MST é procurar sempre agrupar as famílias para as discussões e a direção do assentamento como um todo. Para isso foi criada uma estrutura participativa que, não sendo burocrática, permite que todos opinem e decidam, além de assumir tarefas e responsabilidades práticas no cotidiano.

Nessa estrutura, é dada primazia à democracia direta. Em cada núcleo de base, que integra em média 15 famílias, todos, inclusive os jovens, as crianças e os idosos, discutem e decidem os destinos do assentamento em todos os assuntos. Assim, os interesses de um grupo ou de um dirigente não se sobrepõem aos da maioria.

Cada núcleo possui dois coordenadores: um deles é sempre uma mulher, para garantir a indispensável participação feminina. Ambos compõem a coordenação geral do assentamento, que, por sua vez, encaminha as decisões tomadas, buscando garantir condições para que elas sejam cumpridas.

Cabe também à coordenação garantir que todos os núcleos discutam uma mesma pauta de assuntos, para que o assentamento como um todo consiga ter uma unidade em suas decisões.

Além disso, existem equipes de trabalho que operacionalizam questões como escola, saúde, celebração religiosa etc., buscando envolver o máximo de pessoas do assentamento.

FERNANDA RODRIGUES

Rádio comunitária dos assentamentos da Fazenda Pirituba, em Itapeva-Itaberá, SP. Essa é uma iniciativa comum em diversos assentamentos do MST no país, que serve como veículo de informação e lazer para os trabalhadores rurais.

Uma nova realidade

Entre os municípios de Itapeva e Itaberá, no sul do estado de São Paulo, existem cinco assentamentos e um pré-assentamento, reunindo no total 700 famílias. Eles são fruto de uma luta que começou no início da década de 1980, na Fazenda Pirituba, um latifúndio de 17.500 hectares. O mais antigo foi conquistado em 1984, como a primeira vitória de uma ocupação no estado nessa década.

Observando a partir das estradas que cortam os assentamentos, não se vê um só pedaço de chão sem plantação ou preparo da terra para o plantio. "Aqui, antes de chegarmos, só havia algum pasto e mato por todo lado", explica um dos assentados.

As casas das agrovilas se distribuem perfiladas ao longo de um trecho da estrada que corta os assentamentos. São todas muito simples e, dependendo da decisão de cada núcleo, podem ser iguais ou personalizadas. Elas são servidas por uma rede de energia elétrica e recebem água de uma cisterna comum. Geralmente são construídas por um grupo de assentados, com base em um planejamento elaborado para reduzir os custos.

A educação é uma questão prioritária para o MST. O problema da distância entre os assentamentos e as escolas encontra uma solução racional na moradia em agrovilas.

Uma das vantagens da organização das moradias em agrovilas é que permite racionalizar a distribuição da infra-estrutura e dos serviços. Por exemplo, a rede de energia elétrica teria de ser muito mais extensa, o ônibus teria de fazer um trajeto maior e parar de casa em casa e seria necessário abrir mais estradas para alcançar cada lote.

Nas agrovilas desses assentamentos, há também um armazém, para estocar a colheita, uma área para a guarda das máquinas, a oficina de consertos, uma mercearia e um pequeno curral, para a guarda de vacas criadas para a extração de leite, no caso exclusivamente para consumo dos assentados.

A venda a varejo das mercadorias produzidas nos assentamentos e mesmo das de consumo geral é realizada por jovens. Tanto na rádio comunitária como nos setores que envolvem comércio são destacados os jovens para o trabalho, como forma de estimulá-los a permanecerem no campo.

É também visível o esforço de produção e comercialização cooperada em cada um dos assentamentos.

Palestra de um grupo de assentados para alunos da Escola de Aplicação da FEUSP. Muitos grupos de estudantes visitam assentamentos do MST para estudos de meio e conhecimento dos resultados da reforma agrária.

A cooperação agrícola

Os dicionários dão cooperação como "colaboração", "prestação de auxílio para um fim comum", "solidariedade". Estendendo o conceito, podemos dar-lhe o significado de "toda atividade realizada em conjunto para a solução de necessidades sociais e econômicas".

A prática da cooperação é, para o MST, um grande instrumento pedagógico para a construção do ser social. Ela permite ao trabalhador rural romper com a auto-suficiência e o individualismo, e acreditar no êxito da aplicação da força conjunta na produção e nos serviços ligados à sua atividade. Indo um pouco mais além, cooperação é "uma forma de organização da produção por meio da divisão social do trabalho".

A partir de uma visão abrangente, o MST combina a organização da moradia, o agrupamento das famílias em núcleos de base e a promoção da cooperação como forma de criar uma nova estrutura social no assentamento. Vivendo próximas, em agrovilas ou núcleos de moradia, organizadas em núcleos de base, as famílias são estimuladas a solucionar seus problemas de forma conjunta. A construção de uma escola ou a reforma de uma ponte pode ser feita em **mutirão**. O melhor aproveitamento da várzea do assentamento para o plantio do arroz, visando às necessidades de todos, pode ser conseguido com a organização de um trabalho coletivo no roçado. Essas são formas primárias de cooperação, que derivam para outras, culminando naquela voltada à produção do assentamento como um todo.

O MST entende que a saída individual é fatal para o assentado e, conseqüentemente, para o assentamento em termos de seu desenvolvimento e êxito como um todo. Adquirindo crédito, fer-

Mutirão de construção de casas em Pedra Vermelha, PE.

Mutirão de roçado. Na foto, acampados de São Mateus, ES, preparam área para plantio, no sentido de "ocupar, resistir, produzir".

230

ramentas, máquinas e matrizes de animais, produzindo a lavoura, comercializando a produção e até mesmo chegando ao ponto de ter a terra, o capital e o trabalho em conjunto, os agricultores melhoram a produtividade e a qualidade.

Essa cooperação deve estar vinculada a um projeto estratégico de mudança da sociedade e, para tanto, reunir grande número de pessoas de forma organizada e preparar lideranças para promover sua disseminação. Sua prática deve ser encarada como um processo que evolui em compasso com a realidade. Se ela não evoluir, estará condenada à estagnação e ao fracasso.

POR QUE COOPERAÇÃO?

Para o MST, existem razões econômicas, sociais e políticas para estimular e promover a cooperação agrícola entre os assentados.

As razões econômicas

- *Aumento do capital.* Quando reúnem suas pequenas sobras ou reorganizam o capital que já possuem ou mesmo aplicam coletivamente os empréstimos feitos junto aos bancos, os assentados conseguem obter mais crédito para a aquisição de bens necessários ao aumento da produção.

ARQUIVO MST

Preparo da terra com trator. Na foto, um membro da Cooperativa de Produção Agrícola de Pitanga, PR.

- *Obtenção de crédito.* Os bancos costumam exigir que o solicitante de empréstimos comprove possuir três vezes o valor que está solicitando!! É evidente que nenhum deles possui individualmente esse valor. Por isso, é preciso que um coletivo de assentados reúna seus bens e suas pequenas sobras, para poder obter créditos visando à aquisição de bens necessários ao aumento da produção.

- *Aumento da produtividade.* Com a divisão social do trabalho, cada trabalhador fará menos atividades ou atuará em apenas uma linha de produção, mas com mais habilidade e quali-dade. Somando a isso a racionalização do uso de máquinas e insumos, obtém-se maior produtividade em menor tempo.

- *Racionalização da produção de acordo com os recursos naturais.* O solo e o clima são dois fatores importantíssimos na produção e na produtividade agrícola. É muito difícil aproveitar corretamente suas potencialidades em um esquema familiar individual, em que o assentado tem de produzir um pouco de tudo para poder sobreviver. Com a cooperação agrícola é possível aproveitar ao máximo o solo e o clima, produzindo para o mercado apenas os produtos apropriados a eles.

- *Desenvolvimento da agroindústria.* Quando se realizam diversas atividades em conjunto, é possível racionalizar o uso de mão-de-obra e liberar uma parcela cada vez maior desta para outros fins de interesse geral da comunidade. A mão-de-obra tornada disponível pode ser utilizada em unidades agroindustriais de pequeno e médio portes voltadas à transformação dos produtos da lavoura e da criação. Esses produtos – o arroz beneficiado, a fruta despolpada, a ave abatida etc. – ganham maior valor na hora da comercialização.

As razões sociais

Além da aproximação das moradias, com acesso facilitado à infra-estrutura básica, como estradas, água e energia elétrica, a cooperação agrícola facilita a educação das crianças e dos adultos, agilizando a conquista e a construção

231

desse importante equipamento social. Também o acesso ao transporte coletivo e ao atendimento de saúde são favorecidos pela cooperação.

As razões políticas

A cooperação leva o assentado a participar das lutas específicas (vinculadas às suas necessidades imediatas) e das lutas gerais da sociedade como um todo. Num sistema de cooperação, os agricultores percebem-se como uma força que, somando-se à de outras categorias, pode contribuir para a construção de uma nova sociedade.

Fábrica de blocos alternativos no Assentamento Justino Draszevsky, SC.

OS PRINCÍPIOS DA COOPERAÇÃO

Ao longo dos anos, o MST foi desenvolvendo alguns princípios da cooperação, que podem ser assim resumidos:

- *A necessidade comanda a vontade.* A razão fundamental para se organizar e manter a cooperação é, mais do que a vontade, a necessidade. O vínculo dos assentados a qualquer forma de cooperação só pode ser mantido se eles se derem conta de que, sem ela, sozinhos, não conseguirão desenvolver-se econômica e socialmente.

- *A cooperação deve ter um papel educativo.* A cooperação deve elevar o nível de conhecimento dos trabalhadores rurais, procurando fazer com que eles rompam com velhos hábitos e conceitos e revolucionem seu modo de ser.

- *A cooperação deve ser massiva.* As ações de cooperação devem buscar envolver todos os assentados, para que se tornem práticas cotidianas e evoluam para formas superiores.

- *A cooperação deve evoluir das formas simples para as mais complexas.* A cooperação pode começar com as formas mais simples e ir aos poucos se tornando mais complexa, até chegar às superiores, em que a terra, o trabalho e o capital sejam administrados de forma coletiva.

AS FORMAS DE COOPERAÇÃO

Os assentamentos do MST apresentam atualmente várias formas de cooperação, desde o mutirão, a troca de dias, a troca de insumos até formas mais intensas de entre-ajuda, como os grupos semicoletivos, os condomínios de animais e os grupos coletivos. Nem todas essas experiências são legalizadas, mas, quando são, ganham a denominação de **associação** ou **cooperativa**. Cada uma dessas formas tem suas particularidades em termos de uso da terra e do trabalho, composição do capital, planejamento da produção, moradia e aspectos legais.

Moinho em Abapan, Castro, PR.

Associação

Existem diversos tipos de associação: de aquisição de animais, máquinas ou implementos agrícolas; de comercialização (compra e venda de produtos agropecuários); de beneficiamento da produção (armazenagem, farinheiras, serrarias, moinhos etc).

Em geral a produção ocorre no lote familiar e a associação presta algum serviço de interesse comum. Em alguns casos, ela serve apenas para a representação política dos assentados.

Cooperativa de Prestação de Serviços (CPS)

Esta forma de cooperação é um desdobramento da associação. Quando a atividade dos assentados cresce, eles buscam normalmente criar um agente econômico com uma maior capacidade de agir no mercado regional. A CPS planeja, organiza e comercializa as principais linhas de produção dos assentados em seus lotes familiares.

Além disso, presta serviços de assistência técnica, fornece insumos agrícolas e serviços de máquinas, repassam crédito etc. Por essas características, tem agregado muitos associados e atua regionalmente.

Cooperativa de Produção Agropecuária (CPA)

Este é um tipo de cooperativa em que os fatores de produção (a terra, o trabalho e o capital) são administrados coletivamente. Sua propriedade e produção são sociais, pois os donos são os trabalhadores e as sobras são repartidas entre si conforme o trabalho aportado de cada um. Em geral, esta cooperativa se reduz a um pequeno número de famílias variando de 10 a 60.

Na página seguinte, você tem um quadro no qual tomamos o exemplo de um assentamento do município de Nova Santa Rita, no Rio Grande do Sul e comparamos os dados em relação a quando ele estava nas mãos do latifundiário. Observe esses dados e tire você mesmo as suas conclusões.

Estação de psicultura no Assentamento Terra à Vista, em Itamaraju, BA.

Micro-usina de leite em Santa Catarina.

COMPARATIVO DA PRODUÇÃO ANTES COMO LATIFÚNDIO E DEPOIS COMO ASSENTAMENTO
Assentamento Capela – Município de Nova Santa Rita (RS) – Área total: 2.027 ha – Produção anual

ASPECTOS	ANTES, COMO LATIFÚNDIO	AGORA, COMO ASSENTAMENTO
Número de proprietários	13	100 famílias
Número de habitantes	13	194
Casas para moradia	2	46
Pocilga de alvenaria/madeira	–	7
Estábulo de alvenaria/madeira	–	7
Galpão	1	17
Armazém	–	1
Cercas	8.000 m	43.400 m
Estufa p/ hortigranjeiros	–	4
Açudes	2	18
Fossas sépticas	1	41
Escola	–	2
Rede elétrica	500 m (mono)	10.285 m
Implementos agrícolas	5	19
Trator	–	2
Colheitadeira	1	1
Caminhão	1	2
Poço artesiano	–	4
Caixa d'água	1	28
Secretaria	–	1
Suínos	25	718
Bovinos de corte	2	65
Bovino leiteiro	8	221
Aves	30	50.800 cabeças/ano
Pomar	20 pés	11.474 pés
Reflorestamento	–	91.190 pés
Arroz		406 sacas/ano
Milho	110 sacas	141.600 kg/ano
Feijão	20 sacas	3.240 kg/ano
Aipim	500 kg	5.860 kg/ano
Melancia	40 kg	11.880 kg/ano
Moranga	15 kg	1.320 kg/ano
Abóbora	150 kg	1.735 kg/ano
Cebola	–	1.957kg/ano
Amendoim	–	351,8 t
Pipoca	–	32,66 t
Cana	20 t	301 t
Aveia	–	1.025 kg/ano
Silagem	–	386.760 ℓ/ano
Mel	–	1.025 kg/ano
Leite	1.440 ℓ/mês	386.760 ℓ/ano
Ovos	–	4.848 dz/ano
Queijo	–	4.732 kg/ano
Carne suína	840 kg/ano	131.060 kg/ano
Carne bovina	400 kg/ano	24.030 kg/ano
Banha	150 kg/ano	6.331 kg/ano
Alface	500 unid/ano	135.800 unid/ano
Frutas	900 kg/ano	266.065 kg/ano
Motor a gás/diesel	–	10
Moto-serra	–	3
Carroça		9
Novilha		47
Trilhadeira		5
Descascador de arroz		1
Soja		6.680 sacas/ano
Resfriador	–	1
Humos	–	1.000 kg/ano
Compotas		560 kg/ano
Peixe	–	4.130 kg/ano
Trigo	–	480 sacas/ano
Moedor de milho	–	1
Bomba d'água	–	3

A agroindústria nos assentamentos

Vencendo diversas dificuldades na continuidade de sua luta, os assentados do MST desenvolveram diversas atividades econômicas. Em meados da década de 1990, atingiram um estágio superior: o da agroindustrialização.

A agroindustrialização, além de gerar novos postos de trabalho, elevou o nível de qualificação do trabalhador rural, o que tem contribuído para fixar a juventude nos assentamentos. Ela envolve desde o processamento da produção (secagem, armazenagem e classificação dos produtos) até o acabamento final da matéria-prima, passando por etapas intermediárias de beneficiamento parcial do produto.

OS TIPOS DE AGROINDÚSTRIA

São três os tipos de agroindústria desenvolvidos nos assentamentos do MST: a rural, a mista e a tradicional, que passamos a descrever.

Agroindústria rural

Esse tipo de agroindústria trabalha com produtos sofisticados/especiais. A matéria-prima é extraída dos próprios lotes e o trabalho é realizado pela família ou por um grupo de famílias. O tipo de produto depende da matéria-prima existente no momento. Por exemplo, se é tempo de goiaba, faz-se goiabada. O capital empregado é pequeno, não requerendo escala de produção para viabilizar o empreendimento. Em geral produzem-se queijos, doces, geléias, compotas etc.

Agroindústria mista

Para esse tipo de agroindústria são necessários todos os recursos industriais. Parte da matéria-prima é proveniente da propriedade e parte, de terceiros. Como a mão-de-obra é dos associados, não existe assalariamento e os custos administrativos são menores. A inserção dos produtos no mercado é feita, como diz o MST, via "guerrilha comercial", ou seja, driblando as grandes empresas. Esse tipo de empreendimento não seria viável nem teria competitividade se adquirisse matéria-prima exclusivamente de terceiros e assalariasse a mão-de-obra.

Agroindústria tradicional

Adota todos os recursos industriais, assalaria os funcionários e adquire a matéria-prima de terceiros. Para competir com as grandes empresas (os monopólios) em preço qualidade, tem de apresentar alta produtividade

e adotar uma postura de fomentadora da produção e de especialização de seus parceiros. Além disso, precisa estabelecer relações contratuais com outras grandes empresas ou agroindústrias e articular-se com grandes equipamentos de comercialização.

SITUAÇÃO ATUAL

Os assentados do MST possuem, atualmente, unidades agroindustriais que envolvem abatedouros de bovinos, suínos e aves, laticínios, despolpadeiras de frutas, diversos tipos de moinhos e casa de farinha, processamento de café, castanha-de-caju, cana-de-açúcar, legumes e frutas, além de ervateiras.

A partir dessas unidades, o MST desenvolveu, através de suas cooperativas centrais, algumas marcas de produtos: Terra Viva (em Santa Catarina), Produtos da Terra (no Paraná), Sabor do Campo (em São Paulo) e Paladar (na Bahia).

Agroindústria rural produz doces no Assentamento Terra à Vista, em Itamaraju, BA.

O MST e o meio ambiente

"O assentamento é o renascimento da vida humana e da natureza." Este é um dos princípios básicos que orientam as atividades do MST nas áreas conquistadas.

Os assentados são estimulados a praticar a **agroecologia**, desenvolvendo uma nova forma de produzir que não prejudique as pessoas e a natureza, e, ao mesmo tempo, reduza os custos de produção. Têm feito um grande esforço para recuperar e produzir sementes dos produtos básicos da agricultura, rústicas e mais adaptadas a cada região, que foram descartadas pelas produtoras de **sementes híbridas**. Suas sementes orgânicas (sem venenos e adubos químicos) de hortaliças e frutas são comercializadas pela Cooperal, do Rio Grande do Sul, com a marca **Bionatur**.

Também no campo do combate a pragas e insetos, e no da nutrição das plantas, os assentados buscam utilizar novas e velhas fórmulas alternativas de agroecologia. Em lugar dos tradicionais agrotóxicos, estão utilizando as **caldas**, o **controle biológico**, os inseticidas naturais, entre outros métodos. Muitos já substituíram os adubos químicos pelos **biofertilizantes** e praticam a cobertura do solo, adotando, em muitos casos, plantas que recuperam a matéria orgânica do solo (adubos verdes). E, para evitar também a erosão do solo, estão implantando a utilização das **curvas de nível** nos assentamentos.

Sementes orgânicas produzidas em assentamento do Rio Grande do Sul e comercializadas pela Cooperal.

O reflorestamento também se tornou uma prática comum entre os assentados, com a introdução de viveiros de produção de mudas de árvores nativas, frutíferas e, em alguns casos, exóticas.

No plano político, o MST entende que o país necessita de uma política de desenvolvimento econômico, social e humano que inclua a preservação do meio ambiente, com a recuperação das nascentes dos rios, o reflorestamento das áreas devastadas, a eliminação das queimadas, a coleta e o tratamento do lixo, a redução do uso de venenos e adubos químicos, a produção de frutas e flores de todas as espécies e a proteção das aves e dos animais silvestres.

O Movimento tem atuado na defesa da natureza não só procurando implementar a agroecologia em seus assentamentos como também realizando mobilizações contra o uso de métodos agrícolas que coloquem em risco a vida no planeta.

Viveiro de mudas do Assentamento Laudenor de Souza, no Pontal do Paranapanema, SP.

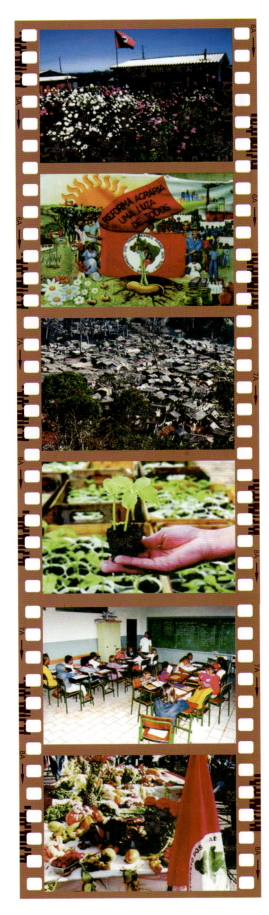

Nossos compromissos com a terra e com a vida

Os seres humanos são preciosos, pois sua inteligência, trabalho e organização podem proteger e preservar todas as formas de vida

1. Amar e preservar a terra e os seres da natureza.

2. Aperfeiçoar sempre nossos conhecimentos sobre a natureza e a agricultura.

3. Produzir alimentos para eliminar a fome da Humanidade. Evitar a monocultura e o uso de agrotóxicos.

4. Preservar a mata existente e reflorestar novas áreas.

5. Cuidar das nascentes, rios, açudes e lagos. Lutar contra a privatização da água.

6. Embelezar os assentamentos e comunidades, plantando flores, ervas medicinais, hortaliças e árvores.

7. Tratar adequadamente o lixo e combater qualquer prática de contaminação e agressão ao meio ambiente.

8. Praticar a solidariedade e revoltar-se contra qualquer injustiça, agressão e exploração praticada contra a pessoa, a comunidade e a natureza.

9. Lutar contra o latifúndio para que todos possam ter terra, pão, estudo e liberdade.

10. Jamais vender a terra conquistada. A terra é um bem supremo para as gerações futuras.

Reforma Agrária:
Por um Brasil sem latifúndio!

Brasília, 4.º Congresso, 2000

Educação: a prioridade do MST

Durante os primeiros anos de sua luta, os sem-terra reunidos sob a bandeira do MST tinham como prioridade a conquista da terra. Mas eles logo compreenderam que isso não era o bastante. Se a terra representava a possibilidade de trabalhar, produzir e viver dignamente, faltava-lhes um instrumento fundamental para a continuidade da luta.

Como você sabe, grande parte dos camponeses brasileiros é analfabeta e a outra parte possui baixa escolaridade. A continuidade da luta exigia conhecimentos tanto para lidar com assuntos práticos, como financiamentos bancários e aplicação de tecnologias, quanto para compreender a conjuntura política, econômica e social. Arma de duplo alcance para os sem-terra e os assentados, a educação tornou-se prioridade no Movimento. Nas palavras de uma militante, "foi como a descoberta de uma mina de ouro", que exigiria muito trabalho para cavar, "uma pedagogia a ser criada, milhares de analfabetos a serem alfabetizados, um número de crianças sem fim pedindo para conhecer as letras, ler o mundo...".

Essa preocupação abrange obviamente os acampamentos. Ao fazer um plano de ocupação, o MST inclui nele a escola para as crianças e os adultos. Os pais ficam mais estimulados pela certeza de que seus filhos terão onde estudar, material escolar, merenda e atenção dos professores, que já estão a postos, organizando o Setor de Educação. O barraco da escola, chamada de **itinerante**, é construído antes do barraco de moradia e tem também a função de centro de encontros.

A escola do MST tinha de ser diferente:
- professores que fossem simpatizantes da luta pela reforma agrária;
- conteúdos incluindo a história do MST;
- livros contendo a experiência dos sem-terra;
- relação professor–aluno constituindo uma relação de companheiros.

"Eu achei vergonhoso ir ao banco com oito pessoas e pedir a alguém para assinar por nós. Eu mesmo levei meu papel para assinar. Mesmo com a mão tremendo, eu fiz..."

OS PRIMÓRDIOS

No período 1979-1985, início do movimento social que se iniciou no Rio Grande do Sul, ao lado da luta pela terra impôs-se outra: a do desenvolvimento humano dos sem-terra. No começo, a preocupação era o

SARA FEITOSA

A prioridade do MST é apagar a imagem de caipira-analfabeto que se tem do trabalhador rural e propiciar a formação de cidadãos completos. Na foto, professora distribui merenda em itinerante de acampamento em Júlio de Castilhos, RS.

futuro das muitas crianças acampadas; depois, a conquista da escola legal; e, logo em seguida, o tipo de ensino a desenvolver nessa escola, que tinha de ser necessariamente diferente em vista das circunstâncias e do tipo de alunos.

O surgimento do Setor de Educação do MST deu-se no Rio Grande do Sul, mais precisamente no acampamento da Fazenda Annoni. Ali, uma equipe de professores formada espontaneamente começou a empreender a educação das crianças. Composto também por pais e alunos, o Setor assumiu o compromisso de articular as questões práticas para o funcionamento da escola, bem como de cuidar que nenhuma criança deixasse de estudar, envolvendo-as nas atividades do acampamento.

Alfabetização de adultos pelo Setor de Educação do MST no Nordeste.

A FORMALIZAÇÃO

O Setor Nacional de Educação do MST foi formalizado em 1987, no 1.º Encontro Nacional de Educação, em São Mateus, Espírito Santo. Educadores do Rio Grande do Sul, Santa Catarina, Paraná, São Paulo, Mato Grosso do Sul, Espírito Santo e Bahia, estados onde o MST estava se organizando, discutiram a implementação de escolas públicas da 1.ª à 4.ª série e a formação de professores para escolas de assentamento.

As duas questões centrais debatidas nesse 1.º Encontro foram:
- O que se pretende com as escolas dos assentamentos?
- Como deve ser uma escola de assentamento?

A elaboração teórica da proposta de educação no MST, que continua sendo um desafio até hoje, teve por base essas duas questões.

Como resultado desse 1.º Encontro, o Movimento criou em 1988 o Setor de Educação em vários estados, como resposta às necessidades educacionais em seus diversos assentamentos e acampamentos. Isso correspondia também à decisão do 4.º Encontro Nacional dos Sem-Terra, realizado no início daquele ano, de intensificar o programa popular de educação primária e implementar a alfabetização de adultos.

Era notória a preocupação do MST não apenas com a educação como também com a formação política de seus militantes.

A EDUCAÇÃO DIRIGIDA AO TRABALHO

Paralelamente ao esforço de alfabetização de crianças, jovens e adultos, e à luta pela conquista da escola legal, verificavam-se nos estados diversos cursos de formação dirigida ao trabalho nos assentamentos.

Exemplos desse empenho verificados durante o ano de 1988 foram:

Escola de assentamento no Espírito Santo.

240

- o curso de Administração e Contabilidade, promovido em Curitiba pela Comissão Estadual dos Assentados do Paraná, para os grupos de lavoura coletiva do estado, com a participação de 35 assentados;
- o primeiro Laboratório Nacional Experimental para formação de quadros organizadores de empresas, em Palmeira das Missões, Rio Grande do Sul.

Já no início do ano de 1989, o Setor de Educação elaborou uma nova proposta, tendo como fundamento a clareza de que:

- numa sociedade de classes, a escola serve para disseminar a ideologia da classe dominante;
- os conteúdos e métodos da escola oficial estão direcionados para a manutenção da ordem vigente;
- o trabalho de educação é uma atividade política importante para o processo de transformação da sociedade;
- a educação nos assentamentos é um processo de produção e reprodução de conhecimentos a partir de sua própria realidade;
- a escola é parte integrante da vida e do conjunto da organização dos assentados, sendo essencial a participação das famílias em seu planejamento e administração.

Esses princípios básicos deram origem à nova proposta de educação nos assentamentos e acampamentos do MST, com dois objetivos centrais:

- desenvolver a consciência crítica dos alunos, com:
  – conteúdo que leve à reflexão e à aquisição de uma visão de mundo ampliada e diferenciada da do discurso oficial;
  – transmissão da história e do significado da luta pela conquista da terra e da reforma agrária, de que resultou o assentamento;
- desenvolver atividades que visem à capacitação técnica dos alunos para experiências de trabalho produtivo com:
  – uso de técnicas alternativas que contribuam para o avanço coletivo;
  – exercícios práticos nas áreas de conhecimentos necessários ao desenvolvimento do assentamento: agricultura, administração, contabilidade etc.

UMA HISTÓRIA DE CONQUISTAS

Como você já está careca de saber, o período Collor (1990-1992) foi marcado pela repressão aos movimentos sociais em geral. Nesse momento, o MST já se constituía como o maior movimento de massa do país e atuava abertamente contra o modelo neoliberal adotado pelo governo. Isso o tornou o alvo preferencial da repressão política, o que o obrigou a centrar esforços no trabalho de formação e organização internas.

A criação de um Coletivo Nacional de Educação foi responsável, no período, por uma reflexão mais profunda em torno do trabalho educacional, gerando avanços pedagógicos. Entre esses avanços, esteve o início, em janeiro de 1990, em Braga, Rio Grande do Sul, do primeiro curso de Magistério voltado a escolas de assentamentos. O curso foi realizado no Departamento de Educação Rural da Fundep (Fundação de Desenvolvimento Educação e Pesquisa) da Região Celeiro. A Fundep foi criada em agosto de 1989 pelos diversos movimentos sociais do campo para atender às demandas de escolarização alternativa no meio rural. Com sede atualmente no Iterra (Instituto Técnico de Capacitação e Pesquisa da Reforma Agrária), em Veranópolis, Rio Grande do Sul, o curso estava formando, em 2000, sua sexta turma, com alunos de 18 estados.

O Iterra foi criado em janeiro de 1995, em um seminário cedido pelos freis capuchinhos, e é coordena-

Sala de aula do Iterra, em Veranópolis, RS.

do pela Concrab. Oferece também cursos técnicos ligados à produção e à administração rural, como o supletivo de TAC (Técnico em Administração de Cooperativas), que tem equivalência de ensino médio e é reconhecido pelo MEC (Ministério da Educação e Cultura).

Outro avanço foi o lançamento, em maio de 1991, do Projeto EJA (Educação de Jovens e Adultos), no Assentamento Conquista da Fronteira, em Hulha Negra, Rio Grande do Sul, com a presença do educador Paulo Freire.

Essa experiência é repetida, hoje, em quase todos os estados, organizada pela EJA (Educação de Jovens e Adultos) e pelo Mova (Movimento de Alfabetização), com 2 mil monitores/educadores, alfabetizando cerca de 15 mil jovens e adultos.

No início de 1994, foi realizado em Belo Horizonte o Curso Nacional de Pedagogia para Professores de Assentamentos. Os objetivos desse curso incluíam:
- capacitação do coletivo de educação do MST;
- discussão dos fundamentos teóricos da proposta de educação do Movimento;
- exercitar planejamento coletivo;
- atualizar questões conjunturais da educação em nível nacional;

Crianças do MST em escola de ensino fundamental no Rio Grande do Sul.

- fortalecer o intercâmbio com as entidades que aprovam a proposta pedagógica do MST;
- produzir materiais didáticos para serem utilizados nas escolas dos assentamentos e acampamentos.

Em 1996, cinco acampamentos de Goiás inauguraram escolas onde inicialmente se realizaram cursos de alfabetização para maiores de 14 anos, com duração de 10 meses. A coordenação estadual pensava em ativar o Setor de Educação no estado, mas faltavam voluntários preparados para dar aula e desenvolver todas as atividades educacionais propostas pelo MST. O pro-

Paulo Freire

Nascido em Recife, Pernambuco, em 1921, Paulo Freire teve uma alfabetização peculiar, o que influenciou posteriormente suas idéias de pedagogo. Aprendeu a ler e a escrever em casa, com os pais, que utilizavam palavras de seu cotidiano infantil nessa tarefa. A adolescência pobre e a morte prematura do pai dificultaram seus estudos, mas aos 20 anos conseguiu vaga na Faculdade de Direito do Recife, onde se formou. Seu interesse maior pela educação o levou a pesquisar profundamente e a elaborar o método de alfabetização que o consagrou. Educação como libertação, respeito à linguagem do povo, ensinar partindo da realidade do aluno, interdisciplinaridade foram as bases de sua pedagogia.

Iniciou suas experiências em 1962, com 300 trabalhadores rurais de Angicos, Rio Grande do Norte. Em 45 dias eles estavam alfabetizados. Pelo sucesso da empreitada foi convidado pelo presidente João Goulart a realizar um programa de alfabetização em âmbito nacional. A previsão era atingir 2 milhões de analfabetos. Mas Jango foi afastado do poder pelos militares e Freire, acusado de comunista, deportado. Foi no exílio que produziu suas principais obras, entre as quais a mais respeitada nacional e internacionalmente é *Pedagogia do oprimido*.

Anistiado em 1979, ele retornou ao Brasil no ano seguinte, passando a lecionar na PUC-SP e na Unicamp. Foi secretário da Educação de São Paulo de 1989 a 1992, na gestão de Luiza Erundina. Em 1997 publicou seu último livro, *Pedagogia da autonomia*, vindo a falecer, poucos dias depois, vítima de infarto.

blema foi resolvido a partir do 1.º Encontro de Monitores das Escolas de Acampamentos, de 25 de outubro a 5 de novembro, no Centro Comunitário de Itaberaí. Uma semana depois do encontro os monitores já começaram a inaugurar as escolas, promovendo peças teatrais para estimular os adultos a se matricularem.

Em 9 de novembro de 1996, foi realizada uma assembléia no Assentamento Palmares, Pará, para abrir a Campanha de Alfabetização de Jovens e Adultos.

O Conselho Estadual de Educação do Rio Grande do Sul aprovou, em 19 de novembro de 1996, a Escola Itinerante, proposta do MST para a educação das crianças acampadas no estado. Foi uma conquista histórica, obtida à custa de um longo e sofrido processo de reivindicação, como os de todas as demais propostas do Movimento. Esse acontecimento inédito foi, sem dúvida nenhuma, relevante na história da educação do MST.

Durante o ano de 1996, o MST realizou um programa de alfabetização de adultos nos assentamentos em convênio com o MEC. Foram alfabetizados 7 mil adultos e o programa recebeu premiação do Unicef (Fundo das Nações Unidas para a Infância).

Foi inaugurada no final de 1997 a Escola de Ensino Supletivo Josué de Castro, em Veranópolis, Rio Grande do Sul, única no país que ensina Administração em Cooperativismo para Assentados. Credenciada para desenvolver ensino supletivo de 1.º e 2.º graus, já havia formado duas turmas em meados de 2000.

Josué de Castro

Nasceu em Recife, Pernambuco, em 1908, filho de um expulso do campo. Na adolescência, foi testemunha do crescimento da área de mocambos em sua cidade, fixando seu olhar sobre a subnutrição de crianças e adultos. Formado em Medicina pela Universidade Nacional do Rio de Janeiro, voltou a Recife, onde lecionou nas faculdades federais de Medicina e Filosofia, e dedicou-se à população que habitava as palafitas às margens do Capibaribe e do Beberibe.

Sua trajetória de cientista o levou em 1950 a se tornar presidente do Conselho da FAO (Organização das Nações Unidas para a Agricultura e a Alimentação). Suas preocupações com as questões nacionais o conduziram a eleger-se deputado federal (1956-1962). Apoiador das reformas de base de João Goulart, foi embaixador do Brasil na ONU (1962-1964), em Genebra.

Perseguido pelo regime militar, foi obrigado a buscar asilo político na França, onde lecionou (Universidade de Paris) e faleceu, em 1973. Durante sua trajetória de cientista e político escreveu diversas obras, das quais a mais conhecida é *Geografia da fome*, publicada em 1939.

1.º Enera, em Brasília, DF, em julho de 1997, um marco histórico.

Em julho de 1997, o MST realizou o 1.º Enera (Encontro Nacional de Educadores da Reforma Agrária), em convênio com a UnB (Universidade de Brasília), a Unesco (Organização das Nações Unidas para Educação, Ciência e Cultura) e o Unicef. O Encontro reuniu 700 delegados de 30 universidades de 19 estados e do Distrito Federal, além de 200 convidados. Sob o tema "Escola, terra e dignidade", o evento serviu para o intercâmbio das diversas experiências pedagógicas desenvolvidas nos acampamentos e assentamentos dos trabalhadores rurais. O professor João Todorov, reitor da UnB, entusiasmado com o programa proposto no encontro, resolveu ampliá-lo e apresentá-lo como um projeto para as universidades brasileiras, junto com o MST e o MEC. Em outubro desse ano, o Conselho de Reitores das Universidades Brasileiras aprovou o projeto. O ministro Raul Jungmann resolveu apropriar-se dele, prometendo liberar os recursos para desenvolvê-lo. Foi formado então o Pronera (Programa Nacional de Educação da Reforma Agrária), tendo Todorov como coordenador. Esse programa recebeu projetos de 38 universidades para alfabetização de 94.697 adultos. Eram necessários apenas cerca de 35 milhões de reais para a implementação.

De 25 de abril a 2 de maio de 1998, foi realizado o 1.º Encontro Nacional de Educadores de Jovens e Adultos, em Recife, Pernambuco, com 700 participantes. A proposta central era converter os assentamentos de reforma agrária em territórios livres de analfabetismo, tendo em vista o Pronera. Mas até então o MEC não havia liberado a verba, o que frustrou o objetivo do Encontro, que era ser um treino para a ofensiva em torno do Programa. Somente em junho foram liberados os recursos, que no entanto seriam suficientes para apenas 7 mil alunos. O corte na verba foi claramente um lance político, uma vez que as emendas ao Orçamento da União para programas educativos nos assentamentos haviam sido elaboradas por deputados da oposição.

Escola de acampamento.

Paralelamente ao caso do Pronera, formaram-se no Espírito Santo 47 professores de assentamentos no Curso Alternativo de 2.º Grau com Habilitação para o Magistério, realizado no Cidap (Centro Integrado de Desenvolvimento de Assentados e Pequenos Agricultores). O projeto resultou de uma parceria do MST com a Ufes (Universidade Federal do Espírito Santo) e a Secretaria de Educação. A perspectiva era iniciar, até o final do ano, o Curso Superior de Magistério para professores de assentamentos, com 60 alunos locais, do Rio de Janeiro, de Minas Gerais e da Bahia.

ALIANÇAS, APOIOS E PARCERIAS

Em 1995 o MST já possuía 750 escolas com 35 mil crianças e 1.400 professores. Havia 250 assentados cursando Magistério e TAC (Técnico em Administração de Cooperativas), ambos de ensino médio, cerca de 100 freqüentando cursos superiores, além de muitos outros matriculados em supletivos dos ensinos fundamental e médio.

A partir desse ano, o lema tirado no 3.º Congresso Nacional do MST – "**Reforma Agrária, uma luta de todos**" –

Escola de ensino fundamental em assentamento de Minas Gerais.

levou à busca de aliados e de apoio para a luta central pela reforma agrária. O Setor de Educação procurou viabilizar suas frentes de trabalho e ampliar as parcerias. Essas frentes englobam educação infantil, escolas de ensinos fundamental e médio, EJA e cursos de nível superior para seus professores.

As parcerias e alianças com órgãos governamentais isolados, prefeituras democrático-populares (de esquerda), universidades e instituições internacionais têm sido fundamentais no desenvolvimento da educação dos sem-terra. Além dos já mencionados, podem ser destacados ainda os seguintes casos desde 1996:

Jovens do MST participantes do curso intensivo de Realidade Brasileira na Unicamp (Campinas, São Paulo), em fevereiro de 2000.

- Em 1996, a Ufes se uniu ao MST para desenvolver um EJA em Assentamentos Rurais do Sergipe, pelo qual foram treinados 18 alfabetizadores.
- O curso de Magistério do MST, desenvolvido em Braga, Rio Grande do Sul e reconhecido pelo MEC, formou sua primeira turma, de 45 alunos, em julho de 1996. Sua fase final foi realizada em Santos, São Paulo, com apoio da prefeitura local.
- Nesse mesmo ano, o 3.º Encontro Estadual dos Professores de Acampamentos e Assentamentos de Reforma Agrária do Rio Grande do Sul, foi realizado na sede da Universidade Federal de Santa Maria. Participaram 150 professores e professoras, representantes de alunos e pais de 6 regionais do MST do Estado, além de vários professores e alunos das universidades próximas e representantes de entidades de todo o país que apóiam a luta por educação no Movimento.
- Em 1997, o EJA já contava com 600 monitores, 90 coordenadores estaduais e regionais e 9 membros da Comissão Nacional. Contemplava 8 mil assentados e acampados e contava com a parceria do MEC, da Universidade Federal do Sergipe e da Secretaria de Educação do Estado do Sergipe.
- Em janeiro de 1998, a Unijuí (Universidade Federal de Ijuí-RS) iniciou a primeira turma de Pedagogia para professores do MST em nível nacional.
- Em parceria com a CNBB, a Unesco e o Unicef, foi realizada em Luziânia, estado de Goiás, em julho de 1998, a Conferência Nacional por uma Educação Básica no Campo.
- A Unemat (Universidade Estadual do Mato Grosso) realizou em julho de 1998 a etapa preparatória do curso de Pedagogia voltado a acampamentos e assentamentos de trabalhadores rurais, com a participação de 60 educadores de vários estados.
- Em setembro de 1999, foi realizado o 1.º Enefa (Encontro Nacional de Educadores do Ensino Fundamental), em Esteio, Rio Grande do Sul. Resultou de uma parceria entre o Setor de Educação do MST e a Secretaria da Educação do Rio Grande do Sul, com apoio do Unicef, da Unesco e da CNBB. Participaram 400 educadores de vários estados do país.

Além das parcerias e apoios pontuais, o MST realizou convênio com a Unicamp (Universidade Estadual de Campinas) para a formação de mil jovens, em cursos intensivos de Realidade Brasileira, durante o período de férias. Outro convênio, estabelecido com a UFJF (Universidade Federal de Juiz de Fora), visa à formação intensiva de 500 jovens da região Sudeste em Realidade Brasileira, durante as férias de inverno.

O SETOR DE EDUCAÇÃO DO MST

Principais desafios

- Erradicar o analfabetismo de nossas áreas de acampamento e assentamento.
- Conquistar condições reais para que toda criança e adolescente esteja na escola, estudando. Isso implica lutar por escolas de ensino fundamental e ensino médio dentro dos assentamentos.
- Capacitar e habilitar professores, para que sejam respeitados enquanto sabedores das necessidades e portadores da novidade de construir uma proposta alternativa de educação popular, para que os assentados eduquem os filhos dos outros assentados.
- Pensar, repensar e elaborar constantemente a proposta pedagógica, voltada ao fortalecimento da cultura camponesa, com rosto e característica próprios.
- Conquistar mais apoios de entidades e pessoas que comunguem com os princípios educacionais do MST.

As bandeiras permanentes

- Direito à educação básica e construção de uma escola, uma pedagogia e de metodologias e práticas educativas adequadas à realidade da vida rural e dos assentamentos.
- As escolas dos assentamentos e dos acampamentos devem ser escolas públicas e de qualidade.
- Os principais mestres, para os quais a educação é o caminho da verdadeira libertação da pessoa humana, são em especial Paulo Freire, José Martí e Anton Makarenko.

Princípios filosóficos

Os princípios filosóficos dizem respeito à visão de mundo e às concepções mais gerais em relação à pessoa humana, à sociedade e ao que o MST entende por educação. Eles remetem aos objetivos mais estratégicos do trabalho educativo:

- educação para a transformação social;
- educação de classe, massiva, orgânica ao MST, aberta para o mundo, voltada para a ação, aberta para o novo;
- educação para o trabalho e a cooperação;
- educação voltada para as várias dimensões da pessoa humana;
- educação como processo permanente de formação/transformação humana.

FRENTES DE TRABALHO EDUCACIONAL

O trabalho educacional é realizado nos 23 estados em que o MST está organizado, nas seguintes frentes:

- ensino fundamental;
- educação de jovens e adultos;
- educação infantil;
- formação de educadores: cursos não-formais, cursos formais de Magistério e de Pedagogia;
- ensino médio, incluindo formação de técnicos em administração de assentamentos e cooperativas.

Escola de acampamento em Santa Catarina.

Os dados estatísticos das atividades escolares formais são como seguem:
- escolas de ensino fundamental: 1.200;
- educadoras do ensino fundamental: 3.800;
- estudantes: em torno de 150 mil;
- educandos jovens e adultos: 25 mil;
- educadores de jovens e adultos: 1.200;
- educadores das cirandas infantis: 250.

Formação no Iterra
- Técnico em Administração de Cooperativas;
- Técnico em Administração de Assentamentos;
- Especialização em Administração de Cooperativas (este último em parceria com a UnB e a Unicamp).

- Supletivo de 1.º grau para trabalhadores do município de Veranópolis e região (prioridade para trabalhadores urbanos);
- Supletivo de 2.º grau para trabalhadores do município de Veranópolis e região (prioridade para trabalhadores urbanos).

Além dos cursos citados, o Iterra estava, em meados do ano 2000, com sua 8.ª turma de Magistério.

Nos cursos do Iterra os alunos têm dois meses de aulas teóricas e, durante dois meses, dedicam-se a atividades pedagógicas práticas em seus assentamentos.

A escola é administrada em forma de cooperativa, contando com a contribuição dos educandos no trabalho de manutenção do estabelecimento.

Ciranda Infantil: a creche idealizada pelo MST

A Ciranda Infantil não é apenas um local para cuidar de crianças de zero a quatro anos. Mais do que isso, é um espaço educativo dirigido à garotada, no qual se aprende a cantar, desenhar, brincar, escrever e fazer teatro de acordo com a faixa etária. "O nome é muito significativo porque lembra a união da força coletiva e, ao mesmo tempo, faz referência ao lúdico da brincadeira de roda presente na infância das pessoas de muitas partes do mundo", explica Maria de Jesus, coordenadora estadual do Setor de Educação Infantil do Ceará, onde a experiência teve início. A CII [Ciranda Infantil Itinerante], que funciona durante os eventos organizados pelos vários setores do MST, é uma estrutura paralela idealizada para facilitar a participação, principalmente das mulheres sem terra nos cursos, seminários e congressos realizados fora dos assentamentos e acampamentos de reforma agrária, nos quatro cantos do País. "Enquanto os pais se dedicam ao estudo, participam dos debates ou das plenárias, os filhos estão próximos, recebendo educação de qualidade com acompanhamento de profissionais capacitados; alimentação adequada e todos os cuidados exigidos pela criança pequena. A CI [Ciranda Infantil] é a creche fixa, que está sendo implantada nos assentamentos com a mesma filosofia de trabalho da CII", conta Maria de Jesus.

Santos, Sueli Auxiliadora, Revista Sem Terra, ano II, n. 8, jul.-ago-set. 1999.

"Povoando dramaticamente esta paisagem e esta realidade social e econômica, vagando entre o sonho e o desespero existem 4.800.000 famílias de rurais sem terras. A terra está ali, diante dos olhos e dos braços, uma imensa metade de um país imenso, mas aquela gente (quantas pessoas ao todo? 15 milhões? mais ainda?) não pode lá entrar para trabalhar, para viver com a dignidade simples que só o trabalho pode conferir, porque os voracíssimos descendentes daqueles homens que haviam dito: 'Esta terra é minha', e encontraram semelhantes seus bastante ingênuos para acreditar que era suficiente tê-lo dito, esses rodearam a terra de leis que os protegem, de polícias que os guardam, de governos que os representam e defendem, de pistoleiros pagos para matar."

José Saramago

Glossário

Acórdão: decisão proferida em grau de recurso, isto é, num segundo julgamento, por tribunal coletivo.

Arrendatário: aquele agricultor que trabalha com sua família e arrenda uma terra por um preço fixo combinado, que pode ser pago em dinheiro ou em produto. Esse valor é independente do volume da colheira feita na área. Existem também os grandes arrendatários, que arrendam grandes extensões de terra, para cultivar com máquinas etc. Esses são conhecidos como arrendatários capitalistas e, obviamente, não são considerados sem-terra.

Assalariado rural: agricultor que não trabalha por conta própria e vende dias de serviço a um fazendeiro qualquer. Segundo alguns estudos, boa parte dos assalariados rurais (cerca de 60%) deseja possuir sua terra e luta pela reforma agrária. Existe também um grande número de arrendatários, parceiros, posseiros e pequenos agricultores que, para sobreviver, trabalha como assalariado em algumas épocas do ano.

Beneficiamento: tudo o que se faz com um determinado produto colhido da terra antes de colocá-lo à disposição do consumidor. Por exemplo: descascamento e polimento do arroz; descaroçamento do algodão.

Biofertilizantes: são os fertilizantes produzidos à base de compostos orgânicos, sem produtos químicos.

Caldas: fungicida diluído em água que pode ser orgânico ou químico.

Clube de Paris: nome pelo qual é conhecida a OCDE (Organização para Cooperação e Desenvolvimento Econômico), por ter sua sede em Paris, e não em Washington. Possui 29 países-membros e foi criado em 1961, tendo entre seus objetivos a "ajuda" ao desenvolvimento dos países pobres.

Colonato: relação de trabalho em que os imigrantes europeus recebiam, por contrato, cada qual uma área do cafezal, em geral com 5 mil pés, para cuidar e colher. Por esse contrato toda a família do colono, inclusive as crianças, estava envolvida como força de trabalho. Assim, colonos solteiros não eram aceitos. Toda a produção devia ser entregue ao latifundiário. Eles recebiam em troca um pagamento em dinheiro, uma casa para morar e uma pequena área de terra de 1 a 5 hectares, onde podiam fazer suas roças e criar animais para sua subsistência e também para vender. Mesmo que a safra fosse um fracasso, devido a uma praga, geada ou qualquer outro motivo, eles tinham essa garantia mínima. Essa relação existiu até a década de 1960, quando os colonos passaram a ser substituídos por assalariados rurais ou bóias-frias.

Controle biológico: controle de pragas realizado através de métodos naturais, como, por exemplo, pelo uso de um certo tipo de besouro que devora as larvas que infestam e destroem os maracujazeiros.

Curva de nível: método de nivelar o solo de encostas para o plantio, que evita a erosão e a drenagem de elementos naturais da terra importantes para a saúde das plantas.

Desobediência civil: ato realizado abertamente pelo cidadão contra a lei do país.

Dops: Departamento de Ordem Política e Social, órgão da Polícia Federal bastante utilizado para a repressão política durante o regime militar (1964-1984), que foi extinto durante o governo Sarney.

Economia informal: o conjunto das atividades econômicas que as pessoas realizam na sociedade sem nenhum formalismo ou individualidade, individualmente, de forma precária, sem registro legalizado. As principais atividades desse tipo de economia estão no comércio ambulante, no artesanato, serviços de eletricidade, consertos em geral.

Esbulho possessório: privação da posse de um bem pertencente a alguém por meio ilegítimo.

Especulação imobiliária: prática de comprar imóveis (no caso, terras) num momento em que seus preços estão baixos e vendê-los quando seus preços aumentam.

Estabilidade: garantia que um funcionário público efetivo tem de não ser demitido, após certo tempo de exercício da função, a não ser por sentença judicial ou através de processo administrativo.

Estoques especulativos: estoque de produtos agrícolas em armazéns com o objetivo de provocar a falta de produto no mercado e fazer os preços subirem.

Estrutura fundiária: modo de distribuição das propriedades de terras de um país.

Fomento: atividade de estimular novos cultivos ou criações no meio rural.

Fronteira agrícola: área dentro das fronteiras nacionais de um país ocupada pela produção agrícola efetiva. No Brasil ela foi praticamente duplicada nas últimas décadas, abrangendo os estados de Mato Grosso, Mato Grosso do Sul, Rondônia, Goiás, Amazonas e Pará.

Gênero: no caso, refere-se ao sexo.

Grileiro: aquele que realiza grilagem, apropriação ilegal de terras, tornando "legais" as propriedades por meio de documentos falsos. Nesse processo, expulsa da terra posseiros, índios e até mesmo proprietários legais.

***Habeas corpus*:** medida judicial com a qual o Poder Judiciário garante a liberdade para determinada pessoa que está sendo acusada de algum delito, mas que ainda não teve seu julgamento final.

Imissão de posse: documento com que o Poder Executivo (no caso, o Incra) recebe do Poder Judiciário a posse de imóvel desapropriado, podendo assim destinar este ao assentamento de famílias no processo de reforma agrária.

Inadimplência: no caso, falta de pagamento de dívidas.

Indústria de base: setor industrial responsável pela extração e/ou produção de matérias-primas fundamentais para a sua transformação em bens de consumo duráveis ou não-duráveis.

Jornaleiro: operário que é pago por jornal, ou seja, por dia.

Meeiro: aquele que planta em terreno alheio, repartindo o resultado das plantações com o dono das terras.

Monopólio estatal: é um tipo de organização do mercado em que o Estado tem a exclusividade no desenvolvimento de determinada atividade no seu território.

Navegação de cabotagem: navegação mercante entre portos de um mesmo país.

Oligarquia: regime político ou qualquer forma de dominação em que o poder está a cargo de um grupo pequeno de pessoas que dele se apossaram, sendo exercido apenas por elementos desse grupo.

Parceria: foi uma forma de relação de trabalho surgida entre os fazendeiros de café e colonos imigrantes já na primeira metade do século XIX. Nessa relação, os colonos eram como uma espécie de "sócios" do fazendeiro. Cada família recebia um pedaço de terra para plantar, cuidar e colher. Podia também plantar gêneros de subsistência para seu próprio consumo. Não recebia salário ou qualquer outro tipo de pagamento em dinheiro. Metade da produção devia ser dada ao fazendeiro e, às vezes, até mesmo toda a produção, ficando os colonos apenas com os gêneros que eles próprios plantavam.

Pelego: forma como é chamado aquele dirigente sindical que atua para amenizar as contradições entre patrões e empregados ou entre Estado e funcionários públicos, visando obter benefícios pessoais, fazer carreira e ganhar apoio político dos patrões e do governo. Essa expressão é originária dos tempos do governo Vargas, que manipulou uma geração de sindicalistas em seu favor. Gaúcho, Getúlio gostava de andar a cavalo. Por isso dizia-se que os sindicalistas faziam o papel de *pelego* (pele de ovelha que se coloca sobre o cavalo para conforto do cavaleiro) entre o cavalo (os trabalhadores) e o cavaleiro (patrões e governo).

Pequeno agricultor: agricultor que trabalha com a família em sua própria terra. Porém a área que possui é muito pequena, tem geralmente menos de 5 hectares, e com ela não consegue sobreviver e sustentar sua família. Por isso almeja mais terra e é considerado também um sem-terra.

Política agrária: conjunto de medidas tomadas pelo governo relacionadas à posse e uso da terra.

Política agrícola: conjunto de medidas tomadas pelo governo relacionadas à produção da agricultura. Os principais instrumentos de política agrícola utilizados são: os preços agrícolas, o crédito rural, o seguro, a armazenagem, a assistência técnica e a pesquisa agropecuária.

Posseiro: aquele agricultor que trabalha com sua família numa determinada área, como se fosse sua, mas não possui título de propriedade da terra. Na maioria das vezes a terra é do Estado ou, também, sem que ele saiba, de um proprietário qualquer. A maior parte dessa categoria encontra-se na região Norte do país, nas áreas de fronteira agrícola.

Procera: Programa de Crédito Especial para Reforma Agrária criado pelo governo FHC voltado para os assentamentos. Os empréstimos para pagamento a longo prazo são destinados a investimento, infra-estrutura, insumos básicos e melhoria das condições de habitação das famílias assentadas em seus primeiros anos de instalação nas terras.

Pronaf: Programa Nacional de Agricultura Familiar, que fornece crédito ao pequeno agricultor.

Recessão: situação de uma economia qualquer que passa por um longo período de crise e, portanto, de não-crescimento de sua produção. Nos períodos de recessão, além de não haver crescimento produção e da economia, agravam-se os problemas sociais, como o desemprego, a concentração de renda, o aumento da pobreza etc.

Repasse de crédito: transferência total ou parcial de crédito de um órgão para uma unidade subordinada.

Reintegração de posse: medida judicial pela qual o juiz devolve ao proprietário a posse e domínio de uma terra que lhe pertence legalmente e foi ocupada por outra(s) pessoa(s). Quando o Poder Judiciário expede uma ordem judicial nesse sentido e ela não é obedecida pelo(s) ocupante(s), isso implica o uso da força policial para expulsá-los.

Rotação de culturas: técnica agrícola que consiste em alternar o cultivo de uma lavoura por outra num mesmo espaço, permitindo renovar naturalmente a fertilidade da terra.

Segurança alimentar: política que representa a vontade dos governantes de que ninguém passe fome no país. (Ver abaixo **Soberania alimentar**.)

Sementes híbridas: sementes resultantes de cruzamento de espécies diferentes de uma planta.

Soberania alimentar: política governamental para organizar a produção agrícola de tal forma que garanta alimentação adequada, acessível e de boa qualidade durante todo o ano à população do país, sem depender de importações. A expressão é uma evolução da referente à segurança alimentar.

Superprodução: produção maior que a demanda, ou seja, maior que o necessário para suprir o mercado.

Taxas alfandegárias: taxas pagas sobre os direitos de importação e exportação, transporte de carga e prestação de serviços em geral.

Taxas de juros: remuneração cobrada pelo capitalista financeiro para emprestar capital na forma de dinheiro para qualquer pessoa utilizá-lo na forma que bem entender. De acordo com o tipo de empréstimo, são impostos taxas de juros diferenciadas e também prazos distintos de pagamento dessas taxas (anuais, mensais, semestrais).

Terras devolutas: terras sem título de propriedade pertencentes ao governo municipal, estadual ou federal.

Usucapião: direito de que pode se valer um posseiro pelo uso continuado e comprovado de uma área rural, sem violência e sem oposição do proprietário legal. Antes de 1981, a lei dizia que o prazo de posse era de 25 anos. Naquele ano, a lei 6.969 criou o *usucapião especial*, pelo qual o prazo foi reduzido para 5 anos em área rural contínua que não exceda 25 hectares nem seja pública.

Bibliografia consultada

ADAS, Melhem. *Panorama geográfico do Brasil*. São Paulo, Moderna, 1999.

AXELRUD, Isaac. *Reforma agrária*. São Paulo, Global, 1987.

AYMARD, André e AUBOYER, Jeannine. *O Oriente e a Grécia Antiga*. In: Crouzet, Maurice. *História geral da civilizações*. Rio de Janeiro, Difel, 1977. t. I.

BAKUNIN, Michel. *O socialismo libertário*. São Paulo, Global, 1979.

BASTOS, Elide Rugai. *As Ligas Camponesas*. Petrópolis, Vozes, 1984

BERGAMASCO, Sonia Maria P. e NORDER, Luís Antônio Cabello. *O que são assentamentos rurais?* São Paulo, Brasiliense, 1996. Col. Primeiros Passos.

BOXER, Charles R. *A idade de ouro no Brasil*. São Paulo, Nacional, 1972.

BRENER, Jayme. *Jornal do século XX*. São Paulo, Moderna, 1998.

CALDART, Roseli. *Pedagogia do Movimento dos Sem-Terra*. Petrópolis, Vozes, 1999.

CAMPOS, Flavio de. *Oficina de História. História do Brasil*. São Paulo, Moderna, 1999.

———— e GARCIA, Renan. *Oficina de História: História Integrada*. São Paulo, Moderna, 2000.

CHOSSUDOVSKY, Michel. *A globalização da pobreza*. São Paulo, Moderna, 1999.

ENGELS, Friedrich. *As guerras camponesas na Alemanha*. São Paulo, Grijalbo, 1977.

FAUSTO, Bóris. *A Revolução de 1930*. 11. ed. São Paulo, Brasiliense, 1987.

FERNANDES, Bernardo Mançano. *A formação do MST no Brasil*. Petrópolis, Vozes, 2000.

FORMAN, Shepard. *Camponeses: sua participação no Brasil*. Rio de Janeiro, Paz e Terra, 1979.

FOWERAKER, Joe. *A luta pela terra*. Rio de Janeiro, Zahar, 1982.

FRANCO JR., Hilário. *O feudalismo*. São Paulo, Brasiliense, 1983.

FURTADO, Celso. *Formação econômica do Brasil*. 21. ed. São Paulo, Nacional, 1986.

————. *Brasil: a construção interrompida*. Rio de Janeiro, Paz e Terra, 1996.

GÖRGEN, Frei Sérgio. *Os cristãos e a questão da terra*. São Paulo, FTD, 1987.

————. *O massacre de Santa Ekmira*. Petrópolis, Vozes, 1989.

———— e STEDILE, João Pedro. *A luta pela terra no Brasil*. São Paulo, Scritta, 1993.

GRAZIANO NETO, Francisco. *A tragédia da terra*. São Paulo, Edunesp, 1990.

HOLANDA, Sérgio Buarque de. *Raízes do Brasil*. 17. ed. Rio de Janeiro, José Olympio, 1983.

————. *Visão do Paraíso*. São Paulo, Nacional, 1977.

JARDÉ, Auguste. *A Grécia Antiga e a vida grega*. São Paulo, EPU/Edusp, 1977.

MARTINS, José de Souza. *Expropriação e violência*. São Paulo, Hucitec, 1980.

————. *Os camponeses e a política no Brasil*. Petrópolis, Vozes, 1981.

MEDEIROS, Leonilde. *Movimentos sociais no campo*. Fase, 1990.

OLIVEIRA, Ariovaldo U. de. *Geografia das lutas pela terra no Brasil*. São Paulo, Contexto, 1996.

PEREGALLI, Enrique. *A América que os europeus encontraram*. São Paulo, Atual, 1994.

PRADO JR., Caio. *A questão agrária*. 2. ed. São Paulo, Brasiliense, 1979.

ROCHA-PITA, Sebastião. *História da América portuguesa*. Belo Horizonte/São Paulo, Itatiaia/Edusp, 1976.

ROMEIRO, Ademar et alii (orgs.). *Reforma agrária: produção, emprego e renda*. Petrópolis, Vozes, 1994.

ROSTOVTZEFF, Michael. *História de Roma*. Rio de Janeiro, Guanabara-Koogan, 1983.

SCHMIDT, Mario. *Nova História Crítica do Brasil*. Ensino Médio. São Paulo, Nova Geração, 1999-2000.

————. *Nova História Crítica*. Ensino Fundamental. 5.ª a 8.ª séries. São Paulo, Nova Geração, 1999-2000.

SILVA, José Gomes da. *Caindo por terra*. São Paulo, Busca Vida, 1987.

————. *A reforma agrária brasileira na virada do milênio*. Campinas, Abra, 1996.

SILVA, José Graziano da. *Para entender o Plano Nacional de Reforma Agrária*. São Paulo, Brasiliense, 1985.

SKIDMORE, Thomas. *Brasil: de Getúlio a Castelo (1930-1964)*. 10. ed. São Paulo, Paz e Terra, 1992.

SOBOUL, Albert. *A Revolução Francesa*. São Paulo, Difel, 1979.

STEDILE, JOÃO PEDRO. *A questão agrária no Brasil*. São Paulo, Atual, 1994.

———— e FERNANDES, Bernardo Mançano. *Brava gente*. São Paulo, Fundação Perseu Abramo, 1999. (Traduzido para o espanhol e publicado na Argentina e no Equador.)

———— (org.). *A questão agrária hoje*. Porto Alegre Editora da UFRS, 1994.

VEIGA, José Eli da. *A reforma agrária que virou suco*. Petrópolis, Vozes, 1990.

WAGNER, Carlos. *A saga do João Sem Terra*. Petrópolis, Vozes, 1989.

WEFFORT, Francisco. *O populismo na política brasileira*. 4. ed. Rio de Janeiro, Paz e Terra, 1980.

WERNET, Augustin. *O período regencial*. São Paulo, Global, 1984.

Bibliografia recomendada sobre o MST

As obras aqui indicadas são, na maioria, publicações que tratam de diversos aspectos do MST que não foram abordados no livro, mas apresentamos para aqueles que possam interessar-se por essas informações.

BOGO, Ademar. *Lições da luta pela terra*. Salvador, 1999.

CORTEZ, Cássia. *A travessia do rio dos Pássaros.* Campo Grande, Editora de Campo Grande, 1985. Reportagem-livro da primeira ocupação de terras massiva realizada no Mato Grosso do Sul, descrevendo as situações de conflito, despejo e assentamento.

CORTEZ, Cássia. *Os brasiguaios*. São Paulo, Brasil Agora, 1994. Relato-reportagem da saga dos camponeses brasileiros que emigraram para o Paraguai, de onde foram expulsos e, reorganizados pelo MST, passaram a participar da luta pela reforma agrária no Brasil.

CALDART, Roseli S. *Sem-terra com poesia*. Petrópolis, Vozes, 1987. Dissertação de mestrado, analisando o significado, a pertinência social e a relação das poesias e músicas utilizadas pelo MST e sua luta, seu ideal.

FAO. *Relatório sobre a situação socioeconômica dos assentamentos*. Brasília, Organização das Nações Unidas para a Agricultura e a Alimentação, 1993. Relatório de pesquisa realizada pela FAO em todos os assentamentos do Brasil, informando sua situação socioeconômica.

FERNANDES, Bernardo Mançano. *MST: Formação e territorialização*. São Paulo, Hucitec, 1996. Dissertação de mestrado. Mostra como o Movimento surgiu, se desenvolveu e ampliou seu domínio territorial e espacial, a partir de uma análise do estado de São Paulo.

GÖRGEN, Frei Sérgio. *Os cristãos e a questão da terra*. São Paulo, FTD, 1988. Reúne os documentos em que a Igreja dá sua visão doutrinária sobre a reforma agrária e analisa por que os setores progressistas se envolvem com o MST e a reforma agrária e estão na sua origem.

GÖRGEN, Frei Sérgio. *O massacre da Fazenda Santa Elmira*. Petrópolis, Vozes, 1989. Relata o massacre ocorrido numa fazenda do município de Salto Jacuí, durante despejo violentíssimo por parte da Brigada Militar, em que o próprio autor do livro foi preso.

GÖRGEN, Frei Sérgio (org.). *Uma foice longe da terra*. Petrópolis, Vozes, 1990. Relata a tragédia do confronto na Praça da Matriz, em Porto Alegre, em agosto de 1990, quando morreu um soldado e foram feridos mais de 80 agricultores e muitos presos.

GÖRGEN, Frei Sérgio e STEDILE, João Pedro (orgs.). *Assentamentos: resposta econômica da reforma agrária*. Petrópolis, Vozes, 1991. Inclui diversos artigos e análises sobre as vantagens econômicas dos assentamentos para as famílias, para os municípios onde estão localizados e para a sociedade em geral.

LISBOA, Tereza Kleba. *A luta dos sem-terra no oeste de Santa Catarina*. Florianópolis, Editora da UFSC, 1988. Dissertação de mestrado que relata a história do MST em Santa Catarina, em toda sua amplitude, origem e características.

MARTINS, Mônica. *Cooperação agrícola nos assentamentos de reforma agrária do Ceará*. Fortaleza, Anca-BNB, 1994. Analisa a importância da cooperação agrícola nos assentamentos em geral e descreve seus resultados em casos concretos do Ceará.

PRETTO, Adão. *Queremos reforma agrária*. Petrópolis, Vozes, 1984. São poemas feitos em trovas, que refletem as primeiras lutas do MST no Rio Grande do Sul.

Questão agrária e Justiça. São Paulo, Revista dos Tribunais, 2000.

Sem-terra – Invasão ou cidadania? São Paulo, Loyola, 1996. Análise da luta dos sem-terra pelo direito ao trabalho, à terra e à cidadania, e de como sua luta está respaldada nos direitos constitucionais.

STEDILE, João Pedro (org.). *A questão agrária hoje*. Porto Alegre, Editora da UFRS, 1995.

STEDILE, João Pedro. *A questão agrária no Brasil*. São Paulo, Atual, 1997. Livro didático de 2º grau. Procura analisar e explicar a origem da propriedade rural no Brasil. A história da reforma agrária, os prós e contras, e a natureza do MST.

STEDILE, João Pedro e GÖRGEN, Frei Sérgio. *A luta pela terra no Brasil*. São Paulo, Scritta, 1993. Analisa o MST, sua história, características, lutas e conquistas, nos dez primeiros anos, em nível nacional.

STEDILE, João Pedro e FERNANDES, Bernardo Mançano. *Brava gente*. São Paulo, Fundação Perseu Abramo, 1999.

WAGNER, Carlos. *A saga de João Sem Terra*. Petrópolis, Vozes, 1988. Conta a história do Movimento Sem Terra no Rio Grande do Sul, desde os idos do Master, no final da década de 50, em torno de uma das lideranças da época, João Sem Terra, que desapareceu, até o ressurgimento do MST, na década de 70.

Periódicos especializados na questão da reforma agrária

Jornal Sem Terra. O mais antigo e permanente jornal de trabalhadores ruraSão is, desde 1981, circulando sem interrupção. Assinaturas: Alameda Barão de Limeira, 1232, CEP 01202-002 – São Paulo-SP.

Reforma Agrária. Revista da Associação Brasileira de Reforma Agrária. De caráter científico, é a mais antiga revista do gênero da América Latina, com tiragem ininterrupta, desde 1968. Assinaturas: ABRA – Caixa Postal, 1396, CEP 13100-000 – Campinas-SP.

Boletim da CPT. Boletim da Comissão Pastoral da Terra. Circula desde 1975. Assinaturas: CPT – Caixa postal, 749, CEP 74000-000 – Goiânia-GO.

Revista Sem Terra. Revista do MST com artigos e ensaios sobre a questão agrária. Assinaturas: MST – Alameda Barão de Limeira, 1232, CEP 01202-002 – São Paulo-SP.

Filmografia comentada

Os filmes aqui apresentados são sugestões para o leitor ou o professor que quiser utilizá-los como reforço para suas aulas. Não foi possível realizar uma pesquisa mais ampla, mas a grande maioria é encontrada em vídeo, estando acessível aos interessados.

Mundo, mundo...

A súbita riqueza dos camponeses de Kombach. Diretor: Werner Herzog. Alemanha Ocidental. Este filme mostra exemplarmente a situação dos camponeses no feudalismo alemão, abordando a questão da ingenuidade dos servos de um feudo ao unir-se a um viandante esperto para assaltar uma comitiva que trazia um tesouro pertencente a um nobre.

Corações e mentes. Diretor: Peter Davis. 1974, 110 min. Estados Unidos. Documentário com reportagens, depoimentos e enquetes sobre a Guerra do Vietnã. Tenta revelar a verdade sobre o envolvimento dos Estados Unidos nessa guerra, numa postura crítica e corajosa para um diretor norte-americano.

Platoon. Diretor: Oliver Stone. 1986, 120 min. Estados Unidos. Narra a experiência de um jovem norte-americano que se alista na Marinha para lutar no Vietnã, seus traumas, pesadelos e horrores. O filme é focado no comportamento dos soldados diante do medo, do inimigo, das armadilhas e da morte. (Vídeo LK-Tel/Columbia)

Reds. Diretor: Warren Beatty, 1981, 200 min. Estados Unidos. Biografia do jornalista norte-americano John Reed, que viveu muitos anos na Rússia, contando sua vida durante a Revolução Bolchevique. (CIC Vídeo)

Spartacus. Diretor: Stanley Kubrick, 1960, 190 min. Estados Unidos. Este filme é uma superprodução de Hollywood, cujo roteirista, Dalton Trumbo, foi preso em 1950 durante o macartismo e depois condenado, por suas atividades consideradas "anti-americanas". Obviamente o filme traz um tom engajado, ou seja, coloca-se a favor da rebelião dos escravos liderada por Espártaco. (CIC Vídeo)

Viva Zapata! Diretor: Elia Kazan. Estados Unidos. Conta a história de Emiliano Zapata, o mestiço que lutou pela reforma agrária no México no início do século XX, particularmente centrado no drama do homem pobre e analfabeto que chega ao poder e é traído por sua própria ignorância.

Em terras brasileiras

A missão. Diretor: Roland Joffé. 1984, 125 min. Inglaterra. O filme narra a trajetória de um jesuíta que chega no Sul do Brasil para construir uma missão e pregar o cristianismo aos indígenas. Ali enfrenta a oposição de um traficante de escravos que depois se converte à fé cristã e o ajuda a defender a missão contra os portugueses que querem destruí-la. (Home Vídeo)

Cabra marcado para morrer. Diretor: Eduardo Coutinho. 1984, 119 min. Brasil. Filme que recebeu dezenas de prêmios internacionais. Procura recuperar a história de João Pedro Teixeira, líder da Liga do Sapé, na Paraíba, assassinado em 1962 por duas atividades políticas. (Globo Vídeo)

Canudos. Diretor: Ipojuca Pontes. 1978, 70 min. Brasil. Baseado em pesquisas e testemunhas oculares, o filme narra a história da revolta liderada pelo beato Antônio Conselheiro contra as forças republicanas, no final do século XIX. (CIC Vídeo)

Contestado: a guerra desconhecida. Diretor: Ênio Staub. 1986, 60 min. Brasil. Painel com entrevistas, filmes e fotografias da época da Guerra do Contestado. (Cine & Vídeo)

Ganga Zumba. Diretor: Carlos Diegues. 1964, 100 min. Brasil. Conta a vida do escravo Ganga Zumba, sua fuga da fazenda onde era escravo e a fundação do quilombo do qual ele se torna o líder. Essa história seria refilmada mais tarde, em 1984, com o título de *Quilombo*. (Globo Vídeo)

Guerra dos Pelados. Diretor: Sylvio Back. 1970, 98 min. Brasil. Filme sobre um episódio da Guerra do Contestado, ocorrido em Taquaruçu, Santa Catarina em 1913. Camponeses, chamados de "pelados" por rasparem a cabeça, entram em um conflito sangrento contra jagunços, policiais e soldados do Exército devido à concessão de terras a uma ferrovia estrangeira que os levara a serem expropriados. (CIC Vídeo)

Quilombo. Diretor: Carlos Diegues. 1984, 119 min. Brasil. O filme é uma tentativa de épico sobre o quilombo dos Palmares, sua resistência contra os senhores de escravos do Nordeste. (Globo Vídeo)

Revolução de 30. Diretor: Silvio Back. 1980, 118 min. Brasil. Back fez uma colagem de diversos documentários e filmes de ficção que revelam os antecedentes da Revolução de 1930, que levou Getúlio Vargas ao poder. (CIC Vídeo)

Vídeos sobre o MST

Terra para Rose. Direção de Tetê de Moraes, 1985. Registro da luta dos sem-terra do Rio Grande do Sul na Fazenda Annoni, com enfoque na figura de Rose, uma camponesa lutando por seu pedaço de chão. "Ganhar terra, trabalhar, plantar, né! Espero que, quando meu filho estiver grande, tudo isso não tenha sido em vão, que ele tenha um futuro melhor"; "É daqui que nós vamos formar uma nova sociedade quando formos pras terras, né, trabalhar juntos e unidos", sonhava Rose.

O sonho de Rose. Direção de Tetê Moraes, 1995, 106 minutos. Dez anos depois de ter realizado *Terra para Rose*, Tetê voltou ao Rio Grande do Sul para registrar os resultados da luta dos sem-terra locais. O vídeo faz uma retrospectiva da vida de diversas famílias dez anos antes, na época do acampamento, e mostra sua situação atual, as cooperativas de produção, as escolas e as melhorias implantadas na fazenda. Mas Rose não conseguiu realizar seu sonho. Em 31 de março de 1987, um caminhão jogou-se contra uma manifestação de agricultores perto da Fazenda Annoni. Saldo: três mortos; entre eles, Rose. O vídeo compara a situação de famílias sem terra há dez anos, na época do acampamento, e sua situação atual, nos assentamentos. O desenvolvimento, as cooperativas de produção, escolas e melhorias implantadas nas fazendas.

Ocupar, resistir, produzir, 1997. Após um breve enfoque dos diversos movimentos de luta pela terra, pela reforma agrária e por uma sociedade mais justa, enfoca o MST. Detalha as três fases de luta pela qual passam os trabalhadores sem terra do Movimento: a ocupação das terras improdutivas como forma de pressão social e denúncia; a resistência às ações de reintegração de posse e despejo; e a fase de produção, após o assentamento, em que é reproduzido o aprendizado dos sem-terra aplicado à terra. O vídeo utiliza-se de depoimentos de mulheres sem-terra, enfatizando sua participação intensiva na coordenação e administração do acampamento, a força e a determinação para resistir e atingir os objetivos.

Cinco séculos de paciência e ternura. Direção e roteiro de Jaime Sautchuk,1997, 35 minutos. O vídeo procura mostrar a necessidade de mudanças na estrutura fundiária do país e a luta do MST, tomando como marco a Marcha por Reforma Agrária, Emprego e Justiça, detalhando toda a sua organização, desde a saída das colunas até a chegada a Brasília em 17 de abril de 1997, dia do primeiro aniversário do massacre de Eldorado de Carajás. Essa mobilização foi composta por três marchas: a marcha sul, com os estados do Rio Grande do Sul, Santa Catarina, Paraná e São Paulo; a marcha sudoeste, com os estados do Espírito Santo, Rio de Janeiro, Minas Gerais e Bahia; e a marcha do Centro-Oeste, partindo de Rondonópolis. O encontro das três marchas aconteceu no eixo Sul de Brasília, após mais de 60 dias de caminhada. O vídeo é entrecortado de depoimentos de participantes, representações cênicas em frente ao Palácio do Governo, imagens de confrontos dos sem-terra com a polícia e depoimento de João Pedro Stédile, um dos líderes do Movimento.

Raiz forte. Produção, roteiro e direção de Aline Sasahara e Maria Luisa Mendonça, 2000, 42 min. O documentário registra a opção de pessoas no sentido de lutarem pela terra e nela resistir em busca de uma vida mais digna e na construção de uma sociedade mais justa. O vídeo se passa nos estados de Pernambuco, Bahia, Pará e Paraná.

Arquiteto da violência. 2000, 18 min. Documentário que denuncia a violência contra trabalhadores rurais sem terra, no Sul do país, e a submissão do governo paranaense aos interesses dos grandes latifundiários, com imagens cedidas por policiais militares.

Uma luta de todos. Direção de Berenice Mendes, 2000, 28 min. O filme mostra imagens da emboscada contra os sem-terra na manifestação do Paraná alusiva às comemorações dos 500 anos do descobrimento do Brasil, que resultou na morte do sem-terra Antônio Tavares e em ferimento de centenas de outros companheiros e companheiras pela PM paranaense. Há também imagens e depoimentos sobre a ocupação da fazenda São Carlos, no Paraná, e a organização e a produção cooperativa do assentamento Dorcelina Folador.

Marchar e Vencer

Marchar é mais do que andar
É mostrar com os pés o que dizem os sentimentos
Transformar a quietude em rebeldia
E traçar com os passos
O roteiro que nos leva à dignidade sem lamentos.

As fileiras como cordões humanos
Mostram os sinais dos rastros perfilados
Dizendo em seu silêncio
Que é preciso despertar
E colocar em movimento
Milhões de pés sofridos, humilhados em todo o tempo
Sem temer tecer a liberdade.

E nessas marcas de bravos lutadores
Iniciamos a edificação de novos seres contrutores
De um projeto que nos levará à nova sociedade.

Marchamos por saber que em cada coração há uma esperança
Há uma chama despertada em cada peito
E a mesma luz é que nos faz seguir em frente
E tecer a história assim de nosso jeito.

Marchar se faz necessário
Para espantar os abutres desta estrada
E construir sem medo o amanhecer.
Pois se eternos são os sonhos
Eterna também é
A certeza de vencer.

ADEMAR BOGO

Siglas e abreviaturas

Abra – Associação Brasileira de Reforma Agrária
ALN – Aliança de Libertação Nacional
ANL – Aliança Nacional Libertadora
Arena – Aliança Renovadora Nacional
Bird – Banco Internacional de Reconstrução e Desenvolvimento
BNDES – Banco Nacional de Desenvolvimento Econômico e Social
Capoib – Conselho de Articulação dos Povos e Organizações Indígenas do Brasil
CEBs – Comunidades Eclesiais de Base
Centru – Centro de Educação e Cultura do Trabalhador Rural (Maranhão)
Cimi – Conselho Indigenista Missionário
Cnasi – Confederação Nacional das Associações dos Servidores do Incra
CNBB – Conferência Nacional dos Bispos do Brasil
Compresba – Cooperatriva Mista dos Produtores Rurais do Estado da Bahia
Concrab – Confederação Nacional de Cooperativas da Reforma Agrária Brasileira)
Contag – Confederação dos Trabalhadores na Agricultura
CPT – Comissão Pastoral da Terras
CRVD – Companhia Vale do Rio Doce
CSN – Companhia Siderúrgica Nacional
CUT – Central Única dos Trabalhadores
DES – Direitos Especiais de Saque
Dnocs – Departamento Nacional de Obras Contra a Seca
DNTR-CUT – Departamento Nacional dos Trabalhadores Rurais da Central Única dos Trabalhadores
FAB – Força Aérea Brasileira
FAT – Fundo de Amparo ao Trabalhador
Fetag – Federação dos Trabalhadores Agrícolas
Fetape – Federação dos Trabalhadores Agrícolas de Pernambuco
FMI – Fundo Monetário Internacional
FSE – Fundo Social de Emergência
FSLN – Frente Sandinista de Libertação Nacional
Gebam – Grupo Executivo do Baixo Amazonas
Getat – Grupo Executivo de Terras do Araguaia-Tocantins
IBGE – Instituto Brasileiro de Geografia e Estatística
Ibra – Instituto Brasileiro de Reforma Agrária
IDA – International Development Association
IFC – International Finance Corporation
Incra – Instituto Nacional de Colonização e Reforma Agrária
Interpa – Instituto de Terras do Pará
IPM – Inquérito Policial Militar
IPTU – Imposto Predial e Territorial Urbano
Itern – Instituto de Terras do Rio Grande do Norte
ITR – Imposto Territorial Rural
MAB – Movimento dos Atingidos pelas Barragens
Mastel – Movimento dos Agricultores Sem Terra do Litoral do Paraná
Masten – Movimento dos Agricultores Sem Terra do Norte do Paraná
Mastes – Movimento dos Agricultores Sem Terra do Sudoeste do Paraná
Mastreco – Movimento dos Agricultores Sem Terra do Centro-Oeste do Paraná
Mastro – Movimento dos Agricultores Sem Terra do Oeste do Paraná
MDB – Movimento Democrático Brasileiro
Mirad – Ministério da Reforma Agrária e do Desenvolvimento
MMTR – Movimento de Mulheres Trabalhadoras Rurais
MP – Medida Provisória
MPA – Movimento dos Pequenos Agricultores
MR-8 – Movimento Revolucionário 8 de Outubro
OAB – Ordem dos Advogados do Brasil
OEA – Organização dos Estados Americanos
OMC – Organização Mundial de Comércio
ONG – Organização Não-Governamental
ONU – Organização das Nações Unidas
Otan – Organização do Tratado do Atlântico Norte
PA – Projeto de Assentamento
PAE – Programa de Ajuste Estrutural
PCB – Partido Comunista Brasileiro
PCC – Partido Comunista Chinês
PcdoB – Partido Comunista do Brasil
PDS – Partido Democrático Social.
PDT – Partido Democrático Trabalhista
PFL – Partido da Frente Liberal
PIC – Projeto Integrado de Colonização
PMDB – Partido do Movimento Democrático Brasileiro
PNRA – Plano Nacional de Reforma Agrária
Procera – Programa de Crédito Especial para a Reforma Agrária
Pronaf – Programa Nacional de Agricultura Familiar
PRRAs – Planos Regionais de Reforma Agrária
PSB – Partido Socialista Brasileiro
PSDB – Partido da Social-Democracia Brasileira
PT – Partido dos Trabalhadores
PTB – Partido Trabalhista Brasileiro
SCA – Sistema Cooperativista dos Assentados
SNI – Serviço Nacional de Informações
STR – Sindicato dos Trabalhadores Rurais
Sudam – Superintendência do Desenvolvimento da Amazônia
Sudene – Superintendência de Desenvolvimento do Nordeste
Sudene – Superintendência de Desenvolvimento do Nordeste
TDA – Título da Dívida Agrária
UDR – União Democrática Ruralista
Ultab – Uniões de Lavradores e Trabalhadores Agrícolas do Brasil
UNE – União Nacional dos Estudantes
Unicamp – Universidade Estadual de Campinas
VAR-Palmares – Vanguarda Armada Revolucionária Palmares